世界名人传记丛书

狄更斯传

〔英〕克莱尔·托玛琳 著
贾懿 译

CLAIRE TOMALIN

CHARLES DICKENS：A LIFE

© 2011 BY CLAIRE TOMALIN

This edition arranged with DAVID GODWIN ASSOCIATES LTD.（DGA LTD.）

Through BIG APPLE AGENCY，INC.，LABUAN，MALAYSIA.

Simplified Chinese edition copyright：

2022 The Commercial Press Ltd

All rights reserved

据企鹅图书公司 2012 年版本译出

世界名人传记丛书
新版说明

本馆出版名人传记渊源有自。20世纪初林纾所译传记可谓木铎启路，民国期间又编纂而成"英文世界名人传记"丛书，其后接续翻译出版传记数十种。及至90年代，汇涓成流，结集出版"世界名人传记丛书"，广为传布。

此次重新规划出版，在总结经验的基础上续写经典、重开新篇。丛书原多偏重学术思想领域，新版系统规划、分门别类，力求在新时代条件下赋予作品新价值、新理念、新精神。丛书分为政治军事、思想文化、文学艺术、科学发明以及除上述领域之外的综合类，共计五大类，以不同的封面颜色加以区分。

丛书所选人物均为各时代、各国家、各民族的名流巨擘，他们的业绩和思想深刻影响了世界历史进程，甚至塑造了世界格局和人类文明。所选传记或运笔于人物生平事迹，或着墨于智识求索，均为内容翔实、见识独到之作。读者于其中既能近观历史、反思现实，又能领悟人生、汲取力量。

我们相信名人传记的永恒魅力将为新时代的文化注入生机和活力。我们也期待能得到译界学界一如既往的支持，使此套丛书的出版日臻完善。

商务印书馆编辑部

2012年12月

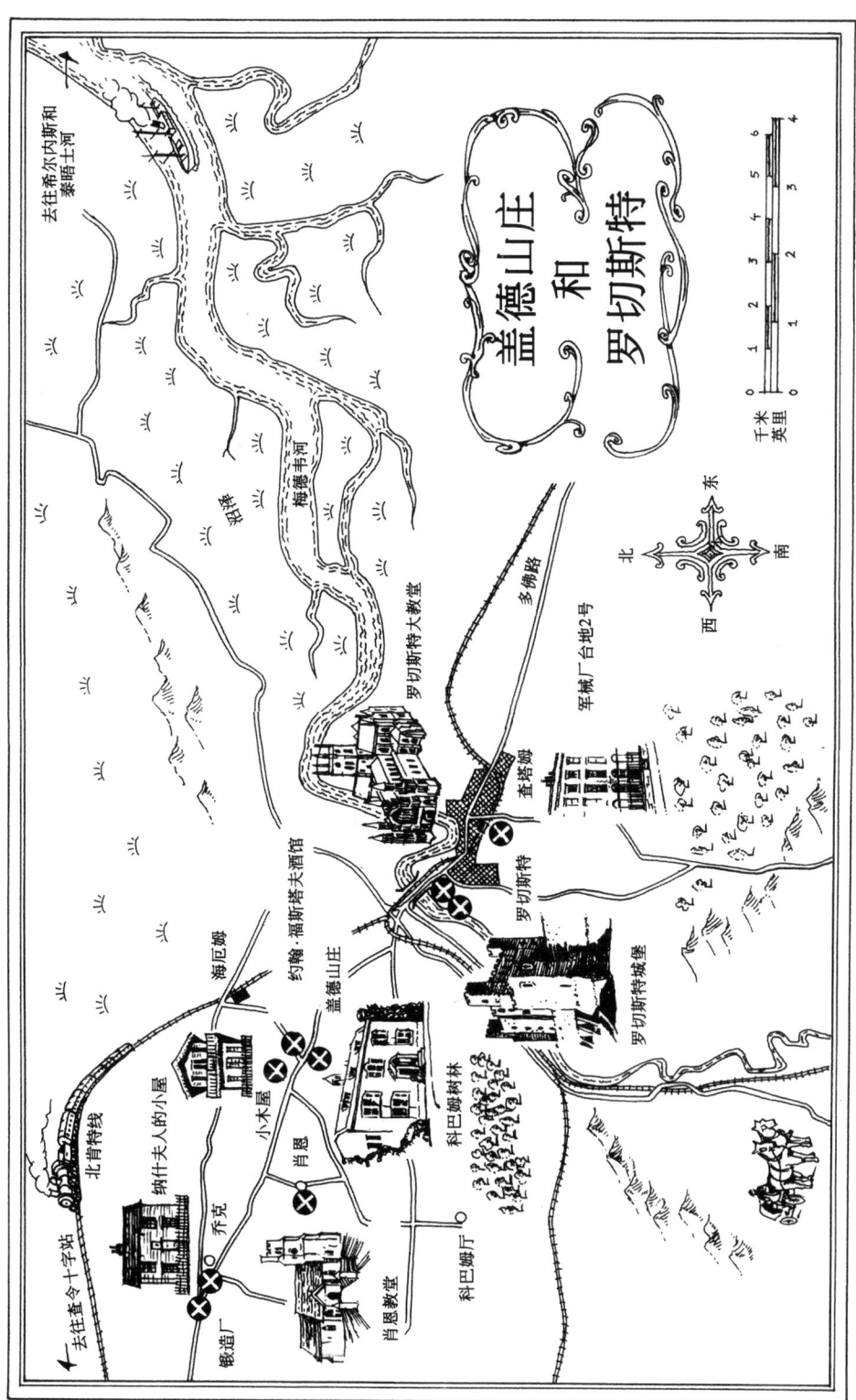

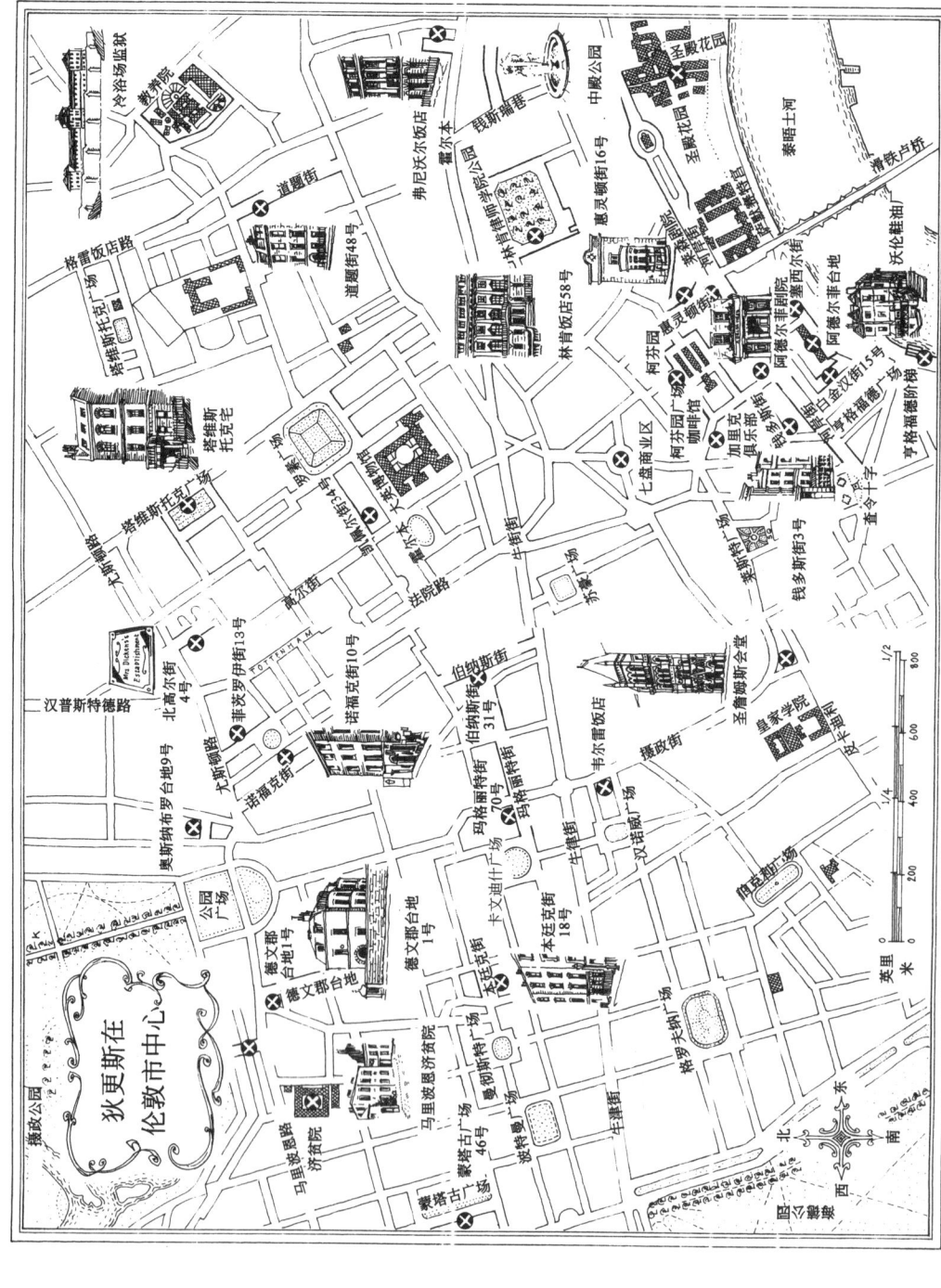

地图图例

盖德山庄和罗切斯特

约翰·狄更斯和他年轻的家庭于1817—1822年住在罗切斯特和查塔姆，先是在罗切斯特上方的军械厂台地2号，后于1821年搬到码头附近的圣玛丽小区18号。父亲有时会带着狄更斯乘海军快艇沿梅德韦河逆流而上。狄更斯9岁那年在这里上了学。

乔克村：狄更斯于1836年在此地纳什夫人的小屋度蜜月，并进行《匹克威克外传》的写作。

盖德山庄：狄更斯儿时见到了这里的房子，并于1856年将其买下，之后他将这里作为他在乡间的家，并在此逝世。他喜欢在科巴姆树林里散步，对朋友们展示肯特郡乡间和罗切斯特的美，还在梅德韦河上划船。他希望能葬在乡间，家人们首先选择了肖恩教堂，然后是罗切斯特大教堂，但最后家人们被劝服，认为西敏寺才是最合适的地方。他的遗体在家人陪同下于6月14日早晨由一辆专列火车从海厄姆站送到查令十字站。

狄更斯在伦敦市中心

阿德尔菲剧院，河岸街：狄更斯受到19世纪二三十年代在此表演的明星查尔斯·马修斯的启发。许多改编自狄更斯早期小说和圣诞故事的戏剧自1834年起在此上演。

白金汉街15号：狄更斯于1834年曾借住于此，他还让"大卫·科波菲尔"在此寄宿。

本廷克街18号：狄更斯于1833年借住此处。

伯纳斯街31号：玛丽娅和奈莉·特南于1858年秋至1859年春住在这里的出租屋，之后她们搬到了霍顿小区（见北伦敦地图）。

塞西尔街：狄更斯于1832年曾在此暂住。这条街已被壳牌大楼覆盖。

钱多斯街3号：狄更斯曾坐在鞋油厂的窗边做工，查尔斯·迪莱克在那里认出了他，并给了他半个克朗。

冷浴场监狱：狄更斯对监狱访问非常着迷，这里是他最喜欢的一处。管理者奥古斯特·崔西是他的密友。监狱建在欢喜山上，如今邮局在那里有一家分拣处。

德文郡台地1号：狄更斯于1839年12月至1851年12月在此安家，出访海外时将此地出租。

道题街48号：狄更斯于1837年租下这里，并住到了1839年12月。现在这里是查尔斯·狄更斯博物馆。

菲茨罗伊街13号：狄更斯于1832年偶尔随双亲在此借住。

弗尼沃尔饭店：狄更斯于1834年搬到这里，1836年结婚时又换了条件更好的客房。他的第一个孩子查理于1837年1月在这里出生。一家人在1837年3月搬走。

加里克俱乐部：狄更斯于1837年成为会员，此后经常地退出和再加入。

北高尔街4号：狄更斯于1823年随双亲租住于此，他的母亲想开办一家学校。

亨格福德阶梯，沃伦鞋油厂：堤岸修建之前工厂开设在河边，直通旧亨格福德集市，1864年在集市原址上兴建了查令十字火车站。

凯佩尔街34号：一位医生的房子，狄更斯将父亲安顿在此处，并于1851年在此见证了父亲的去世。

林肯饭店58号：约翰·福斯特自1834年起租住于此，租用的房间数量随着他藏书的增多而不断增加。他在1856年结婚时搬离。

莱森剧院，河岸街：狄更斯熟知的剧院。1860年《双城记》在此上演，狄更斯的友人费克特于1864年承包了这里，特南夫人于1866年在此最后一次登台。

玛格丽特街70号：狄更斯于1831年上半年随双亲在此借住。

马里波恩济贫院：非常庞大的建筑群，狄更斯于1840年曾在此担任陪审员。

蒙塔古广场46号：福斯特于1856年结婚后在此居住。

诺福克街（现克利夫兰街）10号：狄更斯随双亲于1815—1816年以及1829年租住于此。

奥斯纳布罗台地9号：狄更斯于1844年将德文郡台地的房子出租时，曾在此短暂租住。1842年他出访美国时，将孩子们迁至奥斯纳布罗街25号。

柯芬园广场咖啡馆：狄更斯、福斯特和朋友们聚会的地方。狄更斯也在此住宿，如1844年12月他曾居住于此。

圣詹姆斯会堂：狄更斯在伦敦的大部分朗读会都在此举办。他的朗读活动在朗埃克广场的圣马丁会堂开始举办，这里在1860年曾被烧毁，另外他还在汉诺威广场的房间里进行朗读。

萨默赛特宫：约翰·狄更斯于1805—1809年以及1822—1825年在此为海军出纳局工作。

河岸街：据狄更斯所写，《纪事晨报》位于332号，他的出版商查普曼和霍尔在186号。

塔维斯托克宅：狄更斯于1851年买下这处房产，打算终生持有，但他在1860年将房子出售。

韦尔雷饭店：自19世纪50年代起，狄更斯最喜欢的伦敦餐馆。

惠灵顿街16号：狄更斯于1850年为《家常话》在此设立办公室，楼上是他的私人房间。剧院在触手可及的距离，他在这里得到了充分的享受。1858年《常年》创刊时，他搬到了房子更大的惠灵顿街26号，装修了私人房间，很舒适，并雇了个管家。

狄更斯在北伦敦

安普提尔广场：狄更斯于1851年为寡居的母亲在此找了一座房子。

贝汉姆街16号：约翰和伊丽莎白·狄更斯于1822年携全家从罗切斯特迁居至此。

尤斯顿火车站建于1837年，国王十字站建于1852年，圣潘克拉斯站建于1868年。

格罗斯特街区70号：凯瑟琳·狄更斯离婚后在此居住，直到去世。

格拉夫顿台地4号：狄更斯于1860年在此安置孀居的弟媳海伦以及她的孩子们，之后他的母亲在这里居住，直到去世。

霍顿小区 2 号（安普提尔广场）：1859 年，芬妮和玛丽娅·特南购买此处房产，于 1860 年转给了成年的艾伦（奈莉）。毋庸置疑，该房由狄更斯付款购买。

约翰逊街 29 号：约翰和伊丽莎白·狄更斯偕家人于 1824 年 12 月至 1827 年 3 月在此居住。

小学院街 27 号：约翰和伊丽莎白·狄更斯偕家人于 1824 年在此租住。

波利根 17 号：约翰和伊丽莎白·狄更斯自 1827 年 3 月起在此居住至 1829 年。

惠灵顿寄宿学院：狄更斯于 1825—1827 年在此就学。

狄更斯常年在北伦敦郊区骑行或散步，1837 年曾在汉普斯特德西斯公园的柯林农场停留。1843 年，他租下了一处"孤单的农家"，即位于芬奇利村的柯布利农场，租期三个月。今天这里都被建筑物掩盖了。他还想过在海格特买一座房子，他在海格特公墓安葬了姐姐芬妮和她 8 岁的儿子哈利、他的父亲、夭折的女儿朵拉以及他的母亲。

这张地图的最北边是海格特和汉普斯特德，约翰·狄更斯常去那边躲债，夏天还带上家人，1832 年 5 月去了北区 32 号。

目　录

序：盖世无双　　　　　　　　　　　　　　　　　／ 1

第一部

第一章　父亲们的罪　　　　　　　　　　　　　　／ 11
第二章　伦敦教给他的　　　　　　　　　　　　　／ 24
第三章　成为"博兹"　　　　　　　　　　　　　　／ 36
第四章　记者　　　　　　　　　　　　　　　　　／ 53
第五章　四家出版商和一场婚礼　　　　　　　　　／ 62
第六章　"直到死亡将我们分离"　　　　　　　　　／ 72
第七章　恶棍和强盗　　　　　　　　　　　　　　／ 86

第二部

第八章　杀死耐儿　　　　　　　　　　　　　　　／ 105
第九章　征服美国　　　　　　　　　　　　　　　／ 119
第十章　挫折　　　　　　　　　　　　　　　　　／ 133
第十一章　旅行、梦和幻境　　　　　　　　　　　／ 143
第十二章　危机　　　　　　　　　　　　　　　　／ 157
第十三章　中断的《董贝父子》　　　　　　　　　／ 173
第十四章　一个家　　　　　　　　　　　　　　　／ 185
第十五章　一部个人史　　　　　　　　　　　　　／ 193
第十六章　父子们　　　　　　　　　　　　　　　／ 207
第十七章　童工　　　　　　　　　　　　　　　　／ 217
第十八章　小杜丽和朋友们　　　　　　　　　　　／ 229
第十九章　任性和不安　　　　　　　　　　　　　／ 245

第三部

第二十章　暴风雨　　　　　　　　　　　　　　　/ 263
第二十一章　秘密、神秘和谎言　　　　　　　　　/ 277
第二十二章　"毕蓓丽"式生活　　　　　　　　　/ 293
第二十三章　聪慧的女儿们　　　　　　　　　　　/ 307
第二十四章　首席　　　　　　　　　　　　　　　/ 320
第二十五章　"一切看起来又如常了"　　　　　　/ 337
第二十六章　匹克斯威克，佩克尼克斯，匹克威克斯　/ 349
第二十七章　我的朋友们的回忆　　　　　　　　　/ 364

序：盖世无双
1840 年

1840 年 1 月 14 日，伦敦。一场审讯即将在马里波恩济贫院举行。杂乱地分布于马里波恩路和帕丁顿街之间的大片区域的建筑群组成了济贫院。一位事务员——他专门负责劝说住户们担任陪审员——组织起一个 12 人的陪审团。陪审团成员大多是当地的中年商人，只有一个人明显与众不同。此人年纪不大，身材修长，穿着体面，相貌堂堂，不高不矮五英尺九英寸，深色卷发垂在前额和衣领上。他刚刚搬到德文郡台地 1 号，这房子通风良好，还带着一个大花园，坐落在摄政公园附近。事务员匆忙去他家里喊他去履行陪审员的职责。

从德文郡台地到济贫院只有短短的一段路，但济贫院的门里门外简直就是两个世界。他被领到一个房间，其他陪审员正在这里来回踱步，等待审讯开始。他们来是为了对一起涉嫌杀婴案表态。一名女仆被指控在她雇主家的厨房里杀死了她刚生下的婴儿。一名陪审员立即声明，他赞成在法律允许的范围内对这名年轻女子施以最严厉的惩罚。年轻的新任陪审员认出，这人就是他怀疑在他前几天购买两张牌桌时欺骗了他的家具商。另外一个身材强壮的教区居民则把自己的名片塞进新任陪审员手里，轻声说期待将来能为他服务：此人是个送葬人。

在开始审讯之前，所有陪审员都被带到楼下的地下室去看一眼停放在那里的婴儿尸体。尸体躺在一个盒子里，干净的白布垫在下面，验尸时用过的外科手术器具放在一边。婴儿尸体已经被重新缝合起来。新任陪审员家里有两个月大的女婴名叫凯蒂。这景象让他觉得就像是巨人铺好了桌布准备吃晚餐，但他没有和其他陪审员们分享他的感受。陪审员们都觉得地下室粉刷得很好，打扫得很干净。首席陪审员说："先生们，可以了吗？我们回去吧，事务员先生。"众人重回到楼上。验尸官是托马斯·威克利，不久之前他还是一位议员，同时也是一位优秀的医生。新任的陪审员名叫查尔斯·狄更斯。

这时济贫院的看护把被控谋杀的年轻女人带了上来。她看上去又病又弱，还很害怕。有人让她坐在一把马鬃制的椅子上，她一直在试着把脸埋到看起来毫无同情心的护工的肩头。伊莱莎·伯吉斯大约二十四五岁，从事一个女仆能做的一切工作。她还是个孤儿，这大概是她无法确定自己年龄的原因。她似乎在一家济贫院长大，而且很可能就是在这里。据她自己说，1月5日星期天，她去位于艾吉韦尔路65号的雇主家厨房上工，那天只有她一个人当班。当时大门铃响起来，她跑上楼去给两名女客人开门，而等她回到厨房，一个男婴生在她的裙子里，看上去已经死了。她不清楚这孩子究竟是在楼梯上还是厨房里出生的，但是她自己给这孩子接了生，切断了他的脐带，并尽可能做了清理。然后她找了一个盒子，或是一个锅，把她刚生下的死婴放进去，藏到碗柜底下。客人离开后，女主人玛丽·西蒙斯夫人派她在大冷天里去擦洗大门的台阶。看到她的病容和突然变瘦的身材，女主人责问她是不是刚生了孩子。一开始她矢口否认，但接下来在恫吓和医学检查之下，她承认了这一事实并告诉西蒙斯夫人她把孩子藏在了哪里。西蒙斯夫人派了一辆出租马车把伊莱莎和死去的孩子从她的家送到了马里波恩济贫院的诊所。

西蒙斯夫人出庭作证，她表现得相当冷淡，并抗拒狄更斯提出的问题，因为狄更斯希望能给这案子一个转机。验尸官朝陪审员和恸哭着的被告女子投来一个鼓励的眼神。下一个证人是济贫院的博伊德医生。他报告说，被告人告诉他，她自己正在厨房里忙着工作，这时候两位女士拉响了门铃。她赶着去给客人开门，"孩子因为这个动作被生了下来，而在她回去的途中孩子就死了"。他无法确定孩子生下来时是否还活着。之后在私下的交流中，威克利医生告诉狄更斯，孩子可能生下来就根本没有一点呼吸，因为他的气管中存在异物。

陪审员们讨论案件的时候，伯吉斯小姐被带了下去。狄更斯下决心要击败那些想以杀死自己产下的婴儿为由给伯吉斯小姐定罪的人。在威克利医生的鼓励之下，狄更斯坚定有力的辩驳最终赢得了胜利。伯吉斯小姐被带回来的时候，判决结果已经出来了：婴儿在被发现时已经死亡。她跪下来向陪审员们表示感谢，"她称我们是对的——这是我一生中听到的最令我感动的声明"①，然后她晕倒了，被人抬了下去。她仍然要被羁押在监狱里，还要在老贝利街伦敦中央刑事法院走一段程序，但现在她已经无需担心会被判死刑。狄更斯无疑是12人陪审团中最繁忙的一个，他回家去为伯吉斯小姐准备要送进监狱里的食物和其他生活用品。他还找到内殿律师学院的优秀律师理查德·多恩为她在刑事法院辩护。这位律师曾是已故的杰里米·边沁的朋友和秘书。

那天，狄更斯一夜无眠，极为恶心，消化不良，他不想独处，于是他让妻子凯瑟琳和他坐在一起。济贫院里的死婴，有关监狱的想法，还有那生活在恐惧、无知和不幸中的年轻女人，这些都让他很不好受。第二天早晨，他给他最亲密的朋友约翰·福斯特写了一封信。"不管是因为可怜的婴儿，还是他可怜的母亲，或是棺材，或是我的陪审员同事们，我没法说……"②他知道很多有关监狱的事，因为他的父亲曾因为欠债而入狱。而关于婴儿的死亡，很久以前他曾有两位夭折的弟妹——万幸的是他自己的三个孩子都结实健康。他也很了解那些料理一切家务的女仆，或者说"女奴"，他还清楚地记得他小时候在家里帮工的女仆坦白地对他讲的那些关于她童年所在的济贫院的事。狄更斯从不适中恢复过来，晚上他和福斯特在阿德尔菲剧院见面去看《拦路强盗杰克·谢泼德》，主角由女演员玛丽·安妮·基利反串。狄更斯很熟悉这位演员，因为狄更斯在八年前曾经向她丈夫学过如何表演。

查尔斯·狄更斯自孩提时代就在观察周围的世界。在过去六年里，作为一名记者和小说家，他向大众报道他所看到的一切。许多事让他愉悦，但更多的事让他感到苦恼：他在伦敦看到贫穷、饥饿、愚昧和污秽，有钱有势的人却对这一切冷眼旁观。他已经凭借能力和少有的天赋摆脱了贫穷。但他从未忘记自身的贫穷，也从不回避。他在自己的书里一直关注着它，也毫不吝啬对此投入自己的时间和金钱。这并不仅限于伊莱莎·伯吉斯的案例。

伯吉斯小姐的审判于3月9日在老贝利街进行，第二天《泰晤士报》报道了她的案子。她被指控在1月5日非法隐瞒了一名男婴的出生。她的

---

① 狄更斯多年后自述，"关于死亡的回忆"，《常年》，1863年5月16日。其他关于老贝利街审判的事载于1840年3月10日的《泰晤士报》。

② 狄更斯致福斯特，1840年1月，《朝圣》第二卷第9页，摘自福斯特《查尔斯·狄更斯的一生》（以下简称《一生》）第一卷第十三章。

辩护人多恩先生辩解说，她当时缺乏对此事的认知能力。他还传唤到了一位能证明她人格的决定性的证人。克拉克森先生是住在大罗素街的一位商人，也是伯吉斯小姐从前的雇主，他愿意尽最大努力向伯吉斯小姐提供帮助。克拉克森先生说，他的夫人对伯吉斯小姐很感兴趣，还为她在女子庇护所里安排了一个位置。克拉克森一家希望她在得到许可后能重新回来为他们服务。这些受尊敬的人想帮助伊莱莎的愿望对她的案子很有利。陪审团认定她犯有隐匿罪，但强烈建议法庭对她作宽大处理。法官萨金特·阿拉宾先生说，基于当前的情况，他决定暂缓判决至下次开庭，在这段时间里伯吉斯小姐是自由的。这之后，除了狄更斯的记叙，再没有关于她的任何记载，她得到了宽大的判决，"她的经历和行为证明了这是对的。"这句话写于23年后，即1863年。狄更斯一直保留着这段关于悲伤的年轻女子的记忆。[①]

这仅仅是狄更斯人生中一段小小的插曲，但我们可以通过这些行为了解他。他从自己家沿路走到济贫院，然后决定去帮助一位无论利益或阶层都和他没有半点交集的女性。这位女性来自社会的最底层，在济贫院长大，是一名女仆，还是一名受害者——受害于无知、轻信，受害于一个不知名的骗子和一个严苛的雇主，也受害于尊敬的陪审员们的想当然。他做到了他为人的极致，他坚定地与对手辩论，大方地帮助他人，还全程跟进案件。这一切纯粹出于他意识深处的不该让这女子再受伤害的想法。

1840年，狄更斯给自己施加了巨大的压力，这让他的行为更加引人注目。他很成功，也很疲惫。他在过去的四年里以极大的工作强度完成了三部按月连载的长篇小说，非凡的创造力和文笔使他声名鹊起。将作品系列化分卷出版的做法开辟了一种新型出版方式，把作品传递给新的读者，这些书让人买得起，还便于传阅、收集和保存；甚至有新读者为此第一次买了小说，把它们放在家里的书架上。他书中的名字被人们传颂着：匹克威克、山姆·威勒、费金、奥利弗、斯奎尔斯、史密格。狄更斯的语言带给读者欢笑，能令人感伤，有时又充满愤怒，就像一个朋友在说话。他写的故事被改编成戏剧，并在全国的剧院上演——玛丽·

---

① 这里略有差异：在当时的一封信中他写到，他在审讯当晚无法入睡，但在1863年的描述中，他梦到了那个被审判的女孩的脸。"关于死亡的回忆"，《常年》，1863年5月16日。

安妮·基利打算在阿德尔菲剧院出演史密格。他的成功前所未有，激动人心，但他依然感到十分焦虑，因为他的收入和生活水准取决于他是否能保持这样的步调。他没有存款，过一个月算一个月，一直在为金钱而担忧，但他已经发誓不再写系列小说了。他在一份新创办的周刊当编辑，他确信这份工作可以让他更轻松地挣到同样多的钱。1840年1月，他开始着手编辑第一期。

狄更斯能供养若干仆人、一匹马、一辆马车以及一位四十多岁名叫约翰·汤普森的车夫，这位车夫持续为他服务了26年。他还能带上家人在6月和9月各外出度假一个月。他还和妻子享受过一次愉快的短途旅行——狄更斯称呼她"我的夫人"或"我的另一半"。同时他在社交界备受推崇，邀请他的人有极尊贵富有的库茨小姐（在有王室成员出席时，她会要求宾客穿上宫廷礼服）、地位不高但非常聪慧的霍兰德女士，甚至还有名声不太好但聪明过人、富有魅力的布雷星顿女士和她的伴侣德奥赛伯爵。狄更斯的夫人没有陪他去过这些名媛家，也没有跟他去和身兼学者及保守派议员的理查德·蒙克顿·米尔内斯共进早餐。皇家学会主席北安普敦亲王邀请狄更斯出席一场在皮卡迪利宅邸举行的招待会。卡莱尔拉着狄更斯去参加关于建立伦敦图书馆的早会，然后他成了这里的赞助人和订阅者。他对雕版画肖像也有很大的需求，有位优秀的雕塑家那时正在为他制作半身塑像。

狄更斯的生命走过了近半程：1840年，他28岁，未来还有30年时光。他居住的国家历经25年的和平岁月，对外没有战争，对内没有革命。这部分要感谢老国王威廉四世颁布的1832年改革法案，法案重新划分议会选区，选民范围也被谨慎地扩大。但伦敦的小街巷依然肮脏、贫穷、拥挤且疾病横行，住在大房子里的富人却不动如山。铁路对这个国家的风俗习惯的改变超过了选举，位于尤斯顿和帕丁顿的火车站把伦敦与国家的北部、西部都联系在一起。新牛津街刚被开辟，同样的还有芬奇利路、加里东路和坎登路。查尔斯·巴里正在设计特拉法加广场。1月一便士邮资制度建立，覆盖整个国家：在实行的第一年信件流通数量翻了一倍。伦敦城在准备年轻的维多利亚女王与德国的萨克森-科堡-哥达的阿尔伯特王子将于2月10日举行的王室婚礼。议院正在讨论该给外国王子发多少津贴。讨论的最后结果是30 000英镑。大街上人们唱着："阿尔伯特王子他永远都是/属于我的亲亲梦中人"——至少狄更斯这样记载。① 他装作爱上了女王，然后跑到温莎城堡外边躺在地上，对异常吃惊的路人们展示他的热情。

狄更斯仍然很年轻。他的文笔可能还不够沉稳，他的着装太过炫耀——萨克雷嘲笑说这是"天竺葵和卷毛"——他热情好客得过头，他的火气也很大，但他的朋友们——主要是画家、作家和演员——都喜欢他，而且这种喜欢是相互的。有时他会离开伦敦去平静地写作，并叫上一群朋友同行。他是庆功宴的主办人，爱玩哑谜猜字游戏，还是四对方舞的名手。如果得了重感冒，他会就此开玩笑："北风吹，北风吹。"他这样抱怨着，或者"我哭了一整天……我不停地擦鼻子，结果它比上周二的时候短了一英寸"。② 他做事极快，以挣得自由时间。他努力生活，拼命锻炼。他的一天从冷水澡开始，只要有条件，接下来他会步行或骑马，去城外进行一场12、15或20英里的艰巨探险，通常叫上一位朋友陪同。他可能会从晚上10点到凌晨1点一直专注于研究，也会在8点半之前就起床坐到桌子前，用一支他新削好的羽毛笔蘸着他最喜欢的深蓝墨水写作。他向一位严厉的老师学习法语。③ 他还尽力帮一位穷木匠实现文学梦想，读他的作品，给他找工作。④

他对自己周围的环境有种强迫性的控制欲，甚至到了要自己重新布置旅馆房间的地步。他在巴斯的一家旅馆给凯瑟琳写信说："我当然睡觉前就布置好了我的房间和行李。"他还从布罗德斯泰写信给一位老朋友说："所有房间的家具已经由一位非凡人士重新布置过了。"——这位非凡人士指的是他自己。⑤ 他抽雪茄烟，经常在信里提到卖酒给他的商人，还有他购买并享用了的白兰地、琴酒、雪莉酒、香槟、红葡萄酒和白葡萄酒；另外，尽管他很少醉酒，但他有时还是承认他在放纵一夜后第二天早晨会很难受。树莓是他最喜欢的水果，他吃的时候从不蘸奶油。另

---

① 狄更斯致R.蒙克顿·米尔内斯，1840年2月1日，《朝圣》第二卷第16页。
② 狄更斯致福斯特，1840年1月；狄更斯致麦克雷迪夫人，1840年11月13日，《朝圣》第二卷第150页。
③ 路易·普雷沃斯特，后来在大英博物馆工作的语言学家。狄更斯向他支付过若干款项。
④ 此人是约翰·欧佛斯，狄更斯多年来投入大量时间精力关照他，四处推介这位作者，帮他刊登文章，给他找了雇主。他于1844年36岁时去世，留下妻子和六个孩子，狄更斯后来持续帮助这一家人。
⑤ 狄更斯致凯瑟琳·狄更斯，1840年3月1日，《朝圣》第二卷第36页，狄更斯致T.比尔德，1840年6月1日，《朝圣》第二卷第77页。

外，他还非常喜欢盒装的枣。① 他是加里克俱乐部和文艺协会的会员，他了解并时常出入伦敦所有的剧院，甚至还能在需要戏票的时候向任何一位经理订到一个包厢。外出吃饭，上剧院，或者和一两个朋友到伦敦的各个地区去探险，这都是他惯常的打发夜晚时光的办法。他经常一个人在街上散步，同时观察或思考。他还对监狱和济贫院十分感兴趣，这些地方是被社会排除在外的人的栖身之所。

十年后，也就是1850年5月，狄更斯再次造访马里波恩济贫院。② 当时这里收容了约2000名各个年龄段的人，从刚出生的到濒死的都有。他对这里进行了生动的描写：房间里挤满了人，散发着难闻的味道，人们无精打采，饮食条件恶劣，老人们愁眉不展、表情呆滞，他们一无所有，只等待着死亡。他后来发现这里的一线光亮之处：人们妥善照顾行乞儿童，让他们住在建筑高层最宽敞、明亮、通风的房间里；孩子们快乐活泼地吃着土豆，有"两个小脏孩在角落骑木马"，这景象打动了他。但一位看护者的悲伤给了他最大的打击，这个"软弱、瘦削、邋遢、丑陋"的女人正哭泣着，她负责照顾一个"堕落的孩子"，这个孩子却被发现命丧街头。又一次，狄更斯尽全力帮助了她。"如果我可以为她去做任何有用的事，我会很乐意效劳。"他写到，"如果你能让我走上一条帮助她的路，那你能仁慈地告诉我怎样才能做到最好吗？"他给慈善家雅各布·贝尔议员写了信。③ 又是一个可怜的女人和一个死去的孩子在对他诉说。

他眼里的世界比任何人眼里的都更生动鲜明，他待之以欢笑、惊惧、愤怒——偶尔也有哭泣。他积累起自己的经验和反馈，它们又都成为小说的素材，经由想象力的渲染，带着他自己的欢笑、惊惧、愤怒还有感伤，狄更斯笔下的19世纪英格兰"噼啪作响"，充满生活感和真实性。甚至一位与他敌对最甚的批评家也承认，他对伦敦的描写"就像是给后人的特别报道"④。在他写作生涯的早期，他自称"盖世无双"：这话有玩笑的成分，但并不全是玩笑。因为他发现周围没有别的同行比他强，他

---

① 他的女儿如是说。格拉迪丝·斯托里：《狄更斯和女儿》，第223页。
② 《济贫院中的一次步行》，《家常话》1850年5月25日。
③ 狄更斯致J.贝尔，1850年5月12日，《朝圣》第六卷第99页。
④ 白芝浩：《国家综论》，1858年10月。

的朋友、家人中也没人比得上他的精力和野心。① 他能使人欢笑哭泣，也能激起人们的愤怒，他意在使人发笑消遣，让世界更美好。不管他去到哪里，又创造了什么，很久以后，一位观察敏锐的女孩这样描述道："名人是房间里的一道光，无形而神秘地支配一切。我还记得在他进来的时候，人们是如何的欢欣。"②

---

① 他在本特利的《智慧杂录》上印发的公开通信里使用这个称呼。他于1837年和1838年承担该刊物的编辑工作。在这一时期，他的老校长送给他一个银鼻烟盒，称他是"天下无双的博兹"，"博兹"是他第一次发表作品时用的笔名。在此鼓励之下，他开始用"无双之人"称呼自己。

② 指安妮·萨克雷，见菲利普·柯林斯编：《狄更斯：访谈和往事》第二卷，第177页。

第一部

第一章　父亲们的罪
1784—1822 年

1812 年 2 月 7 日星期五，查尔斯·狄更斯出生了，就在朴茨茅斯旧城区外兰德港的一个建于 18 世纪 90 年代的新郊区。小小的排屋历经轰炸及重建，其内部至今还能保存完好真是个奇迹。它的地址也变了：1812 年这里是兰德港麦尔安德台地 13 号，今天这里是朴茨茅斯老商业街 393 号。① 它有一小片前院，一段台阶通向它的入口，包括两层楼、顶楼和地下室，朴实的乔治亚式风格窗户。在 1812 年，这里还能眺望樱桃园场。台地上没通自来水，厕所也在户外。房子不太大，但对于一家人来说也足够了。报纸登载了狄更斯家新生儿出世的消息："星期五于麦尔安德，约翰·狄更斯老爷之夫人得一子"。两个月之后，3 月 4 日，新生儿在圣玛丽教堂洗礼，取名"查尔斯·约翰·赫芬姆"（Charles John Huffham）——查尔斯是外祖父的名字，约翰是父亲的名字，而赫芬姆（Huffham）则来自于他父亲的一个伦敦朋友，莱姆豪斯的克里斯托弗·赫凡姆（Christopher Huffam），一个给皇家海军做桨并装配船只的工匠。② 这一年，母亲伊丽莎白 22 岁，父亲约翰 27 岁，他们已经有了一个孩子，两岁的女儿芬妮。约翰·狄更斯每天要到造船厂去上班，他在海军支付办公室（Navy Pay Office）有份稳定的工作，每年领 110 英镑的薪水，这份薪水还有上涨空间。

父亲约翰·狄更斯是关于狄更斯的出身中最神秘的部分。人们不清楚他的教育背景，也不确定他前 20 年的情况。他的母亲伊丽莎白·鲍尔，1745 年出生于什罗普郡，是一名佣人，在她 36 岁那年作为女仆侍奉伦敦的布兰福德女士，期间嫁给了约翰·克鲁家的仆人威廉·狄更斯。

---

① 地址变迁依次为：麦尔安德台地 13 号、麦尔安德台地 387 号、商业街 396 号、现为老商业街 393 号。
② 约翰·狄更斯丁他第一次在伦敦工作时见到赫凡姆。赫凡姆的正式职务是"皇家海军装帆手"，曾因给武装民船配帆以对抗法国而进入官方视野。"Huffham"中间多出来的一个"h"是错拼。

克鲁家是柴郡的庄园主，在梅菲尔的下格罗夫纳街还有座城内宅院。这是1781年的事。她的丈夫比她大一些，大约在六十来岁。她结婚之后也到克鲁家来工作。1782年他们生了一个儿子，也取名为威廉。1785年老威廉·狄更斯被提升为管事，但同年10月他就在伦敦去世了。这一年伊丽莎白·狄更斯生下了第二个儿子约翰，但不是在伦敦，据说是在朴茨茅斯。这个男孩就是后来的查尔斯·狄更斯的父亲。伊丽莎白仍旧在克鲁家服务，并随他们在克鲁大宅和梅菲尔之间往返。比如在1798年，约翰·狄更斯13岁的时候，她就在伦敦，克鲁家的账簿上还记载着"于市府向狄更斯太太支付8.8.0"的字样。①

约翰没有追随父母的脚步，他打算往上爬。很多年以后，克鲁家的孙女说，她还记得"老狄更斯太太"在抱怨"那个懒虫约翰……他过去常常在房子里闲晃"，还有她是怎么给了他"好多个响亮的耳光"。② 有人帮助了约翰一把，他再次露面是在1805年4月，当时20岁，在伦敦的海军出纳局任职，一天挣5先令。这时的海军财务长官（Treasurer of the Navy）是乔治·坎宁，坎宁是克鲁家的一个朋友，相关工作的所有任命无疑要通过他。海军需要职员去维持对法战争的有效推进，而年轻的约翰·狄更斯有足够的才智胜任这一职位。两年以后，在1807年6月23日，他晋升为十五号助理事务员，年薪70英镑外加每天2先令的实际出勤费。这与他父亲过去挣到的钱相比已经是一笔财富。

为何约翰·狄更斯被选中了？有一个假设是克鲁家向坎宁举荐了约翰，以答谢他母亲忠诚的服务。而约翰的兄长威廉在牛津街上开着一家咖啡店。是什么让狄更斯太太的两个儿子的境遇如此不同？约翰自认是一个有品位、有文化的人。另外，我们还知道他有大量藏书，包括18世纪的散文、戏剧和小说：这些是赠予的吗？③ 书籍很昂贵。约翰在大房子里耳濡目染着杰出人士们的一言一行，克鲁家是个能无意中听闻一些国家最高级的会话的地方。约翰·克鲁的妻子弗朗西斯博学多闻又风趣，还是个知名的美人。在克鲁家周围聚集了一群著名的政客和作家，其中

---

① 见《狄更斯研究者》（1949）中关于狄更斯血统的文章，基于A.T.布特勒和亚瑟·坎普林的研究，由拉尔夫·斯特劳斯收集。

② 见格拉迪丝·斯托里：《狄更斯和女儿》，第33—34页。但鉴于安娜贝拉·克鲁1814年才出生，她不太可能记得1819年前的事情，也不太可能记得老狄更斯夫人是怎么抱怨她儿子的。大概她是在复述从别人那里听来的事。

③ 他的藏书由儿子查尔斯在查塔姆接收——见后文。

最著名的有查尔斯·詹姆斯·福克斯（Charles James Fox）、埃德蒙·伯克（Edmund Burke），还有理查德·布林斯利·谢里丹（Richard Brinsley Sheridan），他是一位剧作家兼剧院主，还是一名政客，已经是这个社会的宠儿了。在1784年选举期间，弗朗西斯·克鲁组织了一次拉票宴会，当人们在她的宅邸庆祝胜利的时候，威尔士亲王致祝酒辞，"忠诚之人，克鲁夫人"，而她的答词是"忠诚之人，各位同仁"，表达了她在辉格党中的同伴情谊。她还与谢里丹有一段很长时间的风流韵事，谢里丹在1777年把作品《造谣学校》（The School for Scandal）题献给了她。1785年，这段关系依然持续着，这让谢里丹的妻子伊丽莎白很苦恼。她给她的朋友坎宁夫人写信说："S在城里——克鲁夫人也在；我在乡下——克鲁先生也在。这不正好是个方便的组合吗？"① 尽管如此，谢里丹夫妇仍都是克鲁大宅的常客。另外在1790年，谢里丹夫人还有一个故事要讲，故事说的是她的丈夫是怎样被发现与女家庭教师一起被锁在宅子中一间较少人前去的卧室里的。谢里丹混乱的人际关系众所周知，但他的行为在他所处的圈子里也不是什么奇怪的事情。1807年，他成了海军出纳局局长，而就在这一年，约翰·狄更斯在他手下获得了晋升。

约翰·狄更斯可能是老仆人的儿子，但也有可能是约翰·克鲁行使他的"初夜权"而生的，甚至还有可能出自某个经常出入克鲁大宅的绅士。或者他很可能已经认定了他的出身。他对自己前20年的缄口不言，他彬彬有礼的讲话方式，还有他那花钱和借贷的习惯，仿佛他在某种程度上有资格那样做似的，这些都可以说明他是这样的出身，或者至少可以说明他脑子里的一种想法。这当然无从得知，也许只是因为他从克鲁家和梅菲尔习来的言行习惯。这是谢里丹还有福克斯的风格，他们赌输后向所有朋友借钱且从不记得还。值得注意的是，约翰可以说是在这样一群榜样式人物身边长大的，这些人是当时最雄辩的人物，同时也是赌徒酒鬼。管家的儿子精心构建了他自己的语汇，让他的儿子觉得有趣并记录下来，还作为喜剧成分用于自己的写作。比如，据儿子描述，父亲的一封信是这样写的："他有理由相信，他会在10月1日或前后在城里带着野

---

① 关于弗兰西斯·克鲁的信息源于埃里克·萨蒙在《英国人名辞典》上的文章，以及琳达·凯利的《理查德·布林斯利·谢里丹》。

鸡（pheasants）"，然后继续观察他在马恩岛上寻来的"一大群朋友和每一件来自大陆的廉价奢侈品。"另一个故事是，他挤对一个吹牛的朋友，他说："如果上帝对你的社会交往不是毫不在意，那他与我有充分理由相信和认识的那个人一定完全不同。"① 约翰·狄更斯的奢侈习惯以及欠债几乎毁了他儿子的生活并使其陷入绝望。②

约翰·狄更斯是个人物——他是儿子笔下最知名角色之一"麦考伯先生"的原型。他相当幸运。1806 年约翰·克鲁被当年去世的福克斯提拔为贵族。乔治·坎宁并非辉格党人而是自由派托利党人，他也是年轻一辈政客中最能干的。他成了克鲁家的朋友，在他于 1804—1806 年担任海军出纳局局长期间，他有机会为朋友的女管家的儿子提供一个职位。③女管家这时已经是个老妇人，她讲的故事能让克鲁家的孙辈们兴奋。另外，在谢里丹继坎宁之后担任出纳局局长时，他也有机会提拔约翰·狄更斯。两年后约翰·狄更斯的薪水已经上涨到 110 英镑，也就是说，1809 年 6 月他被调动到朴茨茅斯造船厂之前，可以结婚了。谢里丹于 1816 年去世，克鲁夫人是在 1818 年，她从前的女管家则是 1824 年；老狄更斯太太留下足够的钱让她的儿子约翰摆脱金钱上的困境，但她还是去世得太早，没来得及见证她孙子查尔斯的成就，也没能给孙子讲她在克鲁大宅和下格罗夫纳街的日子。

约翰·狄更斯有如此丰富的背景，有些事情他似乎从未和他的儿子查尔斯说起过，反过来查尔斯也不曾提到任何相关的事。海军机关是个好雇主，与法国之间的战争——冗长战争已经进入差不多第 20 年——意味着他在朴茨茅斯有大量的工作要做。伊丽莎白·狄更斯的弟弟托马斯·巴罗与她丈夫供职于同一个地方——这对夫妻就是这样相遇的，伊丽莎白的父亲查尔斯·巴罗也受雇于伦敦的萨默赛特宫，头衔是骄人的"镇首席管款人"。但小查尔斯并不认识这位他继承了其名字的外祖父，因为巴罗先生在 1810 年突然必须离开英格兰：他持续七年诈骗海军出纳

---

① 狄更斯向福斯特描述他父亲的"性格状"，写给凯瑟琳·狄更斯，以及他的另一份评论（1844 年 9 月 30 日），《朝圣》第四卷第 197 页。
② 想象一下 33 岁的谢里丹和 39 岁的女仆伊丽莎白在克鲁大宅的卧室里，约翰·狄更斯继了谢里丹在理财上的重度无能，而查尔斯·狄更斯继承了他对剧院的热情。这编得就像真的一样。
③ 格拉德斯通的文件中有一份私人备忘录，是在阅读诺斯科特-屈维廉的 1853 年报告后记录的："过去建立的政治世家都惯于在公务任命中损公肥私——他们合法或不合法的儿子们，他们各个阶层的相关者和依附者，都被如此供养。"

局的行为败露了。他辩解说,有十个孩子的生活实在很艰难,他不得不这样做。但刑事诉讼已经开始,于是他逃到了海峡的另一边。几个月前他刚刚见证了他的女儿与约翰·狄更斯于 1809 年 6 月在滨河圣母教堂举行的婚礼。在他遭贬并秘密逃到海外时,伊丽莎白正在朴茨茅斯,这件事无疑不会在麦尔安德台地被提起,这意味着成为一个秘密,一个不能讲述的故事。查尔斯·狄更斯的祖父和外祖父就这样成为不为人知也不被提及的人物。

像大多数女儿们一样,伊丽莎白挑选的丈夫与她的父亲有一些相似的特质,特别是他超过自己收入水平的生活品味这一点。约翰·狄更斯生性豪爽,说话随便而夸张,花钱也很大方。如果让他描述自己,他会以"绅士"两字落笔,在他的大儿子的出生公告上,他自称"老爷"。① 他喜欢得体的穿着,像摄政时期年轻的花花公子一样;他购买昂贵的书,还喜欢招待朋友,而以后他说不定会向这些朋友借钱。他的声音有点浑厚,就好像他的声带相对于他的喉咙稍粗了一点,但他这个人很可爱,胖嘟嘟的,还很有意思。他和伊丽莎白是快活的一对。

伊丽莎白是个苗条且精力旺盛的年轻女人,据说她在儿子出生前还整晚在外边跳舞。② 她也喜欢欣赏音乐和读书,还懂一些拉丁文。她的父亲在供职于海军出纳局之前制作乐器还当过音乐教师,并在伦敦经营过一家流通图书馆。巴罗家的教育程度要比狄更斯家高一些,伊丽莎白的兄弟们都很有才华。托马斯,也是她丈夫的同事,凭借自己的可靠、勤勉避免了因父亲的诈骗行为而带来的麻烦,在海军出纳局晋升到高位。约翰·巴罗出版了诗集和一部历史小说,还开办了自己的报纸。爱德华·巴罗是个有着相当艺术品位的业余音乐家——他与一位出身艺术世家的彩饰画家结了婚,还有一份国会记者的工作。他们都是能帮到自家姐姐和她丈夫的人,也是查尔斯年少时重要的榜样。

查尔斯五个月大的时候他们一家被迫搬到了贫民区的一座没有前院的小房子里。③ 他们当时很拮据,这房子恰好可以对应简·奥斯汀在《曼

---

① 告示:星期五于麦尔安德,约翰·狄更斯老爷之夫人得一子。
② 源于她的孙女凯特,记载于格拉迪丝·斯托里《狄更斯和女儿》第 25 页。
③ 根据格拉迪丝·斯托里在《狄更斯和女儿》第 40 页的记载,豪克街 16 号是建在"一条肮脏小巷"上的一座没有前院的小屋。狄更斯告诉福斯特,他还记得他和姐姐芬妮在前院摇摇晃晃地跑,手里拿着东西吃,保姆隔着地下室窗口看着;但这不可能是他的第一个家,他在能走路之前就已经离开了那里,所以可能他说的是豪克街房子的后院。他关于朴茨茅斯的另外的记忆是,他被带着去看士兵出操。

斯菲尔德庄园》中所描述的那个时代的那一座，在范妮·普莱斯去拜访她在朴茨茅斯的双亲时，她发现过道和台阶是如此狭窄，房间的墙壁薄到可以听到每一个房间传出的噪声。① 在这里，第三个孩子阿尔弗雷德出生了，并于 1814 年六个月大的时候夭折，他分走了孩子们母亲的注意力。一个保姆负责照顾芬妮和查尔斯，查尔斯说他还记得保姆带他去看士兵操练。那个冬天他们的父亲被召到萨默赛特宫工作，一家人随之迁到伦敦。根据狄更斯自己的回忆，一家人在雪天离开了朴茨茅斯，之后再也没有回到那里。②

他们在诺福克街（现克利夫兰街）租了房子，这条路最近刚由古老的通往乡下的"绿色小径"之一改造铺设为通往苏默斯镇和坎登镇的居住区道路。这里是伦敦北部的边缘，大型宅邸正在菲茨罗伊广场建造，托特纳姆法院路的东边还是农场和田地。约翰·狄更斯的哥哥威廉仍然在牛津街开他的咖啡店，并于 1815 年结了婚；而弟弟约翰尽管目前在海军机关有年薪 200 英镑的稳定工作，但还是觉得手头拮据，于是开始向母亲要钱，而察觉到这一点的母亲也回信答应了。我们不知道老狄更斯太太是不是曾经在孩子们的母亲忙碌时帮着照看过芬妮和查尔斯，也不知道她是不是给孩子们讲过故事，一切都没有记录。狄更斯家的第四个孩子莉蒂西亚于 1816 年 4 月出生，她比其他的孩子都活得长久。③

1815 年，狄更斯家的年轻一代在伦敦的时候，英国对拿破仑和法国的战争终于走到了终点。海军不再需要那么多的职员，出纳局的工作也变了。1816 年 12 月约翰·狄更斯又一次被派到了乡下，不过这次只有 30 英里远，在肯特郡。他先去了希尔内斯造船厂几周，在这里梅德韦河流经若干盐沼而汇入泰晤士河口；然后他又去了查塔姆，罗切斯特城堡矗立在横跨梅德韦河的桥梁的上方，被壮观的两重河湾环绕着，查塔姆和罗切斯特实际上合为一个城镇，周围是高耸的肯特郡丘陵。罗马人曾于此定居，这里有城堡和大教堂，中世纪的桥梁，古老的街道、客栈、房屋，以及海军职员们条件优良的住所和造船厂里极好的厂房。最近的建筑克莱伦斯城堡修建于 1812 年，是一座庞大的砖砌防御工事，用于阻止

---

① 《曼斯菲尔德庄园》写于 1811—1813 年，出版于 1814 年，作者所描写的从她在海军学校的兄弟那里听来的朴茨茅斯，基本就是狄更斯出生的地方。
② 福斯特：《一生》第一章。
③ 她于 1893 年去世。

拿破仑的进攻。它以当时的海军大臣威廉王子克莱伦斯公爵的名字命名，这位公爵注定要在1830年成为国王。这样漂亮的风景和建筑牢牢印在了小男孩的心中。在这里，狄更斯意识到了他身边的世界，并开始积累他对这个世界的印象。

查尔斯·狄更斯在他大约5岁生日的时候来到这里，与7岁的芬妮和小婴儿莉蒂西亚一起。他们的父亲在宽敞的查塔姆造船厂内外忙碌着，他经常乘着海军的旧快艇"查塔姆号"往返于梅德韦和希尔内斯之间。他把家安在另一座小而整洁的乔治亚式排屋里，屋子建在高过查塔姆和罗切斯特的陡坡上，能俯瞰河流。军械厂台地仍然在那里，因为时间久了和疏于打理而变得破旧，还可以看到在18世纪90年代建成的一些质朴的台地，它们排在小山顶上的新路边，就在大房子附近。小镇繁荣、粗放，富有活力，挤满了为海军的各种需求服务的劳工，当然还有军队：查塔姆也是募兵中心。那里还有许多铁匠和绳索匠，他们的学徒有自己的歌和庆祝方式，和乐队一起游行时戴着面具向路人筹钱。

山顶军械厂台地的环境更安静。那里有很多露天场所，后边是农田，前边是广阔而茂密的干草地，孩子们可以安全地在上面玩耍，在山楂树下野餐，和邻居交朋友。隔壁的水管工斯特拉希尔先生的两个孩子乔治和露西成了孩子们的玩伴，查尔斯喜欢上了露西，他后来说自己还记得她"像桃子一样粉扑扑的，系着蓝腰带"。他们一起享用甜点的那片草地早就被维多利亚时期修建的铁路穿过，沿着其边缘矗立的大树挡了些视线，但你仍然能了解到那段时光是多么令人愉悦。每座房子都有几级台阶通向狭窄的前门，门上边是小小的气窗；下面是地下室，一楼有一个前窗，二楼三楼则各有两个。这简单的盒状屋子里住着狄更斯夫妇和狄更斯夫人的妹妹玛丽·艾伦，人们叫她"芬妮阿姨"，是一个海军军官的遗孀，三个孩子，还有保姆玛丽·威勒以及女仆简·邦尼。

这时候小男孩差不多可以阅读了，但他还读不懂他父亲带回家的华丽昂贵的书。新出版的《罗切斯特及其近郊的历史和遗迹》里有一张折叠地图和五张图版。这是他母亲在一段时期里每天教他读书的教材，而且教得"十分地好"，他这样告诉他的朋友约翰·福斯特。福斯特说狄更斯用了他写给"大卫·科波菲尔"的几乎完全一样的词句，"我隐约还记得她教我字母的情景；当我看着识字读本里那些又黑又胖的字母时，那费解而新颖的形状，还有简单的 O 和 S，它们就像从前那样展现在我面前。"①这样的伊丽莎白·狄更斯听起来就像一个以精心教育来爱护孩子的母亲，这样的教育方式激发了孩子的想象力，从那时起语言就和快乐联系起来，他找到了他自己的道路。如果没有她，狄更斯不可能借助父亲留在顶楼卧室隔壁小房间的一堆书开始他自己的文学研究速成课程。这些书包括大量的 18 世纪游记和小说：笛福的《鲁滨逊漂流记》，菲尔丁的《汤姆·琼斯》，戈德史密斯的《威克斐牧师传》，斯莫利特的《兰登传》《皮克历险记》和《汉弗莱·克林克探险记》，还有英奇巴尔德夫人的滑稽剧集，几期《闲谈者》和《观察者》，以及童话故事《一千零一夜》和《精灵传奇》。借着漫长夏夜的微光，他一个人坐在房子顶层，和书里的主人公一起旅行，一起受伤，一起取得胜利，他的想象力挣脱了枷锁。

保姆威勒说他是"一个难以捉摸的小男孩"，她还记得他下楼要求把厨房清理出来用于做游戏。然后隔壁的乔治会把他的魔法灯笼带来，查尔斯和芬妮则唱歌、朗诵或者表演。查尔斯最喜欢的段子是华兹博士的"懒汉之声"，他演的时候还带着动作和表情。保姆威勒认为他是个"有活力的男孩，生性善良、亲切而且开朗"，而狄更斯太太是个"可亲的好妈妈"。②被妈妈带着去看皇家马车从城里经过的情景依然在查尔斯记忆里栩栩如生。多年以后他和一个朋友的儿子走在查塔姆街头，那里有一堵装有铁栅栏的矮墙，他告诉那个朋友的儿子："我还记得我可怜的母亲，上帝宽恕她，她把我放到那堵墙上，以便我挥舞帽子冲着驾车经过的摄政王乔治四世欢呼。"那句"可怜的母亲，上帝宽恕她"来自已经成年的狄更斯，他很看不起乔治四世，但作为一个幼小的能被举到墙头的小男孩，向正在通过的盛装而臃肿的王子乘着的华丽马车挥动帽子，他心里的快乐无疑是纯粹的。

回顾那些年，他记得自己是个敏感的，有时还很孤独的孩子，他很难和当地的男孩子、邻居还有海军军官的儿子们玩到一起，他们一整个夏天都在玩板球和抓俘虏的游戏。他开始受痉挛折磨，疼痛让他不能到

---

① 福斯特在《一生》第一章中标记狄更斯是在写《大卫·科波菲尔》五年前告诉他此事的，所以是 1844 年。狄更斯必然在脑中组织了语言并记了下来。在 1864 年一场演讲中，狄更斯谈到，一个老妇人"用桦条统治世界"推迟了他写字。但他讲了，是母亲教他识字的。

② 引自菲利普·柯林斯编：《狄更斯：访谈和往事》第一卷，第 2 页，摘自罗伯特·朗顿《狄更斯的童年和少年》，于 1883 年首次出版。

处乱跑，只能躺在草地上看着其他男孩玩耍，或者捧着一本书坐在他们附近，他右手握着左手腕，边阅读边轻轻摇晃。① 他在观察中长大，置身于他观察的对象们之外。夜里他沉迷于保姆给他讲的睡前故事，比如杀人船长把他的新娘做成肉饼吃掉，还有被老鼠闹得不得安生的造船匠：这些故事让他又害怕又开心。在其他晚上，他的芬妮阿姨则"对我哼黄昏颂歌，而我在枕头上哭起来"。②

他的痛苦来了又去，他也不是一直都那么消极。家人鼓励他唱滑稽歌曲，把他举到椅子上和桌子上让他表演。他的父亲认识了一位名叫约翰·特莱博的朋友，此人是查塔姆商业街米特雷酒馆的老板，芬妮和查尔斯都被带到那里展示过他们在滑稽歌曲独唱和重唱方面的歌唱技巧。③当你享受过一次表演并接受喝彩，你就会想再试一次，狄更斯一生对它们的激情就是从这里开始的。他那时是芬妮的搭档，芬妮音乐上的技巧相当出众，她比他在各方面都领先两年。他们两个都被送到了一所开在商店旁边的妇孺学校接受标准课程教育，但那里的训导以打骂为主，学不到什么东西。

两个孩子经常被带到剧院。罗切斯特皇家剧院由贝克夫人建造，她曾经是个傀儡师，和一个小丑结了婚，后来成了一位强大的实业家并运营着肯特郡巡游演出，这种演出是莎士比亚剧、哑剧等多种内容的混合。贝克夫人于 1816 年去世，但她的剧院依旧上演着各种各样的戏。他们在那里欣赏《理查三世》和《麦克白》，女巫、邓肯国王都以其他角色再现于舞台，用戏剧方式警醒教化观众。在 1819 年和 1820 年，查尔斯 7 岁和 8 岁的时候，他两次在哑剧演出季期间远赴伦敦，去看伟大的格里马尔迪独具一格的、多表现为歌舞和滑稽模仿的丑角表演。④ 芬妮阿姨为这一家注入更多对剧院的热情：一位供职于军械厂医院的拉莫特医生正在追求她，医生有一个十来岁的儿子詹姆斯，父子俩都是戏剧爱好者。孩子们

---

① 据 W. H. 博文医生 1956 年著《查尔斯·狄更斯和他的家人》中"查尔斯·狄更斯医疗史"一文，痉挛的疼痛似乎是由肾结石引发的。他的阅读姿势在格拉迪丝·斯托里的《狄更斯和女儿》第 44 页中有描述，大概是狄更斯自己告诉女儿凯特的。
② 狄更斯致福斯特，1857 年 9 月 24 日，回忆在查塔姆的童年，《朝圣》第八卷第 452 页和脚注。
③ 1883 年，阿尔德曼·约翰·特莱博，即米特雷酒店老板的儿子，他曾有一张童年朋友查尔斯给他的条子，写在约翰·狄更斯的名片上，说"狄更斯大师和小姐将很高兴在特莱博大师和小姐陪同下共度夜晚于……"《朝圣》第一卷第 1 页。
④ 福斯特：《一生》第一卷第十章，引用 1838 年狄更斯给出版社的一封信，这之前狄更斯因为在未看格里马尔迪表演的情况下编辑他的《回忆录》而被攻击。

不仅会被带着去城里的剧院，他们还能自己准备起一台戏，然后在医院的一间空屋子里上演。不难看出，自己搭建舞台，给自己上妆，制作戏服，这比看着别人做有意思多了。很快查尔斯自己写了一出悲剧《印度苏丹密斯纳》。虽然手稿已经散佚，但他还记得自己在写出它时有多么骄傲。"我在大概八岁的时候就是一个伟大的作家"，他后来开玩笑说，他还"从出生就是一个演员和演说家"。①

父亲还曾带着芬妮和查尔斯去坐"查塔姆号"，那艘他工作时乘坐用于往返希尔内斯的小小的海军快艇。他们得准时到船坞，这样可以赶上潮汐，忙乱的水手拉着绳子和帆穿过大量的船舶，有着古老灰塔的阿普诺城堡在河的远端，泥土色的河水飞溅起浪花，梅德韦河在泥泞的两岸之间渐渐变得宽广，看得见几座教堂，低岛，还有古代的堡垒——呼堡和达内特堡都被重建以对付拿破仑。航行几个小时之后，他们就会接近希尔内斯和泰晤士河口，远处还有三英里距离的艾塞克斯河岸透过一片水世界闯进了视线。这风景和两条河流让查尔斯心醉神迷。他和父亲一起散步的时候，父亲还会指给他看，盖德山顶上的房子就在罗切斯特到格雷夫森德的路上，约翰·福斯塔夫爵士在那里拦截旅行者，并有一家以他命名的旅馆纪念此事。盖德山庄是座朴素结实的红砖房，视野广阔，能看到向远处延伸的乡村，这一切深深地吸引了孩子的心；他想要住在那里。他父亲告诉他，如果他非常努力地去工作，也许有一天他就能住进去，每次父子俩路过这里时都会进行一遍这样的交流，他们在肯特郡的这些年里，这段对话重复了许多次。多年以后他对一个朋友总结了他为什么喜欢这里："科巴姆树林和公园都在房子后边，遥远的泰晤士河在前方，梅德韦河岸边是罗切斯特，旁边是古老的城堡和大教堂。所有这些了不起的地产都在老多佛路上。"②

他的父母在邻居中最亲密的朋友是纽恩汉姆一家，即一名退休的裁缝与他文雅和善的妻子，家境小康。纽恩汉姆借给约翰·狄更斯钱，不像大多数债主一样因为约翰总是无法按时还款而失望，他一直与狄更斯家保持着友好的联系，甚至在他们离开查塔姆后依然如此。出于敬意，狄更斯家最小的孩子被命名为"奥古斯特·纽恩汉姆"，但纽恩汉姆家对

---

① 狄更斯致玛丽·霍韦特，1859年9月7日，《朝圣》第九卷第119页。
② 狄更斯致瑟雅，1858年7月7日，《朝圣》第八卷第598页。

狄更斯家的女儿更感兴趣，并适时地给芬妮和莉蒂西亚留了一小笔遗产。尽管此时约翰·狄更斯已有超过 350 镑的可观年薪，他还是再次陷入了困境。1819 年夏天他向在伦敦肯宁顿格林的一个熟人借了 200 镑，并答应每年返还 26 镑；这笔钱要八年多才能还清，但理财能力的极度缺失致使他 30 年后还在偿还这笔钱。更糟糕的是，他请他的大舅子托马斯·巴罗为他借的 200 镑做担保却无法偿还，债主要求第三方担保人还款。巴罗不得不付了这 200 镑以及其他更多的钱，并气得告诉狄更斯家不准约翰再进他家门一步。

1821 年他们不得不离开军械厂台地搬到山下条件不那么好的一条街上，圣玛丽区 18 号，隔壁是家浸信会的小礼拜堂，离造船厂很近。现在家里多了两个孩子，哈莉特生于 1819 年夏天，弗雷德里克要再小一岁。钱不够花，约翰·狄更斯在伦敦的熟人也不再那么欢迎他，一家人再也没能去大城市看哑剧。查塔姆的一场大火给了约翰一个用笔赚钱的机会，他给《泰晤士报》的投稿被录用刊登，还得到了报酬。他向火灾受害者基金捐了两个基尼，这大概比他的稿费还要多，但他向世界证明了他还是一个绅士。

1821 年冬天，芬妮阿姨嫁给了拉莫特医生，与医生一起到爱尔兰的科克郡工作。他们带了女仆简·邦尼一起走，留下詹姆斯·拉莫特寄宿在狄更斯家中。詹姆斯很喜欢查尔斯，而且还在继续往剧院跑。这时芬妮和查尔斯被送到了吉尔斯先生的"古典、数学与商业"培训机构，这是一所正经的学校。威廉·吉尔斯是当地一个牧师的儿子，上过牛津大学，是个好老师，把学校经营得很不错。他发现他有一个不寻常的学生，查尔斯因他的鼓励而努力学习。他也玩得很开心。当老师要求他背诵的时候，他背出了《幽默家杂录》里的一段内容，其他孩子给他的喝彩足以让他两次返场谢幕。老师和同学们都喜欢他，他凭借自己的才能变得自信。但在某种程度上，吉尔斯先生也给他带来一个坏毛病，教他吸一种叫作"爱尔兰黑暗卫士"的鼻烟。尽管后来他戒掉了这一爱好而且在几年以后也没有复吸，但他从此知道了烟草的味道，并在 15 岁时就变成了一个重度烟民。[①]

[①] 背诵和鼻烟的事来自福斯特《一生》第一章，应是狄更斯告诉福斯特的。

狄更斯回顾过去时将在查塔姆的岁月称作他生命中的田园诗。他受益于稳定的家庭关爱，完美的风景、河流与城镇，良好的教育，他周围的愉悦的小世界开始不断扩大。1822年2月他10岁生日的时候，他在学校很快乐，老师鼓励他喜欢他，他也很享受他的学习生活。在家里，他的母亲马上又要生下一个孩子，4月3日婴儿出生，被取名为阿尔弗雷德，这是他们家在1814年夭折的孩子的名字，同时也是芬妮阿姨的丈夫拉莫特医生的名字。查尔斯茁壮成长，他们都在盼望着夏天在河上或野外度过漫长白昼。但一家人听到消息，他们的父亲要被调回伦敦，他们必须一起离开。看哑剧是年长的孩子们对伦敦的全部记忆，他们的母亲就生于伦敦，她的兄弟们也在那里，她很高兴能回到那座城市。

一家人开始准备。孩子们的保姆玛丽·威勒想留在查塔姆与她在码头工作的恋人结婚，她向狄更斯一家提出请求，并得到了许可。一家人只能带着一个出身于查塔姆济贫院的小女仆——她是一个孤儿，不知道父母是谁，似乎也没有名字——至少狄更斯家没有给她起一个。① 吉尔斯先生建议让查尔斯逗留到这半学期结束并邀请他在自己家寄宿，狄更斯家同意了。查尔斯看着家里的东西被一件件打包，然后向父母和兄弟姐妹告别。吉尔斯一家对他十分关心，吉尔斯小姐对他的长卷发十分羡慕，几周之后他又沉浸于学校例行的课业当中。

10岁的男孩把他在肯特郡这些年的记忆作为宝藏。在之后的岁月里他喜欢将它们提取出来，带着朋友来走过他所深知且深爱着的这片土地。1857年，他描述从梅德斯通到罗切斯特的7英里路是"英格兰最美的路途之一"。② 肯特郡一直是个充满欢乐的地方，是由森林、果园、海岸、沼泽与河流组成的天堂。他选择在这里度蜜月，在这里他可以一个人或者同他选定的同伴一起漫步，他带着他的孩子们在这里度过漫长的夏天，他在这里买了他梦想中的房子，并在这里死去。他希望能埋葬在这里。肯特郡的风景和城镇给他的不少作品提供了故事发生地。他的第一部小说《匹克威克外传》就有一部分场景设置在罗切斯特以及周边地区；另外他最后一部未完成的推理小说《埃德温·德鲁德之谜》就主要发生在这里的街道，他还给书中角色分配了这里真实的房屋。大卫·科波菲

---

① 以她为原型的人物出现在《老古玩店》中，她一直没有名字，直到她被迪克·斯威夫勒称作"公爵夫人"。
② 狄更斯致福斯特，1857年9月27—28日，《朝圣》第八卷第455页。

尔去找他的姨妈时曾从这里的桥上走过，这位姨妈把他从继父的暴行之下拯救出来，信任他、关怀他。《远大前程》的故事就发生在罗切斯特的房屋、街道和梅德韦的沼泽、河口地。人类生存的一切模式、结构和环境都是构成他小说的素材。在他眼中，他生活的结构模式与他所在的地方息息相关。在他的小说中，往返伦敦的旅程或好或坏都是决定性的转折点。1822年7月他就有过这样一次关键的旅行，那年他10岁，一个人上路。那个期末吉尔斯先生给了他一本戈德史密斯的《蜜蜂》做纪念，他把不多的衣物打了包，有人给了他一些三明治作为路上的干粮，把他送上前往伦敦的长途马车。马车恰巧是空的，在一个夏季的雨天里，他身边没有任何人的陪伴，独自从肯特郡乡下来到了伦敦市中心。在他的记忆中，这是一段令人沮丧的悲伤旅程。

第二章　伦敦教给他的
1822—1827 年

从多佛到伦敦的邮车下午两点半在罗切斯特停下载上乘客，4 小时后到达它的终点，就在查令十字街的金十字旅馆外。这里离约翰·狄更斯供职的位于萨默赛特宫的海军出纳局很近。那是个夏天的晚上，因为租车要花钱，所以父子俩可能是一路向北走回他们在坎登镇的新家的。孩子怀着对周围环境的强烈好奇心观察他第一次走过的街道。① 他所看到的一切会成为他大部分人生的背景，也为他的小说提供了场景；他一直忠诚于双亲选择的这片区域，它从西北方向延伸到河岸，穿过牛津街，直到布鲁姆斯伯里、马里波恩和摄政公园，沿着汉普斯特德路直到圣潘克拉斯、苏默斯镇和坎登镇。

他和父亲走过拥挤、嘈杂而肮脏的街道。空气中烟雾弥漫，地上满是秽物，但也很热闹。车辆、马匹和猪是这景色的一部分，骑马的人、轻便马车、四轮马车，混在人群中的还有不少衣衫褴褛还光着脚的穷孩子。街道是他们的游乐场，这里总有东西能吸引他们的注意力，也总有和人搭讪的机会；街道也是他们的工作场所，在这里他们可以赚点跑腿的小钱，甚至可以乞讨、可以偷。这里有卖食物和咖啡的流动小摊，咔嗒作响的出租马车和供租用的四轮大马车，街头小贩们叫卖着各式器具、笤帚、篮子还有花。这个时候还有大量的建筑工人聚集于此，搭起脚手架以修路和盖新房子：国王乔治四世和他的工程师约翰·纳什开始对伦敦进行改造，摄政街正在施工，正如摄政公园周围的台地。

圣潘克拉斯新造的教堂矗立在新路的南侧，以白色的波特兰产石料建成，高大的女像柱仿照古希腊风格——这里在 1838 年尤斯顿火车站建

---

① 除富人之外，所有人都可以随意步行。"我们曾跑向门窗边看出租马车经过，这情景很少见"：这是狄更斯在回忆 19 世纪 20 年代前后坎登镇的生活，那时这一带还没通铁路。摘自《一家不安定的邻居》，《家常话》1854 年 11 月 11 日。

成后被重新命名为尤斯顿路。在他双亲小的时候,新路还能把伦敦与北边的田野区分开,但随着人口增长,新增的道路和房屋在农田和商品菜园中铺开。单在圣潘克拉斯教区,人口就从1811年的46 000人增长到了1831年的100 000人。

狄更斯一家定居的坎登镇就是这些扩建区域中的一处。他们搬进了一套狭窄的排屋,位于贝汉姆街16号:三层楼包括地下室、一楼和二楼,顶上有小小的阁楼,外边在建筑背后设有洗衣房。这狭小的空间里住着六个孩子,包括刚诞生的婴儿阿尔弗雷德,他们家没有名字的小女仆,还有房客詹姆斯·拉莫特。单是他们在那里怎么睡觉的问题就很难解决,而更不可思议的是,他们家两岁的哈莉特在那年底染上天花夭折,而其他家庭成员竟然逃过了被传染的命运。① 贝汉姆街穿过位于汉普斯特德路的"红帽子妈妈"旅馆的花园,路边的房子都建于战争的最后一年,所以它们还很新。这里完全没有像他们在查塔姆时的社区的观念,在这之后查尔斯也只能回想起两个邻居,一个是隔壁的洗衣妇,另一个是街对面的弓街警官。他只能忍耐,他找不到可以交朋友的孩子,尽管房子后边有大块的田野,但他并没有在那里玩耍的记忆。不过他确实记得,他独自沿着路走到救济所,透过雾蒙蒙的空气,他可以看到几座大土堆另一边的圣保罗大教堂的圆顶。他对这景象十分感兴趣。在家里他总有很多事要做,比如逗四个弟妹们玩或者给母亲和女仆帮忙。芬妮在想办法去学音乐——她乐感很好,一定是有台钢琴被莫名地塞进了她的意识中——事实上,家里的一个朋友已经发现了她的天赋,并在一年之内把她推荐到新成立的皇家音乐学院去读书。

查尔斯最喜欢跟着父母进城。妈妈会一个人带着查尔斯去看他的大舅托马斯·巴罗,因为巴罗不准骗了他200英镑的约翰再踏进他家门一步。巴罗从11岁起就为海军出纳局工作,那时他第一次见到约翰·狄更斯。他在那里扎下了坚实的根基,在他父亲的丑事之后依然保住了他的地位。这时候他住在索霍区杰拉德街的宿舍,他刚做了场大手术,正在恢复:他15岁时断了一条腿,后来没有长好,以致现在需要截肢。截肢手术很成功,他的生活质量比以前提高很多,次年他结婚有了家人,在

---

① 格拉迪丝·斯托里:《狄更斯和女儿》,第44页——她将这个孩子命名为哈莉特·艾伦。

出纳局也升了职。尽管他的早年生活困苦，但在一些人心目中他仍然是个很有气概的人。查尔斯还记得一个叫查尔斯·迪莱克的人经常到杰拉德街去做客，他是巴罗在出纳局的同事，之后成为《图书馆》杂志的编辑。迪莱克还和刚刚去世的济慈是朋友。与约翰·狄更斯的懒散无能不同，巴罗以坚强的意志和决心克服了极大的困难，让外甥十分钦佩。查尔斯越来越喜欢他，隔几个月就要去拜访他一次，成了他的"小伙伴和小看护"。这表示查尔斯开始学着一个人去索霍区；而查尔斯在接下来十年中所表现出的坚忍和毅力也很有可能是以托马斯·巴罗为榜样的。[①]

舅舅在杰拉德街的宿舍楼下住着一位寡居的书商的妻子，人称曼森夫人，她在继续从事亡夫留下的事业。上下楼偶遇查尔斯，她就十分喜欢他，主动借书给他。查尔斯是他们见过的最有鉴赏力的读者。剧作家乔治·科曼写的一部幽默短诗杂集《开口笑》（*Broad Grins*）成了查尔斯的最爱之一，其中一个段子里对柯芬园的描述给他留下了很深的印象，他甚至跑到了真正的柯芬园——这次又是他一个人——在那里他闻着圆白菜叶子的气味"就好像这是滑稽故事一样"。[②] 再就是荷尔拜因的《死亡之舞》（*Dance of Death*），这是一组黑白版画，照片上的死者是一具具咧嘴笑的骷髅，包括富人和穷人、老人和孩子、国王、王后、牧师和律师。荷尔拜因既展示人的裸体，也展示人身着衣冠的样子，既描绘生命，也描绘死亡。这些画吸引了男孩的注意力，并留在了他心里。

他刚来伦敦没几个月的时候，有一天家里一位从肯特郡来的朋友主动带他出门，两个人一起出发，但这位朋友没能把孩子看好，于是查尔斯在河岸街迷路了，按照他的回忆应该是在诺森伯兰之家附近的某处。他花了一整天闲逛到城里，路过市政厅、官邸、奥斯丁修道院和利登贺街上的印度之家；他口袋里揣着一先令，就跑进了白教堂路边古德曼斯菲尔的一家剧院。散场之后天黑了还下着雨，他便聪明地找了一位守夜人带他到值班室，他在那里睡着了，醒来的时候发现他的父亲赶来接他回家。他被扫烟囱的人惊吓，还被几个男孩捉弄，流了点眼泪，但是，照他自己的说法，他没有想过妈妈，也没想过要被人找到。这时他对可

[①] 见狄更斯致 T. C. 巴罗，1836 年 3 月 31 日，其中他回忆了去做客时的情形以及他们的亲切关系。《朝圣》第一卷第 144 页。

[②] 福斯特：《一生》第一卷第一章。

能发生在他身上的事保持着一种异常的镇定，并持有宿命论的态度。

狄更斯家的老祖母这时快 80 岁了，在牛津街与伯父威廉住在一起。我们不知道查尔斯是不是拜访过她，但可以确定的是，查尔斯作为长孙从祖母那里得到了一块曾属于他祖父的银质的表，他之后一直将它随身装在口袋里。① 他还记得他被领去看望住在莱姆豪斯教堂街的教父克里斯托弗·赫凡姆。赫凡姆在那里经营他的船只装配生意，交易一切航船所需要的东西。他快活、和蔼可亲，曾在过生日的时候给查尔斯半个克朗，还请他唱滑稽歌曲，领着一群客人称赞这个男孩是个天才。② 这赞美对查尔斯来说很重要，因为上一次他被这样称赞还是在吉尔斯先生的学校里，他渴望继续受教育。夏天过去，假期结束，他不明白他为什么没有被送到学校去。他只能待在家里无所事事，除了跑跑腿，每天早晨赶在父亲去萨默赛特宫上班之前把他的靴子擦干净，还照看弟妹。他认为他的父母本来能想想办法，如果控制一下支出，他们也能负担得起学费："有些东西可以省下来，而且当然可以省下来，能把我送到随便一家普通学校去。"③

詹姆斯·拉莫特给他做了一个玩偶剧场逗他开心。他的另一个消遣是为他所观察到的人物进行白描。他们既不富有魅力也没有英雄气概，只是又怪又老：一个是在杰拉德街给他的舅舅巴罗修面的话痨理发师，他知道很多有关战争后期的事和许多拿破仑犯下的错误。另外一个是在贝汉姆街帮厨的聋女，她能制作精致的带核桃酱的拼盘，查尔斯很喜欢。几乎没有 10、11 岁的孩子在没有任何奖励的情况下会去对老人进行白描，比起他演唱滑稽歌曲，这更明确地指向了他令人惊异的未来。他为自己的写作而自豪，但私下里他从不给人看这些东西，也不会有人鼓励他去写更多。他的双亲满脑子想的都是家里其他的小孩还有他们金钱上的麻烦。噩耗传来：9 月他们得知芬妮阿姨在爱尔兰的死讯，她曾是他们在查塔姆的岁月中最爱的一部分。她只结婚不到一年，而现在她走了，就像荷尔拜因的版画中的某个人物一样。

---

① 他在祖母去世前得到了那块表，因为他提到，他在鞋油厂工作时那块表就在他口袋里。福斯特：《一生》第一卷第二章。
② 关于他教父的小费，见《走入歧途》，《家常话》1853 年 8 月 13 日，狄更斯在其中提到了他早年在伦敦的旧事。
③ 作者的标注是福斯特在《一生》中引用狄更斯的话，第一卷第一章。

冬天过去，一切都没有改变，除了詹姆斯·拉莫特搬了出去，大概是因为这里确实不是他的家，也因为他在一个表兄弟的生意里谋到一份差事。1823年的春天，芬妮被皇家音乐学院录取，新建的学校坐落于汉诺威广场边上的谭德顿街，她是这所学校的第一批寄宿学生，4月份开学。那年她12岁，将要师从贝多芬的学生伊格纳茨·莫谢莱斯学钢琴，要跟校长克罗齐博士学习和声，还要学演唱。学费是一年38基尼，尽管狄更斯从没有嫉妒芬妮的待遇，但他不禁意识到了两个人状况的差异，家人能慷慨地为芬妮付出大笔的学费，而他却什么也没有。与其他家庭通常只重视男孩的教育的情况相反，在让芬妮得到专业训练这一点上，狄更斯的双亲至少还是值得被称赞的，虽然他们疏忽了芬妮的弟弟。接下来的六个月里查尔斯还是没有接受任何形式的正规教育，但相对地，他可以自由地漫步伦敦，记住每一片街区的布局和特征并和摄政街对比：它这年刚刚建成，宽敞精致还带着柱廊。不远处的狭窄小巷里，比如在七面钟附近，有待售的二手服装挂在店外，它们启发着查尔斯去想象这些落魄到要出售服装的旧主人们的往事。

家里在金钱上的困难让母亲动了凭她的才能赚钱的心思，丈夫薪水的增长速度已经赶不上家里孩子们不断增加的需求。这也是导致他父亲贪污最直接的诱因。在和朋友商量之后她制定了一个大胆的计划。她要去创办一所学校，既然她可以教自己的孩子，她也应该能教别人的孩子。1823年秋天，她在高尔街北租了间大房子并挂了一块铜牌，上边写着"狄更斯夫人的教室"。赫凡姆鼓励她这么做，他和东方有些联系，觉得她肯定可以在被父母从印度送回本土的孩子里招到不少学生。一家人放弃了贝汉姆街，并且留下大把没有付清的账单，搬到山下住进高尔街北更宽敞的房子里。[①] 查尔斯被派出去给学校做宣传，这让他开始期待自己也能上学。但是这样的期待没有持续多久，因为没有学生来入学。只有债主们的暴行，他们狂暴的敲门声和叫喊声让父亲很丢脸并躲到楼上，最后父亲无处可逃，1824年他因为欠债而被逮捕。

约翰·狄更斯先被带到一家负债人拘留所，一名司法官看守他。查尔斯被母亲派来探视，又被父亲派去向家人和朋友转达歉意并请求他们

[①] 19世纪后期，房子被拆毁。原地种植了枫木，新的大学医院占了这个地方。

帮助。没有人来帮忙，甚至住在牛津街的威廉、老狄更斯夫人和巴罗家都没有伸出援手。他们都受够了。查尔斯很害怕。他爱着父亲，尽管这个父亲很失败，而现在他却眼看着父亲要被送到河对岸萨瑟克区的马夏尔希负债人监狱。在被带走之前，父亲对他说了一句戏剧性的话，大意是太阳总会照耀着他。不管父亲想表达什么，孩子还是陷入了绝望。

第二天母亲派查尔斯去马夏尔希，然后查尔斯发现父亲已经振作起来。父亲给了查尔斯一个忠告，后来它被用在了"麦考伯先生"身上：每年收入20英镑，支出19英镑19先令6便士，就意味着幸福，但只要支出多了1先令，那就意味着不幸。① 随后父亲就差遣他的儿子去找楼上的波特船长借一副刀叉，既然他可以继续领取工资又不会再被债主纠缠，他准备在这里住得舒服些。监狱里总有些门道，即便建筑又老又破，房间壁炉里的火也不旺。

高尔街的状况一天比一天糟糕。查尔斯作为家里的顶梁柱，只有12岁，就要跑到汉普斯特德路的一家当铺去，一开始带着他最喜欢的书本，后来是家具，直到几周后家里几乎被搬空，一家人只能大冷天在两间空房里过着露营一样的日子。所有这些经历，包括欠债、恐惧、愤怒的债主、司法官、当铺、监狱，还有住在冰冷的空房子里盘算能借到或者讨到什么样的生活，都在他意识中留下了深刻的印象，并一遍又一遍地用在他的故事和小说里，有时候是冷酷地描述，有时候则带着调侃。

这时候詹姆斯·拉莫特来看望狄更斯夫人，并带来一个实用的主意。他现在正管理着属于他表兄弟的一间仓库，生意虽小但很稳定，仓库位于河岸与泰晤士河之间的亨格福德阶梯，那里制造黑鞋油并把产品装罐出售。看到狄更斯家的状况，他建议查尔斯到工厂去做工，工作很简单，给鞋油的罐子封盖和贴标签。周薪6先令，拉莫特许诺他会亲自利用午饭时间教查尔斯读书。25年后，狄更斯描写这一段时带着恐惧和愤怒，他对这样一个幼小、敏感、潜力巨大的孩子提出这样的建议，又对他父母毫不在乎这对他来说意味着什么的态度感到既恐惧又愤怒："没人有任何表示。我的父母都非常满意。就算我20岁从文法学校毕业进了剑桥，

---

① 福斯特：《一生》第一卷第二章。"麦考伯先生"是《大卫·科波菲尔》中的人物，此作品写于狄更斯近50岁时，部分描写基于狄更斯的个人经历，"麦考伯"则与常欠债的约翰·狄更斯稍有关联，比如他很快从绝望中振奋，或是他用精心组织的语言表达自己。

他们也不可能比这更满意了。"① 鞋油厂的工作与进剑桥大学的想法之间的差别是惊人的，因为这会让人发现他的渴望和自信有多么强烈，尽管他家没人上过大学，接下来的 40 年里也没人去上大学。

他比实际年龄看起来小，而且仍然受到身体两侧疼痛的困扰，这使他无法参加肯特郡的男孩子们的游戏；他去上工时穿着褪色的童装裤子和夹克衫。上工的第一天，拉莫特一定和他一起走过了查令十字街，然后到附近的亨格福德阶梯，肮脏的潮水般的泰晤士河每天急剧涨落。堤岸还没有筑成，河岸边尽是崎岖不平的地面和沟壑，河水不断地涨落。仓库设在河边上一座半毁的建筑里，狄更斯尤其记得地下室里有老鼠，它们的数量太多，甚至可以在楼上房间里听到它们吱吱叫的声音。一小群员工在那里工作，有成年男子也有男孩。他认识了一个比他大些的男孩叫鲍勃·费金，是个孤儿，和他当船工的姐夫住在一起；司炉工的儿子叫珀尔·格林，和德鲁里巷剧院有些关系，他有个姐妹在童话剧里扮演精灵——这个细节引起了查尔斯的兴趣并让他经久不忘。一开始他被单独安排在账房工作，但很快他搬到了楼下，因为一起工作要方便许多。午餐时间的课程也不再作数。大家管他叫"小绅士"，这里的人都很和善，特别是鲍勃·费金，他曾经一整天温和地照顾了疼痛剧烈发作的查尔斯。同样地，"当我沉浸在这种伙伴关系中的时候，没有语言能表达我灵魂中的痛苦……那是种完全被忽视且无望的感觉，我为自己感到羞愧……我的整个天性都充满了悲伤和屈辱。"②

他内心中的自身形象异常强大，他对自身能力和潜力的自信，被后来的一切证明是正确的，但那时一切还很不确定。回头看，他将压力归于他自身境遇带来的痛苦，归于他的弱点。诚然他很孤独，经常饿着肚子，非常想念他的父母；但更令人痛苦的是，他知道是他父母的意愿使他处于如此境地。本来他每天要从高尔街走过去，但很快狄更斯夫人决定放弃那里的房子，带着小点的孩子们前往马夏尔希监狱，和她的丈夫住一起。小佣人被安顿在萨瑟克区的一处住所，芬妮留在学院，而查尔斯则寄住在一位他很讨厌的姓罗伊兰斯的夫人的家里，地点在坎登镇的小学院街，此人用低廉的价格收留孩子，还以此为由威吓孩子们。他和

---

① 福斯特：《一生》第一卷第二章。
② 同上。

两个男孩共用一个房间，上下班的路也明显远了不少。星期天他去学院接芬妮，然后两个人一起到马夏尔希监狱去和家人度过这一天。

一个星期天的晚上，查尔斯告诉父亲他是多么憎恨这种每周都要和家人分开，每晚无处可回，只有"悲惨的空虚"的生活。这是他第一次表述出自己的情感，说话时他的眼泪不停地流下来。看到他如此苦闷，父亲给他在离监狱更近的兰特街又找了一个住处，房东人很好，还有一个温柔的妻子，夫妻俩提供了一个房间给他。从他的窗户能俯瞰一个木料堆放场，这让他很高兴，现在他每天可以在监狱和家人一起吃早晚餐，生活也似乎好转了不少。他依旧在有空的时候到处闲逛，探查阿德尔菲的拱门，亚当式住宅之下的皮拉内西式的结构，还有地面逐渐向河面下斜的河岸；窥探黑衣修士路的各家商铺，偶尔在街角看流动木偶戏表演；有时他在等伦敦桥开闸的时候会见到以前跟着他父母的无名小女仆，他会编点关于伦敦塔和码头的故事逗她笑。他有时甚至会同鲍勃和珀尔在泰晤士河运煤的驳船上玩。

狄更斯用一种表面上美好的回忆和实实在在的触感详细记录了他童年的生活，他的叙述就像他的小说一样煞费苦心。这段经历与他笔下那些孩子们的遭遇有直接的联系：奥利弗、史密格、耐儿、保罗、弗洛伦斯、埃丝特、乔、大卫，还有小杜丽——"马夏尔希的孩子"，他们在三十多年后被创作出来，那时候监狱早已被关闭。根据他的友人和传记作者约翰·福斯特在狄更斯去世后对这些虚构的孩子们的叙述，"他们不是狄更斯用同情和诙谐博取全世界的笑和泪去辩护的救济对象，某种意义上这些孩子就是他。"① 狄更斯自己的说法也表明，就算在那个脆弱的年纪里，他也仍然机智、小心、有条理，他已经感受到了自尊。他成功地让父亲改变了他不喜欢的生活条件。他制定自己的预算并把硬币分别装进小包，每个小包表示一天的开销，其他的则不能去碰，这样他就能撑到下一个发薪日。他在工作场所也十分要强，从来不表达他的感受，不让任何人知道他的父亲在监狱里，更不允许任何人看到他的痛苦。他甚至在他生日那天郑重其事地到威斯敏斯特的一家酒吧里去点了一杯"最好的麦芽酒……看起来很在行"，这令房东夫妇颇为惊奇。他开始对自己

---

① 福斯特：《一生》第一卷第三章。

的观察力和记忆力有了自觉。有天晚上他在马夏尔希看到一群囚犯聚在一起签署一份"在国王生日当天允许饮酒"的请愿书,他觉得这是一个富有喜剧特质还带着哀婉的场景,便把每个人的行为态度记在脑子里,在工作时一遍又一遍地回想着,进行再创作。

4月底老狄更斯夫人去世。她的大儿子威廉在汉诺威广场的圣乔治教堂筹备她的葬礼——她的婚礼也是在这里举办的——并将葬入贝斯沃特路的墓地,没有墓碑。约翰·狄更斯不能出席,威廉清楚地知道他的困境,因为早在能继承遗产之前他就立即还上了弟弟40英镑的未清偿债务。① 这样一来,约翰·狄更斯就可以申请离开监狱,5月底他作为"破产债务人"从马夏尔希被释放。他已经准备好了一份申请,打算从海军出纳局提前退休并申领残疾津贴,尽管他还不到40岁,但他已经从医生那里得到一份证明,证明他有膀胱疾病。在海军上级考虑他的申请时,他暂时还得回到萨默赛特宫上班。

一家人暂住在罗伊兰斯夫人家里,直到他们在苏默斯镇租到一套位于约翰逊街29号的房子。狄更斯家不停搬迁,从一幢房子搬到另一幢房子,从一个住处到另一个住处,不管是对读者还是对任何写有关题材的人或研究者来说都很容易混淆。但正如已经指出的,他们一直都待在被大致称作北伦敦的区域——坎登镇、苏默斯镇,菲茨罗伊广场和曼彻斯特广场的周边地带,还包括伊斯灵顿、汉普斯特德和伦敦北区。他们没有去泰晤士河的南边,也没敢向西到帕丁顿或北至霍洛韦。威廉·狄更斯还继续住在牛津街,和他的妻子在一起,直到次年12月他病逝,年仅43岁,没有留下后裔。

约翰·狄更斯回到萨默赛特宫的时候,鞋油厂从亨格福德阶梯迁移到了柯芬园的一处建筑里,查尔斯对这里很熟悉,或者从另一个角度说,他特别喜欢这里。现在他从苏默斯镇步行过来,有时候用手帕包上一小盆冷的杂烩菜当午餐。没人对他说他可以不再到鞋油厂做工。他和鲍勃是男孩子里边做工最快的,他们坐在钱多斯街和贝德福德街的拐角处的厂房窗口,过路人有时会停下称赞他们给鞋油罐子封盖贴标签时灵敏的动作。② 有一天查尔斯看到他父亲走进来,"我们那时非常忙,我也不知

---

① 威廉·狄更斯从母亲处继承了500英镑,之前还接受了750英镑。约翰·狄更斯得到450英镑。
② 钱多斯街,现名钱多斯广场。

道他怎么就忍心。"萨默赛特宫离柯芬园不远,还有一次约翰·狄更斯和他的一个同事一起路过,这个同事正是他儿子曾经在托马斯·巴罗那里见过的查尔斯·迪莱克,两个人停下来看这些男孩子们做工。也许是迪莱克认出了查尔斯,或者是约翰·狄更斯对他解释了这个小男孩是他儿子,迪莱克这个敏感而亲切的人便走进去给了孩子半个克朗,然后收到一个深深的鞠躬作为回礼。① 这个情景是由迪莱克描述的,而不是狄更斯,这更表明了没有什么能比这种处境更让他感到耻辱:他被怜悯、被施舍,而这时他的父亲正站在一边假笑。

此时芬妮在学院里挽回了家族的荣誉,她获了奖并带回一块银牌。1824 年 6 月 29 日她在公开音乐会上表演,国王的妹妹奥古斯塔公主给她颁了奖。狄更斯一家人都坐在观众席,查尔斯的反应很痛苦,尽管如此他还是沉默着。"我忍不住在想自己——我无法争得这样的荣誉和成功。我泪流满面,我觉得我的心都要裂开了。那天晚上上床睡觉时我祈祷,希望从所受的屈辱和疏忽中解脱。以前我从未忍受过这么多。"他继续说,"这不是嫉妒。"这看上去就像刻意压制嫉妒,而使他更加痛苦。②

我们不知道他到底贴了多久的标签,因为他自己也不记得了。这份工作似乎进行了一年多,从 1824 年 2 月他 12 岁的时候到 1825 年 3 月他 13 岁。③ 3 月他的父亲领到了津贴并从出纳局退休。海军的长官很大方,下令每年支付他 145 英镑 16 先令 8 便士,他们也很想摆脱当前的破产状态。约翰得从津贴里分一部分去偿付现有的债务,但他现在可以自由地去找其他工作,膀胱疾病对他找工作的能力没有影响。

约翰的下一步行动就是去和詹姆斯·拉莫特争吵。他让查尔斯去柯芬园上班时捎一封信给拉莫特,然后查尔斯就看到拉莫特一边读信一边越来越气愤。信的主题是关于查尔斯在鞋油厂的位置,另外查尔斯猜这可能和他坐在窗边被路人认出有关系,但不管是不是这样,拉莫特指责约翰对他出言不逊的时候,查尔斯仍旧会觉得心里很不舒服。拉莫特没

---

① 福斯特:《一生》第一卷第二章。
② 同上。
③ 见迈克尔·艾伦的论证,《狄更斯研究者》1983 年第 79 期第 3 页,《狄更斯家在伦敦,1824—1827》,艾伦认为狄更斯在沃伦一直工作到 1825 年 5 月,超过一年。在《狄更斯研究者》2010 年第 106 期第 5—30 页,他给出了一个相当不一样的时间表,查尔斯是在 1823 年 9 月开始在鞋油厂工作,1824 年 1 月搬到钱多斯街,同月他的父亲被逮捕,他于 1824 年 9 月离开工作岗位。他的论证基于令人印象深刻的研究,但并不确凿。

有迁怒到查尔斯身上，他依旧对查尔斯很温柔，却告诉查尔斯他最好还是回家去。一位在一起工作的老兵安慰他说这应该是出于好心，然后"我感到一种奇怪的如释重负的感觉，回家了"。①

回到家，母亲立即提出要和拉莫特和解。她想让查尔斯回去工作，她无疑记得自家弟弟汤姆11岁就开始工作且颇有所得，第二天早晨她就去见拉莫特，然后带回了允许她儿子回去上班的邀请。这对于现在的我们来说似乎很不寻常而且很不可思议，也让他无法忍受。"我没有在充满愤怒和憎恨地写，因为我知道这一切如何共同作用而造就现在的我，但我后来从没忘记，我不会忘记，也不能忘记这点，即我的母亲对送我回去这件事很热心。"② 这时他父亲突然从他长久的恍惚中清醒过来，想起他儿子需要受教育，说他毕竟还是要去上学。查尔斯被塞给了一张卡片，要求他到惠灵顿寄宿学院去，这是一所给附近男孩子们开的学校，名声很不错，教授拉丁文、数学和英文课程，同时还开设舞蹈课。

狄更斯也讲述了这件事当中最令人意外的部分：不管是他的父亲还是母亲在这之后一生都没有再提起鞋油厂或者查尔斯作为童工的那一段时光，连一句话一个词都不曾提起。"从那一刻起……我的双亲就对此哑了火。我再也没听到他们哪个人提到哪怕一句影射，不管过了多久。"③就好像事情从没发生过一样。约翰·福斯特是第一个听过这段完整经过的人，那已经是在二十多年后，这段经历给了狄更斯异常的决心和活力去跨越障碍，带着"一种一切皆有可能的意识去实现愿望"，还带着一种冷酷、凶暴的侵略性，有时会爆发出来，与他平常的慷慨和热情构成鲜明的矛盾。在面对人生的巨大危机时，狄更斯援引他童年中不幸的时光来说明，在他人生的巨大危机中"我的人格形成了"是如何表现的。④ 也许确实是如此，但如果一段经历对他造成了伤害，这段经历也强大了他的内心。另外这段经历也提供给了他在书中反复使用的主题，故事里展现出一个个脆弱敏感正在遭受苦难的孩子，他们或者被疾病和死亡压垮，就像耐儿、保罗和乔一样；或者忍耐并战胜了苦难，就像奥利弗、侯爵夫人、弗洛伦斯、埃丝特、茜茜和小杜丽以他们各自的方式所做的那样。

---

① 福斯特：《一生》第一卷第二章。
② 同上。
③ 同上。
④ 同上。

也有模棱两可的情况存在，小蒂姆就被赋予了有各种可能性的命运。路易莎·葛雷梗则命途多舛，看似聪明但并不快乐。皮普的问题也没有得到解决，他生存下来了，但他已经被摧毁，他在世间做了不少好事也做了不少坏事，他能期望的最好的事只是到最后能一定程度上有点自知之明——这是小说最真实的一面。在同一本书里，艾斯黛拉也被允许活下来，她认识到了自己犯下的错及造成的后果，却没有因为这样的认识而得到回报。①

表面上看，惠灵顿寄宿学院似乎又把他变回了一个普通的男孩子。这是一所平庸的学校，有一个无知的经营者兼校长，他喜欢拿着一把桃花心木的大尺子责打学生。他的习惯是在打学生的时候用一只手拉紧他们的裤子好让另一只手能打得尽可能重些。狄更斯似乎逃过了他的注意，大概是因为他是走读生，回家可能会抱怨。大部分学生要寄宿，这就更加凸显了他有一个家的幸福。他没有炫耀自己的学问，但有位老师相当正统地教了他数学、英语还有一点拉丁语。他记忆中的第一个笔记样本就出自这一时期，清晰、工整、醒目，他已经开始试着在签名下划一条线表示强调，后来又将它精心设计。像大部分男孩子一样，他喜欢读一分钱杂志（panny magazines），还喜欢说话时在每个词尾加上另外的音，弄得好像在说外语。工作的日子过去后他需要玩耍，而游戏给他带来的快乐持续了一生的时光：字谜、魔术戏法、板球、竞速、套环，还有其他男孩子气的娱乐项目。在学校里，他还是演剧活动的灵魂人物；他编写故事到处传播，和另外一个男孩筹办"我们的报纸"（'Our Newspaper'），以弹珠为租金将报纸租给读者。令人感到安慰的是，那些记得他的同学都称他是一个快乐而淘气的男孩，他喜欢掺和恶作剧，比如把蜜蜂和老鼠放进桌子里，还制作用老鼠拉的小马车；有时候他还会扮成街上的穷孩子闹着玩儿，向坎登镇的老妇人们乞讨。

---

① 狄更斯在布尔沃·利顿的建议下修改了小说的结局，让皮普和埃斯黛拉在一起，得到幸福。这看来是个错误，但就算在第二版中，叙述的基调也称不上欢快或喜气。见后文第二十一章。

第三章 成为"博兹"
1827—1834 年

1827 年 2 月,狄更斯 15 岁,几周之内即将迎来他的生日,他的正规教育也即将结束。原因很简单:他的父亲付不起学费了。约翰·狄更斯给一家名为《英国报业》(*The British Press*)的报纸当驻地记者,撰写有关海上保险的文章以补贴家用,但当英国遭遇经济衰退时,1826 年底这家报纸破产了。他没有积蓄来应对这场灾难,而且像往常一样,他还有许多欠债。这时候他已经付不起房租,一家人被从约翰逊街的房子里赶出来。雪上加霜的是,狄更斯夫人又怀孕了。她才 38 岁,但在 7 年的间隔之后这不得不让人感到十分意外。芬妮在皇家音乐学院的学费也被严重拖欠,她只能离开学校;但她表现得乐观而坚定,她自信能兼职教课赚到学费再回去学习。小一点的男孩子们,10 岁的阿尔弗雷德和 7 岁的弗雷德还留在布伦瑞克广场的学校。11 岁的莉蒂西亚得到了他们老邻居的一小笔遗产,军械厂台地的纽恩汉姆先生明智地将遗产托管,使其免于被她的父亲侵吞。① 她似乎留在了家里接受母亲的教育。但对于查尔斯来说,他只有一条路可选:他得去赚钱养活自己。

不管他对这么快就遭中断的学习生涯怎么想,他还是做好了混迹于成人世界的准备,也同意让母亲帮他找份工作,尽管在鞋油厂时她的表现不佳。母亲的一个姨妈查尔斯·查尔顿夫人嫁给了一个遗嘱事件法庭的高级职员,他们在伯纳斯街有一所出租房,房间都租给律师们。伊丽莎白·狄更斯在那里的一家律所见到了一个年轻的合伙人,名叫爱德华·布莱克默尔,她觉得这个人也许能为查尔斯提供一份在"埃利斯和布莱克默尔"事务所的工作,就带查尔斯来面试。布莱克默尔觉得查尔斯是个很体面的男孩,长得清新伶俐,着装整洁,人也礼貌,便为男孩

---

① 理查德·纽恩汉姆,查塔姆的退休裁缝,曾借钱给约翰·狄更斯,于 1827 年 6 月去世,他给了莉蒂西亚一笔遗赠,价值 50 英镑,在她结婚前,这笔钱由信托人管理。

提供10先令6便士的周薪。查尔斯每周在格雷饭店的办公室工作六天，名义上是职员，但实际上不过是个打杂的小弟。他不会获得任何正式的资格证书，但这是个起点。

狄更斯一家在约翰逊街往南四条街的地方又找到了住处，地址是波利根17号。波利根是18世纪90年代一项建筑上的创新，若干栋四层楼房呈环状围绕着中心花园，意欲成为建筑师蓝图中的高级城郊的第一部分，与延伸到汉普斯特德的青草地相邻，离伦敦市中心也只是步行的距离。由于战争年代资金短缺，计划失败，但几条街的小排屋已经在波利根边缘建起来，苏默斯镇变成一个金玉其外、穷摆着架子的地方。后来和狄更斯共事过的威廉·威尔斯也在19世纪20年代与父亲搬到这里，他父亲是普利茅斯的船主，亏空了钱财，现在要每天步行去河岸工作。狄更斯一家搬去时，波利根还住着几位作家和画家，让这里显得与众不同，多年以后查尔斯将他的作品《荒凉山庄》中风雅却短视的哈罗德·史金波这个角色安置在这里的一间破败的寓所中。史金波驻扎在一处稍加装修的单间里，虽然他的妻子和女儿尽力操持，但还是付不清账单，这种状况狄更斯再熟悉不过。[①] 他的父亲也是如此，对文化和舒适生活的要求超过了他所能负担的。

5月，最成功的家庭成员芬妮在德鲁里巷的慈善音乐会上为歌手兼喜剧艺人约翰·普利特·哈雷演唱，同月查尔斯也开始上班。他每天走半小时到格雷饭店。这一带他都很熟悉，走过某些地方可能让他想起三年前的不快记忆，他会把这些都放到一边。现在他热切地渴望过一种年轻伦敦人的生活。[②] 他总是收拾得很得体，头发精心梳好，穿着也很有特色，一顶军帽用皮带勒在下巴上，几条皮带吊住他的裤子，配上靴子和

[①] 史金波，原型基于利·亨特，于《荒凉山庄》登场，是一个声称超脱世界的风雅男人，从不给商家付钱，指望着朋友替他付清借款并提供金钱援助。他在波利根的房子被半遗弃，但他的住处布置着精美家具、花和水果等，就像埃丝特和贾迪斯先生带她去拜访时看到的。

波利根还在《匹克威克外传》第52章登场，匹克威克先生的律师的手下办事员10点到达格雷旅馆，说他走在苏默斯镇时听到大钟在9点半敲响了："我穿过波利根走了半个钟头。"

波利根最有名的住户是威廉·戈德温和他的妻子玛丽·沃斯通克拉夫特，她于1797年生下女儿玛丽后去世，这个女儿后来嫁给了雪莱。19世纪30年代，狄更斯住在那里，剧场画师萨缪尔·德·维尔德和雕刻家斯克利文也在此居住。狄更斯家就在附近连接一系列枢纽站的铁路修通之前搬走了，包括尤斯顿站（1838年启用）、国王十字站和圣潘克拉斯站，空气变得污浊，苏默斯镇也变得肮脏不堪。波利根于19世纪90年代被拆毁，重建为铁路工人的公寓，现在这些公寓也不存在了。

[②] 在《匹克威克外传》第30章中，他描述"办公室的小弟们穿着他们第一件紧身外套，他们对在日间学校里的男孩们抱有一种轻蔑……还觉得什么都不像'生活'。"

深蓝色紧身夹克，再用黑领巾遮住下面的衬衫：19世纪30年代后期的时髦就此成形。

职员们都喜欢他。他是大家的开心果，能模仿每一个让他发笑的人，包括他在街上注意到的路人、办公室的保洁大婶、客户，还有律师们。他还能编滑稽歌曲，模仿当时一些知名歌手的演唱。很快他开始把收入花在与新同伴逛剧院上，一起讨论剧目和演员，他还总要发表有关莎士比亚的长篇大论。1828年夏天，资深喜剧演员查尔斯·马修斯在德鲁里巷上演他极受欢迎的单人剧，他一个人扮演多个角色，称之为"单人多角戏"，于是马修斯成了狄更斯最钦佩的演员。接下来的六年里他每个演出季都会在阿德尔菲剧院登台，而狄更斯会尽可能地去看，用心学他的表演，包括台词、演唱和形体动作。① 狄更斯的薪水很快上涨到13先令一周。偶尔他会和朋友吃个晚饭，在特别的场合开一瓶白兰地或烈性威士忌，再来一支淡味的哈瓦那雪茄。他发现这样容易喝醉，第二天早晨会非常难受。老板布莱克默尔结婚的时候请整个办公室吃饭，一个职员第二天病假缺席，回来时强调说他难受不是因为喝醉了酒，而"都是三文鱼的错！"狄更斯笑了，把这一细节记下来并用在了他第一部小说里，尊敬的匹克威克先生在喝醉后找了同样的理由："都是三文鱼的错！"狄更斯的玩笑没有贬义，因为葡萄酒和白酒是贯穿他一生的正当爱好，也包括雪茄，他还总喜欢嘲讽那些三分钟热度的戒酒行动。

他很快就熟悉了这片司法区里所有的街道、广场、小巷、饭店、会所还有花园。公司搬到了楼上，能俯瞰霍尔本，职员们向路人扔樱桃核当消遣，每一个前来抱怨的人都会看到狄更斯完美地装出一脸无辜的表情，他们就会困惑地离去。即使坐办公室的日子显得无聊，但在外边街上，一切还都等着他去发掘。这段时光是他一生中留下的记录最少的岁月，但他于19世纪30年代写下的草稿告诉我们他看到了什么，对什么感兴趣，他是个什么样的年轻人。尽管他知道这是一种体面的赚钱方式，但无论在当时还是在将来，法律都没有给他留下什么深刻的印象，除了从业者的特殊怪癖和普遍的顽固。他探索世界，并在其中找到自己，鼓起勇气向世界发起某种攻击，但这时他还不知道他会采取哪种方式。

---

① 在《匹克威克外传》中，他让法律事务所里的"领薪职员""半价进阿德尔菲剧院，每周至少三次"。

1828年11月狄更斯离开"埃利斯和布莱克默尔"事务所,跳槽到一位叫查尔斯·莫洛伊的初级律师手下工作,地点在钱斯瑞巷,他认识那边一个名叫托马斯·米顿的职员。米顿家住在波利根,父亲在附近开着一家酒吧。米顿在莫洛伊事务所当学徒,日后想成为一名律师。两个年轻人交上了朋友,后来米顿成了狄更斯的代表律师。狄更斯打算去获取法律资格,不是初级律师而是高级律师,来回想了有好几年。1839年他甚至在内殿律师学院报了名,然后此事没了下文;但法律实践中的各种结果让他着迷,律师这个形象几乎存在于他所有的小说之中。他们都不是主角:《匹克威克外传》里的"道森和福格",《老古玩店》里的桑普森·布拉斯,还有《荒凉山庄》里的图金霍恩先生和弗霍尔斯先生都表现出了种种恶行;《远大前程》里的贾格斯先生为挽回他的职业做了一些事但仍有些阴险。乡村初级律师威克菲尔先生虚弱且酗酒,他手下职员,野心勃勃的希普,是个彻头彻尾的恶棍。只有在《大卫·科波菲尔》结尾成为法官的特拉德是个可敬的人,另外《埃德温·德鲁德之谜》中的格鲁吉奥斯以不履行任何作为接收人和代理人的法律职能和不授权任何代行涉及律师的工作的方式保留了他的美德。

法律世界打击了狄更斯,这是门阴暗的生意,尽是拖延、复杂和混乱场面,而他却热衷于维护秩序。如果他生来就带着这种渴望,那一定是他童年混乱的境况及父亲缺乏条理的为人极大的影响了他。然而不管怎样他还是将自己的生活打理得井井有条,接下来十年是他的迷茫期,他不断强化自己,掌握了不少技能,不断尝试他究竟最适合做什么。不管是有报酬的工作还是自学,他都全身心地投入其中。尽管有许多事分散他的精力,但他一直在努力去做一个有用的儿子和兄长,他无论何时都在认真地追逐着他的各种目标。同样在这些年,他还是个男孩,但他已经决定娶妻,希望自己成个家。18岁考虑结婚的事还太早,但他一陷入爱河就注重承诺,要让一切都在轨道上运行。他在伦敦看到的除了剧院还有街上的性乱,在街头他能看到性交易如何在扩大。他想隔绝这种诱惑。

隔绝,同时也在观察。他一直在看着、听着那些声音和反应,这些是伦敦生活中的戏剧性、荒谬和灾难。通过这些早期观察,他积累了大量的知识,这些知识滋养了他一生的创作。在他的早期作品以及给报纸杂志写的小品文中，他详细描述了住在北伦敦的人们怎么步行上班，他们一周工作六天，早早从苏默斯镇、坎登镇、伊斯灵顿和本顿维尔这些郊区出发，这里的面包房比城里的早开一个小时，以方便那些大量涌入城市的职员群体，让那些到钱斯瑞巷、格雷饭店、林肯饭店还有其他类似地方上班的人在出发前能吃到早餐。他注意到"那些薪水并没有与家庭规模协调增长"的中年男人们，他们一直带着沉重的脚步走着，走了20年之后看每一个人都面熟，但他们不会浪费力气停下来与别人挥手打招呼说话；在《圣诞颂歌》里他让鲍勃·克拉契每天走过或者偶尔跑过从坎登镇到城里的三英里路，一周挣15先令，差不多只是狄更斯第一份办公室工作的薪水。他看到办公室的小伙计"在成为孩子之前被迫变成了大人"，而一道的女孩子们在做女式帽子和束胸衣的工厂做学徒，从事最严苛的工作，拿着最低的报酬，还经常置身于社会最底层。①

另一个片段是，一对姐妹从囚车里出来，被铐在一起，一个13岁，另一个16岁，小一点的那个把脸埋在手帕里不停哭泣。人群里一个女人大喊着，"你要关多久，艾米丽？"大点的女孩喊回去，"六周加上苦役……贝拉也一样，她头回进去。抬头，胆小鬼……抬头，让他们看到你的脸。我没嫉妒，但只要我不去卖就肯定会有福气！"狄更斯认为这两个女孩被邪恶的母亲驱使卖淫，他很同情感到羞耻恐惧的小贝拉，但他也乐于看到艾米丽无畏的反抗以及她在人群前想表现的意愿。她就像那个站在法庭上公然挑战法官的13岁男孩，告诉法官说，他有不少证人能证明他的人品，"15位绅士等在外边，他们昨天已经在外边等了一整天，他们前一天晚上就告诉我说我的审判要开始。"结果并没有找到证人，这个男孩后来被重新塑造成了"机灵鬼"，他在被告席时的态度是蔑视的，威胁说他有朋友要在议会上过问这个案子，这是《雾都孤儿》最精彩的段落之一，狄更斯把这个聪明机智还全无悔悟之情的样子摆出来，请他的读者欣赏。②

还有一个面色苍白骨瘦如柴的小女孩，她有一条蓝色玻璃珠做的项

---

① 见《大街小巷——早晨》，最早发表于《纪事晚报》1835年7月21日，"伦敦的速写第17期"。
② 两个女孩出自《囚车》一文，1835年11月29日首次发表于《贝尔的伦敦生活》，现牛津插图版《博兹札记》第12章。冷浴场即米德尔塞克斯监狱，囚犯在其中受罚，并从事单调的劳作。审判中的男孩来自《刑事法庭》，1833年10月23日以"老贝利街"为题于《纪事晨报》首次发表。狄更斯于1860年在《远大前程》中回归了对法庭的描写。

链，她的母亲训练她为河岸一家小私人剧院登台表演，狄更斯的同事到那里去看过一两次，大概狄更斯自己也去过。^① 小女孩要第一次登台跳一支名为"悲剧过后"的角笛舞。《尼古拉斯·尼克尔贝》里出现了以杜松子酒喂养婴幼儿的现象，她则是早期的经历者。^② 他把我们带到一家时髦的新开的酒店里，所有平板玻璃、土耳其地毯、王室纹章、粉饰、桃花心木还有漆面都旨在取悦穷人并赚走他们的钱，头发黯淡无光的十四五岁的姑娘们在那里"赤着脚走来走去，身上的白色厚外套几乎是她们唯一的遮盖"。还有位于本顿维尔和城区之间的鹰园，爱侣们会在夏季周日去那里品茶，圆形大厅里还有音乐会。坎登镇的杰米玛·埃文斯在那里，穿着一身白色细布长袍，戴着一条红色小围巾，别着大量的别针，头戴一顶大大的白色稻草软帽，草帽上围着红色缎带，一条小项链，一对大手镯，穿着一双丹麦缎鞋，还有镂空的袜子；她手上戴着白色棉手套，麻纱手帕仔细叠好握在手里。她被观察得很仔细，几乎能被画出来，我们还可以听到她的声音：她把"埃文斯"读作"伊文斯"，觉得园子很"平缜"，遇到有人吵架还会叫"警察"。^③

年轻的狄更斯想让自己欢笑，并让其他人也欢笑，他以自己所在的下层中产阶级为背景，描写他们对礼仪、娱乐、婚恋、金钱、遗产继承和文化等方面的焦虑，并嘲弄他们的方方面面。有两个故事的场景设置于寄宿公寓，就像他的老阿姨查尔顿经营的那种。另一个故事讲的是给超过 25 岁的女儿找丈夫的难处，结果人们发现一个看上去很合心很般配的年轻男人还不如一个商店的伙计。他在处理闹剧中的有些人物时带着蔑视，这些人或是富有的疑心病人，或是借哄女人开心而致富的医生，或是在股票市场赚到钱后就立即渴望能闯进更高社会阶层的投机者。还有一个金融代理商讲述了一个有趣故事，内容是他同意让一个暂时陷入困境的有钱人在晚餐桌旁充当侍者，假扮仆人，给他时间去筹措所需要的钱；另外他还有故事是关于贫困和死去的妻子的。还有个滑稽故事是关于人畜无害的沃特金斯·托特先生，他在一个聪明的朋友的劝告之下向一个富有的老处女求婚以求延迟破产，但他被拒绝了，他因此变得很

---

① 乔治·里尔留下一段狄更斯在"埃利斯和布莱克默尔"事务所的描述，提到了另外一个名叫波特的职员，他肯定在河岸边凯瑟琳街的小剧场里登台表演过，狄更斯可能也参与了。
② 引自《私人剧场》，1835 年 8 月 11 日首发于《纪事晚报》。
③ 《金酒店》和《埃文斯小姐和鹰园》。

沮丧，比起去债务人拘留所他宁可选择自杀。年轻的狄更斯能从苦难中提炼出笑话，让无辜的正派人遭受灾难。这些年他父亲为人处世的经历赋予了他在之后无数观察活动中的些许优势。他的父亲究竟是绅士还是骗子，是受害人还是欺诈犯？

狄更斯忠诚于家庭。尽管受制于他父亲的不擅理财，但大家庭的观念，作为一种善的力量，使他快乐、振奋，从而强大。现存的一些他的早期信件是邀请朋友来家里参加聚会、欣赏音乐或跳舞的，揭示出他在家里有多放松。一篇出版于1835年的圣诞小品告诉人们，孩子、亲戚和老人一起围坐在火鸡与布丁周围的幸福时光比任何一种书面或口头的宗教训导更能让人铭记。① 1827年11月，狄更斯的小弟弟出生，以一位皇帝的名字命名为奥古斯特。查尔斯管蹒跚学步的幼弟叫摩西，这个昵称来自于他最喜欢的一本书，戈德史密斯的故事里威克菲德的牧师的儿子。"摩西"用鼻音讲会变成"博西"，而查尔斯又动不动就感冒，于是"博西"变成了"博兹"，后来在1834年成了他发表作品使用的第一个笔名。狄更斯喜欢把生命中的每一部分都置于控制之下，并将它们一个个联系起来。多年以后，他有了自己的家庭，他会带着约翰·福斯特一起出门，圣诞节的早晨在苏默斯镇和肯特镇的街头散步，经过破烂穷酸的房子，去看正在准备的或摆上桌的正餐。这是一个男人珍视过去并试图将其重新捕获进行再体验的行为。②

跟踪他在19世纪20年代后期至30年代前期的活动并不容易，因为他做得太多，吸收得太多，精力分散在太多的事情上，高强度地感受一切；他后来在他的叙述里谈起这些年的时候塞进了太多东西。他主要与双亲住在一起，总是不停地从一个地方搬到另一个地方。他们于1829年离开波利根，搬到通向菲茨罗伊广场的诺福克街。③ 1830年有段时间他们住在通向河岸的乔治街——这一年乔治四世驾崩，传位给他的兄弟威廉四世。1831年他们住在卡文迪什广场附近的玛格丽特街，但这一年的下半年，约翰·狄更斯为了躲债而搬到汉普斯特德甚至更远到了伦敦北区。

---

① 《一顿圣诞晚餐》（原名"圣诞庆典"），见1835年12月27日《贝尔的伦敦生活》。快乐的祖父出门买火鸡，祖母做布丁，所有能联系到的家人都被请来，有争执，有槲寄生下的亲吻，盲人在吹牛，人们唱歌，痛饮红酒和啤酒，大家都很高兴。
② 福斯特：《一生》第三卷第十四章。他还带福斯特在平安夜逛市场，"从阿尔德盖特走到弓街"。
③ 诺福克街现在已改名为克利夫兰街。

一家人在那里住到 1832 年春天，只有查尔斯离开了这个家一段时间搬到了塞西尔街，那是河南岸许多小街中的一条，他发现他能去旁边河岸街道上的罗马浴场进行一场"健康的冒险"，那里有个泉水流过的水塘。①这时候改革法案被通过，将在 6 月成为法律。他还曾住在白金汉街附近，但一家人搬到菲茨罗伊街时他还是回到了家里——这是下半年的事。8 月他们在海格特享受了两周的新鲜空气，查尔斯告诉他的一个朋友说他在那里发现了一条绿色通道，那里看起来就像是一个天然为吸烟而准备的场所。②他开始骑马，骑着租来的马去尽可能远的地方。1832 年底一家人住在曼彻斯特广场附近的本廷克街。

约翰·狄更斯有不少缺点，但他自学了速记并大有成就，重要的一方面是，他为他的长子提供了一个好榜样。1828 年，他在妻子的一个还愿意和他说话的兄弟手下做议会记者。富有事业心的约翰·巴罗开办了一家名为《议会镜报》的报纸，打算与《英国议会议事录》竞争，提供下议院内发生的事件的完整记录，为此他需要一个可靠的记者团队去做这件事。巴罗家的老四爱德华也作为记者加入报社，查尔斯也受此事启发去学了速记。他在《大卫·科波菲尔》中虚构了为掌握速记所做的努力，比如大卫发现他看不懂自己写下的东西而只能从头再记一遍；此外他还让大卫当上议会记者，取得了短暂的成功。③

现实中这样的事并不常发生。1829 年的某天查尔斯离开莫洛伊的事务所，这时候他已经精于速记，这足以让他找到一份伦敦民事律师公会教会法庭的书记官工作，地点在圣保罗大教堂，他的查尔顿老阿姨的丈夫是这里的高级职员。民事律师公会教会法庭处理的案子基本都关于结婚、离婚或遗嘱，一切事务在一间有大柱子的房间里进行，屋子里摆放着在那里坐了几个世纪的法官们的纹章，代诉人戴着假发，穿着皮草和猩红色的礼服进行着神秘晦涩的工作。狄更斯于 1836 年发表的一篇记叙文中叙述，他发现这里是个腐朽甚至更险恶的地方。④他第一次看到如此过时的仪式还在摇摇欲坠地进行，他确信这些东西应该被抛弃。

---

① 他将自己 1834 年在白金汉街 15 号租住的房间和跳罗马浴场水塘的爱好都附予了大卫·科波菲尔。
② 狄更斯致约翰·科勒，1832 年 8 月，《朝圣》第一卷第 9 页。
③ 见《大卫·科波菲尔》第 38 章和第 43 章。狄更斯记得如何使用葛内速记法，40 年后他还能教授儿子亨利这一技能。
④ 《律师公会》，出自《博兹札记》，首发于《纪事晨报》1836 年 10 月 11 日，引用了狄更斯于 1830 年 11 月 18 日报道的一起案件。法庭于 1857 年搬迁，建筑后来被拆毁。

他在那里能从事的工作都是关于非常规的案子。他得等某个代诉人选择他去做速记，在开庭期外则无事可做。但他没有虚度光阴。1830年他快18岁的时候，申请了一张大英博物馆阅览室的通行证。查尔顿家又一次提供了帮助，查尔顿先生成了他的资助人。通行证至少更新过四次，这些年他一有空就去阅览室读书。几张现存的借书单显示他读了莎士比亚戏剧、戈德史密斯的《英格兰历史》以及一些罗马历史，他还归还过霍拉版画社出版的荷尔拜因的《死亡之舞》；此外还有18世纪关于男性助产士的医书，大概他在寻找有关另一性别的神秘的解剖学相关信息。

　　就算在阅览室里，他的眼睛也并非一直停在书本上。他早期的一篇记叙文就描述了这样一位读者，一个穿着旧外套的男人，他衣服上扣子的数量逐渐减少。他的衣衫褴褛引起了狄更斯的注意，他有一个星期没出现，狄更斯就假设他死了。但狄更斯猜错了，这个男人又一次出现，而且看上去很不一样，这次他穿着一身黑亮的衣服。慢慢地狄更斯发觉这还是原来的那一身，只是在上边涂了光亮的黑涂料"翻新"了。暗淡的袖口、膝盖和肘部很快重新露出来，一个雨天完全揭去了这层"翻新"。狄更斯把这个故事留在那里。这是他对伦敦可敬的失败者和牺牲者不带感情色彩的几段描述之一，一个没有取得过任何成功的孤独男人。另一段是关于他在圣詹姆斯公园里见到的一个独居职员："这些人都是可怜无害的生灵；随遇而安却不快乐；麻木而卑微，他们感觉不到痛苦，但他们从不知道快乐。"语调冷静，但这些人都象征性地标志着一个没有抓住机会的年轻人身上最可能发生的事。①

　　人生的这个阶段的狄更斯在别人眼里的形象如何呢？有一张他18岁时的小型肖像，是他舅舅爱德华·巴罗的妻子珍妮特——职业画家——画的。她笔下的狄更斯是个羞涩而聪明的男孩，天真，似笑非笑，脖子上围着黑色的大领圈，厚厚的深色卷发剪得很短。他看上去很有前途，很有趣，但还没有准备好去演一出浪漫剧。这并没有妨碍他去尝试这个角色，因为在这一年里他遇到了玛丽娅·比德内尔并坠入爱河。在他看来，她迷人而可爱，两条眉毛几乎在眉心处连在一起。她有一条小宠物狗，还有一本他在里边用她的名字写了离合诗的相册；她曾去过巴黎，

---

① 《穷要面子的落魄绅士》，首发于《纪事晨报》1834年11月5日。

还会弹竖琴。他后来还记得她戴着蓝色手套、穿着山莓色的裙子，帽子上装饰的天鹅绒，被裁成凡戴克式的，这让他十分着迷。她任性而蠢笨（通过她后来的变化判断）。他在《大卫·科波菲尔》中描写恋爱的时候就用到了关于她的这段记忆，把她写成了人偶一样的人，只有六岁孩子的智商，在被建议结婚前应该去学烹饪和记账的时候开始惊恐地尖叫和哭泣。玛丽娅实际上还比他大两岁，他们在 1830 年相遇，这时候他 18 岁，而她已经 20 岁了。他为她痴迷了三年之久。

在城里的民事律师公会工作正好方便他去玛丽娅在朗伯德街的住处拜访。她父亲是市银行的高级职员，她在这个舒适的家长大，是家里的老三，最小的女儿，也是整个家的宠儿；她还有个哥哥叫阿尔弗雷德，远在印度，是军队里的尉官。① 比德内尔一家很会玩，狄更斯在那里见到了亨利·科勒，是玛丽娅的姐姐安妮的一个仰慕者。狄更斯和科勒都喜欢唱歌，安妮弹琉特琴，玛丽娅弹竖琴，于是就有了音乐。狄更斯没有试图隐藏对玛丽娅的感情，也很快就得到了她对他热烈求爱的回应，他们似乎很高兴地认为有一天他们会结婚。回顾这段时间，他描述了有一天他们在城里散步时被雨困住的情形，在明显没有长辈陪伴的情况下，他带她去了市长官邸附近哈金路上的一家教堂，并说"愿福事……在此圣坛发生而非他处"，而她也同意了。② 但这一刻的温柔过去后，比德内尔家的双亲认为他和自家的女儿不般配。比德内尔先生在位于市长官邸的银行工作，明显是个高级职员，他的兄弟是银行的经理，他家的经济地位远在狄更斯家之上。科勒和安妮正式订了婚，但科勒是个银行职员，有稳定的收入，还有一个受人尊敬的父亲在经商，而狄更斯没有经济保障也没有拿得出手的父亲。比德内尔夫人甚至都没有费心准确记住他的名字，总是喊他"迪肯先生"。

他明白了，如果他希望打动她的双亲从而和她牵手，他就必须得到比民事律师公会书记官更高的地位。他开始出入他舅舅约翰·巴罗的

---

① 狄更斯后来的情人奈莉·特南是家里受宠的三女儿。阿尔弗雷德·比德内尔于 1839 年 8 月死于印度，他父亲就把他的死亡通知给狄更斯发来信函，狄更斯回了一封长而奇妙的信吊唁："他提到回英格兰，但最多只能和您共处一段时间。他现在永远和您在一起了。我们之间的气氛曾被人说像有守护天使存在，我从灵魂深处相信这一点。他现在所盼望的和您的会面已经不会因分离而黯然。似乎曾常常在他面前出现的死的概念已经远去，他很快乐。"狄更斯致 G. 比德内尔，1839 年 12 月 19 日，《朝圣》第一卷第 619 页。

② 《伦敦城教堂》，《常年》，1860 年 5 月 5 日，重印于《非商业旅行者》。迈克尔·斯拉特提出，教堂是圣米歇尔王后港教堂，现位于赫金山，离比德内尔家在隆巴德街的房子不远，现已不存在。

《议会镜报》编辑部,他的父亲和爱德华舅舅已经在那里供职了。他非正式地给报社帮忙,准备开始他作为议会记者的工作。他很快表现出了相符的技能,开始在下议院的记者团里被试用。议院是又一个老而守旧的地方,但是比民事律师公会有活力,只要他证明过自己一次就不需要再等着被安排工作。但相对地他必须在辩论时随时待命,辩论常常持续到下半夜,他得坐在狭窄的旁听席上,尽力听下边的争吵,室内气氛沉重,他只能借着燃气吊灯的光在膝头记录。他很快以速度和精确出了名,他可能还提供了1831年3月改革法案第一次辩论的完整报道,文章刊登在《议会镜报》。在这之后他成了报社职员,1832年他又开始在另一家新创办的名为《真太阳报》的报社担任记者。[①]

19世纪30年代早期在政治上是个非常戏剧性的时期,狄更斯的同情心全放在改革上;尽管1832年改革法案有反奴役法案作为补充,对工厂工人和矿工的保护以及其他事务也的确很吸引他,但在他的信件和所写的其他文字中没有任何迹象表现出他的兴趣和热情。他没有学会尊敬下议院这个地方以及它的规程。他描述下议院在满席的时候就是"噪声和混乱的混合体",简直比史密斯菲尔牛市还糟糕,到处都是"说话、笑声、闲晃、咳嗽、寒暄、提问还有呻吟。"[②] 刺激的辩论没有吸引他,另外他还可能对这群人中的某种气氛非常反感,他们说话方式基本一致,都学自他们曾就读的公学或学院,好一点的偶尔会很风趣,一般来说很乏味,最差的情况则很愚蠢。下议院议员中有两个明显的局外人,激进的威廉·科贝特和爱尔兰领导人丹尼尔·欧康纳,狄更斯后来很佩服科贝特的文笔并抨击欧康纳的演说"烦人、自吹自擂、空洞"。[③] 还有一些他记录过其演说的人后来成了他的熟人:阿什利爵士,他分享了许多关于改革的想法;爱德华·斯坦利,十四世德比伯爵,19世纪50年代的英国首相,他曾经单挑出狄更斯来说,认为他是个优秀的记者,在见到狄

[①] 杰拉德·格拉布就狄更斯作为议会记者,曾有一篇很有说服力的记叙,刊登于1940年《狄更斯研究者》第36期第211—218页,它部分基于狄更斯1838年向一位德国学者昆策尔博士提供的信息,在他对威尔基·柯林斯的陈述中也提到,他"大概18岁"就在旁听席上开始工作了。格拉布还引用萨缪尔·卡特·霍尔的说法,即狄更斯1826年14岁时给他父亲供职的《不列颠通讯》提供"廉价的素材"。

[②] 出自《议会速写》,完整版出版于1836年12月,收录于《博兹札记》第二辑,基于1835年发表的两个小段子。一个愚蠢议员的肖像,柯奈留斯·布鲁克·丁沃尔,出自一个名叫"态度"的故事,1834年发表于《贝尔周刊》:"他对自身能力有很充分的认识,对他来说这一定是个极大的安慰,因为无人曾有。"

[③] 狄更斯致福斯特,1844年9月15日,《朝圣》第四卷第194页。

更斯时还意外于他的年轻。① 此外还有罗素爵士，他们发展出了真挚的友谊。但如果狄更斯对这些人以及当时被他听到记下的这些词句有任何牢骚，那么友谊就不存在了。他唯一一次提及以决心和能力促成改革法案的格雷伯爵是在一个玩笑里，说他头部的形状"压垮了我的青春"。②

从他不再给议院做报道的那天起，他就决定不再干这一行也不再为议院说一句好话。他觉得这与他看到的在外边世界正发生的事关联太少，太多的男人、女人、孩子正活在贫困、忽视和堕落之中，没有希望和慰藉，他们需要被关注被帮助；他开始支持和他同时代的历史学家巴克，这位学者的观点是：立法者总是对需要完成的事情设阻而非有助于社会。狄更斯认为成为一个作家可以更好地唤起世人对这些陋习的关注，于是他回绝了几份希望他参加议会的邀请，并用强烈鄙夷的语气抨击那些议员们典型的夸夸其谈和陈词滥调。上下议院都没有任何事曾让他感到兴奋，不论是华丽的辞藻，还是各种各样的目标，或者是政治家们的人品。

记者工作让他一直都很忙，但是再忙他都坚持去阅览室。议会开会期间他很难去拜访比德内尔家或者进行任何社交活动，他下午和晚上必须在议院。他可以早晨去博物馆读书，议院休会的时候可以去读一整天，但这期间他没有任何收入，除非他另外去找工作。1832年比德内尔家为了阻断女儿的短暂情愫把她送去巴黎，她回来时已经明显对狄更斯失去兴趣。她参加了他的21岁生日聚会——"我成人的重要庆典"，跳四对方舞庆祝，并借此场合坦白了她对待他的求婚并不太认真。③"我们后来的相见已经不只是无情的冷漠，这永远都能够证明在比无望还悲惨的追求中我满地的悲伤，"他这样写到，并把她寄来的信件和在那段快乐时光时她送的礼物全退了回去。他认为，她只不过是在戏弄他，把他的仰慕当作儿戏，一切热情对她毫无意义。他满心苍凉、落寞，可怜地离开了。④ 玛丽娅的姐姐安妮给他写信说，她搞不懂玛丽娅，不知道她在想什么，并耐心地安慰他。姐姐芬妮帮玛丽娅带话但不成功，那时狄更斯暴

---

① 狄更斯致斯坦利爵士，1836年2月8日，《朝圣》第一卷第126—127页。狄更斯告诉他的美国友人菲尔兹一家这一事件，它还在福斯特《一生》第一卷第四章被提及。
② 查尔斯·肯特：《读者查尔斯·狄更斯》；范堡罗1971年重印版附菲利普·柯林斯介绍。
③ 狄更斯致托马斯·比尔德，1833年2月2日。脚注里写到了狄更斯夫人的邀请，提到"四对方舞/八点"。
④ 狄更斯致玛丽娅·比德内尔，1833年3月18日，《朝圣》第一卷第17页。

怒着，"我这一辈子都不会原谅她。"①

后来他告诉玛丽娅，"在我们还相爱的时候，许多个夜里，我凌晨两三点从下议院出门都会走过来，只为能路过你安睡的地方。"② 这意味着他要从西敏寺走进城里，一路走过隆巴德街，又回到本廷克街。这一趟要费两个小时，回到家基本就是早上了。就算在他沉迷的时候他也没有在任何事情上三心二意，而每晚的步行则是对她的一点小小献礼——尽管她不知道他做了什么——这也是一种解决痛苦的方法。5月里他仍在写着诉说苦恼的信件，"我不曾爱过也不可能爱上任何活着的人，除了你。"③ 三天之后，5月22日，他们在她姐姐和约翰·科勒的婚礼上见面了，他表现得就像个完美的绅士，而这就是最后了。玛丽娅直到35岁才结婚，她嫁给了一个在芬斯伯里的锯木厂当经理的男人，这时候狄更斯正在意大利旅行，已经是五个孩子的父亲了。又过了十年，1855年，他又给她写了封信说"在那些艰难的岁月里浪费的情感"让他抑制了感情，"我知道这不是我的天性，但它让我慎于表现我的爱意，甚至是对我的孩子们，除了在他们非常小的时候。"④ 他把自己内心的冷漠归罪于年轻时那段痛苦的经历，爱似乎是生和死的主题，势不可挡而且无法重现。他相信他比以往任何时候都感觉到了更多的热情，所以哪怕是关于那些热情的回忆也是他的珍宝，是爱情的黄金标准。在同一时间，他在《大卫·科波菲尔》里写到，他给了大卫这世界上最好的一切，让他和朵拉结婚，然后让朵拉在年轻时就早早去世，她的丈夫感到心碎但同时也解脱了，他被从错误中拯救出来。这全部是反语，只有狄更斯自己才明白。

整个这段时间，在工作、恋爱、学习，还有不停搬家的过程中，他还狂热地发展着另外一个完全不同的爱好：戏剧。这看起来很令人惊奇，用他自己的话来说，这个爱好充实了他的生活。他说他至少有三年时间每晚都要去剧院，"先研究招贴广告，然后去上演最好的戏的地方"；在这基础上他要每天练习"四、五、六个小时不等，把自己关在房间里，或者在野地里漫步"。这一描述和他在1829、1830、1831年中从事的其

---

① 狄更斯致玛丽娅·比德内尔，1833年5月16日，《朝圣》第一卷第25页。
② 狄更斯致温特夫人，1855年2月22日，《朝圣》第七卷第545页。
③ 狄更斯致玛丽娅·比德内尔，1833年5月19日，《朝圣》第一卷第29页。
④ 狄更斯致温特夫人，1855年2月22日，《朝圣》第七卷第543页。

他活动很难一致，尤其是在他开始报道议会辩论之后。① 但无论这段叙述是真是假，在1832年初，他决定去尝试演员这个职业。他去找罗伯特·基利接受训练，这是一位很受欢迎的喜剧演员，擅长表现底层生活。狄更斯已经记下了查尔斯·马修斯的节目"在家"里的不少段落，还在镜子前练习表演以求完美。姐姐芬妮帮他排练还用钢琴给他伴奏。等认为准备好了，他就给一个在柯芬园的舞台监督乔治·巴特利写信，希望能去面试。他在巴特利以及演员约翰·肯贝尔面前表演的日子定了下来。但就在面试的前一天他得了极重的感冒：他的脸色发红，说不出话来，听力也出了问题。他只能写信取消了这次面试，说他到下个演出季还会再申请。"看我离另外一种生活曾有多近，"回顾这些年时他对福斯特这样说。②

他再也没有去申请，但他一直都有这样一种感觉，戏剧在某种程度上就是他的真命天子，是他最了解、最擅长，也是最喜欢的事物。他的所有作品都富有戏剧性，他笔下的角色们很大程度上都通过声音在表现，适当的时候他也在公开表演中对他们进行再创造，在台上朗诵他们的台词。他的情节设置倾向于戏剧性和夸张。他投入了大量的时间和精力在业余戏剧表演上。伟大的演员麦克雷迪头一次听到年轻的狄更斯的声音时，在日记里写道："他的朗诵就像一个经验丰富的演员——他真让人惊讶。"③ 而在他生命的最后一个月，他告诉一个朋友说，他最为钟爱的白日梦是"在生命中剩下的时光里住在一家伟大的剧院附近，剧院的发展必须在我的绝对控制之下。它当然得是一座大会堂，演职人员要有实力而且忠诚，装修布置要十分华丽。所有上演的节目要按照我的意愿，一切修改润色要服从我的判断，演员和上演的剧目都要完全遵照我的命令。"他这么说，笑着，幻想中带着喜悦，"这就是我的白日梦！"④ 这段告白强调了他对戏剧强烈而坚定的感情，他和戏剧是天生的一对，尽管他在1832年放弃了成为职业演员的可能。

很快在1833年4月他进行了一场非公开的个人戏剧表演，就在位于

---

① 狄更斯致福斯特，1845年信函，在《一生》第二卷第九章中引用。
② 狄更斯致福斯特，1844年12月30—31日，《朝圣》第四卷第245页。
③ 麦克雷迪日记，1838年12月5日，见菲利普·柯林斯编：《狄更斯：访谈和往事》第一卷，第29页。
④ 查尔斯·肯特：《读者查尔斯·狄更斯》，第263页。

本廷克街他们的住所的楼上，他自己担任舞台监督、演员、歌手、序幕作者、布景师，还拉手风琴。他组织朋友来绘制背景并布置灯光，每周三晚上排练一次，持续了几个星期，要求参与者必须前来。就像在一般的剧院里那样，有三个节目将要上演，都是最新的，主打戏是《克拉里，米兰的女仆》，这是一出四年前在柯芬园首演的英格兰歌剧，是关于一个乡下女孩被贵族男子诱拐的故事，里边有一首特别流行的歌《家，甜蜜的家》。① 芬妮·狄更斯当然是主角，查尔斯和莉蒂西亚分别扮演她的父母。还有两出滑稽戏，一出是《已婚单身汉》，讲述了仆人和雇主勾心斗角的故事；另一出是《外行和演员》，主角是一个济贫院出身的、饿得半死的孤儿，既具有喜剧性还招人怜惜。② 爱德华·巴罗舅舅扮演了这个角色，并担任乐队指挥。家人和朋友都参加了表演，约翰·狄更斯、汤姆·米顿、约翰·科勒，还有两个新朋友：汤姆·比尔德，查尔斯的记者同事，刚来伦敦不久；亨利·奥斯丁，一位年轻的建筑师和工程师。

6 月份议会休会期间，狄更斯开始试着去找更多的工作。7 月他和舅舅约翰·巴罗一起与约翰·佩恩·科利尔共进晚餐，科利尔是一名记者同时还是自由党派报纸《纪事晨报》的作家，可以推荐他去那里工作。科利尔问到巴罗他外甥的受教育情况时，巴罗给出的回答有些含糊，但是提到了狄更斯曾给做鞋油的沃伦帮忙。晚餐非常成功，查尔斯演唱了他最喜欢的一首叫"狗粮厨子"的流行歌曲，还有一首"贝琪甜蜜的媚眼"，把气氛推上高潮。这听来就像大家都喝了不少酒，而尽管后来科利尔说很喜欢查尔斯并要给他推荐工作，但查尔斯并没有收到任何通知。巴罗那时住在远郊的诺伍德，与妻子分居，与他同住的是另外一个女人，名叫露西娜·波库克，她的黑眼睛吸引了查尔斯，这个秋天他总是和他们两个在一起。在 10 月他排了更多的戏，这次是他写的一部滑稽剧《奥赛罗》。

他同时还在写故事和小品，从爱情和严肃戏剧中解放出来，寻找他自己的声音。科勒和他的妻子也就是玛丽娅的姐姐仍然是他可以信任的

---

① 亨利·罗利·毕肖普（1786—1855）作曲，美国人约翰·佩恩（1791—1852）作词。西西里农家女和公爵的故事非常受欢迎，《家，甜蜜的家》成了最知名的英语歌曲之一。

② 《外行和演员》是理查德·布林斯利·皮克的音乐滑稽剧，他给查尔斯·马修斯写了不少戏。当中的最佳角色——也是最具有原创性的角色——慈善学校的男孩杰弗里·马芬凯普，总是挨饿，被虐待；他不知道自己的父母是谁，自称"非孤儿"，以 18 便士的周薪受雇，挣来的钱全被济贫院院长拿走。

朋友，12月他给科勒写信索要"K夫人对我这月在《月刊》（不是新月刊）上的一篇小文章（系列的第一篇）的评论"。《月刊》是家小众杂志，在福利特街附近的约翰逊堂编辑发行，狄更斯曾害羞地在夜里杂志社关门之后将他的第一篇投稿放进杂志的信箱。① 他在写给科勒的信的附言里承认，"我实在很紧张，我的手颤抖得连写出的字都让人难以辨认。"② 这篇文章不付酬，被匿名发表，但事实就是他写了这篇文章，它被印刷了出来。他从河岸街的一家店里买了一份《月刊》，带着走到西敏寺大堂，"然后转了半小时，因为我的眼睛因喜悦和骄傲而模糊，它们受不了也不适合看大街的样子。"③ 这是令人难忘的一刻，巧合的是，在店里接待他的人正是威廉·霍尔，两年后出版商"查普曼和霍尔"带着委托金与他接触时两人才见面相认。④

这篇小品文名叫《在白杨道的晚餐》，只有九页，却是他重要的首篇发表的作品。狄更斯选取了他在1833年观察到的伦敦和郊区生活的片段，他的叙述使人确信那里就是那个样子。同时它也是一部戏。冲突在一对表兄弟之间展开，他们有着两种完全不同的人生观，一个四十多岁有着古板爱好的单身职员应约与他从事零售业的快活的表兄弟共进晚餐，这个表兄弟成了家，想劝他立下对自己儿子有利的遗嘱。狄更斯已经能熟练地运用喜剧性的对话："……该死的狗！它毁了你的帘子"，快活的狗主人这样告诉帘子的易怒的主人。每个人所处环境和交通方式的不可靠为他们带来了痛苦——从主教门街出发去斯坦福德山斯旺的马车每半小时一班——他们要参加一个自己完全不想去的社交活动，这些细节被详细地铺陈，而且非常有趣。这对表兄弟都很可笑，但也不是完全冷漠无情；故事里还有戏剧，场面不大，却很抓人。这里没有反派，没有英雄，没有道义，也没有任何感伤。⑤ 秩序和混乱在冲突中展现，这一主题贯穿了他的写作以及一生。

1834年1月他发表了第二篇小品文，内容是一家人在排一部戏，这

---

① 即1847年《匹克威克外传》平价版前言的自述。
② 狄更斯致科勒，1833年12月3日，《朝圣》第一卷第32页。他在1847年平价版《匹克威克外传》前言中描述了给约翰逊堂投稿《在白杨道的晚餐》的过程。
③ 同上。
④ 出版商在自有物业售书很常见。
⑤ 故事在被收进《博兹札记》第一辑时更改了标题，变成"明斯先生和他的表弟"。晚宴上一位客人执着地想讲谢里丹——"那个着实伟大杰出的人"——的故事，但被阻止了。

又是零散地提取自他的家庭戏剧活动的情景。《月刊》希望能发表他更多的作品，而狄更斯那时脑中正在酝酿写一部小说，他告诉科勒他可能会把他"计划中的小说裁成一段段的杂志小品文"。[①] 不管他是否成功，他谨慎地开始了行动。小品文一篇接着一篇，1834 年 8 月，他给自己取了"博兹"这个笔名，并以这个名字而获得知名度。

他花了七年的时间去掌握各种不同的技能，总是在寻找一个能得到不错收入的、合适的谋生方式。他在律所帮过忙，去学了速记，记录法律案件，报道上下议院的会议进程，为当一个职业演员进行过准备，还为杂志撰写他的所见所感。一切活动都很严苛，他一件一件地尝试，否决一部分，坚持一部分。就算在他找到正确的道路之后，他离有望确立以此为事业的目标还有很长的一段路要走。他全力追求多样的目标，表现出他同时做多件事的能力，且做得非常快，就算在找工作时也表现了这方面的天赋。

[①] 这部小说可能是《雾都孤儿》。

第四章　记者
1834—1836 年

狄更斯迈出了通往成功的第一步，但他依旧很穷，22 岁还与父母同住，仍然是个自由职业者。即使每月被发表的小品文让他很兴奋，他还是常常闷闷不乐，原因之一是这些作品都不付酬，之二是其中一篇小品文被知名剧作家约翰·巴克斯通接手改编为滑稽戏，被制作出版却没有关于他的任何鸣谢。狄更斯仍然表现得很平和，他承认巴克斯通在当中加入了自己的材料，并认识到他的侵权其实好处更多。家里的日子并不总是很好过。他的姐姐芬妮从皇家音乐学院毕业，被授予荣誉学位，是个真正的音乐家，在公开音乐会上演唱且被称赞。她去当一个歌剧歌手完全没有问题，但成不了明星，无法挣到很多钱。莉蒂西亚经常生病，约翰·狄更斯已经不再为他小舅子的《议会镜报》工作，又开始欠债。三个小点的男孩子，奥古斯特 6 岁，阿尔弗雷德 12 岁，弗雷德 14 岁，得有人考虑他们的将来。查尔斯一定曾怀疑过他父亲是否有能力为他的弟弟们筹划生计。这是另一个让他焦虑的原因。

舅舅约翰·巴罗一直很欢迎他来家里，他总到舅舅在诺伍德的住所去。他也交了一群能一起散步骑马的朋友，偶尔一起到河边旅行或者办晚宴——用他自己的话说"燃烧一下"——还能和气地一起抽烟喝酒。这当中有科勒和米顿，现在又加上汤姆·比尔德，他同样是记者，比狄更斯大 5 岁，是个安静稳重的苏塞克斯人，乐于助人。还有一个新朋友是亨利·奥斯丁，建筑师兼工程师，罗伯特·史蒂文森的学生。他很快就要和老师一起穿过伦敦东区的从伦敦到布莱克沃尔的铁路。① 奥斯丁时髦、聪明，关心社会问题，狄更斯非常喜欢他，年底狄更斯一个人搬出去的时候邀请奥斯丁与他合住。尽管对奥斯丁来说这是生活质量的下降——他原本和母亲舒适地住在一起——但他们一直很亲密，他们的友谊在奥斯丁1837年与莉蒂西亚·狄更斯结婚时更进了一步。

这时狄更斯还在议会为《真太阳报》和《议会镜报》当记者。这个夏天最重要的辩论是关于济贫法的修正。全国的状况都非常糟，有来自饥饿的农工的抗议，还有来自工会的胁迫和野心。一群多赛特的劳工为此被判流放，他们被其他工会成员称作"托尔普德尔蒙难者"，伦敦举行了一场代表他们的示威游行。大部分议员的意见是穷人需要被严厉管教，如果他们因为年老、不幸、有太多孩子要养活，或者被雇主解雇等而无法自立，那么与其让教区给他们一些零散钱以维持生计，还不如勒令他们去扩大济贫院，他们在那里会被分派住所和少量的食物，但要穿上使他们蒙羞的制服，家庭要被打散，丈夫、妻子和孩子被分别送进不同的宿舍。对广大地主和中产阶层议员来说这非常合乎情理，但不是所有人都赞同，许多人对此表示震惊，在他们看来这是穷人因为贫困而受到惩罚。议院里关于这一残酷修正法案的最有力反对者是威廉·柯贝特，他日复一日地发起抨击，要求任何新法案通过之前都要对穷人的现状进行调查，警告立法者们说"这是在让社会的约束力消亡"，一旦法案被通过，"将是对王国内所有不动产合约的侵犯"。② 他特别抗议了拆散家庭和强令济贫院居住者佩戴徽章或穿着制服的措施。其他议员预测济贫院将会变成"以恐吓希望得到救助的申请者为目标的监狱"。有人直接说这个法案"荒唐"。一位乡绅指出有大量来自全国的请愿书反对这一法案，并

---

① 本工程于1836年夏由乔治·史蒂文森开始着手建造，建于布莱克沃尔泰晤士河北岸穿过东区的一条客运铁路，经停杨树站、西印度港、莱姆豪斯、斯特普尼和沙德维尔，在米诺雷斯站换乘。部分路段是砖砌高架桥，还有部分是开凿路段，使用了缆索牵引。该线路于1840年开通。很难想象狄更斯没有去看过这一工程，特别是1837年奥斯丁成了他的妹夫。奥斯丁在铁路建设过程中所见的贫民居住状况，引起了他对改善居民居住条件的极大兴趣，尤其是在卫生系统设备方面，他和狄更斯分享了这一想法。

狄更斯在1848年乘坐过这条路线，在6月24日《审查员》第48期上说它是"中国旧货"："你可以买一张票，花18便士就能往返……天马行空的梦里的瓷砖和烟囱顶管、脏脏的房子背墙、狭窄的场地和街道、脏乱的垃圾场、沼泽、沟渠、船桅、码头荒草丛生的花园，还有小小的不卫生的红豆凉棚，在半分钟内就被卷走。"

这条路线并不成功，后来被其他路线代替。少量列车一直运行到1951年，现在它的遗迹已经荡然无存。尼克·卡特福德的详尽描写可参见 http://www.subbrit.org.uk/sb-sites/stations/p/poplar/index.shtml。

② 1834年7月1日，英国议会议事录，文中提及的议会内发言内容的描述由此推断而来。

特别申诉说不应将年老的穷人带离他们的小屋送进济贫院。① 在最后一次辩论中,丹尼尔·欧康纳说,尽管作为一个爱尔兰人他不会多嘴,他还是从根本上反对这一法案,因为它"排除了人情"。狄更斯当然支持这一看法,作为议会记者,他旁听了不少辩论,并从中催生出了他的第二部小说《雾都孤儿》的主题。修正法案的通过令他怀疑议会的效率,见识广博而聪明的人在这里输掉了争论,他们所预测的不幸结果会在英格兰存在几十年之久。②

8月,经汤姆·比尔德推荐,狄更斯最后终于在《纪事晨报》找到了一份长期正式工作,薪水每周五个基尼,这使他第一次在经济上有了保障,他可以开始考虑如何让生活变得有序起来。《纪事晨报》的办公地点是他很熟悉的河岸街,门牌号码332,编辑约翰·布莱克十分赞赏他的这位新雇员的才能。布莱克是苏格兰人,是詹姆斯·穆勒和杰里米·边沁的朋友,他将《纪事晨报》作为一份改革论文来经营,以《泰晤士报》为竞争对手,顽固的新老板约翰·伊斯特霍普鼓励这种竞争,这位老板是个自由党政治家,在股票市场上赚到了大钱。狄更斯将成为这个团队与《泰晤士报》抗衡的关键成员,布莱克也很乐意发表他写的更多关于伦敦生活的小品文。狄更斯称他为"第一个打心眼里赏识我的人"。③ 这时他开始在他的小品文下署名"博兹",在这个名字下,凭借更广泛的读者群,他开始吸引到更多的注意力。

布莱克派给他的第一件工作是去爱丁堡报道给予这座城市自由的格雷伯爵的庆祝宴会。这是工作,同时也是款待,比尔德和他同去。两个记者乘坐汽船,他们对乐队、旗帜,并特别对晚餐给出了极高的评价,龙虾、烤牛肉及其他美食让客人们垂涎欲滴,在伯爵到来之前,他们就已经被桌上摆着的所有东西征服。

10月,更可笑的事发生了:一场火烧掉了下议院。没有人员伤亡,

---

① 波利特·斯科罗普、托马斯·阿特伍德、亨利·威洛比爵士这三人是此处提到的发言人。针对济贫法草案修订所进行的辩论令人印象深刻。议会议事录中的辩论记录可在线阅读。

② 一个例子:约在1860年,约瑟夫·阿奇的父亲病危,辛劳一生而身无分文。阿奇照顾父亲,而他的妻子只能放弃杂役女佣的工作。阿奇要求教区守护支付他妻子每周一先令六便士,比她曾赚的钱要少六个便士,以便照看他的父亲,却被告知他父亲可以进济贫院。他愤怒地拒绝,父亲在他家里去世,而阿奇家陷入了债务危机。见《约瑟夫·阿奇:自述他的一生》。

③ 福斯特:《一生》第一卷第四章。第一篇署名博兹的文章出现于《月刊》8月号。

狄更斯观察到，起火的根源在于1820年为止几个世纪以来用于记账的老旧木制货签，在他看来这是英式忠诚已经脱离了常规和传统的灾难性结果的象征。11月，年迈的首相墨尔本爵士被国王解职。国王本想让更年长的惠灵顿爵士继任，但惠灵顿明智地拒绝了，国王不得不召唤了自由党的罗伯特·皮尔。在必须关注这些政治策略的同时，狄更斯也正被自家的问题搞得心烦意乱；他的父亲又一次被关进了负债人拘留所，因为付不出酒商的账单或房租而又被监禁。他们的房东拒绝再等待，查尔斯担心自己也会被关，因为他和父亲住在同一个地方。这将提供"这个'家庭悲剧'中的下一幕"，他开玩笑，或者半开玩笑地说。这件事正好发生在他打算从家里搬出来的时候，他在霍尔本的弗尼沃尔饭店看房子，但还没有确定日期。于是这时他慌慌张张给汤姆·米顿和汤姆·比尔德写信借钱并请求他们去看一下他的父亲。两个人都帮了大忙，查尔斯"从我的法国雇主那里"筹到了五英镑——有证据表明他接了更多的私活——于是有了足够的现金让老狄更斯恢复自由，他这时马上要去伯明翰报道自由党会议。①

等他回到伦敦，他的父亲"被风带走了"，这是他自己的话。但事实上，父亲人在伦敦北区越过汉普斯特德的地方，他觉得这么远的距离债主们的手伸不过来。其他家庭成员搬到了阿德尔菲剧院附近的乔治街，靠近芬妮唱歌的地方，而查尔斯开始自己租房子住，他在弗尼沃尔饭店租赁了未经布置的房间。② 房租是35英镑一年，三楼的三个房间归他使用，还附带地窖和顶楼的一间杂物间。由于亨利·奥斯丁回绝了他的邀请，他便叫了弟弟弗雷德（弗雷德里克，不是阿尔弗雷德）和他一起住。狄更斯在想办法自立的同时也希望时常有人在身边。浪漫主义作家通常需要的独处习惯在他身上基本不存在，比起为摆脱年幼的弟弟们而感到高兴，他更渴望与爱笑又讨人喜欢的弗雷德相处。③ 他们得自己做家务，离开妈妈之后他们很快就在洗衣服这件事上遇到了麻烦。家里每个人都缺钱，他们的弟弟阿尔弗雷德只能穿着舞鞋走到汉普斯特德再走回来，捎来父亲的口信，查尔斯以前也这么做过。查尔斯现在穿的鞋子也破了，

---

① 狄更斯致米顿和托马斯·比尔德，1834年11月、12月，《朝圣》第一卷第43—51页。
② 弗尼沃尔饭店位于霍尔本北段，皮革巷和布鲁克街之间。1906年，这里被拆毁。
③ 弗雷德晚上出去时，狄更斯会不时约个朋友来，如1835年12月31日他请了米顿来陪他，尽管此时他正忙于写作。

但搬家后他根本付不起修鞋的钱。汤姆·比尔德付了另一半租金，于是查尔斯请朋友们来乔治街做客庆祝他母亲 12 月 21 日的 45 岁生日。还有一场属于他自己的庆祝仪式——"燃烧一下"——在他的房间里举行，尽管他没有盘子没有窗帘也没有钱。不过不要紧，"我有些相当不错的法国白兰地。"①

1835 年 1 月他去切姆斯福德采访选举会议，"地球上最无聊最蠢的地方"，周日他连一份报纸都找不到。② 他有时候驾着租来的不知什么马拉着的轻便小车，有时候乘坐公共马车，到布伦特里、萨德伯里、切姆斯福特和圣埃德蒙兹伯里到处逛，但在他离开时不管是对会议本身还是会议在选举进程中扮演的角色都没有任何改观。他们要从一个地区赶到另一个地区采访政治会议，乘着又潮又冷的马车旅行，还要抢在《泰晤士报》的记者之前冲回伦敦将报道印发。与此同时，他又接到了来自《纪事晨报》的约稿，请他给新创刊的姐妹刊物晚报再写一些关于伦敦的小品文和故事。晚报的合作主编乔治·霍加斯和约翰·布莱克一样是苏格兰人，他们都觉得狄更斯是年轻记者中最有天赋的一个。狄更斯询问在《纪事晚报》发表的作品能否得到酬劳，于是他的薪水涨到了每周七基尼。

慈父般的霍加斯五十多岁，他请狄更斯到他在肯辛顿的家里做客。他的文化兴趣非常广泛，最近还出版了一本书《音乐史、传记和批评》。他的职业生涯也值得一听：他曾经在爱丁堡当过律师，与洛克哈特和华尔特·斯科特都有交往，他曾经向这些人提供过法律服务。1830 年他决定南迁，凭借他对音乐和文学的了解找到了一份记者和评论家的工作，并在这第二段职业生涯中取得了成功。他没有告诉过狄更斯他离开苏格兰是出于经济上的原因，但狄更斯得知霍加斯夫人出身于一个成功而努力的家庭，她的父亲是一位收藏家，也是位歌曲出版商，与罗伯特·伯恩斯是密友。与这些杰出人士的友谊是霍加斯家重要的回忆，也给狄更斯留下深刻的印象。

他们有一个大家庭，规模还在不断扩大。他们家在富勒姆路的宅子

---

① 狄更斯致托马斯·比尔德，1834 年 12 月 16 日；狄更斯致亨利·奥斯丁，1834 年 12 月 20 日，《朝圣》第一卷第 50、51 页。白兰地可能来自他的法国雇主。

② 狄更斯致托马斯·比尔德，1835 年 1 月 11 日，《朝圣》第一卷第 53 页。

周围环绕着花园和果树林,狄更斯第一次拜访这里时见到了这家的大女儿,19岁的凯瑟琳。她的直率纯真让狄更斯一见钟情,她和他之前见过的年轻女性都不一样,不只因为她是苏格兰人,更因为她出身于一个有教养且与文学有联系的家庭。与比德内尔家一样,霍加斯家地位家境远胜过狄更斯家,但他们一家热情地欢迎狄更斯,对他平等相待,乔治·霍加斯热衷于他的作品,这也让他感到非常荣幸。[①] 凯瑟琳苗条、匀称,长相可人,举止文雅,并不像玛丽娅·比德内尔那样是个引人注目的美人;玛丽娅的美貌和不可捉摸在他心中留下烙印,但也留下了伤口。她不需要那么耀眼,只要不让他受伤就好。

两个人的婚约很快定了下来,他后来没有解释过他是如何走到这一步的,大概是因为他将这看作他一生中最大的错误。我们能看到霍加斯一家很喜欢他并同意了他的求婚,凯瑟琳是个被娇养大的单纯的年轻姑娘。在见过他之后,她立即给一个表亲写信说,"妈妈和我上周六去参加了一场舞会,你知道吗,是狄更斯先生举办的。舞会是为了庆祝他的生日。这是一场单身舞会,在他的房子里举行,他的妈妈和姐姐是主持人。他的姐姐长得很可爱,歌也唱得很美……我现在与狄更斯先生又熟悉了不少,他特别绅士,特别讨人喜欢。"[②] 很快,她开始执着于他。他在她身上看到了爱慕、顺从和明显的愉悦,他认为这表示他们正在相爱。这足够让他向她求婚了。在他的信件中有许多关于长久的爱的誓言。凯瑟琳不像他的姐姐芬妮那样聪明或者有才情,也没有和他等同的智慧,这也许是她的一部分魅力所在:蠢笨的小女人在狄更斯的作品中比聪明出色的女性更经常作为性欲的象征。他想结婚。他不想要一个会抑制他的创造力的妻子。

1835年夏天的三个月里,狄更斯在霍加斯家附近的塞尔伍德台地租了房子,这样能离凯瑟琳近一些。可以感受到他对她的渴盼之强烈:"亲爱的小老鼠""塔蒂亲亲""只属于我的最最亲爱的小猪",他这么称呼她,并在议院的工作结束后的下半夜催促她过来给他做一顿过点的早餐:

---

① 狄更斯在1835年6月(?)给凯瑟琳·霍加斯的信中提到对霍加斯家优越地位的看法,见《朝圣》第一卷第67页,信中他要凯瑟琳坐在他早餐桌的上位,并说"你不会遭受磨难并将过得更好,我亲爱的姑娘,爱你一生"。

② 1835年2月11日,凯瑟琳·霍加斯致她的表亲。菲利普·柯林斯编:《狄更斯:访谈和往事》第一卷,第16页。

"这是个孩子气的愿望，我亲爱的；但我渴望在醒来的时候能第一个看到你的身影，听到你的声音——你能迁就我一下，今天早晨来为我做早餐吗？……这将是为下个圣诞节所做的最好的练习"，这时他想结婚，但他还需要再等几个月。①

像所有年轻男人一样，他需要性方面的刺激和满足，而伦敦方便的色情业不是他想要的。他知道有关这些女性的很多事情并很同情她们，孩子们被母亲丢在街上，女孩子为贫困所迫而出卖自己，年轻女人把她们的热情忠诚都给了犯了罪的爱人，女演员屈服于薄弱的意志，叛逆的罪犯混在街头，不知羞耻。他赞赏这些人灵魂中的一些闪光之处，或许在某一场合他曾被引诱过屈从过——有些事不为我们所知——但他还是反对这一体系的。他想正面看待这些女人，他希望她们能走上正道，不用委屈自己，也不用去贬低她们的支配者。结婚是个答案，不管是为了性卫生、家庭的安慰还是为了伴侣关系。于是在见过凯瑟琳·霍加斯不到六个月的时候他就和她订婚了。他在最早的一封信里告诉她不要任性或者玩弄他，警告她说尽管他"由衷地深深地被吸引"，但如果她有任何冷淡的表现，他就会立即放弃，因为那意味着她已经对他感到厌倦。② 谁在主导这段关系没有任何疑问。他将自己的生活变得有序起来，并一直尽力保持有序的状态。

1835年甚至比前一年还要繁忙。他不是在议院坐到凌晨一点半，就是在去各地采访的路上。补选、自由党的晚餐会、内政大臣约翰·拉塞尔爵士5月在艾克赛特的演讲，他每次都紧张地勉强赶在《泰晤士报》之前提交报道，他得收买邮递员，还得在倾盆大雨里做笔录。他带着风湿病回到了伦敦，耳朵背了，身体疲惫不堪，没有带着包也没有一件干净衬衣，但比尔德给了他一件衬衣。他还发现竞争会令他兴奋。小品文写作必须在这当中挤出时间来，他还要从中留出和凯瑟琳相处的时间。他得把她介绍给如今重聚在布鲁姆斯伯里的朋友们。布莱克打算做新闻报道的同时也做戏剧评论，狄更斯也突然重新开始晚上逛剧院，之后回家坐下来完成他的写作，或者次日清晨早早地动笔，一位不耐烦的编辑

---

① 狄更斯致凯瑟琳·霍加斯，1835年6月（？），《朝圣》第一卷第64页。实际上，1836年4月他们才能结婚。

② 狄更斯致凯瑟琳·霍加斯，1835年5月下旬（？），《朝圣》第一卷第61页。信中提到，他们已经订婚三周。送信的是弗雷德，狄更斯的警告好像很有效果。

正等在一旁。有时这根弦绷得太紧。他对凯瑟琳描述说"我们昨晚到骑士桥的时候我就感觉很难受，我真以为我要不行了；我的头晕得厉害，眼睛几乎看不见，一瘸一拐的腿让我看上去就像喝醉了酒一样"。他服了一大片甘汞给自己治疗，这是一种泻药，对肝脏有影响，并使得"我的身体内部发生了奇怪的变化，我连门都出不了。"① 但他在必要时还得忘记病痛，第二天他还约好了去纽盖特监狱访问。

11月他到本顿维尔去看房子，他觉得那里虽然漂亮但实在太贵，租金要一年55英镑。12月他被派到哈特菲尔，一场火毁掉了那里的一所大宅的一部分并把太上侯爵夫人烧成了灰："我在这里等待索尔兹伯里侯爵夫人的遗体从她祖传城堡的废墟中被挖出来"。一周之后他又到了凯特灵，"昨天早晨这里着了一点火，正好填补了这里没有谋杀和骚乱的现实"——这是一场补选。凯瑟琳——现在常被称为"凯特"或"凯蒂"——被当作保守党，"一个残忍而顽固的反派……地道的野蛮人……彻底的无赖……你能相信一个到处都显得格格不入的大块头骑手骑在马上，全副武装，昨天在毫无防备的人群中疾驰，还在保护着一个拿着上了子弹的手枪射击的男人吗？这是新教牧师造成的，还是治安官造成的？"② 两天后他描述了他给自己和四位记者同伴点的一顿晚餐，"鳕鱼和牡蛎酱，烤牛肉，一对鸭子，李子布丁，还有肉沫饼"。他对回到伦敦感到很高兴，尽管他必须在他信的结尾加上这样一条附注："该死的保守党——恐怕他们这次要赢"——他们确实赢了。③

在年底之前他还在写一出英国主题的喜歌剧的台本，名叫《乡下的风骚女人》，作曲是芬妮从学生时代至今的好友约翰·赫勒。此事的发生还多亏了一位新朋友，小说家哈里森·安斯沃思，他凭借历史和底层生活小说赚了钱，如写迪克·特平的《卢克伍德》还有绿林豪杰《牧羊人杰克》。安斯沃思大狄更斯七岁，英俊，穿着得体，为人干练。他和一位并非他妻子的女士同居，这位女士人称难对付的伊莱莎·图谢，很擅于交际；伊莱莎年纪比安斯沃思大，是安斯沃思一个表亲的遗孀，安斯沃

---

① 狄更斯致凯瑟琳·霍加斯，1835年11月4日《朝圣》第一卷第86—87页。
② 狄更斯致凯瑟琳·霍加斯，1835年12月1日和6日，《朝圣》第一卷第100和第107页。他关于报道选举的经历完全没有让他对政治程序产生任何尊重，他看到了暴力、腐败和工作中的种种愚行。在《匹克威克外传》中，他对这些现象进行了尖锐的讽刺。
③ 狄更斯致凯瑟琳·霍加斯，1835年12月18日，《朝圣》第一卷第109—110页。

思与妻子分开之后她就在照顾他，他们住在金赛尔旅馆，时髦地享受着生活。安斯沃思看到了博兹出色的作品，他调查作者的真实身份，上门自我介绍，并催促狄更斯将他的小品结集出版。没有比这更容易的事了：他有自己的出版商约翰·马克隆，还有一个朋友叫乔治·克鲁克香克，是这个国家最受欢迎的画家，可以提供插画。安斯沃思知道该怎么办。

10月狄更斯和马克隆交涉，邀请他去弗尼沃尔享用"苏格兰威士忌和雪茄"，并开始写一篇绝妙的新作，为他的第一部小品文合集锦上添花。这是一篇有关纽盖特监狱的记叙文。布莱克帮他准备了一天的访问行程，并说服了一个激进的下院议员带狄更斯进去：这就是能让他从病床上爬起来的重要事件。① 在监狱的学校里他看到因为小偷小摸而等着被审判的不到14岁的男孩子们。他们洋洋得意于自己的作为，这使狄更斯震惊："我们从未见过14张如此邪恶的小脸，他们长相不可取，没有诚实的眼神，他们的眼神里除了绞刑架和囚船再没有其他。"* 由此而生的小品文《访问纽盖特监狱》，以定罪的监牢作为结尾，叙事朴实，他想象了一个第二天早晨就要被吊死的囚犯的梦境。

狄更斯的名字没有被刊登出来，他的身份仍然是"博兹"，而标题则被他定为《博兹札记，对凡人日常生活的解说》，这样选择是因为"它既不矫揉造作，也不摆架子，这是两个必要条件，是年轻作者不该忘记的。"这至少是在他的写作中很重要的事，尽管他疏忽了，漏掉了句中最后的"不"字。② 这篇小品文会在1836年2月分两册出版，那天正好是他24岁生日的第二天。

---

① 狄更斯致马克隆，1835年10月27日与29日，《朝圣》第一卷第83、84页。
* 中译文参见《博兹特写集》，陈漪、西海译，上海译文出版社1992年版，第258页。——译者
② 狄更斯致马克隆，1836年1月7日，《朝圣》第一卷第115页。

第五章　四家出版商和一场婚礼
1836 年

1836 年对于狄更斯来说是一个"重大之年"，但在 1 月时他并不这么觉得。"这个早晨我难受得根本没法工作，"他这么写给凯瑟琳。"我一直写到今天凌晨三点（我到八点才完成稿件），熬了一整夜……来自痉挛的折磨比我经历过的任何一次都要强烈。现在还是非常痛苦，我的头疼得不得了，它想休息，而我阻止不了它……我长这么大还没有发作得这么厉害过。"他还是克己地爬起来给她写信，而第二天他这样描述他的感受："我尽可能拖到了凌晨一点刚过，然后八点钟起来"。① 大多数晚上他不是在议院记录辩论情况直到半夜，就是在剧院里，接下来还有篇剧评在等着他写。答应给其他报纸写的故事和小品文的最后期限在不断逼近，他还要赶着写歌剧《乡下的风骚女人》的台本。在办公室里他为协议的条款讨价还价。他要抽出时间教凯瑟琳的弟弟速记，同时还在操心着给自己的弟弟弗雷德找一份工作。也难怪他会崩溃。

《博兹札记》将在 2 月 8 日发行，他得把样书发给几位在圈中有影响力的相关者：他作为记者结识的斯坦利爵士，《图书馆》的编辑查尔斯·迪莱克（在鞋油厂认出他的人），还有他专横的老板约翰·伊斯特霍普。狄更斯和马克隆默契地准备出版，他们的关系和友情也越来越密切深厚：到发行日为止，马克隆是"我亲爱的先生"，而在那之后则变成了"我亲爱的马克隆"。狄更斯在马克隆的孩子夭折时给他写了一封慰问信，并邀请他担任自己婚礼的伴郎。马克隆向狄更斯提供了他要的一本《礼仪提示》，这当然是准备结婚用的；到夏天他还非常帮忙地把弗雷德·狄更斯招进了他的会计部门。马克隆是个雄心勃勃、锐意进取的人。他从不知道什么地方的人——八成是哪里的岛民——来到伦敦，从一个年长的女

---

① 狄更斯致凯瑟琳·霍加斯，1836 年 1 月 21 日或 22 日，以及 23 日（?），《朝圣》第一卷第 119、120 页。

人那里借了钱走了点捷径,钱足够他在圣詹姆斯广场置办一间办公室,然后他又甩了这个女人而与另外一个美国女人结了婚。① 他有很多点子:他找人在他办公室各个地方安放了一些名人的胸像,这些胸像都来自一位古怪的苏格兰雕塑家安古斯·弗莱彻,此人后来也成了狄更斯的朋友,并在1839年为他做了第一座胸像。② 他找了特纳来画《失乐园》,并跑到巴黎试图签下维克多·雨果。他和狄更斯一起想尽办法四处推介小品文集《博兹札记》。这本书得到了很高的评价:乔治·霍加斯在《纪事晨报》上称赞狄更斯"对人物和风俗都做了周密而敏锐的观察",表现了伦敦生活中"悲惨而罪恶的一面",另外还有对其中无所不在的机智、真实以及笔力的夸赞。书卖得很不错,在夏天很快就出了第二版。马克隆和狄更斯对他们的这次合作都非常满意。

与此同时,2月,第二家出版商带着计划书出现在狄更斯的门前。此人是威廉·霍尔,1830年在河岸街186号与友人爱德华·查普曼开始了他的生意。霍尔想出一系列有关垂钓俱乐部的冒险故事,问狄更斯可否写一批小品文以配合擅长运动场面的年轻画家罗伯特·塞缪尔的作品。狄更斯认出霍尔,他在1833年12月从霍尔手上买了一册刊载自己第一个故事的《月刊》,他们都觉得这是一个不错的兆头。③ 狄更斯说,他对这个企划很有兴趣,但希望能够对要点进行再详尽一些的说明。霍尔是个不错的商人,他立即就同意了,并为每个月的故事出价14英镑,还许诺说如果它们卖得好的话,酬金可以再上涨。狄更斯很满意这样的条件。这件事没有正式的协议,只有一封信。他们以这种轻松的方式建立的关系不仅让查普曼和霍尔富裕起来,并帮助狄更斯在19世纪小说家中建立起了至高无上的地位。

在狄更斯看来,这笔钱能让他娶妻过上舒适的生活。他已经构思了一个喜剧人物,匹克威克先生,他是个有钱的退休商人、美食家,常饮酒过量,纯真、顽皮而亲切——用W. H. 奥登的话描述,他就是"一个无所顾忌地在世界上游荡的异教神祇"——不时地带着一群年轻朋友在英格兰南部低调地旅行。狄更斯还想过,他可以在冒险故事的间隔中插

---

① 根据狄更斯几十年后的一位追随者乔治·萨拉的说法,马克隆所辜负的女子是萨拉的姨母索菲亚,她借出的钱再没有被归还。
② 弗莱彻制作的狄更斯胸像在皇家学院展出,但狄更斯觉得它"不像——**尤其是头部**"。
③ 见上文第三章。

入另外的不相关的小故事以增加叙事中的变化。他立即动笔。同时他还向查普曼和霍尔表示他将自己的一个故事《奇怪的绅士》改编成了滑稽剧，年内就可以上演，两人也答应了剧本的出版事宜。

婚礼定在了4月2日。在这之前，第三家出版商又找上了门，是他的未来岳父介绍来的。这一位是绅士风度的理查德·本特利，他在1833年出版了简·奥斯汀小说的第一批重印本，里边附带精致的插画，并请作家的兄弟亨利写了按语。本特利作为高品质的印刷厂商开始他的职业生涯，后来又转型为出版商，出版制作精美的通俗小说读本，并热衷于签约新锐作者。狄更斯也在他的兴趣范围之内。但现在狄更斯的时间已被排满，没有本特利那些计划的任何空间。狄更斯正忙着订购家具——会客室要花梨木，起居室要桃花心木——还有杂货，比如碗柜、酒瓶、大罐子、瓷罐；还有一个签着"查尔斯·狄更斯致凯特"的工具箱，是送给新娘的结婚礼物。他的妹妹莉蒂西亚生病了，父亲甚至一度认为她病危需要人照顾。万幸的是她康复了，但狄更斯忙得无心参与，他的新项目开始了。"我得专注于'匹克威克'"，他告诉凯瑟琳。① 3月20日他因为没有见到凯瑟琳而向她致歉："我今天尽力了而且精疲力竭，精神上和身体上都是；为这件事我得耗到凌晨一两点。我今天直到凌晨三点才睡；因此一点才能开始动笔……我被强迫克制自己仅有的娱乐，让自己一直坐在桌边。"②

婚礼的计划要更改，因为马克隆夫人坚决认为伴郎必须是位单身男士，狄更斯只能请汤姆·比尔德代替马克隆。在婚礼前不久他给舅舅托马斯·巴罗写信，希望邀请他，但也解释说巴罗家不许约翰·狄更斯登门的禁令让这个邀请难以实现；他回忆了自己小时候去拜访时的情形，并感谢舅舅对他的好和慈爱。③ 很显然巴罗那一边的家人也是他的骄傲，但狄更斯依然忠诚于他的父亲，他无法接受家庭的分裂，会为此感到不开心。

母亲给他准备了度蜜月的住所，一座小木屋，是一位纳什夫人的产业，在一个名叫乔克的美丽小村，村子在肯特郡北部的湿地，位于罗切

---

① 狄更斯致凯瑟琳·霍加斯，1836年3月11日，《朝圣》第一卷第139页。
② 狄更斯致凯瑟琳·霍加斯，1836年3月20日，《朝圣》第一卷第140—141页。
③ 狄更斯致T.C.巴罗，1836年3月31日，《朝圣》第一卷第144—145页。

斯特和格雷夫森德之间。他们能在那里度过不到一周的时间，他可以在那段时间里继续忙《匹克威克外传》。4月2日一场简朴的婚礼在切尔西的圣卢克教堂举行，查尔斯和凯瑟琳结婚了，出席的有他们的至亲，仅有的客人包括伴郎汤姆·比尔德，还有约翰·马克隆。在霍加斯家用过婚礼早餐后，新郎新娘启程去肯特郡，乘公共马车大约两个小时的路程。狄更斯想给凯瑟琳看他童年成长的地方，他当然希望能和她一起走过他最喜欢的那些场所——科巴姆树林、盖德山、罗切斯特——沐浴着4月的阳光。凯瑟琳从来就不太爱走路，而他观念中的乐趣却是大步快走，踏遍乡村，越远越好，这大概也为他们将来的生活模式定下了基调，在这几天的旅行里他还得继续写《匹克威克外传》。写作是他必然排在首位的，而她必须限制自己的活力以尽力取悦他：写作的桌子和散步的靴子归他，而沙发和家务则归她。①

　　对什么样的女人惹人喜爱，在狄更斯的作品中并没有清楚的描述。她得娇小、可爱、羞怯，甚至心绪不宁，还总得显得很伤心，就像小耐儿和弗洛伦斯·董贝。露丝·平奇（见《马丁·翟述伟》）是个好管家、好厨娘，当过家庭教师，能开心地为兄弟和朋友们歌唱，但她的爱情表现却是脸红、眼泪以及一颗"蠢笨、怀着渴望、担惊受怕的小小心灵"。露丝·梅莱（见《雾都孤儿》）善良而富有自我牺牲精神，没有一点个性。小艾米丽莽撞如沙滩上的小孩，又是一个苍白而可爱的受害者。朵拉更有生活气息一些，因为狄更斯忍不住想夸张她荒唐的一面，于是她在感伤嵌入之前是高度喜剧性的人物。路易莎·葛雷梗（见《艰难时世》）不是个傻瓜但仍然是个受害者，而茜茜·朱浦则充分保证了她在马戏团的专业训练，表现出了超越她周围所有人的强韧。侯爵夫人（见《老古玩店》）则显得更有活力，她是一个仆人，济贫院的孩子，她被伤害，忍饥挨饿，她从地下室的厨房奋起，并打倒了她邪恶的雇主，展现出她性格中的强韧。但狄更斯中途彻底放弃了她的故事，因为小耐儿必须是舞台的中心，但也可能是因为狄更斯不知道该如何去发展公爵夫人这条线。保罗·董贝的奶妈波利·图德尔同样是一个女工，天生比她的

---

①　他在1844年3月7日给妹夫奥斯汀的一封信中，对他们两人步行速度的不同开了个玩笑："我昨天去你那里时和凯特走了半程。她走路慢得无法想象，我赶到柯芬园时，已天黑，然后又返回去。"《朝圣》第四卷第64页。

雇主们可靠得多。凯瑟琳·霍加斯又在这些人物中起到了什么作用呢？显然，一个善良的中产阶级姑娘，一张白纸，单纯害羞。她在与狄更斯相遇之前对家庭生活毫无经验，也没有证据表明她对家庭之外的任何事有兴趣。结婚前狄更斯给她写信说，他十分期盼在炉边交流孤独心绪，她"宽容的目光和温柔的态度"能给他快乐，还保证她"未来的进步和幸福"是他劳动的主要目标。① 宽容的目光和温柔的态度她无疑具备，她也乐意和希望取悦他——她缺乏强韧的性格以守住本心，不与丈夫的强烈意愿对抗。她无法建立并守住任何属于自己的价值观，也创造不出能在家里做主的安全环境，更不用说找到其他兴趣。在目击者的证词中很难找到体现她个性的部分，公平讲也确实没得可说。狄更斯统治一切、无所不在，还总觉得他才是正确的，她结婚时才20岁，尚未有机会让人格发展成熟。②

婚姻对他来说至少是性问题的一个解决方案，在接下来的22年中两人得分享一张大双人床。"冬天的夜有它的喜悦，温暖了我们睡的床"，狄更斯这年在他的歌剧里的一首歌中这么写，却被告知"床"不宜出现在公众面前。"如果年轻女士们会被"某人上床"这个最基本概念吓到"，他写到，他会修改歌词，但"在我做出任何进一步的改动时我会认为他们在畏惧。"他还说，"我确信……我们不该把这首歌的灵魂阉割掉去配合那些寄宿学校"。③ 他很喜欢"上床"的基本概念，任何一个新婚丈夫都喜欢它。凯瑟琳在他们结婚的第一个月就怀了孕。

他们很快就回到了弗尼沃尔新装修好的家。在17岁（原文如此）的小小年纪，凯瑟琳就要告别童年，负起一个妻子的责任来操持丈夫的居家生活——也就是说，在狄更斯允许某人接管他生活的任何方面的情况下。凯瑟琳16岁的妹妹玛丽总和他们在一起，这个苗条而活泼的来访者形容凯瑟琳是"最重要的管家……一天到晚都很快乐。"④ 快乐的同时她还要应对怀孕造成的身体变化，在她不舒服或情绪不稳的时候，玛丽向查尔斯伸出了友谊之手。《匹克威克外传》卖得不如期望的好，更不幸的

---

① 狄更斯致凯瑟琳·霍加斯，1835年11月19日（?），《朝圣》第一卷第95页。
② 莉莉安·内德著凯瑟琳传记《另一个狄更斯》（伊萨卡，纽约，2010）勇敢地尝试将凯瑟琳描绘成一个有能力的聪明女子，讨论在其他情形下她潜在的能力，但实质上加深了人们对于她因婚姻而困扰的印象。
③ 狄更斯致赫勒，1836年9月20日，《朝圣》第一卷第175页。狄更斯赢下了这场争论，这句词在给宫务大臣的副本和出版用的版本中都得以保留。
④ 玛丽·斯科特·霍加斯致堂亲玛丽·霍加斯，1836年5月15日，《朝圣》第一卷第689页，附件E。

第五章　四家出版商和一场婚礼

是，塞缪尔在抑郁之下于4月底开枪自尽。这足以对整个项目构成毁灭性的打击，尤其是在补位的画家无法融入的情况下。威廉·梅克皮斯·萨克雷有插画家的技术和雄心，他带着自己的素描本来见狄更斯，想接下这个任务，但未能如愿，这份工作被委托给了年轻画家哈布洛特·K.布朗尼，他在弗尼沃尔饭店有自己的会客室。布朗尼完美地把握住了作品的灵魂，自称"费兹"来和"博兹"相配，并出了名。

5月狄更斯答应马克隆写一篇被命名为《加布里埃尔·瓦登》的小说，将分成三部分，还要发表《来年十一月》，稿酬是200英镑。《博兹札记》第二部也开始筹备，另外他还在《纪事晨报》那里获得一份全职工作。6月他一直在忙着报道法院里的一起惊人的案件，首相墨尔本爵士被一名粗鄙而妒火中烧的丈夫控告，说他与谢里丹美丽的天才孙女卡洛琳·诺顿有染。公众当然对这一发生在上流社会的丑闻非常感兴趣，但诺顿先生无法提供任何证据，输掉了案子。狄更斯需要在记者和小说家之间迅速切换角色，而就在这个月他灵光一现将一个新角色引入了《匹克威克外传》，他就是讲着伦敦腔的仆人山姆·威勒，这个角色成功地将《匹克威克外传》从糟糕的起步拉到了成功的顶峰，成为畅销大作。

从这个时候起，浅绿书皮里的内容每个月的销量开始稳定增长，很快到达了一个惊人的数字，评论家们竞相称赞。新一期《匹克威克外传》的发行很快变成了重要新闻和事件，不只是文学范畴了。"博兹用耳朵得到了城镇"，一位评论家这么说，而他说得没错。[①] 每期一先令的小册子被不断传阅，甚至有人看到肉铺的小伙计都在读。[②] 法官、政治家、中产阶级以及有钱人，他们买了书，一边读一边点头赞同；普通人视他为同伴，并因此而喜爱他。他没有要求读者去思考，但他给读者们展示了他想让读者看到、听到的。他作品里角色的名字变成了当下的流行：金格尔、山姆·威勒、史拿格拉斯和文克尔，有文化的女主人里奥·亨特夫人唱着"致一只死青蛙的颂歌"，政治记者斯勒克和波特，还有酗酒的学生鲍勃·索亚。他就好像能把他的故事融入国家的血脉中一样，在里边注入欢笑、感伤和传奇情节，让读者觉得他是每一个人的朋友。狄更斯

---

① 1836年12月31日，菲利普·柯林斯在《狄更斯：决定性的遗产》第10页引用。
② G.S. 刘易斯看到了肉铺的小伙计。菲利普·柯林斯：《狄更斯：决定性的遗产》，第64页。

知道他成功了，而他自身与广大读者之间的个人联系也成为他作为作家的发展过程中的一个最不可或缺的因素。

他已经有了两家出版商，马克隆出了《博兹札记》，查普曼和霍尔出了《匹克威克外传》。接着在1836年8月他答应给第三个出版商托马斯·泰格写一本儿童读物，稿酬100英镑。儿童读物可以被看作一个特例。在这月晚些时候他又开始和第四家出版商理查德·本特利协商，这一位已经催促他好几次了。本特利赢过了马克隆400英镑的出价要购买狄更斯下一部小说的版权。狄更斯还价到500英镑，本特利则要求狄更斯承诺给他两部小说。后来在这一年里狄更斯把他写的歌剧的出版权卖给了本特利，称其为"博兹的第一部戏"，本特利以小册子的形式出版了它。狄更斯还答应出任本特利旗下一本月刊《智慧杂录》的编辑，他需要每期在上边发点东西，酬金每月20基尼。这会给他每年带来另外的500英镑收入。①

现在他已经与四家不同的出版商达成协议，他们都给出了在当时相当优厚的待遇。马克隆刚发行了《博兹札记》第二部。这时候狄更斯明智地向《纪事晨报》请了五周的假，反正在伦敦炎热的夏天里他也很闲。他离开时还收到了通知说《纪事晨报》会在他离开的这段时间里摘录《匹克威克外传》里的内容。

他带着凯瑟琳来到萨里郡治下彼得舍姆的一个美丽小村，村子位于里士满公园和泰晤士河之间，他们在旅馆住下来，享受安静的水畔草甸和汉姆庄园周围的林荫道。他们在那里住到了9月，凯瑟琳的孕期也到了一半。但就算在这假期里他还是经常被迫回到伦敦，比起回到弗尼沃尔空荡荡的家，他更愿意去和父母同住，现在他们租住在伊斯灵顿。②他和赫勒着手于他们的歌剧，他还在准备他的滑稽剧《奇怪的绅士》9月29日在圣詹姆斯剧院的首演，主演是他的朋友约翰·普利特·哈利，一位很受欢迎的喜剧演员。③这部戏获得了成功，演了60场，包厢给了朋

---

① 与本特利关于小说达成的协议于1836年8月22日签订，《智慧杂录》的编辑协议签订于1836年11月4日。两份协议内容见《朝圣》第一卷第649页。

② 爱德华街，城市路北，他要走很长时间到这个地方。

③ 约翰·普利特·哈利，一个伦敦布商的儿子，1786年生，给另一家布商当过学徒，当过律所职员，1806年开始表演，先是业余的，后加入肯特郡以及北方的剧团，1815年起在伦敦工作，在莎士比亚剧和滑稽剧中扮演丑角并走红，人称"胖杰克"，但他很瘦。1838年，他和麦克雷迪在柯芬园共演，1850年加入基恩剧团。1858年他在一次演出中病倒，几小时后死去，当时身无分文。

友、家人和出版商。

11月狄更斯和本特利签了第二份合同。他给约翰·伊斯特霍普写信申请从《纪事晨报》辞职，并告知马克隆他想撤回他们5月9日达成的协议。伊斯特霍普为失去一位出色的记者而不满，他们之间的往来信件也变得尖酸刻薄。狄更斯和马克隆的友谊也开始紧张起来。12月《博兹札记》的第二部出版，但他们之间的事并不那么顺利。目前狄更斯手头正排着如下项目：他得再写一年《匹克威克外传》的月刊连载，还要再拿出几篇小品文给《博兹札记》；他的滑稽剧和歌剧都要出版了，他要和出版社接洽；他还答应了要在圣诞节前写一本儿童读物《街头艺人所罗门·贝尔》；他得准备编辑《智慧杂录》，这份工作从1月开始，他每个月不仅要审稿还要提供16页自己的内容；查普曼和霍尔希望《匹克威克外传》能出续集，马克隆还想要《加布里埃尔·瓦登》，本特利正等着他的两篇小说。

很显然，这么多工作一个人根本无法完成。作为出版商来说，他们当然会为违约而恼火，就像马克隆、泰格和本特利的情况。而狄更斯所面临的问题之一是，在他名气增长的同时外界，对他的作品需求也在增加，这样一来，之前协议中的价格就比他现在签合同可以得到的价格要低，这让他感到很委屈。如果像狄更斯相信的那样，那每个出版商都不会善始善终；但事实上，他们是商人，在进行严苛的谈判，而狄更斯在协商过程中总是会明显理亏。他认识到，出卖版权是个错误，他委屈地认为是他辛苦奋斗写出的作品让出版商们富裕起来，而这也是可以理解的。他开始觉得出版商用他的作品赚钱却没有给他应有的回报。查普曼和霍尔一直给他十分优厚的待遇，最初就同意给他时常分红。儿童读物静悄悄地无疾而终。但在次年年中，也就是1837年，一场激烈的争吵爆发了。他的友人马克隆现在成了一个"恶棍"和"强盗"。本特利是下一个，没过多久他就变成了一个"烦人、可笑、掠夺成性、老歪歪的犹太人"——这引用自《雾都孤儿》中查尔斯写下的对话。①

与此同时，狄更斯给查普曼和霍尔就《匹克威克外传》月刊的拖稿发了致歉信，并为它的日益成功而欢呼："就算我能活一百年，每年能写

---

① 《雾都孤儿》第十三章中比尔·塞克斯对费金的描述。

三部小说，它们也不会比《匹克威克外传》更让我感到骄傲，因为它已经走出了自己的路。"① 他开始为本特利的《智慧杂录》做企划，另外他必须告诉马克隆，他已经放弃写《加布里埃尔·瓦登》，并要求马克隆将原来的协议书退回来。他还通知其他的出版商，请他们拒绝刊登马克隆给《加布里埃尔·瓦登》打的广告。马克隆在狄更斯12月把两部《博兹札记》的版权以100英镑的价格出让给他之后才让步。② 狄更斯为第二辑写的最后一个故事《醉汉之死》，打算"以显赫的成功"来结束这本书。这应该是整个系列中最糟的一篇文章，一个夸张的故事，讲的是一个惯于"放荡堕落"的醉汉，服用着"慢性毒药……它疯狂地迫使着它的受害者走向堕落和死亡"。在醉汉的妻子心碎濒死的时候，他"从酒馆踉跄着走到她的床边刚好看到她死去"。他的儿子们在这之后立即离开了他，但在一个晚上，一个儿子回到位于福利特街和泰晤士河之间小巷里一间阁楼上的家，他犯了死罪正被警察追捕——他不可思议地也不明智地相信他可恨的父亲会庇护他。醉汉背叛了儿子，儿子走上绞刑架时诅咒了他。在被女儿遗弃后他跳进泰晤士河，泡在河水里的时候他改变了主意，"在恐怖的痛苦中"尖叫，想起他儿子的诅咒，被汹涌的潮水带向死亡。说教模式下的狄更斯一点也不可亲，这是篇无力而夸张的散文，充斥着语言和感情上的陈词滥调——有些做作过头。但是，用他告诉本特利的话说，他"只有脑袋和耳朵还在工作，真的已经累到半死"。③

《乡下的风骚女人》于12月6日首演，赫勒作曲，在谢幕的时候观众给了博兹欢呼。但有一位年轻的评论家叫约翰·福斯特，他对这欢呼声还有台本都有不满："这台本完全当不起博兹的名声"，他写道，尽管"观众们都在为博兹尖叫！"他继续写，"现在我们非常敬佩和喜爱博兹，《匹克威克外传》造就了他，我们读者都非常清楚，这是我们特别的最爱……歌剧差到这个份上……我们确信无疑，只要勃拉汉姆先生（制作人）能在每晚把博兹真人请来炫耀，他就能保证这部戏的吸引力。"④ 狄更斯就这篇剧评对赫勒这样写道："这篇剧评对这部歌剧相当蔑视，但……

---

① 狄更斯致查普曼和霍尔，1836年11月1日，《朝圣》第一卷第188—189页。
② 狄更斯致马克隆的印刷厂商汉萨德，1836年12月1日（?），《朝圣》第一卷第203页和脚注1。
③ 狄更斯致本特利，1836年12月12日，《朝圣》第一卷第211页。
④ 福斯特的剧评登载于阿尔巴尼·丰布兰克主编的激进报纸《审查员》，他这时已经很喜欢狄更斯的作品，还给人送去一本剧中歌曲集。

他写得太好了，我忍不住为它大笑起来，那里边有我的生活和灵魂。"①这看上去就好像他觉得福斯特对《乡下的风骚女人》的意见是非常正确的，因为后来他将它描述为"所有不成功作品中最不成功的一个"，并要求把"博兹"的名字从场刊上移除；而在次年福斯特则成了他最信任的好友。②

"重大之年"就这么以一个糟糕的故事和一部无力的台本作结，但他还有《匹克威克外传》的巨大胜利，在他的脑海中酝酿的新小说也将在第二年1月份开始写作，与《匹克威克外传》串联进行。他结婚了，第一个孩子将在新年的第一周出生。圣诞节他和安斯沃思共进晚餐，和他的出版商爱德华·查普曼的侄女在他们河岸街边的家里一起跳了四对方舞，并邀请汤姆·比尔德一起分享全家吃的火鸡。他还向比尔德坦白，说不管他在出版物中如何反对酗酒，"我今天凌晨一点回家烂醉如泥，然后被我亲爱的夫人放到了床上。"③凯瑟琳对这种情况应付自如，甚至某种程度上感到高兴，她忙碌而全权包办的丈夫难得将自己置于需要她帮助照管的境地，只这一次。

---

① 狄更斯致赫勒，1836年12月11日，《朝圣》第一卷第210页。
② 狄更斯致哈雷，1837年4月7日，《朝圣》第一卷第246页。
③ 狄更斯致信托马斯·比尔德，1836年12月，临近圣诞（？），《朝圣》第一卷第217页。

第六章　"直到死亡将我们分离"
1837—1839 年

　　1月5日星期四，晚上或者夜里的某个时间，凯瑟琳开始分娩。狄更斯在家里，第二天早晨他的母亲和霍加斯夫人过来帮忙，并就孩子的出生给了他一些建议和可参考的经验；凯瑟琳的妹妹玛丽也跟着霍加斯夫人一起来了。上午狄更斯抽空给他在《纪事晨报》的同事写信解释他正"被匹克威克先生捆着抽不出身"，但希望在周二能有空。① 接下来，他把凯瑟琳留给两位母亲和产褥护士照顾，家庭医生快到了，狄更斯则和玛丽一起出了门。他们这一天大部分时间都在二手家具店里快乐地闲逛，想找一张卧室里用的小桌，作为给凯瑟琳的礼物。最后他们买到了桌子，随后回到弗尼沃尔饭店。紧接着在晚上六点，凯瑟琳生下了一个儿子。生产对她是一场"可怕的试炼"，所幸婴儿平安降生，一家人为此欢庆。② 狄更斯在一年后回顾时，他清楚记得那天在弗尼沃尔无法提供玛丽睡觉的房间，于是他在夜里将她送回位于布朗普顿的家。这么远的路不适合让她在冬天晚上步行，一般要搭一辆出租马车，但他说不定是走着回来的，用这段时间想他的工作。他很高兴自己儿子的生日是主显节前夕这一天。第二天玛丽又来了，接下来这一个月她几乎每天都来帮助鼓励她的姐姐和姐夫。一年之后他们不在弗尼沃尔饭店住了，而在狄更斯的回忆里这是一段极为快乐的时光——"住在这里的时光一定是我最幸福的日子……我真想把这里租下来让它一直空着，如果我可以……"③

　　婴儿——"我们的儿子"或者他父亲信中所称的"新生"——出生将近一年都没有受洗，他的双亲都不认为这是件紧迫的事或者在宗教上有很大的重要性，尽管汤姆·比尔德被选定当他的教父。对狄更斯来说，

---

① 狄更斯致 J. P. 科利尔，1837年1月6日，《朝圣》第一卷第220页。
② 玛丽用"可怕的试炼"来形容姐姐的感受，可能意指哺乳，但看上去更像是说分娩本身。玛丽·霍加斯致玛丽·斯科特·霍加斯，1837年1月26日。菲利普·柯林斯编：《狄更斯：访谈和往事》，引言第17页。
③ 狄更斯的日记，1838年1月6日，《朝圣》第一卷第630页。

一切都要排在工作之后，他要尽量赶上查普曼和霍尔那边《匹克威克外传》月刊连载的进度，并准备开始写他要给本特利的小说《雾都孤儿》，它从2月起将在月刊《智慧杂录》上连载。这两个系列的故事将会并行连载十个月，狄更斯要像玩杂耍一样让它们维持下去。他后来说，有人警告他反对以系列形式出版，"我的朋友告诉我这是一种低端廉价的出版形式，这样会毁了我上升的希望"。但不管这些朋友是谁，他已经成功地证明了他们是错的，读者们喜欢《雾都孤儿》中感伤、悲惨、刺激的剧情，就像喜欢《匹克威克外传》的喜剧性一样。[1]

经营这两份工作对他来说是前所未有的惊人的成就。一切都要在他脑中事先计划。《匹克威克外传》是以一系列松散的小插曲开始的，但现在引入了情节，匹克威克因违约而受审，他和律师的交涉，对他的审判和监禁，所有这些都要在每一期里更加用心进行描述；而《雾都孤儿》从一开始就是严谨的、完全成型的情节故事。每一期内容在交付印刷后就不可能再被修正，一切从一开始就要在正确的轨道上：这与一般的伟大小说家们的工作方式完全不同，他们需要时间去反复构思，他们的想法会出现变化，会返工，会删改重写。每期《匹克威克外传》和《雾都孤儿》都有差不多7 500词，他单纯地按月将故事分开，给每本书的每个新章节分配两周时间。实践并不总是符合他的希望，尽管他有时可以超前一些，但在很多个月里他只能做到按时将稿件交给印刷厂。这一阶段他书写的字体偏小，通常使用一支羽毛笔和黑色墨水笔——后来他比较喜欢蓝色——在灰色、白色或者浅蓝色的纸上写作，半张粗糙的大开书写纸裁成约18—22厘米，尺寸稍有不等。[2] 写《雾都孤儿》时他把行距都拉得很宽，每页写25行，但后来他可以塞进45行。每月的一期连载大概有95页纸，在一天中他可以写11、12页，赶一些可以到20页。他还要配合两位插画家——《匹克威克外传》的布朗尼和《雾都孤儿》的克鲁克香克——通常都只是给他们看相关的稿件内容，而不是为他们决定什么样的画才最好。此外，他还编辑着本特利的《智慧杂录》，也就是说，他要去约稿、协商，还要和印刷厂打交道。虽然压力不小，但结果

---

[1] 狄更斯把这段警告写进了《尼古拉斯·尼克尔贝》1848年版前言。
[2] 《匹克威克外传》现存的手稿只有45页，《雾都孤儿》的手稿则有480页，占五分之二。手稿均为发给出版商的更正过的初稿。

令人很满意：2月《匹克威克外传》卖了14 000份，《雾都孤儿》的开篇被四家报纸评论，下一期需要再多印1 000份。

到目前为止一切还顺利，但两周之后凯瑟琳患上产后抑郁症。她拒绝进食，只有狄更斯能劝她吃点东西。他自己"脑袋里被不知道什么东西暴力袭击"，服药的剂量等同于"一匹普通个头的马的剂量"。他告诉本特利，尽管他认为《雾都孤儿》是他想到过的最好的主题，但"我真的没法在这么多不利因素叠加的情况下写作"，不过至少他把这个月的份额完成了。① 凯瑟琳无法给婴儿哺乳，她放弃了尝试。换一位产褥护士很容易，但据她的妹妹说"每次她只要一看到孩子就开始哭泣，还一直絮絮叨叨地说，她知道丈夫现在一点都不关心自己，她已经没法照顾他了，等等"。玛丽信中的语气表达出同情但很轻快，说凯瑟琳应该忘记她的过去并记住她现在拥有世界上能让她开心起来的一切，包括她"和善"的丈夫。玛丽一直骄傲地谈论着他的成功："他的时间完完全全被写作占用了，真正的绅士们应该为能让他这样为他们写作而感到荣幸。"②

狄更斯想要新鲜的空气和锻炼的空间。《雾都孤儿》的第一期付印附带克鲁克香克的插画，画面中小小的主人公饿着肚子，向济贫院的管理人再多要一些稀粥。这之后他带着凯瑟琳、玛丽和孩子以及护士到他们度蜜月的乔克村住了五个星期。在这里他可以专心写作，尽管每周他还得乘坐从格雷夫森德出发的轮船或者从多佛出发的马车回一趟伦敦。2月的天数少，对于月刊连载作家来说从来都是一个挑战，但这一次《雾都孤儿》10日就完成了，《匹克威克外传》则是在22日。然后他就可以带着女士们去看查塔姆的防御工事，并"在阳光下享受一顿简便的晚餐"。凯瑟琳振作了不少，汤姆·比尔德也在周末被请到乔克村，他在查尔斯出去和《智慧杂录》的一个投稿人吃饭的时候能和凯瑟琳还有玛丽做伴。这个投稿人是个喜欢文学的海军上尉，住在查塔姆营房里。此时狄更斯打定主意要搬出弗尼沃尔饭店，想在伦敦找一栋房子。很快他在道题街找到了，在格雷饭店和梅克伦堡广场之间，他立即签了三年租约，租金每年80英镑。他向本特利预支了100英镑的搬家费，在准备房子的同时

---

① 狄更斯致本特利，1837年1月24日，《朝圣》第一卷第227页。
② 玛丽·霍加斯致玛丽·斯科特·霍加斯，1837年1月26日。菲利普·柯林斯编：《狄更斯：访谈和往事》，引言第17页。

他和凯瑟琳回到伦敦，在摄政公园附近租住了几周。3月的最后一天，他们搬进了道题街48号。

这次搬家对狄更斯来说是一个标志，他自信有能力让自己和妻儿在一个新的社会阶级上维持下去。道题街的房子比他双亲住过的任何一处都要宽敞舒适。三层共12个房间，一个地下室和阁楼，后边还有一个小花园。它坐落在一群相似的美观、结实的砖砌房屋中间，所有建筑都是世纪之交的时候建造的，布鲁姆兹伯里的街道宽敞，有利于身心健康，尽头的大门将不速之客拒之门外。在这里他可以过上绅士一样的生活并舒适地工作。①

在25岁这个年纪，他已经比父亲以及任何一个舅舅取得的成就都高，但他没有就此疏远自己的家人。他的双亲经常出现在道题街，这里也变成了弗雷德里克的第二个家。阿尔弗雷德在15岁的时候被送到塔姆沃思，在史蒂文森手下学工程，这份学徒工作当然是亨利·奥斯丁安排的，他于这一年7月和莉蒂西亚结了婚。9月芬妮与同是音乐家的亨利·伯内特结婚，之后狄更斯的家人就只剩下了奥古斯特需要照顾。但如果狄更斯曾希望他的父亲能就此尽量少惹麻烦，那他失算了，因为在约翰·狄更斯看来，既然他儿子成功了，他就可以期待得到更多施予。这还为他利用儿子名气提供了可能性。这些行为近乎于犯罪，但他始终相信只要查尔斯不想给自己的名字抹黑就一定会保释他、庇护他，而在这一点上父亲是对的。

在搬到道题街之前，查普曼和霍尔给了查尔斯一张500英镑的支票，这是《匹克威克外传》惯例的分红，已经持续了一年。它的销量依然在稳定上升——5月达到了20 000册——一周后他们为此举办庆祝晚宴。本特利取悦查尔斯的方法则是举荐他加入加里克俱乐部，本特利是这个俱乐部的创始人之一，这是个作家和演员们聚会交际吃饭的地方。在狄更斯的要求下，本特利送了一整套他出版的通俗小说，他把简·奥斯汀的作品摆到道题街书房的书架上，不过仍未得到狄更斯的关注。② 4月底狄更斯请本特利来他的新家吃饭，客人们包括两位父亲：约翰·狄更斯和

---

① 现为查尔斯·狄更斯博物馆。
② 本特利的出版社于1833年出版了简·奥斯汀的著作。福斯特提到狄更斯在写《尼古拉斯·尼克尔贝》时没有读过简·奥斯汀的任何作品，而根据狄更斯后来的一位朋友——诗人弗雷德里克·洛克-兰普森的说法，"他没有过度赞赏简·奥斯汀小姐的小说"。菲利普·柯林斯编：《狄更斯：访谈和往事》，第117页。

乔治·霍加斯；两个姐妹：芬妮·狄更斯和玛丽·霍加斯。本特利记得在晚餐后有音乐演出，但不是芬妮表演的古典节目。表演者是狄更斯自己，他唱着他最喜欢的滑稽歌曲"狗粮厨子"，并模仿了当时最知名演员的表演。"狄更斯很有精力"，本特利写到，而且"这样的娱乐很让人开心"。他没有提及宴会的女主人，但他还记得在午夜他准备离开的时候，宴会主人请他再喝一杯加水白兰地，而他已经不想再喝了。狄更斯便叫可爱的玛丽·霍加斯把杯子递给他，让他无论如何也无法拒绝。①

这时生活的残忍和无常打破了一家人的希望。在接下来的周六晚上，狄更斯带着凯瑟琳和玛丽去剧院，他们带着好心情回到家里，一起享用晚餐并喝了点酒，凌晨一点上床睡觉。过了一会儿狄更斯听到玛丽的卧室传出喊声，他赶过去发现玛丽仍然穿着她白天的衣服，看上去显然是生病了。凯瑟琳也过来看发生了什么事。他后来说，他们不知道她究竟怎么了，是否病得很严重，保险起见他们还是请来了医生。皮克松医生的建议和采取的措施都不见效，但这时似乎还没有危险。她毕竟才17岁，一直都很健康。14个小时过去——霍加斯夫人来了，还有其他的医生——她"在疾病侵袭下失去知觉并离去——走得如此平静安详，我之前不时抱着她，她那时确实还活着（我给她喂了一点白兰地），但我在她的灵魂升到天堂很久之后还在托着她的遗体。这时候大约是周日下午三点。"②"感谢上帝，她是在我怀里死去的，她最后呢喃的几个词是关于我的"，他告诉比尔德。③ 更细节就不清楚了，直到最后一刻都没有人预测到她的死亡，此外"医生认为这是心脏疾病"。④ 但很奇怪的是，在玛丽病倒直到死亡的这14个小时里，没有一个医生能给出任何诊断或提供任何建议为她进行某种形式的照顾或治疗，除了允许狄更斯给她喝一点白兰地，并把生病的女孩抱在怀里。

在要放下遗体的时候，狄更斯从玛丽手上取下一枚戒指戴在了自己手上，这枚戒指就这样伴随了他一生。⑤ 霍加斯夫人在一周时间里都处于"毫无知觉的状态"，除了在她必须强忍悲痛走进停放着她的孩子的棺材

---

① 本特利的回忆，《朝圣》第一卷第253页，脚注。
② 给未知人士的信，可能是玛丽的熟人，1837年6月，《朝圣》第一卷第268页。
③ 狄更斯致托马斯·比尔德，1837年5月17日，《朝圣》第一卷第259页。
④ 狄更斯致理查德·琼斯，1837年5月31日，《朝圣》第一卷第263页。
⑤ 狄更斯致霍加斯夫人，1837年10月26日，《朝圣》第一卷第323页。

的房间时。凯瑟琳照顾她的母亲，同时也忍耐着失去妹妹的悲伤，还要作为"一个善良高贵的女孩"挺身而出，她变得"冷静而令人振奋，让我十分惊奇。"① 狄更斯很少如此热情地赞美别人，凯瑟琳一直很冷静，就算在次周她流产了，她也是如此。大概这对她来说也不完全是件讨厌的事。

狄更斯自己则完全冷静不下来，他的工作也突然遇上了麻烦。他前所未有地通知他的两家出版商，说他要取消5月底《匹克威克外传》还有6月《雾都孤儿》的连载。谣言四起，说他已经疯了、死了，或者因为欠债而被逮捕。两家出版商觉得，他们有必要发表一个声明澄清事实，狄更斯只是突然失去了一个"深爱的，堪称他工作上最重要慰藉的、非常亲近的、年轻的家人"。本特利的《智慧杂录》上刊发了这样一篇声明，情有可原地夸大了玛丽在狄更斯生活中扮演的角色。狄更斯因此不得不向他们要钱，这有可能是为了帮霍加斯家支付治疗和葬礼的费用。他给玛丽写了墓志铭："美好的少女／上帝慈悲／招她为天使／年仅17岁"。他带着夸张的悲伤告诉比尔德，这个甜美清新但非常普通的女孩变成了一个完美的人："红颜薄命。我了解她心灵的最深处，我也知道她真正的价值。她没有一点缺点。"② 每晚她都出现在他梦里。5月13日他出席了她在万灵公墓的葬礼，并公然宣称以后希望与她同葬于此处。玛丽去世给狄更斯带来沉重的打击和悲伤，即使是凯瑟琳都没有对他的想法表现出丝毫惊诧。

此后，他带着凯瑟琳又一次离开伦敦，这次他们去了一个风景如画的地方，那是一所装着檐板的房子，人称"柯林农场"，位于汉普斯特希斯公园的远端。③ 安斯沃思和比尔德都去那里看望了他；此外还有一位新朋友约翰·福斯特来住了几晚。福斯特发现狄更斯很悲伤，情难自禁，他需要关心、同情、消遣，而这一切福斯特都给了他。狄更斯能与他平等对话，他可靠、聪明，精神强韧，乐于助人，心思细腻。他们在六个月之前就基本认识了，那时候福斯特把《乡下的风骚女人》贬得一钱不值，还逗得狄更斯发笑；但福斯特从1837年的春天起就和狄更斯建立了

---

① 狄更斯致理查德·琼斯，5月31日，《朝圣》第一卷第263页；狄更斯致托马斯·比尔德，5月17日，《朝圣》第一卷第260页。
② 狄更斯致托马斯·比尔德，1837年5月12日，《朝圣》第一卷第258页。
③ 它仍然存在，是设有围墙的一处私人住所，被称作"威茨"（Wylds）。

亲密的关系，那些日子里还沉浸在悲伤中的狄更斯对他打开了心扉。在从汉普斯特德回伦敦的路上，福斯特觉得"我和他成了朋友，互相引为知己，就像已经相识多年。"①

之后，他们延续了一生的友谊，狄更斯有时也会嘲笑福斯特，与他激烈争辩甚至大发雷霆，但福斯特是唯一一个能让他吐露极私密的体验和想法的人，他对福斯特的信赖从未消失。这段友情并非完全平等，狄更斯有时认为福斯特这样是理所当然的，并在一段时间里对他非常冷淡，甚至转而和其他朋友更为亲近；但在真正需要帮助的时候，他总会去找福斯特。虽然福斯特也有其他忠诚的朋友——麦克雷迪、布尔沃、卡莱尔——但只有狄更斯成了他的太阳和生命的中心，同时也是他快乐的倚仗。

他们的相处总是无拘无束的，不需要装模作样或伪装。他们还有许多相同之处：他们都出身于和显赫无缘的贫穷家庭，在起步时没有多少优势，在这个金钱、阶级和支持比才能更受重视的社会中艰苦奋斗、自我成就；他们成名都很早，在工作上投入了大量时间和精力，以排除万难找一条出路；作为作家，他们都觉得自己应该站在穷人和被压迫者一边，相信艺术可以用来攻击非正义和残忍的行为，嘲弄大人物，并坚持社会底层人物的价值；福斯特尤其希望主张作家、艺术家最不可或缺的尊严，而狄更斯似乎生来就在维护这一主张。

他们几乎同岁，福斯特比狄更斯小差不多两个月，生于1812年4月。福斯特是纽卡斯尔的一个屠夫的儿子，他的母亲是个"伽罗门看牛人"的女儿。福斯特家是"上帝一位论派"教徒，他们鼓励理性的思考，不支持墨守成规，社会问题不是上帝的意愿，而是人类自身行为造成的，并赞成民主政府。福斯特的一个经营牲口生意的叔叔给了他机会，为他支付了去纽卡斯尔文法学校的学费，他在那里表现突出并当上了学校的级长。他肩膀很宽，非常热情，长着浓密的深色头发。他读拜伦和司各特，另外像狄更斯一样，成了热情的戏迷。14岁的时候他就将阿里巴巴的故事编成了戏，15岁时他写了《关于舞台说明的几点想法》，阐述了自己的观点："人心，在汲取情感的同时，出现极微小的活动；在那里所有

---

① 福斯特：《一生》第一卷第六章。

面具和掩饰消失，真实、纯粹和正直得以发光。"在对舞台进行阐释的同时，这也是来自一个年轻的"一位论者"的出色辩护，提出了一个通常只有非国教徒才会持有的观点，即剧场可能堕落。次年他有了自己的戏，它以查尔斯一世为主题，在纽卡斯尔皇家剧院上演。这部戏只演了一场，但对一个小孩子来说，这仍然是件大事。

福斯特接受了比狄更斯好得多的正规教育，他的叔叔接着又为他支付了去剑桥的学费。但在一个月后，他发现一位论教徒无法在那里得到学位，再加上那里昂贵的开销，他便拒绝了剑桥，出于实际考虑打算去伦敦，到内殿法律学院的大学院读书。① 他的老师们喜欢他、尊重他，在别人印象中，他"是个高大、热情，引人注目的年轻人"，"快乐、慷慨、真诚……是一切正义、高尚和善良的坚决倡导者。"他穿着很土气，但他并不是清教徒，他对"牡蛎、烟雾和烈性酒"都很有品位，这里指的是烟草和酒精。② 在改革法案通过那一年，即1832年他20岁的时候，他放弃了法律的学业，选择了不稳定的文人生涯，这让他的教授很不高兴。他在左翼期刊找了一份评论的工作，开始对英国革命时期的伟大人物的生平进行研究，包括克伦威尔、文恩、皮姆、汉普登、斯特拉福德。历史、诗歌、绘画还有戏剧他都很感兴趣，同时他还很擅长交友，比如散文家查尔斯·拉姆，激进周刊《审查员》创始人利·亨特，小说家布尔沃·利顿以及年轻的诗人布朗宁，福斯特评论过他早期的作品。此外还有激进派律师、剧作家兼议员托马斯·塔佛德，爱尔兰艺术家麦克莱斯，当时最红的演员麦克雷迪。拉姆在1834年去世，但其他人都被福斯特介绍给了狄更斯，这是发生在他们认识第一年里的事。

福斯特第一次注意到狄更斯是在1831年，是他作为剧评人加入《真太阳报》的时候。有一天，他看到办公室的楼梯间里站着"一个和我差不多大的年轻人，无论走到哪里，他敏锐活泼的样子都能吸引别人的注意力，我在询问处第一次听到他的名字。"③ 没有交谈，但福斯特把这个鲜明的形象记在心里。1834年他在林肯饭店58号租了房子并定居下来，接下来20年他都住在这里，只是他租下的房间越来越多，从同一楼层逐

---

① 只有认同英国圣公会三十九条信纲的人具有毕业资格。
② 詹姆斯·A. 戴维斯：《约翰·福斯特：文学生涯》（纽约，1983），第9页；理查德·伦顿：《约翰·福斯特和他的朋友们》（伦敦，1912），第12页。
③ 福斯特：《一生》第一卷第四章。

渐扩大到上面一层，用来存放他越来越多的藏书。在这里他适度地娱乐，举办早餐会，但一种孤独感始终围绕着他；他和他的家人之间不再有多少共同点，纽卡斯尔也太远了。他与一位知名的女性文人相爱，她是诗人莉蒂西亚·兰顿，是个美人，作品多产，程度与她对拜伦的倾慕相当。她经济独立，出版了小说、评论还有诗集，还比福斯特大十岁。她答应了他的求婚，但后来关于她和不止一个男人保持关系的丑闻传开，其中一些人还是他的朋友。在福斯特觉得该就这些传言向她要一个说法的时候，她解除了婚约，并声明他的怀疑"像死亡一样可怕"。不管这故事是不是真的，但他确实受伤太深，以至于后来一直单身。① 时代环境和他对女性的矛盾，让他更容易与男性亲近起来。

1835 年他成了《审查员》的文学编辑，是个受尊敬的批评家。这时候他知道狄更斯已经成了伦敦文学圈里一个很有影响力的人物。狄更斯是一颗上升的明星，福斯特认为他是个天才，打算为这个天才服务，而狄更斯也发觉福斯特可以成为一个宝贵的顾问和支持者。他们都能从这段友情中得到回报，但更有价值的是他们之间不断增进的、强烈的、自发的感情。他们相互倾听，相互信任，喜欢相互陪伴。狄更斯喜欢扩大他的交友圈，而福斯特成了狄更斯不可或缺的单身朋友，与比尔德相比，他更有趣，尽管比尔德也是狄更斯一家人的亲密朋友。福斯特对凯瑟琳很有礼貌、友善，凯瑟琳也报以认可。他们发现福斯特的生日和狄更斯的结婚纪念日是同一天，于是他们准备了一个纪念仪式，包括每年 4 月 2 日去里士满的"星与吊袜带"餐馆吃午饭。后来狄更斯的又一个孩子出生，以她去世的小姨玛丽·霍加斯的名字命名为玛丽，福斯特受邀成为这个孩子的教父。

这是发生在两个年轻男人——或女人——之间持续一生的友谊之一，他们相遇并突然发现了自己一直在寻找着的灵魂伴侣。世界为他们而改变，他们为自己的好运而惊奇，渴望互相陪伴，为他们之间闪耀的才情、宽容、认知和光彩而欣喜。这就像坠入情网一样——这确实是坠入情网的一种形式，只是去除了性。狄更斯和福斯特都喜欢女性，但他们不可

---

① 虽不确定，但她可能曾有过几段情史，甚至为她的出版商生过孩子，同时她可能还和福斯特的朋友麦克莱斯以及布尔沃一同放纵过。她的一生结束得很悲惨，她于 1838 年嫁给了黄金海岸的地方长官，和他一起去了非洲，在那里死于中毒，也有可能是自杀。

能从女性那里得到这种他们迫切需求的、良好的同伴关系。有些是单纯的,有些则是掠夺性的,因各种不同原因而达不到要求。狄更斯发现,年轻的已婚女性似乎会不断地怀孕,凯瑟琳在 1837 年夏天又一次怀孕了。狄更斯带她到布莱顿,写信给福斯特抱怨说:"除非我有些男性同伴",否则他就"除了展馆、链条码头和海之外,什么都看不到。"① 很明显,他希望福斯特能过来和他们一起。大多数女性不可避免地被遗留在了通常由男人占据的智慧世界之外,也远离大部分男性的活动和兴趣。以此为基础而形成的社会中,男人当然希望与另外的男性一起打发大量的空闲时间。正式的晚宴和俱乐部将女性排除在外,很少有女性会骑马或步行很长的一段路被带到这种场合,职业女性则被认为是中产阶级妻子和母亲之外的另一个阶级。芬妮·狄更斯结了婚,成为一个母亲,她的职业生涯也衰退了,尽管她那么有天赋并接受了音乐教育;莉蒂西亚·兰顿挣得了名声,却让福斯特离开了她。但福斯特和狄更斯能一起做任何想做的事,现实也的确如此:他们散步,在城外骑几英里的马,一起吃午餐、晚餐,参加别人创办的俱乐部,也创办新的私人俱乐部,他们和正式的演员一样去参加剧院排练,去任何他们感兴趣的地方,呼朋引伴,商谈生意,在外边的小饭馆和酒店享受夜晚。在现存的狄更斯的信件中,有非常多的信是招呼福斯特来和他一起去骑马或者只是过来和他待在一起:"我太太今天出门去了,我希望你来和我一起享用冷羊羔肉和鱼,单独地。我们在用餐前后都可以出门散步但我必须在家吃晚餐,因为还有匹克威克的校样。""我明天应该会在布鲁姆斯伯里广场吃晚餐,但我更愿意和你去骑马……就这样吧……再约。""鉴于我上个星期艰难地熬过了一周,我想约你上午 11 点来我家和我一起出去骑马 15 英里,并在路上吃午饭。你有空和我一起吗?我们五点回来吃晚饭。""拥抱你和塔佛德——我真高兴你们能来和我一起度假。来我这边,别过了 11 点。我觉得穿过里士满和特威克纳姆的公园,外到骑士桥,越过巴恩斯公有地会是一条很美的骑马路线。""你不要刻意闷着自己,来和我去汉普斯特德西斯快活地走一趟吧?我知道一个好地方晚餐能吃到红热猪扒,再来

---

① 狄更斯致福斯特,1837 年 11 月 3 日,《朝圣》第一卷第 328 页。

一杯好酒。光工作不娱乐就变呆了，我已经呆得像鳕鱼一样。"① 诸如此类。

除了高兴，福斯特的到来给狄更斯的一生带来了影响深远的改变。首先，狄更斯开始在与出版商交涉之前先寻求福斯特的建议以及实际的帮助。第一个麻烦是来自马克隆的，他手里拿着《博兹札记》的版权——他以100英镑价格将其买下——并正打算将它们按月分册再版，他估计《博兹札记》会和《匹克威克外传》卖得一样好。狄更斯认为这会给《匹克威克外传》造成损害，为此大发雷霆并不顾一切地想把版权买回来，而这时马克隆对其开价2 000英镑。查普曼和霍尔有意向以这个价格购买版权，之后自己出版这些小品文，由克鲁克香克绘制插画，此时狄更斯头一次找福斯特寻求建议，但他实在缺乏耐心，在福斯特给他回话之前他已经答应了查普曼和霍尔的计划。这件事有一个令人悲伤的后续：11月，就在小品文集出版之前，马克隆病逝。他年仅28岁，他的生意也失败了。狄更斯按一贯的做法抛开了他对马克隆的愤怒，立即着手计划筹钱给他的遗孀和孩子们。②

福斯特在和马克隆的协议上遭遇了尴尬，但他已经准备好了去和本特利交锋，从这时起他全面介入了狄更斯与出版商的所有谈判。交涉结果是狄更斯三年后收回他的版权，他为《智慧杂录》担任编辑并提供稿件的薪水也有所上涨。他能在计划已久的下一篇小说身上得到比以前达成的协议中所规定的更高的酬金，《加布里埃尔·瓦登》现在被重命名为《巴纳比·拉奇》，另外如果书卖得好他可以拿到分红。对本特利来说，福斯特就是个蛮不讲理的混账，助长狄更斯的需求，让他越来越难相处。但事实上，福斯特是在代表狄更斯说话，在狄更斯坚持要废弃那些他认为不公平的合约时给他支持。狄更斯喜欢违约这一点在商务中并不占理——就连他的朋友也这么说——但也有支持他的观点，毕竟没人能预见到他作品的销量会增长得如此惊人，这意味着出版商用他的作品赚了大

---

① 狄更斯致福斯特，1837年7月26日，《朝圣》第一卷第287页；1837年8月，《朝圣》第一卷第297页；1837年9月24日，《朝圣》第一卷第312页；1837年10月，《朝圣》第一卷第317页；1838年11月2日，《朝圣》第一卷第353页。据福斯特说，这是他们第一次去杰克·斯特劳的城堡。

② 他将一些娱乐性的小品文攒成一本名为《野餐事件簿》(The Pic Nic Papers) 的合集。这本书不好编，直到1841年才出版，但它为伊莱莎·马克隆和她的两个孩子带来了450英镑。马克隆于1837年9月去世，《博兹札记》则于11月再版，粉色封面，每册卖一个先令。

钱，而他自己得到的回报相对少。① 这种形势下他觉得自己有权去坚持修正合同，而福斯特是他的后援。查普曼和霍尔准备做得大方些，接下来在夏天他们又支付给狄更斯 2000 英镑《匹克威克外传》的分红。在这样的情形下狄更斯敬他们为友，而这时本特利已经变成了"强盗"。

狄更斯把福斯特介绍给查普曼和霍尔，很快福斯特成了他们的首席文学顾问，这个位置他坐到了 1861 年（后来由乔治·梅雷迪斯继任）。这是一个共赢的安排，此后福斯特在《审查员》从文学编辑转为普通编辑，工作到 1856 年。从 19 世纪 30 年代末起，福斯特就成了狄更斯的"右手和冷静精明的头脑"。通常认为，他在文学经纪人这个职业被发明之前就已经事实上胜任了这个职位。因为他优秀的商业眼光和倔强，他被证明是个非常有力的谈判者，能很大程度上代表他的作者，比如在 1838 年 10 月，他向本特利保证，狄更斯是"在各种语言文学界中最杰出的散文小说大师"。② 他读了所有校样，根据要求修正删改，而从 1838 年起，据他的回忆，"他写的任何东西在发表之前我都看过，不管手稿或校样。"③ 与现代的文学经纪人不同的是，他从不避讳评论狄更斯的书。

7 月，福斯特写的若干对《匹克威克外传》的评论发表，他借机表达对这个新朋友的钦佩。狄更斯部分描述了福利特河畔债务人监狱的情形，他笔下的主人公因为拒绝支付破产审判裁定的毁约诉讼罚金而被监禁。每个《匹克威克外传》的读者都察觉到了基调的改变和对监狱生活的描写具有的巨大力量，但福斯特是第一个公平看待这部作品的人："它所缔造的真实和力量永远赞美不完——它们如此可信，如此锐利，如此深刻而有针对性，同时，它使用的素材也如此浅显而亲近。它所陈述的每一点和整体的真实性令人惊叹。我们将这幅图景与那些以英语写作的此类小说的杰出大师摆在一起，它在比较中升华……我们赞赏这位优秀作者的成熟卓越。"④

---

① 麦克雷迪在他的日记中提到了他的反对意见：见威廉·托因比编：《威廉·查尔斯·麦克雷迪日记》第二卷（伦敦，1912），第 45—46 页，双方的争议内容见罗伯特·L. 帕滕：《查尔斯·狄更斯和他的出版商们》（牛津，1978），第 85 页。
② 福斯特致本特利，1838 年 10 月 22 日，见詹姆斯·A. 戴维斯《约翰·福斯特：文学生涯》，引用自纽约公共图书馆博格收藏手稿。
③ 福斯特：《一生》第一卷第 105 页。
④ 未署名评论，出自《审查员》，1837 年 7 月 2 日。奥登在他的文章中说，匹克威克先生从这时起不再是神，而成了一个人。

福斯特敏锐的洞察力这时尤其体现在他完全不知晓狄更斯童年在监狱里的经历。狄更斯立即写信感谢他："我感受到了你对我的目的和意图的丰富深刻的体会，这种体会胜过了绝大部分对我来说可能是过誉的热情赞美。你知道我以前这样做过，是我们的通感把我们带到一起，我希望我们能继续保持下去，直到死亡将我们分离。你的关注让我很高兴也很自豪，所以请珍惜，否则你会让我晕头转向的。"① 每个人看到正面评价都会很高兴，但狄更斯的感谢比高兴还多一层，并影射了结婚的誓词。他们这时才相识几周，而这封信读起来就像情书一样。7个月之后，另外一封给福斯特的信表达了同样的意思："我明白你的价值，回顾每一次的联系我都很喜悦，这种喜悦一周一周地联结着我们。我希望它能变得坚实起来。只有死亡才能削弱这难解的羁绊。"② 在 1839 年他对福斯特写道："这种与你相联结的感觉是不能由血缘或者其他的关系唤起的。希望到生命终结时我都能是你所选定的深爱的朋友……"③ 19 世纪早期的年轻男子会用华丽的辞藻给别人写信，但没有人的用语像狄更斯这样——或者至少没有这样的信件留存下来——它们表明了福斯特是如何完美地满足了他的需求，而其他人——包括双亲、姐妹、朋友甚至妻子——都无法做到。福斯特在他希望被注目时看着他，在他想要被倾听时听着他。这一目了然，他爱着狄更斯，把他放在第一位，甚至放在自己的工作之前。和福斯特在一起，狄更斯可以最轻松地保持本色，分享他的想法、希望、野心以及悲伤。没有女人能为狄更斯做到这一步。1840 年狄更斯送给福斯特一个葡萄酒壶，附带纸条，上面写着："我的心无法雄辩地讲出什么最令它感动，但假设它躺在这个葡萄酒壶罐子里，相信它最温暖最真挚的血液是你的……让它添加到我们要一起饮用的酒里，这是永远无法传承的上等佳酿。从我手中接过它——让它盛满酒杯且满溢着真实和诚挚。"④

福斯特给狄更斯的所有回信均已遗失，因为狄更斯在 1860 年烧掉了他的所有往来信函——但他的忠诚是实实在在的。1842 年，狄更斯结束

---

① 狄更斯致福斯特，1837 年 7 月 2 日，《朝圣》第一卷第 280—281 页。狄更斯改写了结婚誓词，"直到死亡将我们分离"。
② 狄更斯致福斯特，1838 年 2 月 11 日，《朝圣》第一卷第 370—371 页。
③ 狄更斯致福斯特，1839 年 12 月 6 日，《朝圣》第一卷第 612 页。
④ 狄更斯致福斯特，1840 年 7 月 8 日，《朝圣》第二卷第 97 页。

六个月的美国之行回来，他驾车到林肯饭店，发现福斯特出门去了，狄更斯猜想他会去哪里吃晚餐，便告诉车夫带他去那里。到地方他捎了个信，说有位绅士想与福斯特先生说话。狄更斯自己对接下来发生的事件的描述说明了他朋友的感情有多么强烈。福斯特猜到了是狄更斯在外边，从室内飞奔出来甚至没有去取他的帽子，跑到车厢里，掀起窗子，然后哭了起来。①

---

① 狄更斯致查普曼，1842 年 8 月 3 日，《朝圣》第二卷第 302 页。狄更斯讲述了他从美国归来时和一位"最亲密的朋友"见面的情景，虽然没有指名道姓，但这个朋友的身份毋庸置疑。

第七章　恶棍和强盗
1837—1839 年

　　福斯特专业的帮助很快成了狄更斯事业中一个不可或缺的组成部分。此外他还做了更多：他总是热情地与狄更斯分享自己的交友圈，为人做介绍，也改变了狄更斯的社交生活。狄更斯看过很多次演员威廉·麦克雷迪在台上的表演，是福斯特在 1837 年 6 月把狄更斯带进了柯芬园的化妆间。麦克雷迪比狄更斯大 20 岁，像父亲一样待他，后来他们成了热情的朋友：狄更斯给麦克雷迪看自己的作品，和他讨论戏剧，还热心地时常跑去看他的演出。

　　麦克雷迪的早年是在挣扎中度过的，和狄更斯差不多。老麦克雷迪是个演员，他希望儿子能成为一个绅士，把儿子送到拉格比公学，希望他未来研习法律；但在麦克雷迪 16 岁时，老麦克雷迪破产，小伙子只能离开学校，去登台表演赚钱。拉格比公学为他树立了身为一个绅士的观念，他对社会地位极低的表演行业抱有痛苦的怨恨。有一天他爱上了一个童星，他立即将女孩带离舞台及家人，让自己的姐妹重新教育她，以使她成为一个配得上自己的妻子。他和狄更斯相遇时，两个人的家庭都正在扩大。两位妻子——她们都叫凯瑟琳——也成了朋友，这两对夫妻都喜欢花时间在一起。他们一起晚餐、聚会、远游以及去麦克雷迪家做客，先是他位于赫特福德郡埃尔斯特里的宅子，后来是他在摄政公园克拉伦斯台地的家。而狄更斯很快也把去看排练和首演作为理所当然的事。他经常会把刊载他正在写的小说的最新刊物带去给麦克雷迪，还大声读一些其中的段落给他听。麦克雷迪在日记里诚恳地将他的感想写下来，内容多半是对狄更斯天才的称赞，赞赏他的幽默和感伤，有时候也会表达失望之情，尽管他很经于世故地没有对狄更斯提起。这段友情从未有过争吵并持续到狄更斯生命的终结——尽管麦克雷迪比他年长很多，却远比他长寿。

麦克雷迪和福斯特都是莎士比亚俱乐部的成员，于是狄更斯很快注册成为其七十多名成员之一。他们周六晚上在柯芬园的"比萨咖啡屋"聚会，阅读讨论文艺作品，每月开一次晚餐会，还偶尔举办莎士比亚戏剧特别演出。俱乐部在1839年解散，但在这里结识的许多人是狄更斯一生的朋友。① 年轻的画家兼讽刺作家萨克雷，诗人巴里·康沃尔，剧作家道格拉斯·杰罗德，作家、律师兼议员托马斯·塔佛德，记者查尔斯·奈特和萨缪尔·拉曼·布兰卡德以及画家丹尼尔·麦克莱斯、克拉克森·斯坦菲尔德、弗兰克·斯通、埃德温和汤姆·兰西尔，还有乔治·卡特莫尔。狄更斯和这些艺术家们在一起觉得很舒心：他们都不富裕，许多人奋斗自学成才，每个人都很努力。斯坦菲尔德起初是个儿童演员，后来给一个车厢油漆匠做学徒，被迫进了海军，曾绕世界航行半周，又在伦敦做起了布景画匠，最后找到了他海景画家的专长；他在汉普斯特德定居，被选进了皇家学院。狄更斯特别喜欢他，叫他斯坦尼，两人一起多次远足、逛剧院、吃饭。② 曼彻斯特纺纱工的儿子弗兰克·斯通是狄更斯最喜欢的另一个朋友；他自学绘画，靠画肖像和水彩画勉强生活。狄更斯昵称他"老调子"和"南瓜"，对他多年来一直被母亲怠慢的孩子们也很尽心。麦克莱斯，他刚刚确立了自己流行肖像和历史题材画家的地位，也来自一个贫穷的爱尔兰家庭。他和狄更斯同样有对底层生活的喜好，两人一起在伦敦的街区之间夜游，穿越犯罪发生的危险地带，打量街头的漂亮姑娘，还一起酗酒。他是个单身贵族，英俊的外貌让他很受女性欢迎——他身材高挑，体格健美，厚厚的深色卷发垂在背后——随后便卷入几位女性的争斗中。1837年夏天狄更斯刚认识他的时候，他正面临作为共同被告在亨利埃塔·赛克斯女士的离婚诉讼上被传讯的危险，这位女士曾是迪斯雷利的情妇，和他一起被捉奸在床。这就是在伦敦上演的"波西米亚人生"：不稳定的收入，不规律的工作时间，对冒险和同伴情谊的追求。

---

① 1827年和1830年都曾举办特别演出，但在1839年12月的晚餐会上发生了一场争执，福斯特希望议程能庄重一些，他在演说中责备一些成员行为不得体，结果导致大量成员退出，俱乐部也终止了。

② 克拉克森·斯坦菲尔德（1793—1867）取名自废奴主义者托马斯·克拉克森，他父亲的友人。父亲同时也是一名天主教徒、演员兼作家。斯坦菲尔德出生于桑德兰，继承了父亲的宗教信仰，15岁被招到海军查尔斯·奥斯汀上校（简·奥斯汀的兄弟）麾下，在希尔内斯警戒船"那慕尔号"上干海外服役两年。1844年，他带特纳去了狄更斯为《马丁·翟述伟》办的庆功午宴。后来，他给狄更斯的业余演剧活动绘制了非常漂亮的布景。

福斯特还把狄更斯介绍给年长的已经被社会承认的作家们。利·亨特，最出名的事是在他的报纸《审查员》上抨击摄政亲王，结果被收监；那时他五十多岁，和雪莱、拜伦和济慈都有交情，仍旧因他的文学洞察力、散文诗歌、激进的新闻观和个人魅力而知名。还有布尔沃，地主、自由党政治家，也是个多产的成功小说家（《庞贝城的末日》）和剧作家（《钱》），因为与他颇有主见的妻子发生强烈冲突而分居。

然后就是托马斯·塔佛德，狄更斯在报道诺顿和墨尔本爵士的案子时，曾经在法庭上见过这位辩护律师。尽管这个名字现在已经不太被人记得，但塔佛德在那个时代是一个杰出人物，理想化，工作努力并有实绩。酿酒人的儿子上不起大学，但他出人头地，1830年成了下院宣读议员，左翼自由党人。他曾抗议过1819年的彼得卢屠杀，支持让全体男性获得选举权并彻底废除奴隶制，他帮助通过了使离婚妇女得到其年幼孩子监护权的法案，而这时他正在通读1842年版权法案，这部法案第一次保障了英格兰作者终身以及死后一定时期内的收入。① 他还为因出版了雪莱的《麦布女王》而被以亵渎神灵罪名起诉的出版商莫克森辩护。②

这些行为都和狄更斯意气相投，再加上塔佛德也是个剧作家，在他的无韵剧《艾恩》（Ion）中，主人公当上了国王却宣称自己是共和主义者，解散了军队并让他的人民发誓永不复辟君主制——之后他怀着把自由留给人民的善意自杀。《艾恩》承载着强烈的政治任务并在伦敦上演一年，时间从1836年到1837年，主演是麦克雷迪。这是衰弱的威廉四世统治的最后一年，君主制也正处于低潮。《艾恩》重演了许多次，并在美国被敬为杰作。塔佛德在作家和政治家圈内交友广泛，其中包括墨尔本爵士和格雷爵士。他慷慨而喜欢交际，他和妻子在他们位于罗素广场的房子里举办的晚宴派对出了名的有趣，而狄更斯在那里也成了受欢迎的人物。

狄更斯对塔佛德如此盛赞，1837年11月号的《匹克威克外传》就题献给塔佛德。题献是一种喜爱和尊敬的表现，也是狄更斯在一部长篇即将完结时鼓舞自己的姿态。他不喜欢与那些以声音和品质充实了他这么多个月的生活的角色们分别，他在结尾时为这些角色们哀叹，并在《匹

---

① 版权法案确保每本书在出版之后，在作者有生之年均为其财产（至少在英格兰），并在其去世后七年里都属于其指定继承人；如果作者在作品初版后42年内去世，继承人则将在作者去世后拥有作品版权42年。

② 《麦布女王》中的若干段落被认为是亵渎神明，陪审团作出对莫克森不利的判决，要求他删掉这些段落。这件事发生在1841年。莫克森同时也是利顿、布朗宁和丁尼生的出版商。

克威克外传》的结语中这样说："交到许多真正的朋友，又在自然的发展过程中失去他们，那是大多数置身于广大的世界，甚至到了黄金时代的人的命运。创造想象中的朋友而又在艺术创作的过程中失去他们，那是所有的作家或编年史家的命运。"①* 在狄更斯的余生中，他确实让他的角色们一直鲜活地存在于他的想象里。

6月威廉四世去世，他的侄女维多利亚公主登上王座。但此事被狄更斯彻底忽视了，他还在奋力和他的两部小说较劲。他带着福斯特到纽盖特监狱去了一趟：监狱访问是他和朋友分享的一个仪式。7月他组织了一次跨海旅行，参加的有凯瑟琳和他的插画师哈布洛特·布朗尼，他们去了根特、布鲁塞尔和安特卫普。狄更斯得按时回来参加妹妹莉蒂西亚和亨利·奥斯丁的婚礼，7月11日还要和麦克雷迪共进晚餐，他在那里见到了哲学家兼政治家约翰·斯图亚特·密尔。密尔给他的朋友写信说，狄更斯有一张"散发着天才光芒的肮脏的恶棍的面孔"——这是卡莱尔对法国大革命时期记者卡米尔·德穆兰的评价。"这样的现象并不经常出现在一位女士的会客室里，"他继续写到，大概他有一点被狄更斯的外表和直率冲击到，尽管两人确实在一些社会和政治方面观点相同。②

这个"恶棍"这时正在给本特利写信，鉴于自己的作品越来越畅销，他想要更好的合同条款。③《雾都孤儿》使《智慧杂录》销量猛增，本特利准备支付分红，但他不打算像狄更斯希望的那样放弃《雾都孤儿》的版权。据本特利说，狄更斯威胁说要中断《雾都孤儿》的连载。本特利让步并签署了一份新合同，而福斯特承担了这其中艰苦的交涉工作。争论在1838年还在持续。狄更斯还是同意了为本特利编辑知名丑角演员格里马尔迪的回忆录，酬金300英镑，他得想办法把这件事挤在1837年10月《匹克威克外传》完结和新的一年《尼古拉斯·尼克尔贝》在查普曼和霍尔那里开始连载之间完成。他还同意给查普曼和霍尔写一本小册子名叫《年轻绅士的小品》，酬金125英镑。他于1838年1月8日开始动笔，虽然一岁的小查理偶尔会在晚上闹腾，但作品还是按时完成了，并于2月10日发表。福斯特也在这个2月出版了一系列有关内战时期革命

---

① 《匹克威克外传》第五十六章。
 * 中译文参见蒋天佐译《匹克威克外传》，蒋天佐译，上海译文出版社1979年版。——译者
② 出自J. S. 密尔的信件，凯菲利普·柯林斯编；《狄更斯：访谈和往事》，第18页。
③ 狄更斯致本特利，1837年7月2日，《朝圣》第一卷第282页。

领袖的传记，狄更斯抽时间读了其中的一本，并写信赞赏它的"可信和非凡"，他觉得整部传记都"棒极了"。①

11月狄更斯与查普曼和霍尔签下了《尼古拉斯·尼克尔贝》的合同，许诺第一期将会在1838年3月底刊登。2月21日第一章写完，28日稿件付印，并保证说这将是又一个成功。故事的开端是在约克郡的一所寄宿学校，讨厌的男孩、私生子、孤儿还有其他不被监护人喜欢的孩子们被抛弃在这里，他们被看管起来，没有假日没有休息，被虐待，饿着肚子，没有医疗护理，他们衰弱、生病，最后死去。狄更斯听说过这样的学校，知道这是一个亟待被处理的可怕地方。1838年2月他和布朗尼一起到约克郡旅行，期待新的发现。他们假装在为鳏居的朋友的儿子寻找一家寄宿学校。结果他们没能访问任何学校，只和一个有前科的校长交谈过，还被人警告说，一个可靠的约克郡人不会把孩子送到他在找的这种学校去——就算是伦敦贫民区也比这种学校对孩子要好，这个人对他们信誓旦旦地说，并重复强调他的警告。②

狄更斯已经在他的脑海中构想出了他最伟大的喜剧性人物之一，也就是斯奎尔斯先生，他正是那种寄宿学校的校长。他打广告并到伦敦来招收被抛弃的男孩，和想摆脱掉这些孩子的人们一拍即合。他对斯奎尔斯先生和其所在情境的设定看起来都不太可能发生，但事实上却格外地有效。他展现了学校的残暴粗鄙以及男孩们的恐惧，他们挨饿，被打骂，被强制去工作，没人教他们任何东西，同时狄更斯还把斯奎尔斯夫妻和他们丑陋的儿女写得低劣不堪但十分有趣，让读者忍不住想嘲笑。它就像一个集中营里的玩笑，除非它通过我们敢闯的主人公尼古拉斯·尼克尔贝的眼睛展示出来，他有足够的力量反击斯奎尔斯一家并揍上他们一顿，他也足够善良，至少他能去挽救可怜的史密格，史密格是这种管理制度下的受害者，学校的待遇摧毁了他的精神和健康。

《尼古拉斯·尼克尔贝》取得了一个非常棒的开始，随之是尼古拉斯和他的妹妹凯特与雇主们接二连三的偶遇。金钱是故事得以推进的主题，凯特只能拿到维持温饱的薪水——每周5—7先令——雇主是伦敦的服装制造商曼塔利尼夫人及其高消费、负债累累的丈夫。凯特还被她的金融

---

① 狄更斯致福斯特，1838年2月11日，《朝圣》第一卷第370页。
② 狄更斯把这段来自约克郡当地人措辞强烈的警告写进了1848年第一次平价版的前言中。

家叔叔利用，为他无偿工作，取悦他的贵族客户。尼古拉斯出任教员只获取每年 5 英镑的收入，但给文森特·克拉姆勒斯的剧团写剧本却能挣到它的十倍——每周 1 英镑。作为对比，"尚能掌控毫无意义的句子"的下院议员格雷格斯伯里在找一个低薪的、提醒他什么时候该做什么的秘书，工资仅仅是 15 先令一周。① 狄更斯利用强大的经济数据，这让他的喜剧故事变得强硬。

《尼古拉斯·尼克尔贝》还胜在它对伦敦生活的描述，就像福斯特在其评论里指出的："我们在夜里随他进入，穿过两排明亮的路灯，这是一片喧闹、熙熙攘攘、拥挤的景象，他着力表现了邋遢的民谣歌手的衣衫褴褛，也着力展示了金器商的闪光宝物，一层薄薄的易碎的玻璃变成一道铁墙，将大量的财富和食物与饥饿贫穷的人们分隔开来……一直以来，从方方面面，他都让我们感受和看到，这个大城市就是它在现实中的样子。"福斯特准确抓到了重点，赞扬《尼古拉斯·尼克尔贝》中的"活力和幽默"，同时也不避讳指出其中的一些失误：情节没有设计，布局凌乱，一些反派角色被弱化，另外还在更大程度上弱化了正面角色，书的最后四分之一拖沓而无聊，包办的婚姻、被盗的遗嘱、孩子丢失、寻回以及突然的死亡都是借鉴传统情节剧里的桥段。尼克尔贝夫人，用狄更斯自己的话说，她的认识是基于他自己的母亲与他人的交谈，这个角色是他又一个杰出的喜剧创造，尽管他在她身上实在着墨过多：他总是很难放下一个说话能让他高兴的角色。但公众看得很高兴，也不反对情节剧桥段。《尼古拉斯·尼克尔贝》在八期连载之后就开始被剧场化，并在全英格兰的剧院演出。巡演作为知名女演员特南夫人慈善活动的一部分在 1838 年 12 月于纽卡斯尔皇家剧院上演，这时她已有 7 个月身孕，怀着第三个女儿艾伦。

整个 1838 年狄更斯都在每月的双重任务压力之下，现在双重任务改为《雾都孤儿》和《尼古拉斯·尼克尔贝》。福斯特后来说他从来不知道狄更斯会在晚饭后还工作这么久，甚至要到深夜。此外还有别的紧急事务，因为狄更斯曾许诺要在 9 月写完《雾都孤儿》，以出版它的单行本，截稿时间比系列连载结束日期要提前数月。于是他除了工作还是工作，

---

① 笔者引用了约翰·博文在他的杰作《另外的狄更斯：从匹克威克到翟述伟》（牛津，2000）第四章中就《尼古拉斯·尼克尔贝》经济主题的讨论。

道题街的家很舒适，他还有私人事务要操心。他酷爱他的宝贝儿子查理，儿子不在身边的时候他总不放心。"别总让他一个人"，2月他在约克郡给凯瑟琳这样写信说，好像担心他珍视的儿子得不到母亲足够的关注。3月6日凯瑟琳生下了家里第二个孩子，是个女儿，取名玛丽，也经常被叫作"玛梅"或"曼蜜"。随后，凯瑟琳得了病，狄更斯便在月底带她去里士满康复疗养，把两个孩子都丢在家里，初生的婴儿交给护士照顾。福斯特4月2日也去了那里——一起纪念他们的生日和结婚纪念日——大概在这之后狄更斯第一次对他讲了自己的感受：狄更斯觉得自己和凯瑟琳可能并不相配，尽管她很和蔼可亲；他们让彼此都感到不安，狄更斯确实预见到了后来的问题。①

他永远不可能在一个地方停留太久。六七月份狄更斯一家决定在特威克纳姆找一幢房子，房子在艾尔沃思路的艾尔莎公园别墅内，靠近河边，可以享受新鲜空气，还可以出门去看加冕礼。②渡船定期往来于亨格福德阶梯和特威克纳姆之间。他完全不顾自己的工作量，立即邀请朋友们来做客：当然包括福斯特，还有比尔德、米顿、安斯沃思、塔佛德、赫勒、哈利——甚至本特利也在邀请之列。萨克雷是和剧作家道格拉斯·杰罗德一起来的，萨克雷当时给杰罗德的故事画插画。他们去了汉普顿宫，在河边骑马，和小查理玩气球，这孩子现在被溺爱他的父亲昵称为"亲亲"。福斯特负责提供气球，并被指定为气球俱乐部的主席，狄更斯还亲切地戏弄他，虚构一位女性仰慕者给他写了一些信函。

狄更斯注意到，他在7月7日写完了《雾都孤儿》，3天后即7月10日，开始写《尼古拉斯·尼克尔贝》；他用周日的时间修正校样，没有去教堂。在这晴朗而喧闹的夏天里，他听说自己被选入了图书馆俱乐部。他向财政部议会秘书斯坦利提出申请，成功地给弟弟弗雷德找了个政府办公室的职位，在财政部做一个职员。他和年轻有为的乔治·亨利·刘易斯通信，告诉他"像许多作家一样，我总是怀着极大的喜悦阅读我写的东西"，在写作时他能强烈地感受到每一段文字，但他也不知道自己是如何产生这些想法的——它们只是"通过笔尖被记录下来"。③他的精力从未减弱。

---

① 狄更斯在1857年9月3日的一封信中对福斯特回忆讲述，见后文第十九章。
② 房屋和街道早已不存在。
③ 狄更斯致G. H. 刘易斯，1838年6月9日（?），《朝圣》第一卷第403页。

8月他回到道题街，9月完成《雾都孤儿》交付出版的希望渺茫，他准备去怀特岛工作一周并谎称他还要出更久的门。10月他写了关于南希被她的情人、窃贼比尔·塞克斯谋杀的段落。他拿这段让凯瑟琳看，凯瑟琳已经到了"说不出的地步"，他非常满意地告诉福斯特。① 这成了他在1869年至1870年朗读活动的雏形，他使他的听众置于无法言说的状态，也让他自己近乎于崩溃：他最后一次举行朗读活动是在1870年3月8日，他去世的三个月前。他对《雾都孤儿》的信心随着结尾的临近渐渐增加，他告诉本特利："我正在更上心地做这件事，我觉得在它身上我发挥出了比以前做任何事时都要多的力量。"②《爱丁堡评论》对他作品的评价让他很高兴，这篇文章把他赞美成"自斯莫利特和菲尔丁以来对英国生活最真实最热情的叙述者……他之于散文小说就好比威廉·贺加斯之于绘画。"③

在《匹克威克外传》中，狄更斯让一个单纯的中年男人遭遇了骗子律师，经历了牢狱之灾，然后被他熟悉世情的仆人山姆·威勒所救。《雾都孤儿》从开始就设置了一个更晦暗的场景，幼小的主人公，濒死的未婚妈妈，两个无辜者碰上的罪犯被保护帮助他们的社会体制容忍。狄更斯因对一个应被救助的孩子表现出的强烈愤慨而受到赞誉。接着，奥利弗落入训练孩子像"机灵鬼"一样偷窃的职业罪犯费金之手，这时狄更斯在奥利弗面前展现了他们身上的恐惧和魅力：他们对他好，逗他开心，喂饱他，庇护他，向他解说这个世界。就像戏剧改编诠释的那样，费金和机灵鬼是这本书的"明星"。只有对另外一个世界的一瞥能让奥利弗停止对他们的着迷，不让他在快乐中堕落，那个世界和平、有秩序，他有受教育的机会。奥利弗还不知不觉地得到了南希的帮助，南希是一个妓女，怜悯奥利弗，想方设法地保护他，帮他摆脱费金。然后狄更斯加强了故事的紧张感和恐惧感，将南希的情人塞克斯设定为一个残酷的窃贼，此人也是费金的一个盟友。

这是情节剧没错，却带着一些真正的恐怖感，如奥利弗试着逃离这些恶棍，他们反过来要将他猎杀。除了苍白的清高角色之外，这本书最

---

① 狄更斯致福斯特，1838年10月2日，《朝圣》第一卷第439页。
② 狄更斯致本特利，1838年10月3日，《朝圣》第一卷第439页。
③ 《爱丁堡评论》，1838年10月，第65期，第75—97页，匿名发表但作者为托马斯·亨利·利斯特，并在菲利普·柯林斯《狄更斯：决定性的遗产》第72页引用。

主要的失败者是南希，在她身上，狄更斯花费了大量的精力，他说这个人物的原型是他认识的一位年轻女性，他对这个人物的描写很得意，说这是取自生活，但他仍然失败了，因为他让这个人物的行为看起来像在演一部烂戏的女演员：她撕扯着她的头发和衣服，扭动着，绞着她的手，蜷缩起来设法倒在街头的石阶上。她让人想起裹尸布、棺材和血，但承载着这些的却是假惺惺的戏剧化演说。"我就是那个臭名昭著的人"，她告诉一个自称施主的女性，"我在拥挤的人行道上往前走，最穷的女人都往后退……这些小巷和阴沟都是我的，它们会是我死时睡的床。"以及"看看你前面，小姐。看那漆黑的水。你肯定读过不知道多少回了，像我这样的人跳进水里，没有一个活着的生物会在乎，会痛哭……我最后也会那样。"①* 狄更斯肯定在街上观察到过很多这样的年轻女性，他在这部小说里创造了一个模式，这个模式也被他用到了后来的小说中，即一个悔恨的女人撕扯着头发，找一条河想自杀。但南希这个人物的虚假没有影响到《雾都孤儿》的成功，塞克斯谋杀和他悲惨的结局令她惊恐。费金被吊死，机灵鬼在被告席上的伟大表演挽回了罪犯们的形象，他对地方法官粗口相向，甚至还能让狱卒咧嘴笑起来。

《雾都孤儿》在月底写完并交付印刷厂，他现在只剩下《尼古拉斯·尼克尔贝》需要操心。他依旧不安，他和布朗尼一起出发观光旅行，去了利明顿、肯尼沃斯、华威城堡还有斯特拉特福德，一直走到北威尔士，留下福斯特帮他处理《雾都孤儿》的校样，他还要求福斯特去看望凯瑟琳，让她开心。就像一段高强度工作结束后常发生的那样，狄更斯生病了，他写信给家里说，晚上他身体一侧剧痛，疼得他半死。他自己服用了天仙子，这是一种强效而有危险的药草，经常用于镇静和止痛，对他很有效。福斯特决定去利物浦和他见面——"拜托你去看望我亲爱的凯特，并把她和我的小宝贝们的成长情况告诉我。"狄更斯写信说。② 福斯特从新建的大汇联铁路过来，然后他们一起决定终止短期旅行，回到伦敦确认《雾都孤儿》能否无误送交出版。这就意味着他们要凌晨3点离开利物浦，下午到达尤斯顿广场站，但他们都觉得这样做值得。《雾都孤

---

① 《雾都孤儿》第四十、四十六章。
* 中译文参见《雾都孤儿》，何文安译，译林出版社2010年版。——译者
② 狄更斯致福斯特，1838年1月2日，《朝圣》第一卷第449页。

儿》在 11 月 9 日分三册出版。它卖得很不错，那个冬天连年轻的女王维多利亚都读这本书，并觉得它"极有趣"。①《雾都孤儿》是狄更斯唯一一部没有题献的作品，大概是因为他压力过大以至于不记得这回事了：很显然福斯特该成为被题献人，但他只好满足于成为玛梅的教父。②

11 月狄更斯为自己争取到了一点时间，写了一部给麦克雷迪的滑稽剧《灯夫》。麦克雷迪不得不告诉他这部戏不值得上演，狄更斯也体面地接受了这一评判。他在阿德尔菲剧院看到了《尼古拉斯·尼克尔贝》早期的一版戏剧改编，这让他产生一些抱怨。他还去参加了大学学院附属医院创始人之一约翰·埃利奥特森医生的催眠术展示会。有人揭发埃利奥特森研究的女孩们是骗子，于是他从医院辞职，但他否认对他的指控，并继续进行药物和催眠术的实践。狄更斯相信他，成了他的朋友，雇佣他做自己的家庭医生，并对催眠术相当痴迷，甚至在三年后自己也开始了尝试。

到了秋季，他最主要的麻烦是他的父亲。他父亲又一次欠债不还，把 57 英镑的担保金甩给了又一个巴罗家的舅舅，这次是爱德华。狄更斯解决了债务，他大发雷霆，既是为这件丑事，也是为他浪费掉的辛苦挣到的钱。他承认他得帮助父亲解决日常的开支，但他开始想让父亲搬出伦敦，远离更多的诱惑。12 月，他开始了丰富的社会活动，包括与福斯特以及安斯沃思组建"三重奏"俱乐部，这意味着更多的会餐机会。12 月 27 日和埃利奥特森，29 号和安斯沃思，30 号和塔佛德共进晚餐，新年前夜又和福斯特、安斯沃思以及克鲁克香克一起举行了家宴。福斯特在道题街住了几晚，小查理在 1 月 4 日满怀信心地小跑着去了客房却"失望地发现你没有永远住下来"。③ 福斯特要回家给玛梅准备她第二天在新圣潘克拉斯教堂的受洗礼物。接下来是计划已久的两天的活动，家人和朋友聚在一起庆祝洗礼仪式的举行和小查理的第二个生日。

狄更斯和安斯沃思急匆匆地去了一趟曼彻斯特，他们被邀请去那里参加一个联合庆祝晚餐会。1839 年 1 月，狄更斯接下来的主要事务是与本特利的漫长斗争中的又一次争吵冲突。潜在原因是，他不可能让他签

---

① 她在 1838 年 12 月 30 日以及 1839 年 1 月 1 日、3 日的日记中提及，凯瑟琳·提罗生在其编订版本的《雾都孤儿》（牛津，1966）中引用，第 400 页。
② 福斯特到 1858 年才收到了狄更斯的题献作品，狄更斯把自己的作品文库版全集都题献给了福斯特。
③ 狄更斯致福斯特，1838 年 1 月 2 日，《朝圣》第一卷 449 页。

约的两家出版商都满意，尤其是这两家出版商正在为他的作品竞争。查普曼和霍尔在交涉过程中表现得明显比本特利大方，而本特利则倾向于坚持之前已经达成的条款。现在狄更斯决定放弃《智慧杂录》的编辑工作，并延迟交付他许诺的下一部小说《巴纳比·拉奇》。他知道自己需要休息一下，他很生本特利的气，于是决定写下一大堆的抱怨发泄给他，这是最好的消气方法。语句里一堆愤怒表达和夸大的修辞，他把这堆东西拿给福斯特，而福斯特可能还会加上他自己的词藻修饰。其中一部分是这样的：

> 感觉是我的书让和它相关的每个人都富裕了起来，除了我自己。而我，在如此声望下，还在辛劳地拼命工作，并把自己的精力浪费在维持好名声和新鲜度上，还要浪费生活的一部分去填满别人的口袋，尽管为了这些和我很亲近的人，我的作品可以被卖得只比上流社会的生存线稍高一点：所有这些事让我沮丧且心神不宁……我在神和人前做出最郑重的声明，道德地讲，在已经和讨价还价的人纠缠这么久之后，我希望能免于这些事。这张缠绕着我的网伤我太深，让我愤怒烦躁，要不惜一切地挣脱它……我一直有这样的冲动……关于我曾经提到过的时间——从《雾都孤儿》于《智慧杂录》的最后一期连载算起的六个月——我不会再接受任何新增的工作。①

本特利决定同意狄更斯的大部分要求，但条件是他要放下《尼古拉斯·尼克尔贝》6 个月且不能同时从事其他任务。这个条件针对的是他的竞争对手，显然狄更斯无法接受，因为狄更斯不可能在《尼古拉斯·尼克尔贝》连载到一半时放弃它。他谴责本特利"傲慢无礼"。接下来他说服安斯沃思接下《智慧杂录》的编辑工作，从那里辞了职。整个 2 月，律师们在忙于另一份新协议。这已经是第九版，狄更斯可以从《雾都孤儿》上拿到不错的分红，并承诺在 1840 年 1 月 1 日将《巴纳比·拉奇》交付本特利。在这么多的让步之后，好在本特利没有看到狄更斯在 2 月 7 日他 27 岁生日那天写下的日记，上边沾沾自喜地说："成功而快乐的一年结束，我全心全意地感谢神对我的这一次以及所有的眷顾。"他为自己

---

① 狄更斯致本特利，内容由福斯特提供，1839 年 1 月 21 日，《朝圣》第一卷第 493—494 页。

的悲伤以及与出版商针锋相对的讨价还价哀叹,这貌似虔诚的言辞里还带着些佩皮斯日记体的味道。①

现在手头只剩下一个系列,他终于有时间去顾及别的事情了。3月他一个人去了德文郡,他没能说动福斯特陪他一起来("有你在这旅途才不无聊")。②他的目的是找一幢可以安置他父母以及幺弟奥古斯特的房子。他准备花上几百英镑给他们找一个舒适的环境,但要远离伦敦以便让他的父亲远离是非。以他一贯的效率,他立即看上了一间小屋,它位于埃克赛特外一英里,是个"难得的好地方",房东受人尊敬,完美的起居室,漂亮的小会客室,贵气感的花园,从小屋里能看到埃克赛特大教堂,密致的屋顶,有地窖、煤窖、两三间卧室,所有地方都异常干净。③他立即租下了这里,找当地商户购买了家具,便开始如他一贯的做法想象着,等他老了他或许也会在这里住上许多年,那样该有多么快乐。但他唯一没有考虑到的是,他没给双亲选择的机会。没有任何关于这个计划的想法意见被记录下来。他先把母亲请来挑选窗帘并进一步布置了屋子,几天后父亲和弟弟也被接过来。他写给凯瑟琳的信带着温情:"要说我有多想你,会有点滑稽。我每天早晨也会想念孩子们,还想念我们每天都听惯的他们稚嫩的声音,永远都忘不了。"④看来他们的问题已经不再困扰着狄更斯;此外凯瑟琳又怀孕了。

安顿了双亲,5月里他带着自己的家人去了彼得舍姆的榆树小屋,它位于里士满公园和泰晤士河之间。他们在那里住了四个月,邀请了常来往的一大群朋友一起分享他们的快乐,大花园带着秋千,到处都是花朵和绿植,黄昏后虫儿装饰着路面,还有潮汐汹涌的河。狄更斯去汉普顿参加了几次比赛,与朋友玩滚球、套环还有板羽球⑤,早六点起床后扎进泰晤士河,在早饭前游到里士满桥。有时他会前往城里,骑个来回,哪怕是在深夜的时候。现在他有了一辆马车和马夫,可以在需要的时候载上他。他的名气从想见他的当地大人物名单里可见一斑。7月1日他在小草莓山与两位年长且博学的贝里小姐共进晚餐,玛丽·贝里和艾格尼

---

① 日记内容见《朝圣》第一卷第640页。1838年3月狄更斯在给《智慧杂录》的一封未发表信件中提到了佩皮斯日记,见《朝圣》第一卷第382页。他持有布雷布鲁克五卷版。
② 狄更斯致福斯特,1839年3月1日,《朝圣》第一卷第515页。
③ 狄更斯致凯瑟琳,1839年3月5日,《朝圣》第一卷第517页,以及给福斯特和米顿的信件。
④ 狄更斯致凯瑟琳,1839年3月5日,《朝圣》第一卷第523页。
⑤ 即后来的羽毛球。

斯·贝里，她们自 1791 年以来就住在这里，她们的友人霍勒斯·沃波尔给她们留下了这幢房子。她们都是历史学家和编辑，见识过大革命前的巴黎沙龙，呼吸过另外一个世界的空气；但是她们与狄更斯之间的记录现在已经遗失。在《尼古拉斯·尼克尔贝》走向完结的同时，他开始为次年在查普曼和霍尔那里的新项目绞尽脑汁，一本卖 3 先令的周刊要登载出众的文章和能成系列的故事。他认为这个项目不会像写一部系列小说那么苛刻，而且看起来肯定会有不错的经济回报。当然他和福斯特讨论了很多。7 月，他还发现把他父亲送到德文郡并没有解决他的问题。一封来自母亲的信让他"心里特别难受，既为她，也为父亲，想着这已经够了"，尽管他没有说究竟是什么问题。"他爸爸告知阿尔弗雷德这'全完了'！！！"① 他的知心朋友米顿当时似乎处理了这些麻烦。

狄更斯被邀请在麦克雷迪的庆祝晚宴上演讲，在这之前麦克雷迪邀请他做自家刚出生的孩子的教父。在应承的同时，狄更斯也提议，作为交换，麦克雷迪也要做凯瑟琳将在秋天出生的孩子的教父，狄更斯将这描述为"一个上流社会三个孩子的小家庭最后的也是最终的分支"。② 信中明确了他只想要不超过三个孩子，并设置了一个谜，即为何他有一颗探究之心且周围有具备医学知识的朋友，却在没有任何实际行动的情况下就认定不会再有孩子出生。

9 月 3 日他们立即从彼得舍姆去了肯特郡大海边的布罗德斯泰，在那里又找了座房子，弟弟弗雷德和他们一起来度假。这时狄更斯的日记每天都只有一个词"工作"，直到 9 月 20 日，他才在日记里这样写道："工作。/今天两点结束《尼古拉斯·尼克尔贝》，到拉姆斯盖特与弗雷德和凯特一起复查，好把这最后一小章打包发给布拉德伯里和埃文斯。感谢上帝，我很高兴能活着把它完成。"③ 福斯特本该过来，但狄更斯决定亲自回城去核查他的校样，这样他们就能一起吃饭，把《尼古拉斯·尼克尔贝》的最后一期过一下，早晨再去坐船，仍然是两个人一起："美丽的航路。凯特和亲爱的孩子们正在码头上等我们。"④ 在这之后就是每天从

---

① 狄更斯致福斯特，1839 年 7 月 11 日，《朝圣》第一卷第 560 页；狄更斯致米顿，1839 年 7 月 26 日，《朝圣》第一卷第 570 页。
② 狄更斯致麦克雷迪，1839 年 7 月 26 日，《朝圣》第一卷第 571 页。
③ 狄更斯日记，见《朝圣》第一卷第 642 页。
④ 狄更斯日记，1839 年 9 月 22 日星期日，《朝圣》第一卷第 643 页。

早到晚的戏水和享受阳光的生活。

10月，《尼古拉斯·尼克尔贝》结集为一册出版发行。这本书被他题献给了麦克雷迪，他的首要合作出版商查普曼和霍尔10月5日为他在城里举办了庆祝晚宴。狄更斯说这本应该是只有一两个密友参加的安静活动，但实际上，活动中来了有二十多个客人，变成了让麦克雷迪觉得"耀眼"的场合。这个晚上的高潮是麦克莱斯画的狄更斯肖像的发表，查普曼和霍尔委托他在夏天画了这幅油画。在所有描绘中最吸引人、最温暖的是他刚从写字台上转过身的情景，他的眼睛"迷人地闪烁着智慧的光芒，带着幽默和快乐"，福斯特后来这么写。他继续写道："我第一次回想起了那张脸上时间无法改变的所有……迅疾、锐利、力量、饥渴、不知疲倦，精力充沛的外表……闪光和灵动无处不在。"① 这是天使一样的狄更斯，完全不像一个恶棍。

但对本特利来说，狄更斯根本不是个天使。本特利希望能在1月收到完整的《巴纳比·拉奇》，并准备在1840年将它作为一套三本的小说宣传出去。尽管狄更斯告诉克鲁克香克他在10月交付所需章节的手稿，以供作画，还说他写得很顺利，可很快他就又反悔了。他的脑袋里全是关于准备给查普曼和霍尔编辑的周刊相关的建议，刊物名叫《汉弗莱大师的钟》。他还额外写了一些关于年轻夫妻情侣的小品文，也是给查普曼和霍尔的，它们将被匿名发表以免破坏他和本特利之间不出版其他任何书的协议。② 于是他和敌对的出版商们的交涉变得愈加混乱起来。

美国的出版商们加深了他对这个群体的不信任。在大西洋另一边，外国作者的权益不受任何法律保护，出版商可以选任何他们喜欢的东西随意出版：比如费城的出版商"卡雷、李和布兰卡德"在1837年把《博兹札记》拆开塞进几部不同题目的书里，其中一本把《雾都孤儿》也捆了进去，没有授权也不给作者任何酬劳。1837年6月这家出版商与他们口中的"萨姆·狄更斯先生"首次接触，给他开出25英镑的一次性报酬，出版商于1836年开始发售并赚取了《匹克威克外传》高额利润的一部分。1838年他们汇给本特利60英镑，狄更斯50英镑，这是购买《雾都孤儿》校样的钱。他们还想要《尼古拉斯·尼克尔贝》的校样，对于

---

① 福斯特：《一生》第一卷第六章。
② 文章于1840年2月10日出版，当时没有人将其归在狄更斯名下。

美国出版商来说，持有校样能让他们在竞争对手面前占有优势。后来他们给狄更斯开出 100 英镑的预付定金换取《汉弗莱大师的钟》和《巴纳比·拉奇》的校样。① 狄更斯礼貌地回了信，这时他只能接受现实，虽然他无法改变现状，但之后他会去美国挑战一下。②

1839 年 10 月 29 日晚上狄更斯的第二个女儿出生，以妈妈的名字命名为凯特，通称凯蒂，热情的性格完全不像她的妈妈。分娩持续了 12 个小时，产妇由产科护士、皮克松医生还有专门从德文郡赶回来的婆母照顾，狄更斯为此付给他母亲五英镑。他这时患上感冒，持续时间异常之长，他说自己"不停地打喷嚏、眨眼、流泪，涕泪横流得实在不适于在公共场合露面。"但他还能出去找房子。③ 他觉得道题街的房子已经无法满足家庭的需求，于是他开始在摄政公园周边找一处大些的物业；他还让母亲去看了其中几处，咨询了她的看法。以一贯的高效，他在一周内就找到了一栋合适的房子。那就是德文郡台地 1 号，在约克门公园入口的对面。他同意支付 800 英镑，租期 12 年，年租金 160 英镑。他看起来并未问过凯瑟琳的意见，这大概是因为女士在生产之后通常要休息六周，不好用这件事打搅她。无论如何，她的丈夫挑选了一幢非常不错的房子，宽敞、明亮、通风，格局优美。它建成于 18 世纪 70 年代，主要房间分布于两层，花园一侧有高高的弓形窗，带围墙的大花园挡住了从任何其他建筑投来的俯视。公园就在路对面，离波特曼广场和西区只有一步之遥。④

狄更斯十分渴望搬家，他甚至把许多他放在道题街的家具都给了那里的房东，把房租付到了 3 月租约到期的时候，决定要在圣诞节前搬家。新的日子将在德文郡台地开启。他立即开始着手改造房子，安装桃花心木的门、书架、壁炉台，墙上的大镜子，厚地毯，每扇窗上的白色辊弹簧百叶窗，还有能买到的最好的浴室洁具。一张带着 5 个附加合页的大餐桌是专门为圆桌餐厅打造的，还有 12 把皮椅。图书室变成了他的书

---

① 以上交易在罗伯特·L. 帕滕的《查尔斯·狄更斯和他的出版商们》中有描述，见第 95、97、110—111 页。

② 狄更斯访美时在 1838 年 8 月的一封给美国出版商普特纳姆的信中提出了他的想法，见《朝圣》第一卷第 431 页。1839 年 7 月 14 日他从彼得舍姆给福斯特写信，提到他会去那边写"描述那边风土人情的文章"，见《朝圣》第一卷第 564 页。

③ 狄更斯致藏书人 W. 厄普科特，1839 年 10 月 28 日，《朝圣》第一卷第 594 页。

④ 房屋早已被拆毁，但有一块纪念匾标注了狄更斯曾住在马里波恩路的南侧。

房，法式的窗户朝通往花园的楼梯开着。阁楼上有育儿室，地下室里有厨房、酒窖和餐具室，花园尽头的马厩里边还有马车房，狄更斯这时安置了一位红头发的名叫托平的马车夫。

搬迁在12月中旬进行，这时凯特已经能自己走路，小凯蒂由保姆带着。16日狄更斯告诉本特利，他无法交付《巴纳比·拉奇》的手稿，说他只写了两章，而本特利已经给《巴纳比·拉奇》做了广告，正等着收完成的稿子。第二天狄更斯对比尔德说，本特利是"伯灵顿街上的强盗"，发誓说"这是场你死我活的战争，对任何一方都不会手下留情"。他还要比尔德给他订购雪茄，"一磅盒装的绝品古巴货"。① 狄更斯的双亲——用他们儿子冷漠的话来说就是"乡下的亲人"——在德文郡台地过圣诞。② 查普曼和霍尔的印刷厂商，干练的布拉德伯里和他的合作伙伴弗雷德里克·埃文斯送来了一只巨大的火鸡。埃文斯圆乎乎的，性子活泼，和"匹克威克先生"一样戴着眼镜。次年1月2日狄更斯写信说，"圣鸟昨天出现在了早餐上，经过了七次烧烤，一次煎炸，还作为冷盘摆上午餐桌一两次。"

万幸的是，他们没有食物中毒，走向了下一个十年。19世纪40年代狄更斯被金钱问题困扰，并离开英格兰在海外生活了三段很长的时期，去了美国、意大利、瑞士以及巴黎。他将再迎来五个他本不想生下的儿子。他在1841年接受一个痔疮手术。在1849年，凯瑟琳生下第八个儿子亨利的时候坚决要求给她使用氯仿。他将见证姐姐芬妮死于肺结核，并迎来年轻的妻妹乔治娜成为他的大家庭的永久成员。他将短暂地编辑一份报纸，又一次更换出版商，并将着手进行业余戏剧制作。他将和他的朋友库茨小姐一起雄心勃勃地干一番事业，帮助年轻的娼妓们开始一段更好的新生活，在牧丛为她们建造一个避难所。此外，他会写两部游记，还有他的第一部圣诞故事集——也就是长久的流行之作《圣诞颂歌》——后来还有更多，它们全都被舞台化了；还有三部小说——《巴纳比·拉奇》《马丁·翟述伟》以及《董贝父子》，《董贝父子》最终让他的财务状况有了保障。他将会发现，他有多喜欢把自己的作品大声读给朋友们听，并由此产生了后来公开朗读表演的想法。他开始着手写《大卫·科波菲尔》，这是他自己最喜欢的一部作品。他还将指定福斯特为他的立传者。

---

① 狄更斯致托马斯·比尔德，1839年12月17日，《朝圣》第一卷第619页。
② 狄更斯致W. 厄普科特，1839年12月28日，《朝圣》第一卷第623页。

第二部

第八章 杀死耐儿
1840—1841 年

2月，在接近 28 岁生日的时候，狄更斯觉得自己功成名就，同时也感觉非常疲惫。他需要并渴望休息，他决定在 1840 年远离每个月都得写长篇小说连载的压力。他打算以一种更从容的形式享受生活：编辑一本名为《汉弗莱大师的钟》的小杂录周刊。他计划找别的作者约稿，自己再提供一些小故事，偶尔也写两篇散文；他与画家朋友们关于内页插画的约稿协商也很顺利。查普曼和霍尔将为每一期支付 50 英镑，外加一半的利润。狄更斯对杂志未来的销量很自信：印出的刊物将远销德国和美国，他预计每年大概赚到 5 000 英镑。

但事情没有想象的那么顺利。这份杂志在 4 月第 1 期卖了 70 000 册后销量骤降。狄更斯意识到，他必须得做些大事再次吸引读者，他自己必须是唯一的供稿人，于是放弃了做杂录的想法。他所做的第一件事是把他的小故事扩展成一个大型系列，这也就意味着，他必须一周一周地临时凑出一部他在 1 月时甚至都没有想过的小说。他发现自己不但没能远离系列小说高强度的写作，反而被截稿期限绑得更紧。他给一个朋友写信哀叹说："我的耳朵里日夜都是警报，警告我不能停下来……我被这个汉弗莱束缚的程度远超往日——《尼古拉斯·尼克尔贝》和它相比不算什么，《匹克威克外传》和《雾都孤儿》也没有这样——它需要我持续地把精力放在上边，并强迫我用尽全部的克己精神。"①

新的压力让他的健康出了问题，医生建议他改变饮食习惯并加强锻炼。6 月他在布罗德斯泰租了间房子，觉得这是适合工作的地方，9 月他又回来住了 5 周。而在伦敦他比以前更忙。他把时间用于勤奋工作，帮助不幸的人（序中提到的伊莱莎·伯吉斯就是其中之一），还鼓励并帮助

---

① 狄更斯致兰道，1840 年 7 月 26 日，《朝圣》第二卷第 106 页。

贫穷的、有上进心的作者——分别是一名木匠和一名年轻的职员——耐心地给了他们建议。这时他的名气越来越大。麦克莱斯给他画的肖像画在皇家学院展出，它的雕版复制品非常抢手。他交到了新朋友，在布莱星顿女士家结识了才华横溢的新锐诗人兼散文家华尔特·萨维奇·兰道，相互之间的玩笑和赞美立即使他们熟悉起来；他还曾和福斯特一起到巴斯去拜访兰道。在政治家爱德华·斯坦利的晚餐席上他第一次见到了卡莱尔，对方立即用美好而华丽的辞藻描述他："清澈而富有智慧的蓝眼睛，眉毛非常好看，突出而柔软的大嘴——这是极其灵动的一张脸，他的眉毛、眼睛、嘴在说话时都非常特别，还有一头颜色平常但蓬松蜷曲的头发，小巧而紧致的身形，穿着比德奥赛还讲究"。[①] 卡莱尔夫妇成了他的朋友。对于狄更斯的眼睛，他们有很多的说法，比如暗棕色、闪闪发光、黑色、清澈的蓝色、"不是蓝色"、异常清澈的淡褐色、"柔美的大眼睛"、清澈的灰色、灰绿色、暗灰蓝——瞳孔周围带着一点橘色——甚至还有一个细心的观察者说"难以形容"。[②] 据朋友们观察，狄更斯有些近视，但勉强可以戴眼镜看东西。[③]

年长的萨缪尔·罗杰斯是诗人、艺术品收藏家和退休的银行家，他请狄更斯吃了一顿饭并把他介绍给了谢里丹的三个孙女：西摩尔女士、达弗林女士（她成功地嫁给了贵族）和最聪明的卡洛琳·诺顿，她则处在社会的边缘，被她笨拙的丈夫疏远，以写作谋生，被丑闻困扰，狄更斯报道过关于她和墨尔本爵士的关系的案子。狄更斯表示了同情、赞赏和谨慎的友好。

他热情地出席了塔佛德的话剧《格伦科》的排练和首演，麦克雷迪是这部戏的主演。7月他推翻了自己反对公开处以老爵士威廉·拉塞尔的仆人库瓦西耶绞刑的言论，这个贴身男仆割开了他的主人的喉咙。狄更斯一直在密切关注审判并写了两封信给通讯社抗议辩护律师的行为。他

[①] 卡莱尔致其兄弟约翰，1840年3月17日，《托马斯和简·威尔士·卡莱尔书信集》第12辑（达勒姆、北卡罗来纳和伦敦，1985），第80—81页。德奥赛伯爵是知名时尚人士，打扮风格相比维多利亚时代的风格而言，更接近摄政时期。

[②] 见菲利普·柯林斯编：《狄更斯：访谈和往事》第一卷，第74页脚注。另见亚瑟·S. 赫恩，1926年《狄更斯研究者》第22期，第25—29页。笔者还收集到了若干其他不同说法。

[③] 托马斯·特罗洛普的回忆，以及现存于狄更斯博物馆的马可斯·斯通回忆录手稿第50页，补充说，他看到狄更斯使用夹鼻眼镜。珀西·费茨杰拉德也曾描述"发亮的眼睛，透过金丝边眼镜，总蕴含着强大的力量，脸俯向桌面上的手稿"，菲利普·柯林斯在《狄更斯：访谈和往事》引言中引用，来自《回忆查尔斯·狄更斯》(1913)，第77页。

和凯瑟琳这年去了利奇菲尔德和斯特拉特福德,在 7 月去看望了他安置在德文郡小屋的双亲,抽空在道利什和托基度了几天假。8 月他为女儿凯蒂的受洗盛大庆祝了一番。"实在是吵闹而骚动的一天……并不太像我期待的一样体面。"麦克雷迪观察到这般情景,他送了一块金表和链子作为教女的礼物,并给了她的护工一个沙弗林金币。在庆典和晚餐之间狄更斯热情地招待了他的朋友们。凯瑟琳这时候又怀了三个月的身孕。

他和福斯特之间的关系越来越亲密:7 月狄更斯送给了福斯特一个大葡萄酒壶,表示这盛着他的心,然而 8 月他们在餐桌边吵了一架,无疑饮酒助长了矛盾;凯瑟琳因此哭着跑出了房间。但这件事很快就得到了补救。狄更斯有点脾气,福斯特也可能有些浮夸,但正如他所说,他们之间的"分歧"是"唯有如此亲密的友人才容易产生的"。①

以上这些都是这一年里使他从工作中分心的事。这一年,他的主要工作就是那篇从几个小段子开始逐渐形成的、每周连载的小说《老古玩店》。尽管有极大的困难,但它成了他作品中第二畅销的书,仅次于《匹克威克外传》——也是一个临时凑成的故事。这是一个什么样的故事?它非常古怪,是一篇流浪小说,讲述了一个孩子一次次尝试摆脱她的命运却一次次失败,她的保护人是她的祖父,他沉迷于赌博,此外还有丑怪、邪恶的追捕者矮子奎尔普,他们都让主人公处于险境并将她置于死地。耐儿单纯、可亲、善良、纯洁,这使她非常受男性读者的喜爱,苏格兰大法官杰弗里爵士是《爱丁堡评论》的评论员,偶尔兼职编辑,他甚至将耐儿比作科迪莉亚*,尽管她们之间唯一的相似点是早夭。在 13 岁的年纪,耐儿就必须照看她因痴迷于金钱而堕落的祖父,如同狄更斯自己的外祖父因为金钱而堕落,他的父亲也是,过度消费,借钱并无法偿还;所以,这个故事的各个方面都非常贴近家庭。尽管书里还有更多的内容,但确实是耐儿的死让它名声大噪。建议狄更斯应该让她死掉的人是福斯特,狄更斯采纳了这个建议,并用小耐儿渐渐接近死亡的过程吊起了大西洋两岸的读者的胃口好几个星期。狄更斯收到不少信件,哀求他救救小耐儿,甚至还有平日里或严肃或温文的男性读者在读到她的死亡时也哭得不能自已。

---

① 福斯特致狄更斯,1841 年 1 月 16 日,《朝圣》第二卷第 187 页,脚注 4。
* 莎士比亚戏剧《李尔王》中的角色。——译者

狄更斯自己在写耐儿的衰弱时同样也很痛苦，并在 1840 年 11 月和 12 月向朋友们倾诉了这份痛苦。他告诉福斯特："你无法想象我今天被昨天的工作搞得多么疲惫不堪……整个晚上我被这孩子追赶着；今天早上我完全没有恢复，感觉很糟。我不知道我该怎么办……我想故事的完结会非常棒。"过了几天，"困难太大了——无法言喻的痛苦。"① 他对他的插画师卡特莫尔写道："这个故事让我心碎，我不忍心写完它。"② 1841 年 1 月他告诉麦克雷迪，"我在慢慢谋杀那个可怜的孩子，并为此越来越苦恼。它在绞着我的心。但它必须如此。"几天后麦克莱斯又听到："你不知道我为那个孩子的死亡有多么痛苦！"③

另外一封给福斯特的信表达了狄更斯是如何利用他的痛苦的，他认真地考虑如何为了更好地讲故事去唤起这痛苦的感觉："我应该很长一段时间都不能从中恢复。没人会比我更想念她。这对我来说是件非常痛苦的事，我真的没法表达我的悲伤……我回绝了这周和下周的几个邀请，决定在完成之前哪里都不去。我害怕干扰到这种我一直在试图进入的状态，否则我必须去找回它。"④

在这种心理状态下他难免心神不宁或错乱，另外有一个让他很为难的插曲，在他写这些章节的时候，麦克雷迪三岁的女儿乔安突然夭折。狄更斯身为密友却忙得抽不开身，于是给他发去了一张深情的短笺，而乔安最热爱的教父福斯特每天都去看麦克雷迪，分担他的悲伤，出席葬礼，因激烈的悲痛而失控。这之后狄更斯就福斯特"完美的悲伤表现"对麦克莱斯抱怨说："我向上帝发誓如果你昨晚看到了福斯特，你会觉得去世的人是我们亲爱的朋友福斯特。"⑤ 这看上去就像，他因为福斯特把注意力从他们一起想象虚构的死亡转移到为现实中一个孩子的死亡悲伤上而嫉妒，他为此对福斯特大发脾气。小耐儿的戏绝对不能被抢，就算是麦克雷迪死去的女儿也不行。

---

① 狄更斯致福斯特，1840 年 11 月 3 日，《朝圣》第二卷第 144 页；狄更斯致福斯特，11 月 12 日，《朝圣》第二卷第 149 页。
② 狄更斯致卡特莫尔，1840 年 12 月 22 日。乔治·卡特莫尔（1800—1868）是一位古文物画家，一个诺福克乡绅的儿子，福斯特的朋友。他于 1839 年和狄更斯的一位母系远亲结婚，那年 8 月在里士满度蜜月，狄更斯借给了他不少书，还把自己的小马车借给他用。
③ 狄更斯致麦克雷迪，1841 年 1 月 6 日，《朝圣》第二卷第 180 页；狄更斯致麦克莱斯，1841 年 1 月 14 日，《朝圣》第七卷第 823 页。
④ 狄更斯致福斯特，1841 年 1 月 8 日 (?)，《朝圣》第二卷第 181—182 页。
⑤ 狄更斯致麦克莱斯，1840 年 11 月 27 日，《朝圣》第二卷第 158—159 页。狄更斯曾请求麦克莱斯焚毁他们之间的通信，但这封信保存了下来。

第八章　杀死耐儿

　　狄更斯没有直接描述耐儿的死亡，而是让它在后台发生，那是一处乡村教堂，是她和祖父找到的庇护所。① 他的心碎成一片，而维多利亚时代时常经历孩子夭折的家庭对作品的反应则更是巨大。基督教教导他们必须接受这一切，甚至要为孩子上了天堂感到高兴，但这对悲伤的双亲很难讲得通。麦克雷迪对此保持了一种斯多葛式的尊严，"我失去了我的孩子。没有什么能安慰这悲伤；忍耐——这就是全部。"② 这看来是对的，并且比任何说孩子死去变成天使而聊以自慰的暗示都要真诚得多，但狄更斯打算缓和安抚这种悲伤。尽管他表现了耐儿对死亡的畏惧，但在她死亡时，他却给了她常用的表示慰藉的词句："她怀着悲伤死去，而平静和完全的快乐却开始了，她身上显现出宁静的美和深沉的安息。"他的意图是"尝试并做一些人们读过的关于人临终的事——用温柔的感情聊以慰藉。"③ 考虑这样的读者，他要求他的绘画师给故事画一张附图，"给孩子一些灵魂飘渺的感觉"。卡特莫尔完美地理解了他的意图，画出了耐儿被四个天使接引到天堂的情景，她的眼睛闭着，脸上挂着些许微笑。④

　　对现代读者来说，小耐儿这个人物本身完全不如她离开伦敦走过的路有趣，她走过房屋给砖场让路的城镇边缘，路过小小的异见教堂和大堆的牡蛎壳；然后穿过黑乡工业区，周围是焦渣路、炽热的炉子和蒸汽机，还有悲惨的工人和饥饿的孩子，狄更斯两年前曾经见过他们；或是和矮胖的乍莱太太一起避难，她的大篷车里有一尊有100只眼睛的蜡像，苏格兰玛丽女王和皮特先生陪着一个凶手的妻子和一个树林里的野孩子。此外还有一群引人注目的角色，首当其冲的是奎尔普，一个恶毒的矮子，想要耐儿做他的第二个老婆。狄更斯很喜欢奎尔普这个角色，就像他喜欢斯奎尔斯一样，他邪恶、有活力，阅读与他相关的文字是一种乐趣，比如他从平底小圆深锅里喝滚烫的烈酒，连壳一起吃煮老的鸡蛋，奚落、恐吓他的妻子和岳母，对耐儿有企图，敲诈勒索，策划阴谋，坏得像个哑剧中的反面角色。

　　故事的另外一部分则给了迪克·斯威夫勒，他是一个瘦高而幽默的

---

　　① 在卡特莫尔的画中，她躺在一张舒适的床上，看起来出人意料地丰满，完全不像一个13岁小女孩日渐消瘦的样子。
　　② 威廉·托因比编：《威廉·查尔斯·麦克雷迪日记》第二卷（伦敦，1912），第100—101页。
　　③ 狄更斯致福斯特，1841年1月17日，《朝圣》第二卷第188页。
　　④ 狄更斯致卡特莫尔，1841年1月14日，《朝圣》第二卷第184页。

职员，拿一个本子记着他必须避开的街道，因为他欠那里商店店主的钱。就像年轻时的狄更斯一样，斯威夫勒对一个他不可能触及的女孩有过一段向往，他总是爱引用当时流行的诗句，并自己发明新的语句：酒精是"玫瑰"，睡觉是"温暖"，喝一杯是"适度解渴"，一条坏消息则是"难题"。在律所工作时，他发现有一个小小的饿得半死的孩子被锁在地下室里，穿着别人不要的衣服，"一个邋遢的小女孩穿着粗糙的围裙围兜，衣服裹住她的身体，只露出脸和脚，就好像是在小提琴箱里。"她做着这房子里的所有家务，没有名字。"从来没见过穿着如此老旧土气的孩子有她这样的外表和仪态。她一定在摇篮里就开始工作了。"一开始他可怜这孩子，后来他开始对这个孩子感兴趣。"她从不出门，也不进办公室，脸脏兮兮的，从不脱掉她的围裙围兜，从不透过窗户看外边，从不到街边门槛上透风，更不必说休息娱乐什么的。没人来看她，没人和她说话，没人关心她。"①* 迪克的律师雇主布拉斯先生曾说过，他觉得她是个私生女，而手稿里的一条注解则暗示她是布拉斯先生的姐妹莎莉·布拉斯和奎尔普的女儿。按照狄更斯附加的说明，一个私生女的名字可以有任何意义但绝不是一个因爱而生的孩子，而这个小女佣就是这句话的形象表现，即"穷人没有童年，童年是要付钱来买的"。② 迪克私下里教她打牌，给她吃喝，其中包括"漩涡"，这是一种由烧热的啤酒、杜松子酒、糖和姜汁调成的美味混合物；他越来越喜欢她，给她起了个名字叫"侯爵夫人"，向她非凡的独立和尊严致敬。她 13 岁，和耐儿同龄，有思想、有个性，但她只被允许占据剧情的一小部分。狄更斯可能担心她会偷走读者的注意力，于是他缩短了穷职员和小女佣的故事，只对他们的历险记进行速写，并写出了一个不可能太愉快的结局。③

9 月，在布罗德斯泰期间，狄更斯在努力写《老古玩店》的同时也被人观察着，埃莉诺·皮肯，一个聪明的 19 岁年轻姑娘。她是一个很有价值的人证，因为她留下了青年狄更斯给年轻女性所留印象的唯一书面证据。直到狄更斯去世她都没有发表过任何文字，但她留下了太多细节，

---

① 摘自《老古玩店》第三十四、三十六章。
* 中译文参见《老古玩店》，许君远译，上海译文出版社 1980 年版。——译者
② 对耐儿的祖父说的一句话，写在《老古玩店》的手稿上，但在校样中被删去了。
③ 侯爵夫人照顾病重的迪克，救了他的命，她对布拉斯家的作证挫败了他们和奎尔普的密谋。迪克在两人结婚定居在汉普斯特德后送侯爵夫人去学校受教育。这里可能借用了麦克雷迪对他童工出身的妻子的教育情形，这一点还被带到《我们共同的朋友》中尤金和莉齐的关系里。

显示她从认识他起就在做记录,她说她在写日记;她对他如此真诚以至于你会觉得她说的一切都是真的。但也有矛盾的时候。她回忆说,在布罗德斯泰的日子"几乎是我生命中最明亮的",但她也在担心他情绪的变化,担心被他玩弄、挑逗或取笑的时候极度沮丧,他的态度会退到冰冷的礼貌上,清楚地表明他希望不再和她有任何瓜葛。"我为被如此杰出的人注意到而骄傲,我曾被他的微笑照耀着,尽管这是不合时宜的",她惆怅地写到。①

埃莉诺在小时候失去了她的作家父亲。她受过良好的教育,有志于写作和绘画。她曾经得到过查尔斯·史密森家的庇护,史密森是狄更斯的律师之一,米顿的合伙人之一,在埃莉诺非正式地与他的一个家人订婚后,史密森邀请她共进晚餐并同狄更斯夫妇见面,这是 1840 年夏天的事。狄更斯这时已经很有名,埃莉诺兴奋于与他见面,并立即心生敬畏。但她并不盲目。她赞美他不可思议的眼睛和长发,但不喜欢他穿衣的品位,巨大的衣领和宽大的西装背心以及款式新奇的鞋尖。她描述他在想事情的时候喜欢咂嘴,同时手插进头发里抓着;他在开玩笑前会怪里怪气地挑起一边眉毛。她还说过,他讲话时有点含糊,就好像他有点儿大舌头,她还注意到他的弟弟弗雷德和父亲都有这种特征。福斯特也是史密森晚餐会的客人之一,入神的时候他滔滔不绝地讲话——大概就是他咂嘴和把手插进头发里的时候。这次晚餐后,狄更斯很快就催促史密森也像他一样在布罗德斯泰找座房子,9 月他要和家人一起去那里。史密森照他说的做了,埃莉诺跟他们同行。史密森夫人表现得就像个行为监护人,她未婚的妹妹阿梅利亚·汤普森也加入进来。阿梅利亚比埃莉诺大 10 岁,埃莉诺认为,她已经有"一定的年纪",但她们是好朋友,总在一起走动。

埃莉诺觉得狄更斯夫人很亲切、可爱。她对这个家在娱乐方面的贡献是,在狄更斯扯着他的头发装作痛苦挣扎的时候说俏皮话,越出格的越好,且装作无辜。狄更斯则是个更为复杂的人。满怀与大人物一起度假的兴奋期待,埃莉诺发现他的情绪每天都毫无征兆地突变,这一刻亲

---

① 埃莉诺·艾玛·皮肯,后来的埃莉诺·克里斯蒂安,她于 1871 年以婚后姓名首字母缩写 E.E.C 的名义在《英国妇女家庭》杂志第 10 期第 336—344 页发表了"一位年轻女士在日记中对查尔斯·狄更斯的回忆"一文。第二篇文章"查尔斯·狄更斯旧事,他的家人和朋友"则在 1888 年发表于《圣殿栏杆》杂志第 82 期第 481—506 页。

切友好，下一刻就变得冷酷无情。他高昂的情绪富有感染力，而他的坏情绪让她疑惑他怎么能交到朋友。我们知道他这个9月正在写每周连载的《老古玩店》，通常他从周二工作到周五，周五他把稿件发到伦敦，周六还要修改上一周的校样，然后在周日把带有他意见的校样再发给福斯特。① 这意味着他的时间表始终排得很满，但埃莉诺和米莉（即阿梅莉亚）都不知道这件事，只是某天他会发起或者加入游戏，而第二天他走过时却连招呼都不打，他的眼睛就像是"危险的灯"。她记得"在这种时候我承认我很怕他"，但还没有怕到不敢告诉他他有多吓人，然后他被她的坦白逗乐了。

他们玩的游戏包括二十一点——用纸牌赌点小钱，为了多点乐趣可以随心作弊——还有"动物、植物、矿物"以及"看动作猜词"之类的猜谜游戏。狄更斯有时会用伊丽莎白时期的英语戏弄地称呼两位年轻姑娘，像"可爱之人""美丽的征服者""亲爱的女士"，还用"可愿与我舞一曲"这样的话来请她们跳舞。在他弟弟弗雷德加入之后，这个值得纪念的夜里，狄更斯兄弟在码头上与埃莉诺以及米莉消磨时间，他们决定要在弗雷德的口哨声和查尔斯把玩便携梳子的伴奏下跳四对方舞。一曲结束后他们走到码头看暮光随着潮涌渐渐退去。埃莉诺把故事讲得很清楚：

> 狄更斯就像突然被恶作剧的恶魔附身一样，他伸出手臂搂住我，带我跑下防波堤的斜坡，一直跑到一根高高的柱子那里。他用另一只手搂过柱子，用一种戏剧式的语调大声说，他打算在那里一直抱着我，直到"悲伤的海浪"将我们淹没。
>
> "想想我们将要创造的这种情感！想想你将要踏上的名声之路！不对，不完全是踏上，而是辗转踏上！"
>
> 这时候我求他放我走，并想奋力挣脱他。
>
> "你留意《纽约时报》的专栏，那里将淋漓尽致地描写一位可爱的人的可悲命运，她被狄更斯在疯狂中淹死！不要挣扎，可怜的小鸟，你这小鸟一般的爪子是如此地无力，孩子！"
>
> ……潮水迅速涌上来淹过了我的脚。我尖叫起来，想把他拉回

---

① 伊丽莎白·M. 布雷南在她评注的《老古玩店》（牛津，1997）中提到了这一时间表，注127。

到清醒的意识里，提醒他说："我的衣服，我最好的衣服，我唯一一件丝绸衣服要被毁了。"就算是这样的潮水都没能软化他的态度：他仍然继续着他半严肃半诙谐的胡话，一直在大笑中颤抖，一边喘着粗气，一边使劲抓着我不放。

"狄更斯夫人！"这次我疯狂地尖叫，波浪已经涌到了我的膝盖；"救救我！让狄更斯先生放开我——浪已经到我的膝盖了！"

这时其他人都到了，狄更斯夫人告诉他不要犯傻，不要毁了埃莉诺的衣服。"衣服！"狄更斯喊叫着……"不要和我说衣服！……当夜幕正笼罩着我们……当我们已经处于伟大神秘的边缘时，我们会想到肉体上的虚荣吗？"

最后，埃莉诺终于挣脱了。她的衣服都湿透了，史密森夫人斥责她，认为是她惹了祸。她可能争辩了几句。很明显埃莉诺和狄更斯之间有些化学反应，他必定是觉得她很享受他的注意。她毕竟还是这一晚的主角，被选中的那一个，尽管是作为受害者。但狄更斯是个富有侵略性的追求者。有两回他拉着埃莉诺冲到瀑布底下，每次都毁了她的帽子，他在游戏时拽她的头发，这动作既孩子气又显得私密。奎尔普在他的意识中一直存在，他的行为也是奎尔普式的。但埃莉诺不是个温驯的女孩，她也描述了她在游戏过程中如何与他争论，主张自己的立场。

1842年，埃莉诺·皮肯嫁给了海军军官爱德华·克里斯蒂安。她后来发表了两份关于在布罗德斯泰的那个9月的文章，一份发行于狄更斯去世一年后，她50岁时，第二份则在19世纪80年代后期发表，加上了她之前委婉忽略的有关狄更斯双亲的材料。很显然，他们都曾在布罗德斯泰，她描述约翰·狄更斯很好看，穿得"就像个'老纨绔'"，伊丽莎白·狄更斯则很可亲，而且就事论事地说，完全看不出她有尼克尔贝夫人的样子，虽然狄更斯声称他母亲是这个人物的原型。她确实很喜欢跳舞，她的儿子似乎并不赞成。在她和某一个女婿，亨利·奥斯丁或者亨利·伯内特一起走进舞池的时候，查尔斯看上去"就像一头熊一样绷着脸"。埃莉诺发现查尔斯的双亲在他面前很拘束，似乎害怕冒犯到他，而原因则是因为这时候他父亲在金钱问题上有了大麻烦。

回到伦敦，埃莉诺和史密森一家到德文郡台地吃午饭，狄更斯十分冷淡。她后来前去拜访，给他们看了她给凯瑟琳画的肖像画，凯瑟琳非常友善地接待了埃莉诺，狄更斯却拒绝见她，甚至都不愿看一眼画。她非常失望，便离开了，没再去拜访过。他们再一次见面是借一次舞会的机会，狄更斯的态度礼貌却冷淡，弗雷德对她解释说，他"有时有点怪"；这发生在1842年埃莉诺结婚后，又是在布罗德斯泰。两件事可能可以解释为什么他对她采取敌对态度。一件事是她准备和他争论。在结婚之后，狄更斯已经习惯了别人对他顺从，而据埃莉诺描述，她在他批评拜伦的诗句的时候为它们辩解，基本上一直坚持她自己的立场。另一件事是他可能发现了她在写日记，还很反感这件事。观察者狄更斯不希望自己被别人观察。不管他为什么改变态度，埃莉诺不曾忘记他，18年后她再一次试着与他交谈，这件事待到第20章再描述。

狄更斯对小耐儿之死的纠结并不妨碍他娱乐。10月，所有参与出版《汉弗莱大师的钟》的人员举行了宴会，设计师、印刷厂、出版商还有雕版师举杯欢庆。平安夜有一个带哑谜游戏的小派对，新年前夜有盛大的庆祝仪式，有舞会、更多的哑谜，还有"嬉戏"。圣诞节那天，他和福斯特、麦克雷迪"以匆忙的速度"绕着公园走了一圈，却忘了争吵。福斯特写信给狄更斯保证《老古玩店》是名副其实的杰作，它后期的销量达到每周100 000份。这一切都很好，但狄更斯知道，他得让杂志再持续一年，于是在1839年就计划并开始写的《巴纳比·拉奇》将会在1841年2月13日连载，直到12月。

这是他当时最不流行的一本书，而且到现在也是如此。他尝试写作历史小说，司各特在这个领域达到了巅峰，他的朋友安斯沃思也取得了成功，但这不是他所擅长的。故事最突出的两个特征，一是巴纳比这个人物，一个头脑简单的主人公带着他的宠物乌鸦，稀里糊涂地游荡在故事的秘密里；二是对1780年戈登暴动的描述，伦敦的暴徒们打开监狱，放火烧掉大量建筑，造成混乱。但是这本书太长了，反派角色们太粗鲁，年轻女人了无生气，情节设计荒谬可笑，乔治·戈登爵士本身则毫无个性可言。狄更斯转移到了粗糙的情节剧上，比如巴纳比的父亲，即凶狠的拉奇，用反问句对自己说："我是否为杀了他而感到自负？……我在完事后是否回了家？……我是否站在我妻子面前告诉过她？……她和未出生的孩子从那时起就弃绝了我,她可曾跪下来,求上帝作证……?"① 连福斯特也没能对它产生热情,还有个评论家悲伤地写道:"一个天才就像一座三年的钟一样给自己上了发条。"②

狄更斯知道,他必须一直给自己上发条以履行他对查普曼和霍尔的义务。他欠着他们的钱,他的家庭在扩大——他的第二个儿子华尔特在他28岁生日的第二天,即1841年2月8日出生。他的爱好使他的花销很大,杰弗里爵士4月在伦敦看望他,观察到"对于一个刚刚开始富裕的、有家室的男人来说的一顿过于丰盛的晚餐"。③ 他弟弟阿尔弗雷德找不到工作,他正帮他找一个位于新西兰的职位。他们的父亲肆无忌惮地在账单上伪造他的签名,这些账单有时会被转到查普曼和霍尔的事务所以及德文郡台地。3月,暴怒之下,狄更斯为此事在伦敦的报纸上发表了一篇声明,否认他对那些账单负责,并说他不会偿还除了他和他妻子之外任何人的欠账。他尽力劝说父亲移居海外,他愿意为父亲提供补贴以及承担奥古斯特的学费,还会另外每年给母亲40英镑,她肯定是愿意留在英格兰的,约翰·狄更斯拒绝离开。

5月狄更斯被邀请作为代表自由党的第二候选人出席议院的宣读会,塔佛德已经是那里的一位议员了。他必须支付自己的开销,保守党预计会赢,而塔佛德已经决定不参选;而尽管狄更斯对收到邀请沾沾自喜,但还是回绝了此事,这在意料之中。还有更让他沾沾自喜的,6月他被邀请前往苏格兰接受爱丁堡荣誉市民称号。他离开了冷得没道理的伦敦,和凯瑟琳往北旅行,在那里他受到了温暖而热情的欢迎。人群聚集在他下榻的旅馆周围,超过250位绅士出席了为他召开的晚餐会,女士们被允许进入大厅以倾听餐后的演讲。伦理学教授克里斯托弗·诺斯名下的《布莱克伍德》杂志旗下首席评论家约翰·威尔森称赞狄更斯的独创性,将他同笛福和菲尔丁相比,并敏锐地指出他的一个失败,即不擅长创造女性角色。狄更斯得体地作出回应,特别提到了小耐儿——诺斯没有提到她——并说,他当时的意图是缓和哀伤并专注在死亡这个主题上。演

---

① 《巴纳比·拉奇》第六十二章。
② 见1841年10月23日《碑匾》杂志。
③ 杰弗里爵士致科伯恩,1841年5月4日,《朝圣》第二卷第260页脚注3。杰弗里爵士于1803—1829年担任《爱丁堡评论》的编辑,是国内最受尊敬的评论家,也是最早热心赞赏狄更斯的人。这是他们第一次见面。

讲和祝酒持续到了午夜，狄更斯发表了两次演说。他一直持续给福斯特通报爱丁堡节日的情况，希望他能分享这一切；他还请求他的出版商给他发 50 英镑的钞票填补他的开销。然后，他们的朋友苏格兰雕塑家安古斯·弗莱彻作为向导，带着他和凯瑟琳一起前往苏格兰高地，进行一次短途马车旅行。大雨倾盆而下，狂风大作，天气极冷，旅馆只提供稻草床，他们险些在一处涨水的河流浅滩处被淹死；而在他们旅行的同时，狄更斯的下一期《巴纳比·拉奇》的进展也很顺利。

此时，伦敦一家雄心勃勃的团队已经开始将《巴纳比·拉奇》剧场化，尽管它只被改写了一半，戏剧将在莱森剧院上演，同名的角色由一位年轻女演员扮演，她名叫茱莉亚·福蒂斯丘。她是个炙手可热的人物。麦克莱斯认为她"很卓越"并给狄更斯写信提到了她。他们还曾在他先前小说改编的戏里看到过她扮演的小角色，麦克莱斯取笑他，说他貌似感兴趣的是"她双腿天然的吸引力"、她的魅力和美貌、她的细腰、"女性半身像"以及被完美调整过的嗓音。她的表演富有活力，连麦克雷迪都来看她，并请她加入他在德鲁里巷的剧团，与她排演莎士比亚的选段，包括朱丽叶的部分。但麦克雷迪对她的发展很失望，这大概是因为她没有完全把精力集中在排练上。她找了个有头衔但结了婚的情人：加德纳爵士，女王的入幕之宾，朝堂上的大红人，茱莉亚很快给他生了五个孩子中的第一个。麦克雷迪没有允许她演朱丽叶，她的职业生涯受累于她的个人情况，但几年之后，在 1845 年以及 1848 年，她加入了狄更斯的业余演剧。狄更斯非常了解她，知道她难以言说的地位，也知道她如何被迫对此守口如瓶。①

狄更斯和麦克莱斯开有关女人的玩笑，作为一个单身汉，麦克莱斯有大把有关他脆弱的感情和情史的玩笑。那年 8 月，狄更斯在布罗德斯泰的时候，麦克莱斯在伦敦生病了，狄更斯便催促麦克莱斯也到乡下来修养，享受六周海边的空气和休息，告诉他可以随便吃喝，想几点起床、几点睡觉都可以，"在马盖特一切都很方便（你带我一起吗？），我知道他

---

① 加德纳爵士的主要兴趣是打猎和射击，他的社会地位来源于他是威廉四世和维多利亚女王的入幕之宾，这两位君主对他很是喜爱。尽管茱莉亚和他约定，等他妻子去世后就结婚，但并没有他们的结婚记录，茱莉亚则声称他们正式登记结婚了，他们生下的孩子们也被这个社会承认。他们的孩子无法继承父亲的称号，但最小的孩子赫伯特在 1885 年作为自由党人进入议会，职业生涯非常杰出，曾在格拉德斯通政府任职，于 1895 年被封为伯克利尔爵士。信息来自"茱莉亚·福蒂斯丘即后来的加德纳夫人，以及她的圈子"一文（私印，1959），由乔治·马特里撰写。

们都住在哪里。"① 所谓方便指的是找到色情服务业者,狄更斯告诉麦克莱斯,他把这些都安置在了马盖特附近。这听上去可不像个玩笑。狄更斯出去寻找马盖特的色情服务业者真的只是为了麦克莱斯?或者是随便出于某些原因,他有兴趣观察这些人并和他们说话?他想过自己享受这种服务吗?他有不希望凯瑟琳再怀孕的理由,因为他计划去一趟美国,如果她再怀孕会妨碍到她同行。他给麦克莱斯的信"以一种严肃冷静的认真"催他来布罗德斯泰,但麦克莱斯做了什么,或者他们是否一起去了马盖特,这些当然无人知晓。

狄更斯病了。他持续呕吐了几天,严重消化不良。他还担心他未来的职业生涯,害怕自己不再出名,变得低俗卑鄙。他知道自己得休息一下,但维持生活的钱又从哪里来?8月底他要与查普曼和霍尔在伦敦开一个会,他劝说福斯特——现在是他们的文学顾问,同时也是自己的代理人——给查普曼和霍尔提出一个新计划,让他们付钱给他,允许他放空一年然后在1842年11月再开始撰写新的长篇小说。他可以接受分期付款,拿四分之三的利润并只持有一半的版权。《汉弗莱大师的钟》可以在《巴纳比·拉奇》结束之后停载。尽管对这个建议非常惊讶,出版商们还是同意了。如罗伯特·帕滕所说,狄更斯、福斯特以及查普曼和霍尔签订的协议是"对一个人未来创造力的大胆押注"。② 狄更斯接着提出他想去一趟美国,大家为此感到高兴。狄更斯告诉福斯特,他已经下定决心要走。他劝凯瑟琳和他一起走,麦克雷迪劝他别想着要带孩子;麦克雷迪一家可以在他们离开期间帮着照看孩子们。现在德文郡台地那边的房子必须租出去,他要给孩子们、看护女仆还有要和他们待在一起的弗雷德在麦克雷迪家旁边找座小点的房子,还要预定自己、凯瑟琳以及她的女仆安妮的行程。

与此同时,狄更斯病得很厉害,手术变得很必要并迫在眉睫。他得了肛瘘。手术在家里进行,那天还没有麻醉剂。③ 10月8日主刀医生弗雷

---

① 狄更斯致麦克莱斯,1841年8月16日,《朝圣》第七卷第831页。这封信的一段摘录和影印本于1987年7月出现在苏富比的拍卖目录上,但原件仍然下落不明。
② 罗伯特·L.帕滕,《查尔斯·狄更斯和他的出版商们》,第127页。
③ 肛瘘通常由脓肿引起。脓肿在从直肠到肛门附近的某处打开一条新路径,肠道内容物从中漏出。症状可为跳痛和持续的疼痛、肛门周围皮肤炎症、发热和便血以及持续的不适。手术治疗方法为切开瘘管,刮下并冲洗患处,然后它将处于暴露中并被处理掉。手术要注意不能损伤肛门括约肌。手术康复期约为一到两个月。幸运的是,很少复发。

德里克·萨蒙成功实施了手术。麦克雷迪那晚去拜访，对他朋友的痛苦感同身受。几天后他带了布朗宁和他一起来，他们发现狄更斯"过得很轻松"。第二天他给凯瑟琳捎了个口信。

他恢复得很顺利，打算在康复到可以旅行后尽快去一趟温莎，这时有消息传来，凯瑟琳的哥哥乔治·霍加斯猝死。这件事的发生和玛丽·霍加斯一样突如其来，狄更斯和凯瑟琳一样苦恼，这不是因为他和乔治很熟，而是因为他本来盼着能葬在玛丽旁边，但现在他得把这个位置让给她的哥哥。他十分痛心，告诉福斯特他对玛丽的爱永远不会减少，这让他感觉就像再一次失去她。

11月5日，他接近完成《巴纳比·拉奇》，两天后他和凯瑟琳安顿在了温莎的白鹿巷。他的后背和小腿疼痛和抽搐令人担忧，持续一天后，他去看了外科医生，很快他恢复过来，然后他们回了家。12月8日，他告诉杰弗里爵士"我一点也不厌烦空闲的生活……我什么也不做，就散步，到处闲晃，懒洋洋地读书，一天到晚。——另外您读了我的《老古玩店》觉得怎么样？"[①] 他已经恢复到能在德奥赛伯爵那里坐一早上，画幅肖像，但是不进餐，"既是因为我想抓紧我的家神，也是因为太多美食有损我的健康。"[②]《老古玩店》和《巴纳比·拉奇》都已经出版，各一册，于12月15日发行。他要为赴美制作服装，要拿到信用证，研究地图，看介绍，还要打包行李。然后他在圣诞节那天把这些做完，与孩子们、朋友们说再见，搭上开往利物浦的火车，去乘坐新建的不列颠号，那是冠达邮轮公司建成的第一艘木制明轮船。

---

① 狄更斯致杰弗里，1841年12月8日（?），《朝圣》第二卷第442页。
② 狄更斯致德奥赛，1841年12月13日，《朝圣》第二卷第497页。

第九章　征服美国
1842 年

狄更斯去美国是为了让自己从不断写作的压力中解脱出来，也是为了给自己一个假期。他自信会受到热烈的欢迎——美国读者对他的作品热情高涨——他相信自己能从这次旅行中收集到足够的材料并结集成书。他此行还打算把国际版权和他的书在美国被公然盗印的问题提出来，这使他身为作家赖以为生的收入减少，希望这个问题的提出可以改变法律。听说狄更斯打算访美，罗伯特·帕滕和布兰卡德分 20 卷重版了他的全部作品，热情邀请他来费城访问。[1] 但他这次长途旅行有更深刻的原因，他渴望去验证他的希望，看那里是不是建立了一个更好的社会，没有君主制、贵族制和老化过时的惯例，去看"我想象中的共和国"。[2] 而对美国人来说，他就是"文学世界中伟大的共和主义者"，一个英国作家，却站在他们的阵营，信仰自由和民主，他的作品关注普通人，穷人在他眼里比富人更值得关心。[3] 美国人准备热烈欢迎他，在他到达时，《纽约先驱报》这样写道："他的精神是美国的——他的灵魂是共和主义的——他的心是民主的"。[4]

不列颠号会载他们到波士顿，他们从这里出发去纽约、华盛顿、巴尔的摩以及南部，西边远到圣路易斯，北边通过俄亥俄州，穿过伊利湖去布法罗和尼亚加拉瀑布，接着去加拿大，6 月回到纽约踏上归途。他们总共要走上 2 000 多英里，有时还要穿过艰苦的乡下，乘坐火车、马车以及运河船。这是个大胆的计划。他没料到美国人对他的名气的反应，也

---

[1] 罗伯特·L. 帕滕，《查尔斯·狄更斯和他的出版商们》，第 128 页。狄更斯写信说，会去拜访他们，他也确实去了，还看望了已经退休的亨利·加雷。他们赠送给狄更斯自家出版的书籍等其他礼物，狄更斯还另买了许多书，但在 1842 年 7 月返回英格兰后，他对公众声明，他不会再与美国出版商做交易。《朝圣》第三卷第 259 页脚注 3，另见本章后文。

[2] 如他后来告诉麦克雷迪的，1842 年 3 月 22 日，《朝圣》第三卷第 156 页。

[3] 如，他于 1842 年 2 月 7 日在哈特福德的庆祝晚宴上接受了这样的祝酒词，见 K.J. 菲尔丁编：《查尔斯·狄更斯演讲全集》（布莱顿，1988），第 24 页。

[4] 出自《朝圣》第三卷引言第 22 页。

没料到在令人愉悦的成功的一周后，这趟旅行会变成一场令人精疲力竭而痛苦的折磨，快乐被怨恨取代。

决定出发后，他就预订了仲冬的跨海船票。他们将在1月4日启程，不列颠号通常要两周抵达波士顿。德文郡台地的房子租了出去，孩子们搬到了不远处的奥斯那布罗街，三个保姆和一位家庭教师照看他们，他们的叔叔弗雷德也会密切关注他们；每天他们都要去麦克雷迪家。查理差不多要5岁了，玛梅3岁，凯蒂2岁，小婴儿华尔特还不到1岁，他们太小，还不能理解他们的双亲要离开，长达半年。告别的拥抱之后，狄更斯、凯瑟琳和女仆安妮在1月2日坐上了去利物浦的火车，福斯特陪着他们。他们准备在阿德尔菲饭店舒舒服服地过两晚，然后在利物浦相聚的一小群人就要互相说再见了，其中包括雕塑家安古斯·弗莱彻，还有狄更斯的姐姐芬妮·伯内特，她是从曼彻斯特赶过来的。初步参观了不列颠号，在看到客舱的大小后，狄更斯失望了。他抱怨这地方太小，放不下他的行李箱，里边的铺位是上下双层的，"要是门开着，就转不开身。而门关着的时候，都换不了衬衫。"① 凯瑟琳的态度则更为乐观，在狄更斯回到阿德尔菲参加送别宴会的时候，她还留在船上。送别宴会上准备了龟酒、冷潘趣酒、莱茵河白葡萄酒、波尔多干红和香槟。在宴会结束之后，大家送狄更斯登船，他们离开前"随意地和周围的人握手"，这是另一位同行旅客讽刺的话，只有狄更斯一直保持着冷静。② 福斯特送了他一本莎士比亚口袋书，让他路上解闷用。

狄更斯遇上了据船上乘务组所知的最糟糕的一次横跨大西洋之旅。航行时大部分时间都是大风大浪，持续了18天之久。在第一个星期的大部分时间里，狄更斯和凯瑟琳都很难受。到第十天，船上的烟囱必须用铁链固定，以免它被吹倒，烧毁甲板。所有救生艇都因恶劣的天气坏掉了。凯瑟琳后来给狄更斯的姐姐芬妮写信说"我被恐惧搞得心烦意乱，如果没有亲爱的查尔斯的亲切和沉着，我都不知道该怎么办。"③ 她的牙开始痛，脸也肿了，但她还是积极加入了扑克游戏，参与者只能将牌藏在口袋里，在船身来回颠簸时他们从座位上被抛起，滚到沙龙的门外。

---

① 狄更斯致弗雷德·狄更斯，1842年1月3日，《朝圣》第三卷第7页。
② 皮埃尔·莫兰德，商旅者，是这一趟航程同路的旅客，他给出了这样的描述，《朝圣》第三卷第9页脚注1。
③ 凯瑟琳·狄更斯致芬妮·伯内特，1842年1月30日，《朝圣》第三卷第629页。

船在接近新斯科舍的哈利法克斯的时候搁浅了，他们得等到潮水涨上来使船离开岩石。船到港口停泊时，狄更斯高兴地跑到岸上去捡贝壳。不列颠号再次启程南下，他站在甲板上，在清新冰冷的风里，急切地眺望着渐渐进入视线的美国海岸。

波士顿是他们抵达美国的首站，到处冰天雪地，还有清冷的阳光，这让狄更斯很高兴，城市明净得就像一件新玩具，有街头画的招牌、绿色的百叶窗、白色木屋、整洁到泛着光的教堂和小礼拜堂以及美观的公共建筑。街上没有乞丐，城市依照良好的规则发展着，国家投资慈善机构。许多给他引路、待他友善的人毕业于哈佛，他们机智、优雅、有品位。希腊语教授康奈琉斯·菲尔顿坚定地相信，狄更斯的创造力可与莎士比亚匹敌，他请狄更斯吃晚饭，两人瞬间就成了一辈子的朋友。历史学家、《征服墨西哥》的作者普雷斯科特也请狄更斯一行吃了一顿饭。诗人朗费罗也来拜访，带狄更斯出门散步，觉得他是个"极好的伙伴"。曾领导过参议院反奴隶制运动的年轻激进共和党人查尔斯·萨姆纳带他参观城市。一些波士顿人对这位知名的客人持保留态度，嫌他"没礼貌"或被他的"粗俗"伤害，包括他的彩色马甲和长发，但之后便为他的魅力所折服，承认他是如此聪明机智——受人尊敬的波士顿作家兼政治家理查德·达纳写下"这是我见过的最聪明的人"这样的句子。①

"波士顿的年轻人"这个组织于1841年，也就是狄更斯公布访问行程时成立，这个组织派人来到狄更斯下榻的旅馆，请他参加将在2月1日举行的庆祝晚餐会。②会上，狄更斯，作为大家都很熟悉的"博兹"，受到欢迎，并答谢说，他多年都在梦想能"踏上这片海岸，呼吸清新的空气"。他在作者赠言中特别强调他的主题是"被世界遗忘过久、经常被苛待、被抛弃的人"，他还说，美国读者来信提到耐儿、奥利弗和史密格，这促使他来到这里。此外，他还提到了国际版权问题。他的意见第一次被礼貌地忽略了。③

到目前为止，一切顺利。他能花上一天时间走访洛厄尔附近的工厂，所见一切给他留下了非常深刻的印象，尤其是受过良好教育的女性水车

---

① 理查德·达纳的日志记录了他最初的敌意，后来他承认，狄更斯给人留下了深刻印象。《朝圣》第三卷第38—39页脚注1。W. W. 斯托里提到了"粗俗"，《朝圣》第三卷第51页脚注2。
② 在这群人中，詹姆斯·拉塞尔·罗威尔和詹姆斯·T. 菲尔兹两人后来成了狄更斯的朋友。
③ K. J. 菲尔丁：《查尔斯·狄更斯演讲全集》，第19—21页。

工,他给福斯特写信说,"我已经有了一本书"。① 他还拜访了盲人庇护所、穷人收容所,以及为被忽视的男孩子开办的学校、少年犯管教所、监狱、国立惩戒所,狄更斯认为它们是此类设施的标杆。但是,他和凯瑟琳很快就撑不住了。大量签名的请求和到各地访问的邀请越来越多,邀请方有代表团,有他下午出门时挤在周围的欢呼的人群,还有试着剪下他一片皮衣还向他索要一缕头发的女士们。他们被迫和几百人握手,画家想为他画肖像,雕塑家想为他造雕像。他发现旅馆的房间"热得烦人",开始想念日常的散步和骑行。"地球上没有一个国王或皇帝像他这样受欢迎,被前呼后拥……还被各种公共主体或者团体服侍着。"② 美国被歇斯底里攫住了。"这里人们以他为食,"一个清醒的波士顿人给他在华盛顿的父亲写信说。③ 狄更斯现在明智地雇用了一个秘书,乔治·普特纳姆,一个比他年轻、有抱负的画家,让他处理这些情况,这样自己之后的行程就既有效率也足够舒适。

2月5日,他们离开波士顿的那天,整个旅馆的管理人员都到大厅送行,25个正巧在那里的人也不断挥手。虽然如此,在波士顿的欢乐远远多于痛苦,波士顿也一直是狄更斯最喜欢的城市。在伍斯特、斯普林菲尔德和哈特福德,他们都受到狂热欢迎,在哈特福德,狄更斯又一次提起了国际版权的事。晚餐的客人们什么都没有说,但当地的报纸认为他应该为自己如此受欢迎而感到高兴并对此感恩,对盗版大惊小怪就显得他唯利是图了。不少美国媒体也附和这一说法。

凯瑟琳一直被脸部浮肿困扰着,同时她直率而友好的性格给每个人都留下了深刻印象。但夫妻俩都发现,成为名人让他们精疲力竭。他们必须每天花上两小时与上百个陌生人握手,而这些人只是不想错过与名人的见面机会。狄更斯决定不再接受已确定的纽约行程之外的邀请,虽然说比做要容易。从波士顿来的好朋友菲尔顿陪同他们乘船一起去纽约,这能让人感受到他喜欢怎样的同伴关系。路过纽黑文市,他们欣然地接受了耶鲁学生为他和凯瑟琳唱起动听的小夜曲,但不得不再和500个陌

---

① 狄更斯致福斯特,1842年2月4日(?),《朝圣》第三卷第50页。
② 狄更斯致米顿,1842年1月31日,《朝圣》第三卷第43页。
③ 威廉·维特莫尔·斯托里,律师、雕塑家、散文家,与亨利·詹姆斯的友人致他的父亲约瑟夫·斯托里,美国最高法院法官,1842年2月3日,《朝圣》第三卷第51页脚注2。

生人握手。

纽约正在准备一场华丽而铺张的演出,一场"博兹舞会",5000 人申请了门票,其中 3000 人成功获得了入场资格。舞会将在他们到达的第二天即 2 月 14 日晚上于公园剧院进行,舞台被扩大成一座舞厅,上边装饰着圆形的大招牌,画的都是狄更斯小说里的人物,用百盏煤气灯照亮。所有客人到场,狄更斯会穿着整套将军制服登场,同时乐队奏起"看,获胜的英雄来了",凯瑟琳则挽着市长跟在后边。他们绕舞厅两周接受人们的欢呼。上菜之后,演员们表演了改编自小说的一些静态场景。狄更斯给麦克莱斯发了菜单,里边包括 50000 个牡蛎,10000 份三明治,40 只火腿,50 只火鸡,12 只鹅,350 夸脱果冻和牛奶冻,以及 300 夸脱的冰激凌。接下来还有跳舞的环节:"天知道我们是怎么做到的,那里连房间都没有。我们一直跳,跳到甚至都站不起来,然后就悄悄溜走了。"他这么告诉福斯特。那边的报纸让他读得很开心,他在英格兰时从未有过一个像纽约一样如此让他喜欢的社会环境。①

四天后纽约又办了狄更斯晚餐会,会上华盛顿·埃尔文对狄更斯赞赏不已,狄更斯则声明他不会再接受任何公开晚餐会或者接待的邀请,只想进行私人旅行。他又提了一次国际版权的问题,尽管有媒体如《纽约讲坛》支持他的说法,但其他媒体仍然不够友善。他抱怨自己几乎没有从美国的作家们那里得到鼓励,尽管他说服了以华盛顿·埃尔文为首的 25 人签署一份请愿书,提交这个问题至国会。在纽约停留期间,他们几乎每天和埃尔文见面,并去了很多次剧院;狄更斯还高兴地被热情的菲尔顿领着去了不少牡蛎窖,他还去了疯人院、监狱、救济所、警察局以及罪犯聚集的混乱地带,这些都仔细地被记录在了笔记里:他很赞赏波士顿的慈善机构,但在纽约,他发现大部分这类机构都管理不善、凄惨、令人难以忍受。② 2 月 24 日狄更斯预定了他们 6 月的回程票,他订了一艘帆船,以避开轮船上隆隆的机械装置和火灾的风险。他和凯瑟琳都病倒了,咽喉肿痛外加感冒,他不得不推迟了去费城的行程。在那里他见到了埃德加·爱伦·坡。爱伦·坡是个非常有眼光的仰慕者,给狄更

---

① 狄更斯致福斯特,1842 年 2 月 17 日,《朝圣》第三卷第 71、72 页。狄更斯致麦克莱斯,1842 年 2 月 27 日,《朝圣》第三卷第 94 页脚注 9。
② 狄更斯致福斯特,1842 年 3 月 6 日,《朝圣》第三卷第 101 页。

斯看自己写的故事,这些故事给狄更斯留下了深刻的印象。爱伦·坡还写过一篇讨喜的关于《老古玩店》的评论。① 狄更斯与爱伦·坡长谈了两次并友好地告别;但此时,狄更斯对自己在国际版权问题上遭到的残酷对待"心痛",有人谴责他忘恩负义和贪婪。② 从这时起,他对美国人不再抱有幻想。

大西洋邮轮的延迟就意味着他到现在都没有孩子们的音讯,但 3 月 14 日终于传来了一条来自奥斯纳布罗街的好消息:查理在试着写字,华尔特断奶了。凯瑟琳忍受着完全禁欲的漫长旅程,美国之行期间她一直尽自己最大努力,乐观积极而不抱怨,富有魅力,是丈夫的好伴侣,一直保持良好的精神状态。在陌生的人群中,她是他的同伴盟友,没有孩子、朋友、家人或者工作让他分心,这明显地改变了他们之间的平衡。更重要的是,不怀孕的状态让她能保持本色并过得快乐。远离怀孕之扰的效果如此显著,这也就提出了另一个问题,即这究竟是碰巧,还是因为狄更斯做过的手术带来的后遗症,或者甚至只是他们商量好在旅途中要避孕。她的丈夫表现出的温柔、亲切和敏感比满足性需求更能让她高兴。狄更斯也对她刮目相看。他后来告诉米顿说,她"证实了她自己是个非常杰出的旅行者",甚至对福斯特嘲弄她跌倒擦伤腿时,也要加上一句"她真的……在各方面都是一个令人敬佩的旅行者。她从未尖叫过或表现出震惊……不被沮丧和疲劳吓倒……一直在让自己适应,对一切都很乐观;她还让我很开心,表现得非常完美。"③ 这一定是狄更斯笔下对凯瑟琳最热情的褒奖之一了。即便如此,这语调更像一个校长,而不是亲爱的丈夫。

他们谁都没有经历过这样的生活。从他们认识以来,凯瑟琳第一次见到狄更斯没有关于一个或几个截稿期限的压力,没有被持续禁锢在桌前写下一章或几章内容、看校样、与出版商及插画家商讨。他甚至没有想过有关书的问题。他也没有和他的朋友一起出门吃饭或者散步,顺道逛俱乐部、喝酒、上剧院,在街上夜游,一直在外边。这是在他们的婚

---

① 爱伦·坡曾赞赏《老古玩店》"纯洁、充满活力,并富于壮丽的想象"。狄更斯后来在和莫克森的通信中提起爱伦·坡,他也可能对别人说起过,但他没能为爱伦·坡找到一个英国出版商。狄更斯致爱伦·坡,1842 年 11 月 27 日,《朝圣》第三卷第 384—385 页。

② 狄更斯致波士顿市长 J. 查普曼,1842 年 2 月 22 日,《朝圣》第三卷第 76 页。

③ 狄更斯致米顿,1842 年 4 月 26 日,《朝圣》第三卷第 212 页;狄更斯致福斯特,1842 年 4 月 24—26 日,《朝圣》第三卷第 204—205 页。

姻中仅有的两人作为夫妇去面对外界的时间，没有其他人可以依靠，远离女仆和秘书的悉心照顾。可能凯瑟琳只能在狄更斯摆脱这些伤神的无底洞一样的工作以及男人之间的社交生活的情况下表现出最好的自己，在他的生活中感受到她明显的存在。这年5月，她27岁，她在4月的一封信中要求弗雷德·狄更斯在她生日那天为她的健康干杯，并署名"你真诚的嫂子凯特"。① 此外，她没再提及生日或庆祝过生日。

在华盛顿，狄更斯不幸地发现当时的总统没有经过竞选，只是作为副总统于1841年在哈里逊总统死后一个月开始在白宫工作。约翰·泰勒是第十个执掌白宫的人，一个普通的弗吉尼亚参议员，当时在政治圈子里被称作"继任总统"，没有党派给他撑腰。② 他私下接见了狄更斯，夸奖他年轻的外表，狄更斯打算礼尚往来，"但他看起来是那样疲惫，这让我如鲠在喉"。③ 总统这年51岁，狄更斯注意到了他绅士的礼仪，发现他没有任何说话提问的兴趣，于是几天后狄更斯回绝了去白宫用晚餐的邀请，因为按照预期计划，那天他已经离开了华盛顿。很难想象一个现代作家会这样拒绝美国总统的邀请。

他对在参众两院听到的事情没有太深的印象，"不比我们坏，也不比我们好"——他淡淡地赞扬了一句。④ 但他给在波士顿的朋友萨姆纳礼貌地写了封信，描述参议员亨利·克莱是"一个好伙计，他赢得了我的心"，不出意外这句是关于国际版权问题的。然而，"我还没有看到一个能像波士顿那样让我喜欢的地方……我们现在所在的地区有奴隶制、痰盂和参议员——这三样东西是所有国家的罪恶。"⑤ 他发现美国男人常有将嚼过的烟草吐在地上的习惯，"在文明人看来，这种行为恶心、恶劣而可憎"，这种东西随处可见，地板上、台阶上还有地毯上，他的描述如此生动到让人看着文字都会觉得恶心。

还有更糟的。在还维持奴隶制的地区，他对这些地方露骨的野蛮行径感到失望，于是他打算在弗吉尼亚的里士满稍作停留就返回。3月22日他从巴尔的摩寄出了一大批信函给麦克莱斯、麦克雷迪、罗杰斯、塔

---

① 凯瑟琳致弗雷德·狄更斯，1842年4月4日，《朝圣》第三卷第189页脚注4。
② 他被人记住主要是因为他有15个孩子，这个数字是所有总计中最多的。他是个奴隶主，有自己的烟草种植园，他在1861年支持南方各州，并于同年去世。
③ 狄更斯致大卫·柯登，1842年3月10日，《朝圣》第三卷第111页。
④ 狄更斯致丰布兰克，1842年3月12日（和21日？），《朝圣》第三卷第119页。
⑤ 狄更斯致萨姆纳，1842年3月13日，《朝圣》第三卷第127页。

佛德、丰布兰克、霍兰德女士、杰弗里爵士、米顿，并感谢弟弟弗雷德"对我们家小宝贝们充满爱意的关怀"，当然还有福斯特。这时候，他承认，"我不喜欢这个国家。不管怎么想，我都不可能在这个地方生活。这地方与我格格不入。你大概也一样。我觉得任何一个英国人都无法在这里过日子，更别提过得开心。"① 福斯特收到的实际上是每隔几天出一份的定期日志；他知道狄更斯打算用寄来的信作为他计划在这之后写的书的底稿，所以仔细地保管。信件中全是描述和细节，亲密并充满深情，比如有时候他想象福斯特正在做什么（"大概你正在吃饭，因为这天是复活节——谁知道呢！愿你喝得尽兴，亲爱的福斯特……"）。他向福斯特保证，他一直装着那本福斯特送他的袖珍版莎士比亚作品，"这本书是给我的！这让我说不出地高兴"，还说他对之前的争执有多么懊悔："在我们之间传递过的每一句草率的话，现在都像满怀责难的鬼魂浮现在我面前……我似乎在回顾我们深刻的交往中中断我们交流的每一个不幸……带着对自己的些许怜悯，想象如果自己是另一个人。"② 在旅途将要结束时他写道："我似乎还不够深情，但有一些想法，你知道，它们是言语无法企及的。"③

3月底和4月他们沿着宾夕法尼亚运河穿过阿勒格尼山脉。他有不少文字是用来形容美国的，如"愚蠢、恶习和极度令人失望"。④ 他们在匹兹堡稍作停留，这是个制造玻璃、煤气生产和铸造业的城市，漫天浓雾，然后他们在辛辛那提待了5天，"一个美丽的城市：我觉得这是除了波士顿之外这个国家最可爱的地方。周围是森林，就像是《一千零一夜》里的城市；城市精心布局；城郊不漂亮的别墅……有小块的草坪和悉心打理的花园。"也有缺点，比如"节制日"，当然狄更斯并不赞成这个"节日"，另外一个法官在他举办的聚会上将他"逐一地介绍给至少151位客人……要忍着这些持续不断的无聊事，我真的觉得我脸上的表情已经被固定成悲伤的。"⑤ 一天天待在美国，他越来越难对任何事物表示赞赏，

---

① 狄更斯致福斯特，1842年3月22日，《朝圣》第三卷第135页。
② 狄更斯致福斯特，1842年3月28日，《朝圣》第三卷第172页；狄更斯致福斯特，1842年3月22—23日，《朝圣》第三卷第165页。
③ 狄更斯致福斯特，1842年4月26日，《朝圣》第三卷第211页。
④ 狄更斯致麦克雷迪，1842年4月1日，《朝圣》第三卷第173—176页；狄更斯致福斯特，4月2日，《朝圣》第三卷第180页。
⑤ 狄更斯致福斯特，1842年4月15日，《朝圣》第三卷第193、194页。

更别说快乐。至少在匹兹堡，狄更斯"非常成功地吸引住了凯特"，他先陷入歇斯底里，接着睡着，他后来骄傲地将此事报告给了麦克雷迪和福斯特两人，说他打算继续对她使坏。

前往圣路易斯要沿着密西西比河，这条河是"世界上最凶猛的河流"。① 4月中旬回到北部之前狄更斯冲到大草原逛了一圈（"我会对每个看不到大草原的人说，到索尔斯堡平原去吧"），他雇了辆私人马车把他们从辛辛那提带到伊利湖。唯一的路是"一条泥地上的木板路，用原木铺成，颠簸不平"，坐在马车里的四个人感觉就像"坐在一辆老公共马车里爬陡峭的台阶……但这天仍然很不错，空气清新，只有我们在这里：没有带烟草的唾沫，也没有无休止的关于金钱和政治的冗长谈话……来烦我们。我们真的很享受这样……"② 他们露天野餐，睡在遍地虫子的原木小屋里。他们这次旅行的范围大得惊人，他们在穿越野外地形时的适应能力也令人钦佩。狄更斯抱怨俄亥俄乡下的人"总是愁眉苦脸、滑稽而可憎……缺乏幽默、活力和快乐"，还有"我在这六周里从没听到过发自内心的笑声，除了我自己的。"相比之下，他却被当地土著居民的困境打动，怀安多特族印第安人是俄亥俄州仅存的部落，他们正被向西驱逐，远离他们的领地。他认为这些人是"很好的人民，却被贬抑。"③ 他们让他想起了家，因为这些人看起来就像他在英国的骑马路线上看到的吉卜赛人。

到达伊利湖，他们乘上了一艘到布法罗的船，同时还收到了从家里寄来的信——"啊！还有什么人什么事能让我如此喜悦，这快乐不可名状！"④ 收到的不只是有关于孩子们的好消息，福斯特还寄来了一封狄更斯要求的由12位英国作家签名的有关国际版权问题的信，狄更斯立即将信发给了普特纳姆，并抄送给了波士顿、纽约和华盛顿的报纸。尽管它们被广泛重印，甚至得到了一些支持，还是无济于事，1891年，狄更斯去世很久以后，国际版权问题才得到解决。

加拿大就在眼前，但在这之前是尼亚加拉瀑布，他们在这里待了10天，直到5月4日。狄更斯对尼亚加拉充满了强烈的情感，并唤起了他宗

---

① 狄更斯致福斯特，1842年4月15日，《朝圣》第三卷第193页。
② 狄更斯致福斯特，1842年4月24日，《朝圣》第三卷第206页。
③ 同上书，第207—208页。
④ 狄更斯致福斯特，1842年4月26日，《朝圣》第三卷208—209页。

教式的表述——"人在此离神最近",他告诉福斯特。狄更斯不喜欢并嘲笑虔诚的表现,但他一生中却对神一直很虔诚。他希望与福斯特和麦克莱斯一起分享眼前大瀑布的壮观景象和"这一刻的激动",他向神祷告,他被感动到甚至想到死亡,并接着说,"我要做什么才能让安眠在坚守岭的逝去的亲爱的少女和我们在一起活到现在——但我从不怀疑,自打她甜美的笑容从我尘世的目光中远去,她就已经到过这里许多次了。"① 不管他想象中的玛丽·霍加斯与现实中他认识的那个女孩有多大关联,她一直是狄更斯想要抓住的一个象征,代表完美无瑕和无法得到的爱人。他真的相信她的灵魂徘徊于世上每一个漂亮的景点之处吗?看上去不像,他更相信的应该是,如他给一个美国朋友的道别信里所写的,"那些曾回想了此生中许多次告别的人,也总是会怀疑下一次的存在!"② 狄更斯很现实地经营他的生活,在处理精神问题时偶尔也会允许自己在无益的遐想中徜徉。

他们在加拿大多伦多稍作停留——"野蛮而偏激的保守主义……骇人听闻"——然后坐上汽艇顺着圣劳伦斯河到蒙特利尔和魁北克,他们的汽艇超过很多用原木扎的木排,然后发现讲法语的民众特征是男孩身上的红绶带以及劳动妇女头上的大草帽。③ 在蒙特利尔,狄更斯和凯瑟琳加入了一个当地英国兵团军官与他们的妻子参演的业余戏剧;狄更斯热心地投入舞台管理和表演活动中,而凯瑟琳则在滑稽剧中扮演角色,演得"好得可怕,我向你保证。"④

他们还要在纽约待几天,在6月7日离开美国前还要去一趟休斯顿见一些大人物。他们为即将踏上归途而高兴万分。摆脱了来的路上吓人的蒸汽机,乔治·华盛顿号高大的桅杆和白色的帆载着他们回到了利物浦,只用了22天。狄更斯拉着手风琴自娱并取悦同行的旅伴,还组织了一个男士俱乐部,所有成员分开用餐,穿得像医生一样假装治疗由志愿者扮演的病人。⑤ 他们于6月29日到达利物浦,晚上就回到了伦敦。

他们首先去看孩子们。查理告诉他的母亲一家团聚让他"太高兴",

---

① 狄更斯致福斯特,1842年4月26日,《朝圣》第三卷第220、221页。
② 狄更斯致J.查普曼,1842年6月2日,《朝圣》第三卷第249页。
③ 狄更斯致福斯特,1842年5月12日,《朝圣》第三卷第236页;《美国纪行》第十五章。
④ 狄更斯致福斯特,1842年5月26日,《朝圣》第三卷第247页。
⑤ 狄更斯致菲尔顿,1842年7月31日,《朝圣》第三卷第293页。

然后他生病了，惊厥抽搐，情况令人担忧，两名医生整晚守着他，其中一位是埃利奥特森。好在他康复了而且没有其他后遗症，然后一家人在 6 月的最后一天搬回了德文郡台地。家里又迎来了一位新成员：15 岁的乔治娜，霍加斯家的另一个妹妹，有一双蓝眼睛，很可爱，刚刚离开学堂。她没有继续接受教育，而是负责照顾狄更斯家的孩子们，作为回报，她和这一家人一起生活，和他们共享快乐和假日。她视姐夫为偶像，狄更斯则为有"两件衬裙"而高兴，把她当作宠物。1842 年，没人能猜到 16 年后她将在她的姐姐和姐夫的家庭生活中扮演怎样的角色。

随之而来的是和麦克雷迪以及福斯特的团聚，福斯特在格林威治组织了一场晚餐会，庆祝狄更斯归来，晚餐会上聚集了 20 人。埃德温·兰西尔建议他们可以再办一场欢迎晚宴，"要和这次不一样——我们下次会带女伴来"，但并没有实现。[①] 狄更斯已经在着手整理他的游记，底稿则是他从朋友们那里要回来的信件。他写得很快。福斯特在 7 月 19 日的晚餐会上朗读了有关出海的一章。同月，狄更斯还发表了一份针对"英国作家和期刊"的版权情况的通告，阐明因为国际版权协议的缺失，他决心不再同任何美国出版商接触或交易，并放弃一切利益。他维持了这个决定十年之久。[②]

狄更斯在一小段时间里被伦敦的一家名为《信使》的报纸倒闭的消息搞得心烦意乱，之后他提醒霍兰德女士，一些主要的自由党政客可能会申请房舍和土地重新开办一份报纸。他主动提出为报纸写文学作品和与政治相关的文章，说他完全有"信心能为党派建立一个能更好地为其服务的机关"。这是一个大胆的主张和慷慨的提议，但世事艰难，自由党的领导人没有认可他的信心，也没有打算往里投钱。[③] 他写给《纪事晨报》一封长而有力的信，证明了他政治上的忠诚，信中他支持阿什利爵士寻求限制女工和童工下井的关于矿山和煤矿的法案。[④] 英格兰正经历经济衰退，这时正是"饥馑的（十九世纪）四十年代"，出版商和作家都不好过；但这时他把这些都放到了一边，他必须集中精力写他在美国的经历。

---

① 兰西尔致麦克莱斯，1842 年 7 月 5 日，《朝圣》第三卷第 264 页脚注 3。
② 狄更斯的书面声明发表于 1842 年 7 月 7 日，《朝圣》第三卷第 256—259 页脚注 2。
③ 狄更斯致霍兰德女士，1842 年 7 月 8、11 日，《朝圣》第三卷第 262—263 页、第 265—266 页。
④ 狄更斯，在信中署名为 "B"（博兹？），致《纪事晨报》编辑，《朝圣》第三卷第 278—285 页。

8月和9月他在布罗德斯泰生活。麦克莱斯和福斯特都来看过他,当地阳光普照,还有划船比赛,但狄更斯一直在写作,只偶尔被在蒂沃利花园举办的舞会打断,埃莉诺·皮肯——现在是克里斯蒂安夫人——出现在那里,和他的弟弟弗雷德一起跳舞。狄更斯在给米顿的一封信里提到了她:"埃莉诺·皮肯和她丈夫在这里,如你所闻。"下一句被刮掉了,接着他说"我觉得弗雷德是看到了他们的什么事。"① 他的写作进展得很顺利,9月16日就写到了尼亚加拉,10月书就付印了。朗费罗在德文郡台地住下,狄更斯以他的专长款待了他,带他去罗切斯特,走访伦敦的监狱,去看各种流浪汉和小偷。两个男人相处得很好,10月19日《美国纪行》出版当天,朗费罗写了一篇赞赏的报道发给波士顿的萨姆纳,说这本书"是轻松的、友善的,有时还很苛刻。阅读它是令人愉悦的体验,这本书所说的基本都让人赞同。"② 狄更斯和福斯特在布里斯托送别了朗费罗,然后他们几乎立即就与麦克莱斯以及斯坦菲尔德一起动身去了康沃尔,一行人在那里雇了一辆敞篷马车载着他们到海角和圣米迦勒山,拜访了一家锡矿,去特鲁罗、博德明和廷塔杰尔,为康沃尔北部高耸的悬崖而惊叹。他们开怀大笑,喝了不少潘趣酒,享受借住的古老旅馆,认定这个假期过得非常完美。

麦考利曾认为狄更斯是个天才,他曾提出要给《美国纪行》写篇评论,发表在《爱丁堡评论》上,但这时他改了主意。他告诉编辑:"我没法赞美它;我也不会谴责它。"他发现了"天才的闪光点"但"原本简单明快的东西变得庸俗轻率……应该好的东西对我来说好过了头,就像是对尼亚加拉瀑布的描述。"③ 在英格兰,对这本书的评价五花八门,但是它卖得很好,出了四版,给狄更斯带来了1 000英镑的收入。在美国它于11月出版,销量相当之大,在纽约两天卖出了50 000册,而在费城半个小时就卖出3 000册。④ 媒体的意见两极分化,喜欢博兹的人们赞美他的幽默和人性,而对他怀有敌意的报纸则用蔑视的眼光看待他。曾热烈欢迎过狄更斯访美的《纽约先驱》评价这本书"粗糙、庸俗、放肆、想法

---

① 狄更斯致米顿,1841年9月21日,《朝圣》第三卷第328页。
② 朗费罗致萨姆纳,1842年10月16日,《朝圣》第三卷第335页脚注1。
③ 麦考利致纳皮尔,1842年10月19日,《朝圣》第三卷第289页脚注2。
④ 罗伯特·L. 帕滕:《查尔斯·狄更斯和他的出版商们》,第131页。

肤浅"。① 还有其他媒体指责他仓促堆砌、自私、浮夸、拿腔拿调。自由党美国人和废奴主义者自然很喜欢他在奴隶制上的立场,《美国纪行》最后的两章总结了他的印象,其中一章完全用来讨论奴隶制。在最后,整个一章里他都在抱怨美国媒体的恶意和缺乏是非观念的"聪明",还逐条列举美国人的缺点:他们沉闷、缺乏幽默感、不够礼貌;他们的食物粗糙,进食习惯粗鄙,不讲个人卫生,居住环境也不够干净。这些言论的背后是旧世界之于新世界的优越感,或者看上去是这样。甚至狄更斯在波士顿的朋友也觉得他会变得不受欢迎。达纳觉得狄更斯是个天才但不够绅士,在日记里写道:"他的美国之旅是为了他的声誉而进行的一趟莫斯科探险",而爱伦·坡则将这部作品称作"由一位作者刻意发表的最自毁前程的作品之一,他已经没有多少声誉可糟蹋了。"②

年末狄更斯回到了小说的写作上,开始着手写一部新的系列小说《马丁·翟述伟》,故事背景是在英格兰,以自私为主题。写作过程中他发现可以更进一步地利用他在美国的经历,多说说他在美国是怎样被凌辱的:这不只是因为他们在国际版权问题上拒绝采取行动,还因为一家纽约的报纸8月发表了一封粗糙的谎称出自他手的伪造信件③,更因为媒体对《美国纪行》的粗暴评价。他越是想这些事情,他的愤怒就越激烈。在写到与美国相关的章节时,他为自己一切不快的遭遇"复仇",用尖刻的幽默指出他究竟在哪些方面讨厌美国:腐败的报纸、暴力、奴隶制、随地吐痰、自负和自以为是、对商业和金钱的痴迷、贪婪、粗俗的饮食、虚伪的平等以及对来访者粗暴而大张旗鼓的接待。他通过杰弗逊·布里克先生、拉法叶特·凯特尔先生、霍米妮夫人以及埃利亚·坡格拉姆议员等人来嘲弄他们的编辑、有学识的女性以及他们的国会议员,拙劣地模仿他们夸大其词的讲话和写作方式。只有一个体面的美国人出现,即来自马萨诸塞州的慷慨的贝文先生,但也只是一个模糊的身影。这讽刺露骨、滑稽,而且不公,因此他也丢掉了和华盛顿·埃尔文的

---

① 参见《朝圣》第三卷第348页脚注2。
② 达纳的日志,《朝圣》第二卷第348页脚注1引用。爱伦·坡于《南方文学信使》(1843年1月),《朝圣》第三卷第348页脚注2。
③ 1842年8月11日,《纽约晚间小报》登载了一封据称是狄更斯写的发表于1842年7月15日《纪事晨报》的信件。狄更斯被谴责对其受到的款待毫不感恩,在批判美国人拜金时"不可饶恕的粗鲁无礼"。《朝圣》第三卷附件B第625—627页。

友谊。

他依然对美国感到愤怒不已,对这个国家抱有敌意,两年后他警告受邀去纽约讲学的麦克雷迪。在他眼里这是个"低劣、粗俗、卑鄙的国家","被一群无赖推动发展"。"呸!"他结束了他的谩骂,"我从来都不知道被厌恶和蔑视是什么感觉,直到我去了美国。"[①]

[①] 狄更斯致麦克雷迪,1844年1月3日,《朝圣》第四卷第11页。

第十章 挫折
1843—1844 年

重返小说是一段令人失望的经历。《马丁·翟述伟》按计划是一部能连载一年半的厚书，寄希望于取得像《匹克威克外传》《雾都孤儿》《尼古拉斯·尼克尔贝》和《老古玩店》一样的成功。第一期于 1843 年 12 月发表，但很快就发现公众对它并不那么热情。《老古玩店》每月销量能达到 100 000 册，而《马丁·翟述伟》止步于 20 000 册，从未超过这个数。19 世纪 40 年代英格兰陷入经济衰退的严重困境，人们口袋里没有余钱花在一本故事上，即使这故事是狄更斯写的。他的前两部书《巴纳比·拉奇》和《美国纪行》都没有增加他的声望。更糟的是，这部书的开局相当之差。狄更斯打算将它写成一部幽默的家族年代记，嘲讽那些吹嘘自己祖先的人，所以绞尽脑汁地构思一个古怪的姓氏家名，他将福斯特这个姓氏尝试放在施伟泽登、施伟泽贝克、施伟泽瓦格、楚泽托、楚泽波以及楚波维格的后面，但他设法让这个姓氏只在开头的一章里被提及，这显得很滑稽，而"翟述伟"在故事里一出现，就没有什么能比他们的祖先更滑稽了。年轻的主人公马丁和他的表亲乔纳斯被设计得像按照程序行事的人偶一般，一个自私，另一个无赖，马丁的祖父则是一个单纯的"机械装置"，只为盘活荒谬、不可信而冗长的情节。

这种情况在一定程度上因佩克斯尼夫而有所挽回，他是翟述伟家的一个表亲，一直将一只手揣在他的马甲里，好像要随时将他的心拿出来供查验一样，他是大部分内容的叙述者，靠说谎使自己获益，总是让读者开心。很显然狄更斯的乐趣是让他显得油腔滑调，就像他津津乐道的那些他之前创造的角色，比如奎尔普和斯奎尔斯。他驾轻就熟地开始在像佩克斯尼夫在伦敦的房东托吉斯夫人这样的次要角色身上展示创造力。托吉斯夫人因为要在绅士们的晚餐上供应肉卤而越来越紧张："单是肉卤就足够让一个人老上 20 岁……对这件事的担忧一直让她紧张不已。没有一种热情能与给商人绅士们做肉卤的热情相比……一整只动物也不能做出他们每天晚餐上要的这么些肉卤。"① 她本来也能出现在《博兹札记》里，狄更斯在她的房子周围创作了一幅艺术大师般作品的伦敦风景，由旁路、庭院和通道组成，"实在没有什么能被称为一条街"，这让她家太难被找到，一些被请来吃晚饭的人绕了一圈又一圈，最后只好放弃，回家去了。她家屋顶露台上作为装饰的、种在茶叶罐里的植物已经枯死，晾衣绳也腐坏了，从露台上可以看到"塔尖、高楼、钟楼、闪着光的风向标，还有船舶的桅杆：简直像一片森林。山墙、房顶、阁楼的窗户，一望无际的旷野"——还有纪念碑的影子，在屋顶上形成一条长长的黑暗小径。②

托吉斯夫人的跟班贝利又是一个英勇的角色，他个子矮小，沉着冷静，备受房客们的宠爱，他警告他们小心鱼（"别吃任何一条！"），穿着他们不要的、过大的旧衣服，把蜡烛放到嘴里逗佩克斯尼夫的女儿开心，在胡子长出来之前就给自己刮脸（"小心点青春痘！"，他告诉理发师），像一个老男人一样市侩狡猾。托吉斯夫人经常打他，还揪他的耳朵和头发，于是他离开托吉斯夫人，投靠了一个城里的金融家，新主人允许他做更多事，比如骑着他的马绕着圣詹姆斯广场飞奔。随着情节发展，一个酗酒的职业老保姆甘普夫人在故事里出现了，她自言自语，用自己独特的语言讲话，发音错得离谱，她阐述的大部分内容都是关于她和一个虚构的朋友——哈里斯夫人——的交流。19世纪60年代狄更斯在一次公开朗读会上复活了甘普夫人这个人物，她和哈里斯夫人的角色定位基本独立于她们首次出现的书里的形象。就像佩克斯尼夫一样，她们实在太有趣，只要他们一开口，这本书里的所有失误就不值一提了。同样还有益格鲁-孟加拉公平贷款暨人寿保险公司的真实样子：雄伟的建筑和华丽的晚宴，一个穿红马甲的门卫令人印象深刻，显示了其雇主公司的体面、能力和资金来源，于是竞争对手试着将他从益格鲁-孟加拉公司挖走。对极端复杂的金融交易的讽刺放到今天也并不过时。《马丁·翟述伟》冗长、混乱而参差不齐，病态式的伤感和炫耀式的谋杀事件被放到美国场景里，这个故事里体现的才气能让你了解为何狄更斯觉得这个故

---

① 《马丁·翟述伟》第九章。
② 同上。

事是"用百分制也无法评价的我最好的故事。"①

然而，甚至在他构思甘普夫人的第一次出场的同时，他还是沮丧地走进出版商的办公室，得知他们想降低他的稿酬。他们签订的其中一条协议是在《马丁·翟述伟》的销售额无法偿还预付款的情况下把稿酬从 200 英镑降到 150 英镑——而销量并没有达到目标。狄更斯感到愤怒痛苦，一周都没法工作。他骄傲地坚持让出版商立即减少报酬，但他告诉福斯特，"这就像我眼中最脆弱的地方进了海盐"，之后他的第一反应是考虑再一次更换他的出版商。② 他缺钱，必须找米顿去借，还废弃了一份人寿保险的保单。他请福斯特试探威廉·布拉德伯里和弗雷德里克·埃文斯，也就是他的印刷厂商，问他们能不能做他的出版商，但他们看起来对此并不感兴趣。这对福斯特也是个解脱，毕竟他是查普曼和霍尔的文学顾问。

离《马丁·翟述伟》结束还要一年时间，但狄更斯已经想离开这里，给自己再放一个假，远离小说，与家人去海外简朴地生活，并告诉他的出版商，不管他选择何时回到英格兰，他都会做出新的安排。③ 他告诉福斯特，他可能会在海外度假期间写一本书并计划在巴黎出版。另一个打算是，去找一个赞助人，7 月他询问住在约克郡的朋友史密森是否可以预付他 3 000 英镑，但史密森无能为力。这时，美国的评论家们从《马丁·翟述伟》在美国的连载中也看到了其中对他们国家的描述，并表达了他们的抗议。

父亲的行为向他提出了一个看似无解的问题。约翰·狄更斯永远都在找儿子的朋友甚至出版商要钱，借来他不可能还得起的金额，迫使狄更斯为他偿还，然后又借金融手段滥用狄更斯的名字使他蒙羞，这也让狄更斯感到了危机，他不知道什么时候父母会再一次向他要钱。这还是在他父亲有来自海军的退休金，查尔斯还支付了父亲的房租的情况下。父亲不喜欢德文郡的小屋，搬回了伦敦，或者至少是位于刘易舍姆的东南部郊区。他觉得离市中心太远不太方便，便写信给查普曼和霍尔请他们给他一张格林威治渡船上的"免费中转票"，这样他就能"每周有两三

---

① 狄更斯致福斯特，1843 年 11 月 2 日，《朝圣》第三卷第 590 页。
② 狄更斯致福斯特，1843 年 6 月 28 日，《朝圣》第三卷第 516 页。
③ 狄更斯致福斯特，1843 年 11 月 1 日，《朝圣》第三卷第 587 页。

天在博物馆"度过,现在他是个悠闲的绅士。① 你不得不佩服这种自我标榜。这时候狄更斯拒绝和父亲直接交流,并在给尚与他父亲打交道的米顿的信中失望地写道:"我对他的胆大包天和忘恩负义感到惊讶和困惑。他以及那帮人把我看作路过就要薅一把毛的肥羊。他们从来不知道,也从来不关心我的其他方面。我一想到他们就觉得痛心。"他的弟弟阿尔弗雷德仍然没有工作,狄更斯曾想过聘请他当秘书,但是他父亲寄来了一封信,"一封恐吓信,主在上!——是给我的!"这让他改变了主意。他让米顿告诉父亲"说他的信让我感到无法形容的厌恶"。②

与此同时,他还在从事他最令人钦佩的一项慈善活动——给麦克雷迪属下剧团的演员爱德华·埃尔顿的孩子们募款,这位演员的妻子留下丈夫以及6个女儿和一个8岁的儿子撒手人寰,埃尔顿本人也在去赫尔赴约回来的路上在海里溺亡。狄更斯立即投入其中,召集委员会,筹集救济金,看望孩子们,并安排最大的女孩埃丝特去了培训学院。埃丝特后来当上了学校的老师,同时也是她年幼的弟妹事实上的母亲;妹妹们一个学了音乐,一个找到了一份陪伴人的工作,还有一个确诊肺病被狄更斯送去尼斯,而弟弟后来像他父亲一样也成了一个演员。狄更斯持续帮助了他们许多年。很少有人能在时间和金钱都很紧张的情况下持续恪守承诺,善良而慷慨。埃尔顿家的孩子们十分感谢他,1859年他们给委员会寄了一封感谢信;1861年,狄更斯仍在给埃丝特写信,充满深情甚至很亲密,而这时埃丝特已经结婚并为人母很久了。③

他进一步为他的朋友库茨小姐提供了建议。④ 库茨小姐询问他对"贫民学校"运动的看法,这项运动要向伦敦最贫困的地区派遣志愿教师提供教育服务,对象包括无家可归者、饥民、残疾人,还有因服刑而暂时缺席的学童。狄更斯的信描述了他去位于萨弗隆山的贫民学校访问的情景——他偶然把费金家的房子设置到了那里——这是一篇记叙文和议论文的杰作。他为所见而震惊,也被孩子们就他的白裤子和长发所说的无忌童言逗笑。他称赞教师们都是诚实的好人,"尽力用慈爱去感动孩子

---

① 约翰·狄更斯致查普曼和霍尔,1843年7月9日,《朝圣》第三卷第575页脚注2。
② 狄更斯致米顿,1843年9月28日,《朝圣》第三卷第575—576页。
③ 狄更斯致埃丝特·纳什,1861年3月5日,《朝圣》第九卷第388—390页,并见第390页脚注2。
④ 安杰拉·伯德特·库茨(1814—1906),弗朗西斯·伯德特和索菲亚·库茨最小的孩子,她从母亲一方继承了遗产。对狄更斯来说,她一直是库茨小姐,因为在狄更斯去世前她还没有受封为女男爵。

们",但他也建议认为,从宗教教育入手并不是最好的方法:"就算是用上帝的概念,在他们极度痛苦的时候,让他们铭记也会变成一个可怕的任务。"对于那些认为生活是"一种无止境的惩罚"的孩子们来说,教给他们教义问答之类的事情是偏离主题的。他鼓励库茨小姐提供帮助,但不知道还能帮到多少人:"微妙的是,人不会为这些事的存在而感到震惊,却会为了解到它们而过于震惊,"他警告说。① 这是他和库茨小姐在慈善事业上持续多年的合作的开始,库茨小姐总是征询他的意见,而且通常都会采纳。狄更斯提出建议,为她做调查研究,为此付出了相当多的时间。库茨小姐继承了英格兰最庞大的财富之一——顾资银行,在斯特拉顿街有一座房子,还有一座在海格特的房产,她准备在她的慈善事业上投入大笔金钱。她是个虔诚正信的教徒,但她还是与狄更斯这个现在自称"一位论派"教徒的人成了忠实的朋友,《马丁·翟述伟》被狄更斯题献给了她。狄更斯告诉福斯特"她是最优秀的人,我向神声明,我对她无比喜爱和尊重。"② 库茨小姐还非常关注狄更斯的家人,此外她的有主见的女伴梅雷迪思小姐让狄更斯很开心,这位女士给狄更斯描述了一个曾在她生病时被派来照顾她的护士的形象,这个形象后来催生了甘普夫人这个角色。

  1843年8、9月份一家人又去了布罗德斯泰小住,但狄更斯时常在夏天回到伦敦努力工作。那年秋天,他下定决心执行他移居海外的计划,不承诺未来会写任何东西。他深信《马丁·翟述伟》还是不错的,"我现在比之前更能感觉到我的力量。我比之前任何时候都有信心。我知道,就算明天又有50个作家,只要我健康,我就能在有思想的人心中保有我的位置。"③ 然后,他继续责备评论家们,认为他们是"恶棍和白痴",抱怨低销量,尽管朋友们也很失望,杰弗里管这故事叫"荒唐和幻想";福斯特也把他的评论推迟到最后一期发行后。④ 但他渴望适当的休息给自己充电。他不希望和福斯特分开时间太长,但他把这计划看作"一项方针和义务"。到法国去会对孩子们有好处,1月即将出生的婴儿可以留给凯

---

① 狄更斯致库茨,1843年9月16日,《朝圣》第三卷第562—564页。
② 狄更斯致福斯特,1943年9月24日,《朝圣》第三卷 第572—573页。
③ 狄更斯致福斯特,1843年11月2日,《朝圣》第三卷 第590页。
④ 杰弗里致狄更斯,1843年12月26日,见菲利普·柯林斯编:《狄更斯:决定性的遗产》,第148页,这本书中也刊载了福斯特赞许的评论,第184—186页(文章说,狄更斯自认这是他最好的书)。

瑟琳的母亲照看。① 11 月他谈到要把他的"动物园"带到罗马那么远的地方。

但这时候他还在思考其他的东西。10 月，他想写一册拟在圣诞节发售的小书。10 月 24 日，他找到克鲁克香克引荐的画家约翰·里奇来画插画，11 月 10 日，和福斯特商讨了封面和广告的事宜。② 他告诉在波士顿的朋友，菲尔顿的故事已经在他脑海中成形，哭泣接着欢笑然后又是哭泣，他那时在"许多个夜里在伦敦黑暗的街道上走 15、20 英里，这时所有白天醒着的人都已经上床睡觉了"。③ 弗里德里希·恩格斯这时正在曼彻斯特观察贫民窟、童工、严厉的雇主和过劳的男男女女，他赞扬卡莱尔是英国唯一一个站在穷人立场上的作家，但无疑他没有读过狄更斯的任何作品。④《圣诞颂歌》是一本反映伦敦劳动阶级状况的作品，而他的下一部圣诞读物《钟声》则延续了这一主题。穷人没有机会接受教育，没有医疗保障，年幼的孩子们要去给残酷的工厂主打工，没有饿得半死就算幸运，富人们冷漠地看待这一切，这让卡莱尔、恩格斯和狄更斯都满怀愤怒和恐惧。狄更斯委托查普曼和霍尔出版他这本小册子，作为一次独立的风险投资，他坚持认为，这本书的装订要精美，扉页是彩色的，封面和书脊的字要烫金；每册售价 5 先令。

这本书出版于 12 月 19 日，在圣诞节前的几天里卖出了 6 000 册。狄更斯把书送给杰弗里、埃利奥特森、菲尔顿、悉尼·史密森、妹妹莉蒂西亚，他对麦克雷迪说，这是他取得的最大成功。这本书一直卖到 1844 年春天，5 月时出到了第 7 版。他将自己在坎登镇的回忆都放到了里边，他像鲍勃·克拉契那样在这里走过、跑过、工作过；9 月在曼彻斯特见过的姐姐芬妮的残疾的 4 岁儿子是小蒂姆的原型。他发自内心地理解一个成年男人可怜一个像自己曾经的孩子一样的孩子，并从这怜悯中学习，就像吝啬鬼斯克鲁奇那样。这也是对他访问过的贫民学校以及早些时候

---

① 狄更斯致福斯特，1843 年 11 月 2 日，《朝圣》第三卷 第 590—591 页。
② 约翰·里奇，1817 年生于伦敦，曾就读于查特豪斯和巴茨的药学校，父亲破产，他成了一个职业画家，为漫画杂志《笨拙画报》画漫画。他和狄更斯有同样的激进思想，他所绘的街头儿童于 1840 年发表，并有一个讽刺的标题："流动的孩子们"，即乱民或穷人，这幅画非常出众，狄更斯非常喜欢。《圣诞颂歌》中写下了被忽视的男孩和贫困的女孩。里奇成了狄更斯的好友，他在假日里陪着狄更斯散步，里奇夫妻还曾和狄更斯家一起共度假日。
③ 狄更斯致菲尔顿，1844 年 1 月 2 日，《朝圣》第四卷第 2 页。
④ 恩格斯基于他在曼彻斯特观察的结果出版了《英格兰劳动阶级境况》（1845）一书。

读过的儿童就业委员会报告的一个反馈：报告显示 7 岁以下的儿童被安排了工作，没有任何法律上的约束保护他们，他们有时一天要工作 10—12 小时；这启发了"现世之灵"，他向斯克鲁奇展示两个矮小蠢笨的孩子，他们一个叫"忽视"，一个叫"贫困"。当斯克鲁奇问"他们就没有庇护或者财力？"的时候，"现世之灵"用他的口气反问道："那里就没有监狱？没有济贫院？"这本书直抵公众内心，并一直停留于此，其中混合了恐惧、失望、希望和热情，它的涵义——一个基督徒的涵义——即，哪怕一个最卑劣的罪人都能悔改成为一个好人；这本书坚持认为：欢欣喜悦、分享饮食、赠送礼物，甚至是跳舞，这些行为都不能仅仅被视为轻浮的快乐，它们只是人与人之间爱和相互支持的一种基本表达。

狄更斯预计这本书能给他带来 1 000 英镑的收入，能让他偿还欠债，手头也可以稍微宽裕，足够他移居海外。但他又一次被失望搞得不知所措。《圣诞颂歌》的账目显示几乎所有的利润抵销了装订、特殊的纸张、彩色印刷和广告的开销了。圣诞节，他透支了在顾资银行的账户，这是他和库茨小姐缔结友谊以来一直试图去避免的，他还从米顿那里又借了一笔钱。第一批 6 000 册他只赚了 137 英镑，到 1844 年底这本书只给他带来了 726 英镑的收入。更糟糕的是，他对第 2 版发行当天出现的两便士一册的盗版书采取了法律行动，尽管他赢了官司，但李和哈多克这两名盗版商却声明他们已经破产，于是狄更斯必须支付 700 英镑的官司成本和法律上的支出。他又找米顿去借了第三笔钱。

狄更斯对他经济上的困难一直保持着沉默，以不玷污他这本圣诞读物的成功。从好的一面来看，陶赫尼茨，这家位于莱比锡曾盗版了不少英语书的出版商也开始了公平交易，支付给狄更斯稿酬：其出版的《圣诞颂歌》一书"得到了作者的许可"。在美国，它成了最畅销的书，在 100 年中销量达到 200 万册。① 它改编的戏剧新年会在伦敦上演，还是会取得巨大的成功，许多欣赏狄更斯的人每年圣诞都会重读一遍这本书。

1843 年的圣诞节，就算面对所有这些紧迫的问题，狄更斯也在设法尽量保持足够的节日欢乐气氛。麦克雷迪远在美国演出，狄更斯和福斯特便自任节礼日孩子们派对上的首席艺人。简·卡莱尔描述了这场面。

---

① 罗伯特·L. 帕滕：《查尔斯·狄更斯和他的出版商们》，第 332 页。

"狄更斯完美地进行了一整个小时的魔术表演——这是我看过的最好的魔术（我曾花钱去看过几场）——福斯特担任他的助手。这段节目展示了葡萄干布丁是用生面粉和生鸡蛋——通常的生食材——在一顶礼帽里做熟，散发着浓烈的气味。这一切都在一分钟里发生，就在一群惊讶的孩子和惊讶的大人面前！"过了一会儿，狄更斯几乎跪下来邀请卡莱尔夫人跳华尔兹，但没能成功。晚餐、拉炮和演说之后是民间舞，每个人都在旋转，午夜狄更斯赢过了萨克雷和福斯特，在德文郡台地"结束这一夜"，卡莱尔夫人回忆"这一小群无法无天独立于宇宙之间的流氓式文人"比那些在贵族式传统会客室里的人可能表现出的样子要有趣得多。①

主显节前夕他们又办了一次魔术表演，庆祝查理的7岁生日，狄更斯和福斯特都打扮成魔术师的样子，尽管这时狄更斯几乎被感冒打倒："我的胸部刺痛，我的头发晕，我的鼻子不通气。"② 家人的需求总是越来越多。他的幺弟奥古斯特已经17岁，狄更斯在忙着给他找工作。狄更斯自己的孩子马上要出生，凯瑟琳不再像在美国时那样"愈发出众"，他抱怨说，她变得"紧张而呆滞。但她健康状况不错，我肯定，只要她想就能恢复状态"。③ 1月15日他的第三个儿子弗朗西斯出生了。凯瑟琳恢复得很快，但一个月后狄更斯给他的一位名叫T.J.汤普森的朋友写信说："凯特又好了；因此，他们对我说的就是孩子。但我（原则上）拒绝去看他。"④

至少他可以远离婴儿、护工、女仆还有妻子，并扮演他更喜欢的角色：一个有魅力的来访演讲者。他北上到利物浦的技工学校和伯明翰的理工学院演讲。在利物浦他见到了姐姐芬妮，重访停泊在码头的不列颠号，在路上痛饮香槟；晚上在1300名听众前穿着"喜鹊马甲"演讲。演讲成功，他还爱上了在欢迎会上表演的19岁钢琴手克里斯蒂安娜·威勒。第二天他请威勒一家和他共进午餐，送给女孩几句诗，开玩笑说她和他笔下的山姆·威勒同姓，并表达了他的感受："我喜欢她的姓，这个名字曾给我挣来些名声，但老天，若能改变这件事我会非常高兴。"这之

---

① 简·卡莱尔致珍妮·威尔士，未注明日期但写于1843年12月26日后，见《朝圣》第三卷第613—614页脚注4。
② 狄更斯致米顿，1844年1月4日，《朝圣》第四卷第14页。
③ 狄更斯致菲尔顿，1844年1月2日，《朝圣》第四卷第3页。
④ 狄更斯致T.J.汤普森，1844年2月15日，《朝圣》第四卷第46页。T.J.汤普森是狄更斯的律师米顿的合作伙伴查尔斯·史密森的一个富有的姻亲。

后他送了两册丁尼生作品给她——都是他自己的藏书，诗人亲自送给他的——并告诉她的父亲"在我看到她的一瞬间，她遗世而独立，并将一直停留在我的视线中。"① 他还怕她会年纪轻轻就夭折，因为她的神情是如此有灵性。

他如往常一样参加了慈善机构创始人耶茨先生举办的一次晚宴，在那里跳舞跳到凌晨3点，加入了40对舞伴参加的四对方舞。第二天早上，他乘火车到伯明翰，发现市政厅装饰着人造花，用大字写着"欢迎迪克"。他到下榻的旅馆就寝，一个人吃了饭，"喝了一品脱香槟和一品脱雪莉酒……坚强如钢，泰然自若。"② 演讲的大厅里挤满了人，他觉得，这是他经历过的最好的场面。他沉浸在成功的快感之中，那天晚上他给汤普森写了一封长信，吹嘘演讲的盛况，并对他倾诉了有关克里斯蒂安娜的事："老天啊，如果我对这女孩的难以置信的感觉可以大白于天下，我应该看上去就像一个疯子。"③ 这强烈感情影响了汤普森，他发现他也爱上了克里斯蒂安娜，他是个有钱的鳏夫，于是他向女孩求爱，并一直和狄更斯保持联系，还得到了鼓励，因为这能让狄更斯一直和她保持亲近的关系，尽管这要通过中间人。狄更斯建议他们该去意大利享受一个"华丽的假期"，和书本、船还有骡子一起，并想象自己留着胡须，佩戴着考究的红绶带。汤普森的求爱进展缓慢，狄更斯渐渐平静下来，尽管他在次年还在伦敦听过她的演奏，并在她的婚礼上致辞，但在她成为汤普森夫人后，他就与她以及整个威勒家翻了脸。④

《马丁·翟述伟》的故事还在继续，狄更斯的计划是在6月底最后一期发行后立即前往意大利。他们的苏格兰朋友安古斯·弗莱彻已经在意大利了，并在热那亚帮着租了房子，到时候会和他们一起住，同时从事他的雕塑工作。狄更斯请弗莱彻在屋子里安装了冲水厕所，夫妻俩去学意大利语，4月他得去找米顿再借一笔钱，德文郡台地的屋子在5月底租了出去，于是一家人搬到了奥斯纳布罗台地9号。6月1日，在与福斯特、威廉·布拉德伯里以及弗雷德里克·埃文斯初步讨论之后，他们达

---

① 狄更斯致 T. E. 威勒，1844年3月1日，《朝圣》第四卷第58页。
② 狄更斯致芬妮·伯内特，1844年3月1日，《朝圣》第四卷第56页。
③ 狄更斯致 T. J. 汤普森，1844年2月28日，《朝圣》第四卷第55页。
④ 克里斯蒂安娜没有夭折，反而在后来生下两个有名的女儿，她们都在热那亚长大，伊丽莎白生于1846年，成了一位非常成功的画家（以伊丽莎白·巴特勒名义），爱丽丝生于1847年，成了一位诗人。

成了协议，狄更斯可以得到 2 000 英镑，代价是交出未来 8 年他作品的四分之一的分红，他不正式承诺他会写些什么，尽管人们还期望他在 1844 年再写一本圣诞读物。狄更斯以还剩下的人寿保单作为担保。这笔交易慷慨而容易被理解。狄更斯终于感到了自由，而布拉德伯里和埃文斯也做得很不错。恶棍查普曼和霍尔则与他毫不相干——至少在未来的 15 年内是这样。①

---

① 1859 年，借《双城记》，他们恢复了合作关系。

第十一章　旅行、梦和幻境
1844—1845 年

狄更斯在英格兰的最后一周是在一连串庆祝和道别的晚餐中度过的。他还抽空与《审查员》的编辑丰布兰克开了几天船，并拜访了在巴斯的兰道。他为这次旅行买了辆破旧的马车，"差不多有你的书库那么大"，他告诉福斯特。这辆马车至少得装下一家人，包括乔治娜（对狄更斯来说，她是"我的小宠物"，从这时起成为不可分开的家人了）、四个孩子和刚生下的弗朗西斯（弗朗西斯被寄放在霍加斯夫人那里的事情暂缓），还有女仆安妮，三个小护工及女佣，以及他雇佣的法国人向导罗切，再加上一条白色卷毛小狗汀柏。查理在圣约翰森林的日间学校里度过六个月后，要和他的老师们分开一年。① 6 月 30 日《马丁·翟述伟》的最后一期发行，然后他们在 7 月 2 日启程，乘着四轮马车到多佛，这样福斯特和弗雷德可以陪他们走上一程。狄更斯不喜欢离别，他的朋友们也不愿意失去他，想尽可能与他多待一会儿。

他们在巴黎过了两天，下榻在里沃利大街的莫里斯饭店。这是狄更斯第一次来到法国的首都，他一个人在街上不停地走着，惊叹着一切："这是世界上最特别的地方……每个与我擦肩而过的人就像是摊开了立在那里的巨大的书中的又一页。"② 这是他对法国感兴趣的开端，他喜欢大多数的法国式事物，尽管他对法国人还保留不少意见。穿越桑斯和阿瓦隆到索恩河畔沙隆，这是一段美丽的夏日旅程，即使他不像理想中那样喜欢待在乘载着孩子和有肠胃问题的狗（如狄更斯所报道的）的马车里。他们在沙隆稍作休息，驳船载着马车把他们带到里昂，在那里索恩河汇入罗纳河，一直延伸到艾克斯。然后他们走陆路到马赛，再转海路到目

---

① 校长是约瑟夫·金博士，麦克雷迪的一个朋友，他是位出色的教师，为学生启蒙，从不生搬硬套语法，女儿路易莎是他的助教。学校位于诺斯威克台地，和德文郡台地仅是步行的距离。
② 狄更斯致德奥赛，1844 年 8 月 7 日，《朝圣》第四卷第 166—167 页。

的地，位于利古里亚海岸的热那亚，他们到那里是 7 月中旬的事了。从船上看，热那亚是座漂亮的城市，但一接近城区就发现："看在老天分上，这座城市极其陈腐、阴沉、无聊、肮脏、拖延甚至停滞了。这看上去就像一切在此走到了终结。"①

就像大部分的英国游客一样，他们为意大利夏天的天空也会灰暗多云这件事惊奇了好一段时间。弗莱彻给他们找的房子也让他们非常失望。狄更斯说巴格内雷洛别墅看上去就像个粉红的监狱，它不在热那亚，而在几英里之外的阿尔巴罗，还到处都是跳蚤。小凯蒂生了病，却除了她父亲之外没有人能照看她。但这里生活成本很低，四分之一便士能买到一品脱上好的白葡萄酒，他不用被迫去工作，可以在 9 点半吃早饭，用绿柠檬调酒喝："我以前从不知道人竟能这样懒散。"② 这自白真实而感人：从 12 岁起，他的生活中就没有过太多的闲散。他发现自己喜欢在海里游泳。他留起了小胡子。他骑马出入热那亚，每天散步，直到 8 月的热浪使夜晚成为仅有的适合散步的时间。他的邻居法国驻热那亚领事阿勒茨先生热情好客，还富有文学品位，用丰盛的晚餐招待他，还在从热那亚到那不勒斯的路上把他介绍给法国浪漫派诗人兼外交官阿尔方斯·拉马丁。尽管这时候狄更斯还不会说法语，但拉马丁的妻子是英国人，两个男人都是热切的改革派，对监狱改革和版权事务有共同的观点；他们于 1847 年将在巴黎第二次见面，第三次则是 1855 年。他还在卡洛·费利切剧院弄了一间私人包厢，那里的演出季要上演巴尔扎克的《高老头》，并继续演出贝里尼的《梦游女》和威尔第的新歌剧《十字军的隆巴底人》。他阅读丁尼生的作品（"他是如此伟大的人！"③）。然而他坐不住，弗雷德来找他度假，他跑到马赛去见弗雷德，在沿滨海路返回意大利之前两人还一起去了尼斯。弗雷德也留起了小胡子，这也许促使了狄更斯放弃蓄须；尽管他宠爱自己的弟弟，但这个弟弟无法代替他的朋友们。④ 他告诉麦克莱斯"失去你和福斯特的感觉就像失去了手脚；没有你们，我是如此呆滞无用。"⑤

---

① 狄更斯致德奥赛，1844 年 8 月 7 日，《朝圣》第四卷第 169 页。
② 同上，第 170 页。
③ 狄更斯致福斯特，1844 年 10 月 6 日，《朝圣》第四卷第 199 页。
④ 11 月，他剃光了胡须，如麦克莱斯速写所示。
⑤ 狄更斯致麦克莱斯，1844 年 7 月 22 日，《朝圣》第四卷第 162 页。

第十一章 旅行、梦和幻境

他出发去找一个更好的住处,并成功地租到了建于16世纪的佩西雷宅邸,或者说"鱼塘宫殿",它位于热那亚市中心,却有着宽敞的平台式花园,在这个高度可以俯瞰周围的城市、港口和海。他们在9月底搬了家。这无疑是他住过的最豪华的房子,他对朋友们热情地描述着大堂50英尺高的天花板,有图案的石地板,湿绘壁画,装饰着希腊仙女和森林之神的卧室,阳台和露台,喷泉和雕塑。在这里,他幻想玛丽·霍加斯的灵魂身穿蓝长袍,像圣母一样,在他哭泣时拉过他的手臂,让他许愿并建议他信仰罗马天主教。他泪流满面地醒过来,唤醒凯瑟琳,给她描述了这个梦,并解释了其中的原因:他看着卧室里的老祭坛并听到了修道院的钟声。但在对福斯特的描述中他在疑惑,他是该将它"当作一个梦,还是一个真实的幻觉!"①

梦和幻觉是他现在开始写的圣诞读物《钟声》的中心,故事中一个贫穷的老人特罗蒂·维克每天站在教堂的大钟那里等着去工作。有一天,他收到了教堂大钟的精灵送来的幻境,精灵在这里被描述成小妖怪、幽灵和影子一类的东西。在今天,我们很难读到它,狄更斯是带着激进的情绪写成的,意在非难19世纪40年代残暴伪善的有钱人。像《圣诞颂歌》一样,它着眼于英格兰穷人的状况,但带有直接的政治上的寓意,用马尔萨斯主义的理念抨击政治经济学者的自满。地方法官判处想要自杀的年轻女子徒刑或流放,实施狩猎法的地主一边在农事晚宴的祝酒词中说"愿劳工们健康",一边又眼看着劳工们饿死。狄更斯知道自己在谈论什么:他讽刺的地方法官是他认识的人,一个聪明的政治经济学者,曾在《西敏寺评述》上攻击他,认为他没有告诉《圣诞颂歌》的读者关于"谁去时没有带上火鸡和潘趣酒,以便让鲍勃·克拉契得到它们"的事。特罗蒂·维克在幻觉里看到了他的女儿和另外一个年轻女性因为穷困被迫进了慈善机构并自杀,他女儿爱着的年轻男子被不公正地判了罪,尽管狄更斯给出了一个老套的幸福结局——特罗蒂·维克醒来发现这一切都是一场梦,但读者可以发现,所有这些幻觉都在展示着穷人生活中的现实。现代的读者可能会感觉,他在嘲弄强者这方面比代表被压迫者发声这方面更成功,但在那时候,许多眼泪曾因这些被压迫者流下。

---

① 狄更斯致福斯特,1844年9月30日(?),《朝圣》第四卷第196—197页。

福斯特读过《钟声》后被深深地打动，他悄悄去与《爱丁堡评论》的编辑纳皮尔接触，告诉他这"在某种意义上"是狄更斯写过的最好的作品，并提出希望能在书出版前匿名做出评论。纳皮尔同意了，于是福斯特写了篇赞颂的文章，说"问题被摆在了这里给人看，就算把书放在一边，它也无法被忽视。英格兰的现状……这样严肃的主题被以如此轻松的文体写成！但它的格调精致，内在感情也非常真实……我们会称这个小故事是一个实实在在的悲剧。"① 文章通篇吹捧，而这篇文章的作者被公之于世时还有不少笑声传出。《钟声》确实造成了某种政治上的骚动，就像它所预期的，但从长期来看它并不如《圣诞颂歌》那样经久不衰，福斯特自己后来也承认，"这不是他（狄更斯）更大的成就"。② 不管狄更斯知不知道福斯特做了什么，在《钟声》上共同的经历让他们走得更近。狄更斯在写作时想念着伦敦的街道，这是他平时常思考的地方，他将故事的第一部分寄给了福斯特，告诉他"我愿支付100英镑（并认为这很便宜）去看你读它。"③ 于是他突然想到，他可以在11月底冲到伦敦去，这样他就能和福斯特以及其他朋友们一起读这个故事。故事在11月4日写完，狄更斯得了重感冒，他几乎看不见东西，眼泪都落在了自己的稿子上。

11月21日狄更斯和他的向导罗切启程向北走。他们在月光下走过辛普嶙山口，在山顶看到日出，乘着雪橇滑过被旭日染成玫瑰色的雪地。然后是弗里堡、斯特拉斯堡，他快速地只用了50个小时就到了巴黎，而这趟旅程并不舒服。这样他就能比预计提前一天到达英格兰。他要福斯特在柯芬园的广场咖啡馆给他订一个房间，这里离林肯饭店很近。11月30日晚他走进公用室，看到福斯特和麦克莱斯坐在火炉边，便冲过去拥抱他们。他在伦敦待了七天，他和朋友们的情绪都很高涨，所有"单身"贵族们在一起聚了几天，中间有不少泪水、欢笑、拥抱，每天都要熬到下半夜才去休息。④ 里奇被邀请来用早餐，这是对他接下插画工作

---

① 福斯特致纳皮尔，1844年11月16日，以信尾标注"P. S. 非常私人"的形式，V&A 福斯特集锦，第686页以后，《爱丁堡评论》1845年第81期第181—189页。
② 福斯特：《一生》第二卷第136页。
③ 狄更斯致福斯特，1844年10月21日（？），《朝圣》第四卷第206页。
④ 狄更斯告诉库茨小姐，他只在城里待了几天，谁都没见，在同一封信中，他请求她帮助他去世的追随者约翰·欧佛斯留下的六个孩子。他还对她的女伴——要嫁给威廉·布朗医生的梅雷迪思小姐发去了问候，他们之后一直是亲密的伙伴、友人和邻居。

的感谢，另外，福斯特于 12 月 3 日在他的房间举办了茶会，狄更斯在茶会上向一群经选择的客人朗读了他的整个故事，其中包括卡莱尔、麦克莱斯、斯坦菲尔德，还有若干激进派作家如剧作家兼记者道格拉斯·杰罗德，还有编辑兼散文家拉曼·布兰卡德以及不会被忘记的弟弟弗雷德。①

麦克莱斯给凯瑟琳寄去了一份场景速写，在狄更斯头上画了一个光环，告诉她"在场的每个人都热泪盈眶……笑声和尖叫……涕泪滂沱对他们就像是种解脱——我不认为查尔斯以前曾有过如此大获全胜的时刻。"②而狄更斯则给她写信说，"如果你昨晚见到了麦克莱斯——在我朗读时他毫不掩饰地抽泣，在沙发上大哭——你就会感觉到（像我一样）内心有力量是件多了不起的事。"③他第一次感受到语言的力量对读者的影响如此强烈，让他们如此快乐，他再次燃起了对表演的兴趣。他举办了第二次朗读会，并和福斯特说起了剧场化的话题。在这期间，《钟声》有三个不同的戏剧改编版本正筹备着，并计划在圣诞期间于伦敦上演。

如果他打算在热那亚过圣诞，他这时就必须上路了。他于 12 月 8 日晚出发。巴黎正在下雪，他逗留了几天，陪伴要为法国观众表演《奥赛罗》《哈姆雷特》和《麦克白》的麦克雷迪。他在巴黎给福斯特写了封发自内心的信，"只有 20 倍长和两万倍冷的寒冬才能让我不去回忆与你分别的任何一段路途。这比得上任何旅程——任何事！我发誓我绝不会忘记那一周，我们第一次见面的那晚，那个在你的房间朗读的晚上，啊，还有第二次的朗读会，不管就哪种想法而言，即使它能被轻易地构思说明。"④他们之间的关系因互访变得更紧密，回到热那亚后这段友谊进入了一个新的阶段，他第一次告诉了福斯特一些有关他少年时光的事，还描述了他如何希望并曾打算去当一个演员；第二年他讲了更多，还给了

---

① 狄更斯是在 1836 年请杰罗德给本特利的《智慧杂录》供稿时认识杰罗德的。杰罗德是斯坦菲尔德的朋友，两人曾一起在海上作侍应。他是演员的儿子，在印刷厂当过学徒，自学成才，于 19 世纪 30 年代成了一位成功的剧作家，《黑眼睛苏珊》演了 300 场。他转型为周刊记者，开办自己的报纸，从漫画杂志《笨拙画报》1841 年创刊起就给它供稿。狄更斯非常欣赏他，和他在一起时觉得很舒心，还随心所欲地和他分享激进的反主流的观点。杰罗德作出回应，并在 19 世纪 40 年代加入了狄更斯交友的核心圈子。
② 麦克莱斯致凯瑟琳·狄更斯，1844 年 12 月 8 日，《朝圣》第四卷第 234 页脚注 6。
③ 狄更斯致凯瑟琳·狄更斯，1844 年 12 月 2 日，《朝圣》第四卷第 235 页。他还在 1844 年 12 月 8 日给姐姐芬妮写信说，他写了"一个决定性的难题"，这给他的朋友和印刷厂商们留下印象，让他们"不可思议地为它又哭又笑"。他对她说："当你看到第三部分结尾时，最好去楼上拿块干净的手帕。"《朝圣》第七卷第 860 页（作为补充）。
④ 狄更斯致福斯特，1844 年 12 月 13 日（？），《朝圣》第四卷第 238—239 页。

他一份书面的说明,内容是关于他童年的秘密,有他父亲被捕和他在鞋油厂做工的经历;然后他提议由福斯特担任他的传记作者。他和福斯特比其他任何男性或女性都更亲近,因此,还不到中年,他就坚信,福斯特是他能信任的记录他一生的人,之后从未动摇过这一决定。

在狄更斯写信描述他面试经历的时候,福斯特的兄弟突然去世,年仅三十多岁。狄更斯写信安慰他。他的用词读起来就像是对他们友情的神化。"我现在确实感受到了我们之间的距离。我会向着天堂,我亲爱的朋友,这样我能以一种比这几张无聊的纸能传达的东西更有生气和爱意的方式提醒你,你还有一个兄弟。与你的这一关系如天定般的强大。这样的关系不会被打破、被削弱,或以任何形式被改变,如果可能,直到与此同样的结局降临……这时候我读到了你的心,就像我正握着它一样。"①

此时,他在热那亚又找到了新的乐趣。他新交的朋友里有一位是银行家埃米尔·德拉鲁,瑞士日内瓦人,能讲英语,和他的英国太太奥古斯塔(旧姓格兰内特)结婚十年。② 他们住在热那亚宫顶层带高窗的舒适套间里,下面有许多台阶,平台上镶嵌着古董半身像,德拉鲁夫人在人前显得活泼而迷人;但她神经紊乱、三叉神经痛、头痛、失眠,偶尔还抽搐和强直性昏厥——一长串的病听起来很像那些19世纪稍晚些时候到沙尔科或弗洛伊德诊所就诊的女性会患上的癔症的症状。就在狄更斯11月赶往伦敦之前,德拉鲁向他提起了自己妻子的问题,而狄更斯也给了答复。狄更斯可能提到了关于他在伦敦的医生埃利奥特森,这位医生应用催眠术来治疗类似的病,然后他还说他也懂一些催眠术。德拉鲁一直记得,狄更斯刚回来几天,就让他带德拉鲁夫人过来试试他的治疗能力。毫无疑问,德拉鲁对著名作家关注他妻子这件事很感兴趣,而他的妻子也很乐意接受这种关怀并且对此很受用。12月23日狄更斯开始了第一次治疗。这事情很不一般,毕竟他没有受过任何专门训练,但狄更斯很想尝试,德拉鲁家也很感激。

狄更斯自认为能为奥古斯塔·德拉鲁做点事,他准备扮演医生的角色。他相信埃利奥特森,也为自己能让凯瑟琳和乔治娜进入恍惚状态而

---

① 狄更斯致福斯特,1845年1月8日,《朝圣》第四卷第246—247页。
② 格兰内特听起来不像个英国姓氏,但关于奥古斯塔·德拉鲁的信息非常少。

感到高兴,觉得一个真正的病人能让他有机会做点好事,并验证他的催眠术。在那时候,这一套被认为是存在着的某种磁力,尚未被解释或理解,狄更斯则推测这种磁力可能会作用于患者的神经系统;但关于神经系统人们所知并不多,这之后,人们发现,磁力的概念并没有事实依据。只不过有些人并不一定持有任何科学上的资质,却一直有能力改变易感人群的行为。另外,毫无疑问,狄更斯和奥古斯塔·德拉鲁之间一定发生了些什么,虽然很难说究竟发生了什么。

他的治疗手段是将患者带入一种类似睡眠的迷幻状态中并询问她的经历或者幻想。他的治疗记录没有被保留下来,但他在一封两个男人之间的来往信件中告诉患者的丈夫,在治疗过程中,她说她在一处山坡上,周围是成群的男女,突然她看到一个不存在的、她称作查尔斯的兄弟正靠着窗子,看上去很悲伤。狄更斯问她是什么让他悲伤,她回答说她正在寻找答案。接下来这个叫查尔斯的人在房间里来回踱步,从窗口眺望着海,仍然很悲伤:这时候她开始哭。狄更斯问这个人的穿着,她回答"穿着他的制服"。然后她说"他在想着我",停顿了一下后这个人解释,他觉得自己忘记了,她寄给他的信被送错了地方。然后他离开。她还谈到,她躺在山坡上,然后被看不见的人扔下来的石头击伤;有一个男人出没,隐隐约约的,她害怕得不敢看。狄更斯认定这个人是一个恶鬼或者幽灵,她在其他场合也提到过,而且她非常害怕。

弗洛伊德可能会解释这一整套内容,而现代的心理咨询师则可能会询问她的过去。德拉鲁夫人真的有过一个叫查尔斯的兄弟吗?他在哪里,她和他又是什么关系?她是从何时开始有这些症状的?她是否在为还没有子女而感到悲伤?她和她丈夫的关系如何?不管狄更斯是否问了这类问题,他都没有留下任何记录。他觉得治疗进行得很顺利,1月份开始她可以睡得好些了,她还告诉他,她一直"被无数最可怕血腥的幽灵追赶,吓得脸色苍白;它们的脸都遮着。"[①] 仍然有恶鬼或者幽灵对她下令,并敌视狄更斯。她还谈到她头脑中有火焰的感觉,她说火焰在他的治疗下**渐渐熄灭**。她还说,她的遭遇实在难以描述。她说这些就像狂热的梦,但的确发生在了她身上。她描述的在罗马圣三一教堂的经历听上去就像

[①] 狄更斯对多产鬼故事和恐怖故事的作家谢里丹·勒范努做了这些描述,1869年11月24日。勒范努的《玫瑰和钥匙》系列于1871年1月,即狄更斯去世6个月后,在《常年》杂志发表。

她的精神病在发作，她描述的事听上去是真实的，甚至比真实的经历更有力、更可怕。这样的精神病发作可以在患者身上持续多年，如这一病例明显表现出的，她的精神被压垮，她甚至警告狄更斯在罗马时不要去那家教堂。①

　　实际上，狄更斯确实计划前往罗马，他带着凯瑟琳。他们会在1月19日离开热那亚。德拉鲁家会在3月到罗马与他们会合，同时狄更斯和奥古斯塔·德拉鲁商定他们会在每天的上午11点继续这不同寻常的治疗。他们尝试各种方法，其中有一个荒谬的插曲，狄更斯认为他可以从他旅行时乘坐的车厢包间里远程催眠患者，但他只发现坐在同一车厢包间里的凯瑟琳进入了恍惚，对德拉鲁夫人的状态则一无所知。狄更斯在给德拉鲁先生的下一封信里说，她对"魔鬼形象"的幻想可能使她陷入疯狂，并推测"魔鬼形象"的来源是否可能是"被她的疾病折磨的一些主要神经或者一系列神经"；他也想知道这疾病是否被他"无法说明的磁力介质"治愈。②

　　狄更斯这时投入了不少感情，以至于遇上了梦魇，这时他在罗马，德拉鲁家还没到，他会"在一种难以名状的恐惧和情绪之下"在半夜突然醒来，他把这当作和恶灵斗争的一部分，恶灵在努力驱使德拉鲁夫人走向疯狂，而他在尽力拯救她。"我不停地在想着她，不管是醒着或睡着的时候，还是在周一、周二、周三的夜里……我没有梦见她……仅仅是为她焦虑，她的意识某种程度上是我的一部分，就如我醒来时感觉到的"，他在那不勒斯写信给德拉鲁。③ 现代心理咨询师会尽量避免这种程度的情感投入，但德拉鲁夫人不耐烦地写信给他，"语无伦次并毫无关联……我心中很不安，她一定是在这段长时间的停顿后受到了严重的打击。"④ 3月，德拉鲁家到达罗马，狄更斯骑马出来迎接，并陪同他们到了两家共同下榻的酒店。过了一小会儿，德拉鲁先生带着狄更斯到妻子的卧室，她倒在那里失去了意识，癫痫发作，身体紧紧蜷缩着。德拉鲁先生说她之前曾出现过类似的状况，长达30小时，而且无药可治；但狄更

---

① 圣三一教堂是一家著名教堂，位于罗马的西班牙大台阶（Spanish Steps）的顶端。它有多个小礼拜堂，装饰着宗教油画和壁画。
② 狄更斯致德拉鲁，1845年1月27日，《朝圣》第四卷第254—255页。
③ 狄更斯致德拉鲁，1845年2月10日，《朝圣》第四卷第264页。
④ 狄更斯致德拉鲁，1845年2月25日，《朝圣》第四卷第274页。

斯拿起她的长发温柔地顺着发丝向上梳到头顶,她在半小时内就放松下来进入了平静的睡眠。① 3月19日狄更斯在日记里记下"德拉鲁夫人夜里病得很厉害,一直到四点。"②

还有更多的夜间会面。他没有意识到,在任何外人看来这种情况都很不对劲。对于凯瑟琳来说,这无论如何都令人沮丧,她表示反对,认为这看上去就像一种迷恋,或是一种三联性精神病,狄更斯和德拉鲁家已经一起深陷其中。凯瑟琳不该被指责,她又一次怀孕了,希望在共度假期的时候能多得到些丈夫的注意是当然的;但狄更斯仅仅把怀孕看作"一个未来将发生的事件,我还没有为此准备好……释放阴霾……以一种非常让人为难的方式"——这句话来自他给一位男性友人的信。③ 医疗任务完全占据了他的思考,他觉得他是成功的,因为他使德拉鲁夫人相信他们正忙于与想要控制她意识的恶灵斗争,而狄更斯,她忠实的捍卫者,给了她自由和健康。狄更斯鼓励她,让她把这看成一个故事,一段戏剧性的叙述,他无疑是希望给她安排一件他们能一起坚持进行的事。

德拉鲁夫人这时又告诉狄更斯另一个令她不安的症状,她身上的恶灵在威胁她,击打她的手臂,让她觉得酸痛不已。④ 治疗一直持续,贯穿了整个他们回热那亚的旅程,"有时在橄榄树下,有时在葡萄园,有时在旅行车厢里,有时在中间小憩时的路边旅店。"如果像凯瑟琳想的那样,这过程中有任何色情要素,这也是被他纳入治疗任务中的要素,他把自己看成一个拯救者,在尽力做好事,他后来告诉凯瑟琳,他只是单纯地顺应着一种控制了他的想法的强烈追求,就像他在其他时候执行过的想法一样。⑤ 尽管有所痴迷,但他还能转移注意力、保持冷静。

他们走过佩鲁贾、阿雷佐和佛罗伦萨,狄更斯串了串门,拜访了作家托马斯·特罗洛普和驻托斯卡纳公国英国公使霍兰德爵士,然后在4月初回到佩西雷。一家人发现孩子们都健康快活,狄更斯还催促整个冬天都被膝关节风湿病折磨的福斯特来享受意大利春天的玫瑰和阳光,6月

---

① 狄更斯致德拉鲁,1845年2月25日,《朝圣》第四卷第274页。
② 狄更斯在1846年4月17日的一封信中提醒德拉鲁夫人此事,《朝圣》第四卷第535页。
③ 狄更斯致罗伯森爵士,他们在爱丁堡见过面,1845年4月28日,《朝圣》第四卷第301页。
④ 他在1848年2月26日的《审查员》上评论一本关于鬼怪的书《夜侧自然》时透露了此事,文章在迈克尔·斯拉特编《狄更斯的报道》第二卷(伦敦,1996)中重印,狄更斯提到一位"患者",在一封信中引起了德拉鲁对它的注意,《朝圣》第五卷第255页。
⑤ 狄更斯致凯瑟琳,1853年12月5日,《朝圣》第七卷第224页。

再和他们一起回去。他的念头转向了德文郡台地，他要米顿重新粉刷那里的房子以待他们归来，大厅和楼梯要"正绿色"，"暗淡的粉色"用来刷天花板和起居室，"灯周围要绘上一圈小花"，"墙纸要蓝金相间或紫金相间……我希望这样的墙纸能令人振奋欢快。"这将是"给 D 夫人的一个惊喜"。但不幸的是，D 夫人在听到绿色的配色方案时表示强烈反对，于是方案被取消了。①

回程前的最后几周，狄更斯试图教德拉鲁先生如何给他妻子催眠，但没有成功。狄更斯甚至在准备回程期间也跑到佩西雷和他们待在一起。德拉鲁夫人送了他礼物——一个小钱袋、一个可爱的玻璃杯，还有拖鞋——在他道别之际，她表现出了她的强烈感情，她向他大叫，让他一定要记得在下一年的 12 月 23 日上午 11 点来催眠她，这是他们第一次会面的纪念日。② 狄更斯从苏黎世写信给德拉鲁先生，在布鲁塞尔又写了一封，表达了他的信念，他相信德拉鲁夫人从治疗中得益的程度是"不可思议"的——"我相信她意识上的变化不可能被夸大——那里曾有过数不清的极端的痛苦和危险。"德拉鲁夫妇频繁地给他写信，狄更斯也在尽力告诉德拉鲁先生不要因为无法催眠妻子就觉得自己不是个称职的丈夫，并发誓说如果德拉鲁夫人再生病，他会再去治疗她。他鼓励德拉鲁夫妇来英格兰，并在一封富含深情的长信中说，他会回到热那亚，回忆他们在一起的旅程和"我们快乐的旅行团。我不会忘记和它相关的任何事。我现在正活在过去，活在节制的悲伤中。"③ 9 月他管德拉鲁夫人叫"我最亲爱的德拉鲁夫人"，而在一封深情的长信的结尾他这样写："我要怎样才能见到你……？我用钱袋随身携带着你；那个口袋是个特别柔软的地方——胸前的口袋——左手边的——我甚至在更柔软的地方携带着你，不管发生任何事，你的形象在我心中永远不会消逝或改变。"④

奥古斯塔·德拉鲁的病情渐渐恢复到治疗前。1845 年底狄更斯的时间完全被工作占据，抽不开身，但德拉鲁夫妇还是坚信，他会来看望他

---

① 狄更斯致米顿，1845 年 4 月 14 日，《朝圣》第四卷第 297—298 页；1845 年 5 月 20 日，《朝圣》第四卷第 312 页。
② 狄更斯在 1845 年 9 月 27 日提到她送他的玻璃杯，说他在一场晚间演出中"在我的更衣室用它喝了一整瓶老雪莉酒"，《朝圣》第四卷第 390 页。在 1845 年 12 月 23 日德拉鲁提到，她在十一点到十一点半之间感受到了酒劲，"最难受的一天，我不知道狄更斯那天是否在伦敦给她催了眠"——我们也不知道。《朝圣》第四卷第 320 页脚注 4。
③ 狄更斯致德拉鲁，1845 年 6 月 29 日，《朝圣》第四卷第 323—325 页。
④ 狄更斯致德拉鲁夫人，1845 年 9 月 27 日，《朝圣》第四卷第 391 页。

们，他们一直准备着迎接他的到来，准备好房间和他最喜欢的食物。他们一定是误会了他说过的某些话，或者一切都是他们想象的，因为狄更斯既没有来，也没有写信作解释。他们从中清醒过来，德拉鲁夫人在 4 月收到了回信，狄更斯辩解说，凯瑟琳不想再去热那亚。他们的友谊仍然存在，偶尔的通信一直持续着，1846 年他们在瑞士再会。1853 年狄更斯短暂地拜访了德拉鲁家，并提议恢复催眠治疗，但这次德拉鲁夫人拒绝了，说重新开始后再结束对她实在太痛苦。狄更斯给她推荐了埃利奥特森医生。但她并没有听从这一建议，因为她听说这位医生有发了疯的病人：她在自己的病情和那些病人的状况之间明确地画出了一条界线。他们一直还有往来，1863 年，在德拉鲁夫妇一起来英格兰之前，德拉鲁夫人描述自己"现在像一座废墟"。狄更斯和德拉鲁家这样的会面友好而平静。狄更斯一直对德拉鲁夫人保持着关注，她的痛苦明显在持续，但她并未如他们曾害怕的一样堕落到疯狂的境界，还是像以前一样地生活，永远有她丈夫的支持和保护。两个男人一直保持着联系，狄更斯一直在信里传递着他对德拉鲁夫人的爱，尽管信中大部分内容是关于意大利政治和商业的。在 1866 年之后再没有更多的信件往来为人所知，但狄更斯还在继续想着这一段经历，并在他去世 6 个月前在给谢里丹·勒范努的信里进行了描述。结尾是这样的，"她是……非常勇敢的女人，她认真仔细地考虑过她的障碍症。但她的痛苦是无法形容的；如果你能为我写几句话，给予她想要的任何这类知识，你就会做出同样无法形容的善行。"①勒范努没有这样做，大概也无法回应这一恳求。狄更斯已经无法再做更多。他那时只剩下几个月可活。德拉鲁于 1870 年去世，从这时起奥古斯塔就退出了历史的舞台，大概仍然在被残忍的恶灵折磨着，没有任何相关的说明。没有任何来自她的关于恶灵的描述被发现，也没有关于狄更斯的，现在也不可能去对她的精神问题做出诊断。也会有人质疑那个时代是不是有称职的医生能比狄更斯给她更好的治疗。狄更斯大胆地帮助了她，所凭借的只是他所掌握的催眠术、良好的意愿以及对人类反常体验和行为的强烈好奇心。不管结果如何，这证明了他对妻子的忽视和对她的嫉妒表现出的冷漠合乎情理，当然这是另一回事了。

---

① 狄更斯致勒范努，1869 年 11 月 24 日，《朝圣》第十二卷第 444 页。

一个圣洁善良的妻子也许能不管狄更斯的行为和有关德拉鲁家的事，即使她不喜欢不支持。凯瑟琳怀着孕还出门在外，丈夫沉迷于迷人的女患者，她受到了伤害，生丈夫的气。她可能还记得他们订婚时狄更斯对她发过脾气，还有他如何严厉地为此事指责她，警告她不要重复同样的行为。他的行为使她怨恨，反过来也是一样。他一直因此轻视她，八年后还就此对她不断指责。①

在意大利的一年，狄更斯计划走遍所有意大利的著名城市，另外，像他在美国时那样，他把写有说明文字的信件寄给朋友们，主要给福斯特，准备将它们结集成一本书，命名为《意大利图景》。书中列出了一系列写意式的散文，他远离政治和艺术批评，而最好的篇章来自他对细节犀利而特异的观察。维苏威和威尼斯是最能抓住他想象的两个景点。到达威尼斯，他决定不读任何材料不看任何图片。"这是一件你要擦干眼泪去看的东西，"他告诉福斯特。"我以前从未见过让我不敢描述的事物……它超过了一切文字或语言——甚至超过了一切思考。"② 他援引了莎士比亚的"夏洛克"和"苔丝德蒙娜"，但他确实也注意到了当时的工匠们、商店里的木匠是如何"搅动着投在水面上的光，它浮在那里像水草一样，或在我面前缠绕成堆，渐渐消逝"；他幻想未来这地方都将沉在水下，人们会朝着水深处看，试图寻找老城的砖石。③ 他这一趟还短暂地到过博洛尼亚、费拉拉城、摩德纳和米兰；他很喜欢维罗纳，而在曼图亚，他觉得这里停滞不前，被忽视，它的辉煌也已不再。

第二次旅行是和凯瑟琳一起，他们在罗马庆祝狂欢节和复活节，这为狄更斯提供了更多素材。他描述了卡拉拉，在那里他偶遇大理石采石工唱歌，唱得那么好，比他们在诺玛小歌剧院里听到的一幕歌剧中的合唱还要好上一倍。他觉得比萨斜塔比他儿时看过的图画书上的样子显得要小，他爬上塔顶，感觉就像乘着一艘在退潮中倾斜驶过的船。他详述了罗马和那里的狂欢节庆祝仪式，还有他对罗马天主教的不喜。圣彼得教堂之行和那里复杂的复活节仪式都令他更不喜欢。古罗马——竞技场、广场凯旋门，还有圣道的石头——在他看来，都有帝王们上演的血腥决

---

① 见第十八章。
② 狄更斯致福斯特，1844年11月12日，《朝圣》第四卷第217页。
③ 《意大利图景》，"一个意大利式的梦"。

斗表演的痕迹。他赞扬那时候犹太人的勤奋,观察到他们每晚八点就被关在拥挤的贫民窟里。他最喜欢坎帕尼亚,能沿着亚壁古道走上好几英里,那里有杂草丛生的废墟、残破的拱门、高架输水渠、石头里筑巢的云雀还有凶猛的牧民。他还用了一页篇幅描写一个谋杀德国女伯爵的人的处刑。作为公开处刑的反对者,他觉得有义务去那里等上几个小时,看一场罗马式的处刑,并予以报道,铡刀迅速落下,头颅被顶在杆上示众,他检查了断头台,发现它很脏;被切下的头颅上的眼睛还睁着,尸体看上去没有脖子了。他抱怨在他拿起笔去修正它之前,没有任何人被他逗留过的"丑陋、草率、令人作呕的场面"影响。①

  接下来是那不勒斯、庞培和帕埃斯图姆,但蔚为壮观的则是攀登维苏威火山,凯瑟琳、乔治娜与他一起。雪已经下起来,在这样的天气状况下,火山表面大部分覆盖着冻结的湿滑冰层。他们需要 22 个向导,一个武装警卫,并为 6 人的队伍配备 6 匹马。他们骑马到雪线,然后女士们坐上滑竿,狄更斯则借助一根手杖行走,几乎一步一滑。天空晴朗,太阳下山之后,一轮圆月从海上升起,一派庄严。火山灰烬、烟和硫黄覆盖在雪上,因为他们不知道维苏威火山正在酝酿着下一次爆发,他们所有人都只能尽量走。队伍停在山顶附近的时候,狄更斯坚持要到火山口边上去看下面沸腾的岩浆,他回来时衣服被烧了几处,头晕目眩,头发被烧焦,身上被烫伤,却带有胜利般的得意洋洋。下山的路覆盖着一层平滑的冰,非常危险,两名向导和一个男孩滑落到了黑暗之中。后来一个向导和男孩被找到,昏迷、出血但还活着,另一个向导则不知所踪。凯瑟琳和乔治娜的衣服都撕扯了,狄更斯的衣服被烧坏,但他们都活了下来,那不勒斯人则目瞪口呆地对他们无谋的壮举表示敬佩。

  这是狄更斯记叙文的巅峰之作。他认为,那不勒斯和它著名的海岸在热那亚面前都要自惭形秽。他对佛罗伦萨的描述有些敷衍,写了它的宫殿、广场、老旧桥梁和亮闪闪的大厅,但他写坐落于韦奇奥宫院内的监牢则用了相当浓重的笔墨,它里边的单间就像是烤箱,而在外边,微醉肮脏的暴民则透过铁条乞讨、抽烟、喝酒、玩跳棋。在结尾,他期望

---

① 《意大利图景》,"罗马"。

高尚的人民能从对立和混乱的国家里站起来。这些材料在他回到英格兰后很快就被整理好。负面的书评多于正面，但它为狄更斯和他的新出版商布拉德伯里和埃文斯赚了些钱。就算是本游记，狄更斯的名字也比评论家们的评判重要得多：这本游记于1846年5月出版，一直在卖着，至今仍在重印。

第十二章　危机
1845—1846 年

这辆巨大的马车载着狄更斯一家越过圣哥达山口，在高高的雪墙之间穿行，下北坡时用木头拖着马车下山，这对于四匹马来说是件可怕的差事。到山脚马车需要修理，但只用了一周他们就到了苏黎世，又过了10天他们到了布鲁塞尔，在那里他们见到了刚从风湿病中恢复过来的福斯特，同行的还有麦克莱斯和杰罗德。他们在比利时稍作停留，狄更斯抽出一天时间到德拉鲁家，然后一家人于7月5日回到德文郡台地，刚拆包的行李堆得乱七八糟。德奥赛立即写道："在此感谢上帝，德文郡台地复活。明天带上我们勇敢的朋友福斯特来喝一杯。"① 凯瑟琳安顿下来，准备在秋天迎接她第六个孩子的诞生；在离开意大利之前她已经过了30岁生日。乔治娜现在18岁，随时都能当姐夫散步时的同伴。布罗德斯泰的房子也订好了，准备8月和9月去住。狄更斯现在没有任何新的大计划，但他很快就向福斯特提议要做一份名叫《蟋蟀》的周刊，要给人"热情、亲切、慷慨、欢乐、喜悦的感觉，内容涉及家庭生活的方方面面。"②

福斯特不赞成这个想法，于是狄更斯转而计划同他做一部戏。两个好朋友投身于戏剧事业，选择了本·琼森的喜剧《人各有癖》作为第一次的尝试，并劝说其他人也来加入他们。家庭生活是无法与组织公演带来的刺激相提并论的。对狄更斯来说，这既是在处理他的躁动不安，也是在满足他想成为一名舞台监制和演员的雄心。在这最初的尝试里，他雇用了自己的两个弟弟弗雷德和奥古斯特，拉上了他的出版商弗雷德里克·埃文斯、他的朋友汤普森（他想和克里斯蒂安娜·威勒结婚），还有不少《笨拙画报》的供稿人，包括画家约翰·里奇、弗兰克·斯通、道格拉斯·杰罗德以及编辑马克·莱蒙。少数友人——麦克莱斯、克鲁克

---

① 德奥赛致狄更斯，1845年7月16日，《朝圣》第四卷第326页脚注3。
② 狄更斯致福斯特，1845年7月初，《朝圣》第四卷第328页。

香克、斯坦菲尔德——坚决拒绝所有的劝诱。退休女演员芬妮·凯利小姐允许他们使用她用于戏剧艺术教学的小剧场，并举荐了她的两个学生演女性小角色；女主角是美丽的职业女演员茱莉亚·福蒂斯丘，她因为出演了狄更斯小说《雾都孤儿》《巴纳比·拉奇》《马丁·翟述伟》和《钟声》的戏剧改编作品而被狄更斯熟悉——她还是她的已婚情人加德纳爵士的两个孩子的母亲，不过这当然从不会被提及。所有男士都同意各自适当承担一部分费用，麦克莱斯同意担任服装顾问，斯坦菲尔德负责画布景。9月20日的演出，剧院满场，丁尼生和德文郡公爵的出席让狄更斯很高兴。11月中旬他们又进行了两场演出，观众都是私下受邀前来，但他们基本都为自己的观演付了钱，所有收益都将用于慈善事业，阿尔伯特王子作为一个受益委员会的主席出席了其中一场。

  狄更斯在接下来的12年里热情不减，投入戏剧事业，有时在家里，更多时候面对大量观众。他自满于他的表演技巧，他被许多人说，他可以与职业演员相提并论。但通常来说，参与业余演剧活动比仅观看更令人兴奋，而想知道狄更斯的制作究竟好到什么程度也很难。他的名气让不少人想看，从王室到平民，而他的组织能力和安排巡演的精力也使得大家确实得到了观剧的机会；那些人谈到自己的见闻时大多会觉得他们正处于一个伟大的时刻。但同时，福斯特提到，演出的质量并不比业余演剧的平均水准高到哪里去。简·卡莱尔觉得第一次制作戏剧"没什么可说的"，托马斯·卡莱尔描述道："可怜的小狄更斯，涂得花花绿绿，假装一个六英尺高的人的声音"；墨尔本爵士被人听到在一次幕间休息时大吼，"我就知道这部戏会很无聊，但我没想到它能他妈的这么无聊！"甚至包括麦克雷迪，他曾惊奇地发现狄更斯是个不错的演员，但他也在1846年1月的日记中讥讽了《兄长》的筹备和演出："演员们把这部戏弄得荒唐可笑，"他写到，他还是觉得这出戏"演得不好……整部戏沉闷而拖沓。"①

  另一方面，音乐出版商文森特·诺韦洛的女儿，即聪明热情的考登·克拉克夫人，在1848年问狄更斯她可不可以和他一起表演，她还写了封热情洋溢的信描述了他作为经理人的高效，作为演员很有天赋，以

---

① 麦克雷迪日记，1846年1月2日、3日，威廉·托因比编：《威廉·查尔斯·麦克雷迪日记》第二卷（伦敦，1912），第318页。

及他在排练及演出中的"不知疲倦的活力、愉快、幽默开朗"。① 有天赋的人比如约翰·里奇和另一位艺术家奥古斯特·艾格都很愿意和他一起做事,② 此外还有马克·莱蒙,他对表演表现出了极大的热情,还自己写了不少滑稽剧。③ 演剧活动联系并巩固了友情,他和艺术家们一起努力工作,这让他们很开心。通过这些朋友狄更斯也筹到了不少钱用于做善事:许多寡妇得到了帮助,许多孤儿接受了教育,一些贫困的作家获得了资助,慈善机构有了善款。1846、1848、1850—1852 年和 1857 年都进行了这样的演剧活动。上演的有琼生的两部剧作、莎士比亚的《温莎的风流娘们儿》以及各种滑稽剧:英奇巴尔德夫人的《动物吸引力》,查尔斯·马修斯的《早晨两点》,狄更斯与莱蒙合写的《夜莺先生的日记》;另外还有朋友们写的三部戏,布尔沃·利顿的《好像并不那么坏》和威尔基·柯林斯的《灯塔》和《冰渊》。狄更斯发现,投入表演时放弃自我转而戴上他人面具的感觉让他非常愉悦,"我真的不知道有多少释放热情的原因",他告诉布尔沃。④ 有一点无需怀疑,坚持自我要比转变为一个舞台角色更吃力,舞台角色有可预知的剧本,而狄更斯永远不知道他下一步会去向何方。

  7 月,布拉德伯里和埃文斯扔给他一份"新差事",说到底就是要办一份日报,以《泰晤士报》为竞争对手。由于 3 年前狄更斯曾经提出类似的建议,他立即表现出了兴趣。这将是一份站在自由党立场的报纸,它的产生借助了布拉德伯里和一个德比郡出身的男子约瑟夫·帕克斯顿的友谊,这个人是德文郡公爵在查茨沃斯的园丁总管,布拉德伯里和埃文斯出版了帕克斯顿的园艺登记册。在投资铁路赚到一笔钱后,帕克斯

---

  ① 玛丽·考登·克拉克(1809—1898),见《作家们的往事》(1878),在菲利普·柯林斯编《狄更斯:访谈和往事》第一卷第 90—96 页中引用。她是意大利出身的音乐出版商文森特·诺韦洛的女儿,生于伦敦,认识利·亨特、拉姆家、玛丽·雪莱、济慈以及济慈的校长约翰·克拉克,她后来嫁给了这位校长的儿子查尔斯·考登·克拉克。她编撰了一套莎士比亚作品索引并制作了一台演出。她说服狄更斯,让她在《温莎的风流娘们儿》中随他登台扮演魁克莱夫人。1856 年,考登·克拉克家搬到尼斯,然后去了热那亚。1898 年,她在那里去世。
  ② 奥古斯特·艾格(1816—1863),伦敦出生,继承了父亲的遗产,受过良好的美术训练,长于文学、历史主题绘画,取得了相当大的成功。他患有哮喘,但他努力、好社交,是个慷慨的绅士。他痛快地加入了狄更斯的演剧活动,目的在于接近乔治娜。
  ③ 马克·莱蒙(1809—1870),1841 年成功创办《笨拙画报》前,曾在啤酒厂和酒吧工作过。他和狄更斯一样待人友好,同样还有人道主义的思想。1843 年他发表了托马斯·胡德的流行大作"衬衫歌"。狄更斯那年第一次请他吃饭,发现他和自己一样,对业余演剧活动充满热情。两人乃至两个大家庭之间建立了亲密的友谊(莱蒙有三个儿子七个女儿)。
  ④ 狄更斯致布尔沃,1851 年 1 月 5 日,《朝圣》第六卷第 257 页。

顿便催促他们赶快去涉足报业。他们咨询了狄更斯，狄更斯对担任编辑这个主意非常兴奋。但福斯特不同意。狄更斯回信为他的兴趣辩护，告诉福斯特他对自己作为作家的未来产生了动摇。事后看来这似乎很荒谬，但他确实非常担心他可能"健康状况恶化或不再受追捧"，这些担心让报纸的委托很有吸引力。① 他没有余钱投到任何项目上——财务上他仍然是过一个月算一个月——许诺给编辑的酬金是每年1 000英镑，而他讨价还价要了更多，并如愿以偿。11月他同布拉德伯里和埃文斯达成协议，他将成为《每日新闻》的编辑，酬金每年2 000英镑。报纸将在1846年1月开始发行。

几乎立刻就有一个股东赔了钱并抽出了投资，这吓得狄更斯差点退出。帕克斯顿已经投了25 000英镑进去，他说服布拉德伯里和埃文斯增加注资到22 500英镑。狄更斯改变了主意。报社的办公室放在了福利特街。他开始招募员工。福斯特和杰罗德是领衔的写手。他的舅舅约翰·巴罗被立即派往印度，去采访锡克教徒突破旁遮普邦攻打一支兵力众多、装备精良的英国部队的事件。他的岳父乔治·霍加斯以每周5基尼的稿酬写乐评。最意想不到的任命是，他的父亲约翰·狄更斯从退休生活中被请了出来，统筹记者们的工作，狄更斯和他父母的关系众所周知。最近约翰·狄更斯受到严厉的指责，被说成噩梦般的人物，制造了"该死的阴影"，是儿子生命中的拖累，是个对所有债务都违约食言的无耻小人，但这个人现在被委任为负责人，得到了信任，和雇来的记者谈条件，处理他们的稿件，为新报社做出贡献。让人更想不到的是，约翰·狄更斯在这个位置上做得很成功，在60岁这个年龄成了在福利特街受欢迎、被尊敬的人物，他每晚8点开开心心地上班，喜欢喝上一杯兑水的烈酒，人们都知道他是博兹的父亲。而博兹自己也宣称，没有人"比这位绅士对这家报纸更热心、更无私、更有帮助"。② 在狄更斯所有的观点反转中，这大概是最让人吃惊的。

1845年的秋天，狄更斯也在忙着进行着他的各项慈善事务，他不辞辛苦地去看望埃尔顿家中最年长的孤儿埃丝特，她现在被培养成了一名教师。他发现埃丝特·埃尔顿"安静、质朴、带着家庭英雄主义，这种

---

① 狄更斯致福斯特，1845年11月1日或2日（?），《朝圣》第四卷第423页。
② 狄更斯致埃文斯，1846年2月26日，《朝圣》第四卷第506页。

英雄主义是最感人、最有趣的那种",他这样告诉库茨小姐,并将她的名字在六年后写《荒凉山庄》时给了埃丝特·萨莫森。① 很幸运,库茨小姐大方地回应了他的恳求,因为他深入参与了为他后来的追随者约翰·欧佛斯的遗孀和六个孩子以及在12月自杀的拉曼·布兰卡德的四个孩子的筹资工作。库茨小姐无疑为狄更斯能以如此程度参与慈善工作感动,于是她要为他做点事:她打算支付查理的教育费用,给孩子最好的教育。狄更斯接受了她的好意,并保证查理是个"能力着实不凡的孩子","他天赋卓著";但几周之后,他提醒库茨小姐,孩子需要一所离家近的学校,因为"他有时会莫名地陷入低潮",比如"他为他的书紧张,或者为他的戏兴奋"的时候。狄更斯还"完全不为他害怕,他是那么机敏易感。"库茨小姐希望查理能做好进入伊顿公学的准备。②

孩子们8、9月都在布罗德斯泰,大部分时间由保姆们照看,这时狄更斯在伦敦忙着工作,凯瑟琳正休息待产。狄更斯和乔治娜出席了克里斯蒂安娜·威勒和他们的朋友托马斯·汤普森在10月中旬举行的婚礼,乔治娜是伴娘,狄更斯则发表了演讲。两周之后,凯瑟琳生下了第四个儿子,阿尔弗雷德·德奥赛·丁尼生,以他的两个教父法国伯爵和英国诗人的名字命名。据狄更斯记录,凯瑟琳在分娩过程中很痛苦但恢复得很快。对于他给孩子起的那些浮夸名字,他这样告诉朋友们,"除了女孩我什么都不关心,别管我。"③ 家里的两个女孩由家庭教师教导,乔治娜从 ABC 开始教小孩子们,婴儿们则在楼上由奶娘和保姆照看。玛梅还记得他们的父亲每天早晨逐个检查家里的每一个房间,看看是不是干净整洁。④ 凯瑟琳在家里的角色看上去几乎完全处于被动,她的青春就在不断的怀孕中度过,孩子一出生就被交给奶娘,她自己则被留在了一个奇怪的"监牢"中。她怀孕期间每天都要散步两次,但走得太慢,她的丈夫

---

① 狄更斯致库茨小姐,1845年9月10日,《朝圣》第四卷第374—375页;狄更斯致 T.J. 塞勒,1845年12月23日,《朝圣》第四卷第454页。关于《荒凉山庄》见第十七章。
② 狄更斯致库茨小姐,1845年9月10日,《朝圣》第四卷第374页;1845年12月1日,《朝圣》第四卷第442页。
③ 狄更斯致米尔纳·吉布森夫人,1845年10月28日,《朝圣》第四卷第418页。
④ 玛丽·狄更斯:《我记忆中的父亲》(伦敦,1897),第16页。

也没法停下来和她一起走。① 没有记录表明她曾和狄更斯说过什么，虽然她也分享了狄更斯在戏剧活动中和他的男性朋友们常有的喜悦。乔治娜崇拜狄更斯，陪他散步，能模仿他的朋友们逗他发笑；当乔治娜没有被列在邀请函上时，狄更斯有时也会写信去要求将她加上。② 从他的信件判断，他家的晚上通常都不太消停，夫妻俩的卧室是唯一能让夫妇过两人世界的地方。

新的圣诞故事《炉边蟋蟀》是一篇家庭童话，完成于12月1日，同一天狄更斯去看了位于福利特街办公室的房子。《每日新闻》宣称它是一家"持自由政治观点、完全独立"的报纸，将发表城市新闻、国外报道、与铁路相关的各方面的科学和商业信息，以及"由当代杰出人士撰写"的书评及艺术评论。狄更斯给自己找了个秘书兼副总编，威廉·威尔斯，他是《笨拙画报》的供稿人，曾经在爱丁堡的《钱伯斯期刊》工作，不算才华横溢但很可靠，比狄更斯大两岁，这个人会成为他的左膀右臂。狄更斯出发去了利物浦，为报纸寻求更多的支持，并在那里设立记者站，他不在报社期间，办公室由他父亲管理。

圣诞节期间他也在做准备工作，一半是为了他要在1月初上演的第二部戏《兄长》，另一半则是为了1月21日《每日新闻》的创刊发行。③《泰晤士报》敌视狄更斯，并将《每日新闻》视作对手，攻击他的圣诞故事，评价其为"废话连篇的、愚蠢的故事"，但这并没有影响它的销量。《炉边蟋蟀》第一版卖出了16 500册，新年之前就全部脱销，再版销量也很稳定。狄更斯开创了圣诞读物市场，现在公众都盼着想得到一册，即使它们的质量的确有所下降——《泰晤士报》的评论也不是完全错误——但销量在上升，毫无疑问，不下17次的《炉边蟋蟀》的戏剧改编起到了推波助澜的作用。狄更斯在德文郡台地的家里召开的主显节前夜派对规模比往常都要盛大，他们唱歌，为孩子们跳舞，共进晚餐，成人还有球类

---

① 见亚瑟·A. 阿德里安：《乔治娜·霍加斯和狄更斯的圈子》，第15页。他引用了一封罗伯森·尼克尔夫人于1943年5月22日给《泰晤士报》的信："我的母亲儿时住在坎登广场，经常看到狄更斯家，他们那时住德文郡台地。我的祖母曾可笑地讲述，她总是知道狄更斯家的孩子又要出生了，因为狄更斯夫人总是坚持每天散步两次，途经她的窗口。"如果是真的，那么凯瑟琳并非不擅长走路，毕竟德文郡台地和坎登广场正好隔着一英里。
② 同上书，第14页。
③ 该剧是弗莱彻的《兄长》，由福斯特"为现代表现改编"，由布拉德伯里和埃文斯出版。敌对的兄弟俩分别由福斯特和狄更斯扮演。

游戏，参加的有塔佛德、麦克雷迪、克鲁克香克、兰道、福斯特、斯坦菲尔德、马里亚特等"一百多人"。① 他们庆祝查理的 9 岁生日，而据他父亲说，查理正在忙着写一部四幕剧，主人公名叫"男孩"。②

《泰晤士报》的发行量为 25 000 份，售价 7 便士。《每日新闻》的定价是八版 5 便士，对手的地位如此显赫，作为总编，狄更斯要把读者从其他的日报吸引过来。这是一场赌博，但至少刚开始的销量还令人满意。第一期的发行赶上了反《谷物法》的长期斗争达到最高潮，这部法律令人厌恶，对进口谷物征税使英格兰和爱尔兰的面包价格高涨，也导致了激烈的政治骚动。1 月 22 日保守党首相罗伯特·皮尔告知下议院，他改变了关于《谷物法》的想法。皮尔有卓越的智慧和勇气，是自由贸易的新皈依者。他的转变使保守党分裂，因为大多数地主议员以依靠高价出售谷物为生，但皮尔决心通过这条站在党派利益对立面的法案。狄更斯与保守党敌对，他并不相信皮尔，认为皮尔"一定是在装样子"，也这样建议他的领衔撰稿人。③ 但他看到了皮尔这一尝试的重要性，他认真为皮尔在 1 月 27 日发表的第二次演讲做准备，决定在他的报纸上一定要刊登有关详细报道，然后发到全国。演讲持续了三个半小时，约翰·狄更斯这时全情投入，写信给皮尔请他提供演讲稿的副本，扛起责任，将登载了报道的报纸运到西部，奥古斯特给他打下手。这给《西部时报》的编辑留下了非常深刻的印象，他写道："狄更斯先生的耐力实在让人艳羡。在他身上似乎完全感觉不到时间的印记。他早晨离开伦敦，坐火车来到这里，又从这里搭马车去普利茅斯，然后再返回，他和我们打招呼，说他打算当天晚上回伦敦——而且没有食言。这就是博兹的父亲。"④

如果说博兹的父亲最终找到了他合适的位置，博兹自己则没有。1 月 30 日，在履行了总编的职责仅 9 天之后，狄更斯给福斯特写信说，他"满脑子里想的都是退出出报社，到海外去，写新书。"⑤ 承认处于困境对他来说并不容易，而他也从这窘境中解脱了出来。在给福斯特写信的同一天他也给布拉德伯里和埃文斯写信，表达了他担忧报纸可能因为对铁

---

① 小说家弗雷德里克·马里亚特在一封信中写"一百多"，《朝圣》第四卷第 466 页脚注 2。
② 狄更斯致库茨，1846 年 1 月 7 日，《朝圣》第四卷第 466—467 页。
③ 狄更斯致 W.J. 福克斯，1846 年 1 月 23 日，《朝圣》第四卷第 479 页。
④ W.J. 卡尔顿："记者约翰·狄更斯"，《狄更斯研究者》1957 年第 53 期第 10 页。
⑤ 狄更斯致福斯特，1846 年 1 月 30 日，《朝圣》第四卷第 485 页。

路新闻的单方面报道而被认为堕落,毕竟报社接受了铁路方面人士的投资。他还抱怨了这些人对副主编以及其他人事任命的干涉。他有权提出这些问题,但我们也要提到他想要离职的意向,他也确实这样做了。尽管报纸在皮尔演讲之后那天的发行量高达 10 000 份,但它接下来迅速滑落且稳定在了 4 000 份左右。麦克雷迪在他的日记里记录了他的失望,比起《泰晤士报》,它的内容实在太乏善可陈了。狄更斯为 2 月 4 日那期提供了一篇有关贫民学校的稿件,然后在那天以及第二天他都出门吃饭去了,这实在不是一位报纸出现问题正待解决时总编应有的行为。之后他到乡下进行了两天的生日旅行,去他深爱的罗切斯特,福斯特、杰罗德、凯瑟琳和乔治娜都支持他,他下榻在公牛旅馆,步行可到科巴姆公园、查塔姆要塞和罗切斯特城堡。外出旅行期间,他劝说福斯特代替他出任总编,回到伦敦他就立即提交了辞呈。

他告诉福斯特,他"累得要死,疲惫不堪",毫无疑问,他在主编这份工作中感受到了太多的压力。但在一周中他都装作若无其事,给德拉鲁写信说,"我现在又是个绅士了。我把报纸的总编工作(这工作实在很费力)交给了福斯特;现在正构思着一本新书……《每日新闻》是个巨大的成就……但我不是很信任……某些人的关于其机构和商业管理的想法……"① 他给威尔斯写信说对他的想念"比对报纸更甚",他还对埃文斯抱怨布拉德伯里,指责他对自己父亲的失礼以及对职员人事安排的干涉,但坚称他们之间没有关于报纸之外的争执。② 他继续给报纸供稿,不只是关于他意大利之行的文章,还有四篇关于死刑的长议论文,文章宣称他坚决反对这一刑罚,这些都发表于 2 月。③ 他于 12 月底收到了布拉德伯里和埃文斯支付的 300 英镑,这是他 1 月和 2 月的报酬,但在 3 月 5 日他写信抱怨,他们没有付给他任何"报纸收益"的酬金,他在顾资银行的账户因此被透支,由于他和库茨小姐之间的友谊,这让他非常尴尬。第二天他们往他的账户里又汇了 300 英镑,4 月 29 日还付了一笔。④ 但他

---

① 狄更斯致德拉鲁,1846 年 2 月 16 日,《朝圣》第四卷第 498 页。
② 狄更斯致威尔斯,1846 年 2 月 16 日,《朝圣》第四卷第 500 页;狄更斯致埃文斯,1846 年 2 月 24 日,《朝圣》第四卷第 503 页。
③ 菲利普·柯林斯在他的《狄更斯和犯罪》(伦敦,1962,作者持 1994 版)第 227 页中写到,狄更斯在这些如此长的讨论死刑的文章中没有涉及其他社会问题,后来他改变了对这一问题的观点。
④ 狄更斯致布拉德伯里和埃文斯,1846 年 3 月 5 日,《朝圣》第四卷第 514 页。他于 4 月 29 日收到 722 英镑五先令五便士,对于他短暂的编辑工作来说,这数额很大。他于 1845 年 12 月 31 日收到的 300 英镑涵盖了 1846 年的头两个月的收入。3 月 6 日,他们往狄更斯在顾资银行的账号又汇了 300 英镑。

觉得很受辱，尽管库茨小姐不大可能知道他账户的详情。他还有这样一种想法，即他本打算借编辑工作来减轻他对健康恶化和人气衰落的恐惧，但这份工作超出了他的能力范围。他仍然在苦苦挣扎着。

后来他不情愿地向某些人承认，他担任编辑工作是个错误，库茨小姐正是其中一位："我无疑是犯了错。"① 这时候他带着脑海中对新书的模糊想法开始在伦敦四处夜游。他定下了在他看来最好的计划，不仅是财务上的，也是职业上的。他打算把德文郡台地的家再租出去一年，带全家人去瑞士；他在从意大利回英国的路上就觉得那里迷人、生活成本低，还可以让他安静地写作。同时他还在维持着他在伦敦的社交圈。4月，大家在里士满例行庆祝了福斯特的生日和狄更斯夫妇的结婚纪念日，一群人包括福斯特、麦克莱斯、斯坦菲尔德和麦克雷迪聚在一起，麦克雷迪觉得这场聚会"比我平常喜欢的要乱得多"。② 这之后是场晚餐会，庆祝将于这个月稍后举行的小阿尔弗雷德·德奥赛·丁尼生·狄更斯的洗礼。两位教父都送了礼物，狄更斯也趁此机会找到还是单身贵族的丁尼生，提议他也一起去瑞士，到时候与他家同住。丁尼生对要和六个小孩住在一起这件事有些畏惧，但他告诉布朗宁家的理由却不是这样的："如果我去了，我可能就会恳求他（狄更斯）放弃他的多愁善感，并彼此再也不见。这件事还是谢绝了的好——我也已经拒绝了。"③ 丁尼生还记得狄更斯的邀请，后来在夏天他和他的出版商一起上路，在洛桑拜访了狄更斯，被招待喝了酒，还抽了不少雪茄。

狄更斯给奥古斯塔·德拉鲁写了封长信，说自己已经离开了报纸编辑的岗位，因为他反对报纸的事务管理方式。这话只部分属实，他没有完全停止给报纸供稿；他还预期报纸最终会失败，但这并未发生。他的信始终都有点不够坦白。他的信影响并取悦一位他喜爱的女性，他不希望对方知道巨大的工作压力对他的伤害，他觉得自己必须离开伦敦，因为就像他告诉福斯特的，"我不觉得在这里能将报纸完全拒之门外从而让我好好写作。"④ 他还向德拉鲁夫人保证过他会再去热那亚，但凯瑟琳不愿意考虑那里——这是真的——于是他们准备到洛桑去，这样他就能

---

① 狄更斯致库茨，1846年4月22日，《朝圣》第四卷第539页。
② 《麦克雷迪日记》第二卷第333页。
③ R.B.马丁：《丁尼生》（牛津，1980），第302页。
④ 狄更斯致福斯特，1846年4月17—20日（?），《朝圣》第四卷第537页。

"跑到"热那亚；而实际上他倾向于在圣诞节前搬到巴黎。同时查理入学的事被推迟了。狄更斯告诉库茨小姐，他会让查理在洛桑接受教育，等孩子 10 岁时再将他送进英国的学校。罗切又一次被聘用，德文郡台地的家租给詹姆斯公爵，从 6 月 1 日起为期一年。① 约翰·狄更斯在《每日新闻》工作得很开心，最后所有人的问题都解决了。

出发前四天，狄更斯迈出了事业上的第一步，这件事将成为他未来十多年的生活中心，他发给库茨小姐一份提纲，内容是关于他对两人将来可能合作进行的慈善事业的想法。在狄更斯写下的许多令人关注的信件中，这一封最为惊人，长达 14 页，写明了他打算为伦敦街头从事色情业的女性建造庇护所的计划。他回避了娼妓这样的用词，避免让库茨小姐尴尬，但这就是他所指的，库茨小姐也明白；他开始初步考虑到了执行上的细节，即重新教育她们，让她们走上另一条人生道路。这些计划不是被干巴巴地列出来，而是出于一种对处于困境的女性的同情。在读他的信时，你有时会留意到他的思虑之周详。② 他从一开始就坚持认为，他们要帮助的每位年轻女性都过着"一种本质上和结果上都很可怕的生活，充满了苦难、不幸和对自身的绝望。在那样的窘境中，社会也对她漠不关心，苛待她、厌恶她，她甚至不指望着多留心世间的是非。这对她来说是毁灭性的。"他继续说，他希望向每一个表现出受助意愿的女性解释它，"她被贬低并堕落，但只要有庇护所她就不会迷失；这意味着回归幸福的方式现在将由她们决定……"受助的女性可能来自监狱，娼妓通常都会被送到那里去，但每个受助者必须自己做出去庇护所的选择，主动希望得到帮助。

狄更斯希望先从 30 个人开始，他预计这些人中有一半会失败。他的希望是这些留在计划里的人能在社会中"再生"，甚至成为"贤惠的妻子"。他特别对让她们移居殖民地，如澳大利亚、南非、加拿大的计划感兴趣，他觉得政府或许会表彰并援助这样的计划。在获取政府支援失败后，他又期望能找到"好人"推动计划投入运营。他请库茨小姐委托他"承担在机构中的监管指导工作……无需多言，我会全心全意地投入这项

---

① 约 300 英镑，前一位租户支付了一年的房租。
② 狄更斯致库茨，1846 年 5 月 26 日，《朝圣》第四卷第 552—556 页。

工作中去。"① 尽管他还不在能推动这一计划的职务上，但他说的每一个字都是认真的。他在瑞士期间也一直在给库茨小姐写信，进一步提出他的看法和建议。

5月29日狄更斯和福斯特吃了顿饭，他第二天就要和全家去拉姆斯盖特了。这一次狄更斯的大篷车里有六个孩子，安妮和两个保姆，向导罗切，狄更斯自己，凯瑟琳和乔治娜，还有上次的那条狗汀柏。在拉姆斯盖特，他们坐上轮船去奥斯坦德，然后乘汽船沿着莱茵河逆流而上，这航程必然会使保姆们提高警惕意识。他们于6月7日到达斯特拉斯堡，然后换乘火车去巴塞尔，再换三辆马车，走三天的路到达洛桑。6月11日他们在吉本酒店下榻。在集中找了一段时间后，狄更斯选择了罗斯蒙特，一幢据他观察小到能放进热那亚佩西雷宅邸大厅的房子，但它处于莱芒湖边的山坡上，赏心悦目。房子里有足够他们自己和客人使用的房间，狄更斯有一间小书房，房间里有一个阳台可以眺望湖光山色，还有一个花园，里边开满"足够闷死《每日新闻》整个机构的玫瑰"，他向福斯特这样保证，催促他赶快来和自己一起，在错落的阴凉处读书或者抽烟。② 他一到那里就又开始计划11月"跑回英格兰几天去找福斯特"。他的写作理应进展很顺利，③ 但他还是无法开始写作，因为摆放着他惯用文具的盒子以及他喜欢放在桌上的小铜像还没有到。他能处理的只有信件，还有本写给稍大些的孩子们的一本名叫《我主的生活》的书，共十一章，并不计划被出版。他感到焦虑，因为布拉德伯里和埃文斯被他们的报纸弄得很不安分，他们可能并不适合出版他计划中的新书，于是他向福斯特咨询查普曼和霍尔是否有接手的可能性；而福斯特则要说服他放弃这一想法。

此外，他还给莫佩思爵士写了信，这是一位和他有些交情的自由党贵族，狄更斯告诉爵士他有担任公职的抱负，"多年来"希望成为一名警务司法官，他可以在这个职位上把他对于社会的认知——关于穷人、教育和安居、疾病和恶习、监狱和犯罪的认知——用于实践。他认为莫佩

---

① 狄更斯致库茨，1846年5月26日，《朝圣》第四卷第552—556页。
② 狄更斯致福斯特，1846年6月13日或14日（？），《朝圣》第四卷第561页。
③ 狄更斯致福斯特，1846年6月22日（？），《朝圣》第四卷第569页。

思能帮他找到这样一个职位。① 狄更斯没有与福斯特商量这个令人惊讶的主意，这无疑又是一个他对自己在小说写作方面的能力失去自信的表现，但没有任何后续。

在 6 月 28 日，他收到了装着写作材料的盒子以及《项狄传》，他碰巧打开一读，"它可以变成这么伟大的作品！我们开始吧！"在此激励下，他写下了《董贝父子》的前几页，这部作品最终为他建立了经济上的保障。② 但他这时不可能知道这一点，他仍然在为他还能否写下去这件事焦虑，同时还为制作第四部圣诞故事的决定而紧张不安。《董贝父子》连载的第一期准备在 9 月底发表。他寄给福斯特的信里表现了他不那么开心。瑞士很美，但它有一个致命的弊端，他解释说，他觉得自己被"一种难以言表的不寻常的紧张"折磨着，因为这里没有街道，他一天工作结束后无法散步，而他现在迫切地需要这种环境。③ 尽管如此，他还是稳定地在 7 月中旬写完了第一期，他为了写作推延了去夏蒙尼的行程，觉得自己已经有了一个强有力而充满希望的故事。月底他把最初四章发给福斯特，还为后边的更多情节列了提纲，但在后来，他说他"腿部不适、颤抖"，很痛苦，难以入眠。④

开头的一章写了保罗·董贝的诞生，母亲的死亡，以及委派奶娘的经过——这是狄更斯非常了解的范畴——他在一幢"位于波特兰广场和布莱安斯顿广场之间"的阴暗大房子里给小弗洛伦斯·董贝和她的父亲设置了一种不幸的关系。城里还有其他欢乐的人家，董贝办公室里打杂的华尔特和给船只造零件的叔叔所罗门·吉尔斯住在一起——这些文字是带着气势和信心被写下来的，福斯特也给出了相当高的评价。狄更斯回信说，他"一直都不舒服……因为太热"，天气让他基本上没法工作，他准备回到圣诞读物的写作上，因为完成它是种解脱。⑤ 没多久他就觉得"很难加快进度"，他把这看作是两年自由散漫给他带来的影响。没有拥挤的街道仍然是个很现实的问题，伦敦对他来说像一盏远处的魔术灯，

---

① 狄更斯致莫佩思，1846 年 6 月 20 日，《朝圣》第四卷第 566—567 页。
② 狄更斯致福斯特，1846 年 6 月 28 日（？），《朝圣》第四卷第 573 页。
③ 狄更斯致福斯特，1846 年 7 月 5 日，《朝圣》第四卷第 579 页。
④ 狄更斯致福斯特，1846 年 7 月 25—26 日，《朝圣》第四卷第 592 页。
⑤ 狄更斯致福斯特，8 月 7、9、10 日，《朝圣》第四卷第 599、600 页。

没有了它，日复一日的写作使他的工作量巨大。① 他渴望晚上沿街散步，这种需求是一种让他痛苦的"精神现象"："我说不出地需要它们。我没法摆脱我的鬼怪，除非我能把它们丢进人群里。"②

他没有解释他所说的"鬼怪"是什么意思，但这个词让人回忆起奥古斯塔·德拉鲁的"幽灵"，有时它也被狄更斯称作"鬼怪"，是他在幻觉中看到的痛苦之源。③ 德拉鲁一家 8 月就在瑞士，狄更斯准备用一天的时间在韦威陪他们，当然他会和德拉鲁夫人谈话并聊到她的精神状况，他当然也不会谈到他自己的精神状态。福斯特试着鼓励他，告诉他巴黎也有拥挤的街道，狄更斯 11 月就会搬过去，在那里他可以方便地来往伦敦。但他的心灵并没有得到抚慰，他发现信件完全无法代替福斯特本人的存在。在他害怕他可能写不出那本圣诞读物时，他在信中写道："为了能当面告诉你这点，我愿意放弃世界"，还说他当夜就想出发去伦敦。④

有件事将他稍微从他的自怜中拯救出来，他下定决心向他在洛桑认识的新朋友们朗读《董贝父子》的第一期内容，这些人主要是讲英文的居民。听众当中包括理查德·沃森爵士，他是一位持自由观点的地主，他和妻子拉维妮娅一起运营着位于北汉普顿郡罗金汉堡的地产；还有威廉·德·瑟雅，一位瑞士绅士，后来成了狄更斯一生的朋友和通信人；以及他的姻亲威廉·哈迪曼，一个有钱而博爱的侨民。他们在 9 月中旬被请到一个晚会上，聆听一场正式的样稿朗读会，狄更斯读了一个多小时，所有来宾都很高兴。狄更斯的情绪受到了鼓舞，简单地说，他又觉得自己无可比拟了。在英格兰，布拉德伯里和埃文斯又展现出了作为出版商的勇气，在筹备第一期内容的发表时，他们在埃克塞特、爱丁堡、格拉斯哥、考文垂、巴斯和伦敦都张贴了"狄更斯先生新作"的宣传海报，销售人员分发带宣传语的广告卡片，红黑两色广告卡共发出了 3 000 张。⑤ 狄更斯则去了日内瓦，他希望能摆脱病痛、眩晕的侵袭和布满双眼的血丝，但他仍然在纠结要不要放弃写那本圣诞读物，并告诉福

---

① 狄更斯致福斯特，1846 年 8 月 30 日，《朝圣》第四卷第 612 页。
② 狄更斯致福斯特，1846 年 9 月 20 日 (?)，《朝圣》第四卷第 622 页。
③ 狄更斯在给谢里丹·勒范努的信里谈到她的病例时管它们叫"鬼怪"，作为对"幽灵"的代替说法，1869 年 11 月 24 日，《朝圣》第十二卷第 443 页。
④ 狄更斯致福斯特，1846 年 9 月 26 日，《朝圣》第四卷第 625 页。
⑤ 罗伯特·L. 帕滕：《查尔斯·狄更斯和他的出版商们》，第 184 页。

斯特"只要能和你商量不管付出多少钱我都愿意。"眩晕和头痛还在持续，日内瓦沉静的街景对他也没多大用处。他继续抱怨"没有能散步的街道"。① 又一次怀孕了的凯瑟琳和他同行，乔治娜很快也被叫过来：9月底和10月下旬他分别在那里待了一周。随后，福斯特认为他已经"病得很重"，情绪严重低落时他也感到了自己正"处于严重危险"的状态。②

但是在洛桑，他为当地的朋友开了第二次朗读会，带来了"躁动般的喜悦，我从没见过人们能这样笑，"他告诉福斯特，这还让他有了个新主意。他继续写，"有一天我回顾了这些天的讲解和朗读，发现让一个人来朗读他自己写的书也有可能赚到不少钱（只要这不有失体面）。这很奇怪。我觉得朗读自己写的书能挣很多。你怎么想？"③ 福斯特确实认为，让一个作家变成收钱的表演者有失体面。但狄更斯只要有了一个想法就不会放弃，12年后他做出尝试并发现这让他深感满足。不只是因为这件事能让他"挣很多"，这个行为也给他带来了极大的快乐，他站在观众面前，为他们表演自己构想出的人物，并发现他能让整个剧场如痴如醉，一会儿笑一会儿哭。没有什么比这更能证明公众对他的敬仰和热爱，这使他更自信，并帮助他克服了未来无法逃避的不幸和痛苦。

他向福斯特提到的又一个计划是，他有志于做一本廉价周刊，要具备《观客》当前的激进主义倾向和《图书馆》的文化个性，迪莱克做主编，卡莱尔、兰道和布朗宁供稿。这又是一个后来被付诸实践的主意；而现在福斯特知道，最重要的事情是让狄更斯老实地继续写作，他尽最大努力去扮演一个远程的顾问、鼓励者和保姆的角色。狄更斯在和他的圣诞读物纠结的时候发现，他的散文创作变成了无韵的诗行，他告诉福斯特"我在非常认真的时候对此毫无察觉"，并要求福斯特"在文思上提醒他一下"，福斯特也适当地做了。④

还有比这样的交流更重要的。狄更斯向福斯特坦诚"小保罗·董贝"的经历和"皮普钦夫人"开设的那家让孩子们吃不饱、不开心的机构都

---

① 狄更斯致福斯特，9月30日，10月1、3日，《朝圣》第四卷第626页、627页。
② 福斯特：《一生》第二卷第十三章，"在洛桑的文学工作"第257页。狄更斯致福斯特，1846年11月30日，《朝圣》第四卷第670页。"我会告诉你，现在一切都结束了。我不知道这是不是因为炎热的夏天，或者是因为两本书以及想起《每日新闻》带来的焦虑，但我已经在瑞士，当我的灵魂沉陷时，我觉得我已经非常危险。"
③ 狄更斯致福斯特，1846年10月11日，《朝圣》第四卷第631页。
④ 狄更斯致福斯特，1846年11月13日，《朝圣》第四卷第656页。故事是《生命之战》，狄更斯的第四部圣诞故事，可能也是最糟糕的故事。

基于他自身的经历:"这种叙述来自生活,它就在那里——我没有假设我是个八岁孩子,但我同样也记得一切,我当然也理解它,就像我现在一样。我们必须对我们在孩子身上做了什么保持高度警惕。我在日内瓦想到了我儿时的那条路。我能在死时将我一生的回忆留给你吗?当中有些事应该会很触动你……"① 不管困扰着狄更斯的鬼怪与他被挑起的不快童年回忆是否有关联,他对福斯特吐露心声无疑是有帮助的,这促使他将回忆呈现出来,在写下的自述中展现自己,这样的回忆与展现还体现在他的下一部小说《大卫·科波菲尔》中。多病的孩子保罗·董贝必须忍受他无情的父亲在他的照顾和教育上强加的一切——失去奶娘、和苛刻的皮普钦夫人住在一起、被送到远超过他学习能力的学校读书——他的遭遇也直接影响到了后来的小大卫,他也失去了奶娘和母亲,被继父虐待,还被送到条件恶劣的学校里,然后又承担了超出他年龄和能力的工作。

　　福斯特无穷的同情心和回应能力非常值得敬佩,尤其是在他还要处理《每日新闻》的问题的情况下。他觉得自己和报纸东家的步调越来越不一致,10月他反对报纸涨价,11月就辞去了总编的职位。狄更斯11月中旬要和家人一起去巴黎,把他们安置在那边租好的屋子里,然后一个人去伦敦,12月中旬他又坐在了广场咖啡屋里;福斯特也同意1月到巴黎住两周,这样他就能和狄更斯一起逛遍整个城市。

　　狄更斯在10月中旬给麦克雷迪寄出了一封深情的信,说他已经摆脱了剧烈的头痛,感谢麦克雷迪对前段时间寄去的《董贝父子》前两期样稿的好评,取笑他有八个孩子的庞大家庭,并后悔承认自己也一样糟糕,毕竟在春天他的第七个孩子就要出生了。麦克雷迪正经历萨里郡黑衣修士剧院的演出季,他在那里出演莎士比亚伟大的悲剧《哈姆雷特》《李尔王》《奥赛罗》和《麦克白》。和他搭档扮演麦克白夫人的是特南夫人,一位努力而可靠的中年女演员,她曾是美丽的弗兰西斯·雅曼,现在和她的老母亲以及孩子一起住在黑衣修士路一家消防车厂附近的出租屋里。在和她共演后,一天晚上,麦克雷迪得知,她被关在贝斯纳格林的精神病院里很长时间的丈夫去世了。麦克雷迪考虑该如何帮助她,于是他给了她一张10英镑的钞票。两天之后她回复,"感激地接受了我的捐助

---

①　狄更斯致福斯特,1846年11月4日,《朝圣》第四卷第653页。

……并希望将其视为一笔借款。我写信给她,在里边夹了一张一定金额的支票;但我不希望用债务一样的感觉去束缚她,我要求,如果她过度的劳动是出于这样的意图,那就将它变成我给她小女儿的一件礼物。可怜的人!"日记里继续写道:"福斯特来到我的房间;他自己过得不太好,《每日新闻》也进展得不太顺利。"① 狄更斯在英格兰,麦克雷迪很可能已经请求过他给特南夫人提供帮助,他知道狄更斯在帮助处于困境的家庭时能有多慷慨;但他终究还是离得太远,而且太忙碌。11 月 4 日特南夫人拜访了麦克雷迪,带着三个女儿,而不是麦克雷迪预期的一个女儿。11 岁的芬妮,9 岁的玛丽娅,7 岁的奈莉。她们都从两岁起就在剧院工作了。在拜访过程中她们的母亲优雅地背诵了鲍西娅*怜悯的念白——"给予的人必蒙祝福,索取的人也必蒙幸福"——她将这作为对麦克雷迪善行的感谢。然后一家人出发,接下来的五年里,她们到爱尔兰和英格兰北部巡演,住在出租屋里,以冷肉、面包和啤酒维生,自己做演出服,接受任何给她们的角色,必要时能一周内掌握四个角色的戏。她们是职业演员,但她们的母亲也坚持认为,她的女儿们永远也不能忘记她们同时也是淑女。她们聪明而坚韧,知道有时她们必须去演垃圾一样的角色,并要尽力去挽回它;而她们工作的剧院尽管通常都达不到她们的期望,却代表她们所认同的文化和美的理想形态。她们是现代的年轻女性,拮据却有抱负,再过 10 年她们会成为狄更斯的世界的一部分。

与此同时,狄更斯将自己的理念和精力投入到一份旨在宣传自由意见的报纸上,因为尝试为英格兰大众服务这件事已经失败,在回到作为小说家这个真正的身份时,他发现逃到瑞士并无任何帮助。他经历的肉体和精神上的危机都写在了他给福斯特的信中,这是他经历过的最严重的危机,使他几近崩溃。他靠自己渡过了难关,福斯特的回应给了他帮助和安慰,他开始打开他深藏已久的记忆。磨难和回忆的过程都让他更坚强,并丰富了他之后的作品。

---

① 《麦克雷迪日记》第二卷第 347 页。
* 莎士比亚戏剧《威尼斯商人》中的角色。——译者

第十三章　中断的《董贝父子》
1846—1848 年

　　三辆马车载着一家人从洛桑来到巴黎，孩子们和保姆（无疑还有狗）坐一辆，大人们坐另一辆。他们于 11 月 16 日离开，在霜冻和雾中穿过汝拉山脉，早上五点起床，每天在路上度过 12 小时，四天之后终于到达巴黎并下榻旅馆。他们全都挤进了布莱顿旅馆，狄更斯立即开始找能租住的房子，然后一周内他们就在库尔赛勒路 49 号安顿下来，这里靠近香榭丽舍大街和圣奥诺雷郊区街。房子归属一位法国侯爵，狄更斯抱怨大冷的天里门和窗都关不好，卧室小得就像歌剧院包厢，挂在墙上的窗帘令人"难以理解"，餐厅可笑的涂装看上去就像是树丛。他已经开始着手步行探索巴黎的街道，瞥见了国王路易·菲利普坐在马车里，被一群骑马的守卫和警察保护着，他们向前走的同时用怀疑的目光扫视着街道。国王基本没给他留下什么印象，他认为巴黎是个"邪恶可憎的地方，尽管这个城市有惊人的吸引力。"① 不久，他约了使馆的武官查尔斯·谢里丹在王宫一家著名的"普罗旺斯三兄弟"的餐馆吃饭，福斯特也答应 1 月来住两周，和他一起探索巴黎这座城市。② 在给杰弗里爵士的一封信中，狄更斯说福斯特是"我的右手，也是我冷静敏锐的头脑"，狄更斯还对福斯特坦白他在瑞士如何濒临崩溃。③

　　他需要集中精力写作《董贝父子》，但正当他在库尔赛勒路住下时，他父亲寄来了一封信，内容是关于他的姐姐芬妮的健康状况的坏消息。她得了肺结核，医生建议不要告诉她和她丈夫真实的情况，也就是说医

---

　　① 狄更斯致福斯特，1846 年 11 月 30 日，《朝圣》第四卷第 669 页。他继续写道："到头来没有比霍加斯难以启齿的那句话更好的总结"——即"法国的房子都中看不中用"，根据编辑的说法，这大概是狄更斯写的。

　　② 狄更斯致福斯特，1846 年 11 月 30 日 (?)，《朝圣》第四卷第 669 页。查尔斯·谢里丹是理查德·布林斯利·谢里丹的孙子，父亲是托马斯，狄更斯很熟的卡洛琳·诺顿是他的姐妹。他于几个月后，即 1847 年 5 月，死于肺结核，就在巴黎的使馆里。

　　③ 狄更斯致杰弗里，1846 年 11 月 30 日，《朝圣》第四卷第 670 页。

生不认为她有可能康复。那个晚上狄更斯心烦意乱，甚至没有跟凯瑟琳和乔治娜一起去剧院。一周后他还是无法开展工作，他不喜欢他的书房，在其他地方也找不到一个能供他写作的角落。他把家具搬来搬去，借写信分散注意力，抱怨法国人懒惰不可靠，除了当兵干什么都不适合，晚上他带着乔治娜出门逛巴黎城。①但当他真正开始写的时候他冷静地告诉福斯特，他没有一点曾在小耐儿的结局上表现出的痛苦，"保罗，我会在第五期的结尾杀掉他"，在第四期写完后他就动身去了伦敦，圣诞节前又到柯芬园的广场咖啡馆和林肯饭店附近待了一周。②

他需要和福斯特一起在伦敦，这是为了他的精神健康，同时也有许多很现实的原因。他要安排照顾病中的芬妮，找最好的医生诊治她，并要考虑伯内特家是不是愿意搬到伦敦来和他们住得近一些。12月19日是他的新作圣诞读物《生命之战》的发售日，故事讲的是一个女孩为了她的姐妹放弃了自己的爱人，这故事无力而感伤，但第一版在圣诞节前卖出了24 000册，在这一年年底，他赚到了1 300英镑。基利剧团要在会堂上演该故事的戏剧改编版，由狄更斯监制，他还在福斯特借给他的房间为演员们朗读，他拿福斯特的悲叹开玩笑，尤其是他要为整个剧团提供76个厚火腿三明治。狄更斯发现，基利剧团的制作很拙劣，于是他只能尽力在当中挖潜。他还有事与出版商相商，目前正在与查普曼和霍尔协商出版他之前作品的平价版的事。③在一处接一处赶场的过程中他患上了感冒，由此"我连手都举不起来，每时每刻都在战斗着"，用他写给"我最亲爱的凯特"的话来说，他正急切地盼望着她的来信。④

回到巴黎时正值圣诞节，他写了封信给"我特别亲爱的福斯特"，送给他"许多圣诞祝福，许多新年祝愿，愿我们友谊长存，愿积累无数快乐回忆，愿爱在天地之间。"福斯特也应该听说了他感冒的事："我会去喝上一大杯热朗姆蛋酒然后立即上床睡觉，盖上家里所有的毯子。我有种感觉，好像我的脑袋在'边缘'。"⑤1846年的最后一天，他去停尸房看

---

① 狄更斯致福斯特，1846年12月6日，《朝圣》第四卷第676页。
② 同上。
③ 平价版将他的现有作品以几种不同形式出版：周刊一个半便士，月刊七便士，印刷为两栏，是给最为贫困的读者准备的，"可以存放在不起眼的没几本书的架子上"，他在简介里这样写到。著名画家如里奇、布朗尼、斯坦菲尔德给书画了新封面，狄更斯还写了新的序言。它们从1847年5月起陆续发行，卖得不如预期得好，1848年底狄更斯表达了他的失望，但书继续卖了下去，1858年又出了一次平价版。
④ 狄更斯致凯瑟琳，1846年12月19日，《朝圣》第四卷第680—681页。
⑤ 狄更斯致福斯特，1846年12月27日，《朝圣》第四卷第685—686页。

躺在那里的无名尸体。他黄昏时一个人去，在对面的空地里看见一个花白头发的老人。①

《生命之战》卖的好是因为狄更斯的圣诞读物有市场，但批评是无情的。1月份当评论传到狄更斯时，他畏缩了，并告诉福斯特他想去新西兰，但同时他还正在写《董贝父子》的第五期，"我正在屠杀一个年轻而无辜的受害者——"行动已经做出，他整夜走在巴黎街头，第二天早晨他还要去见福斯特。②两个朋友一起度过了愉快的两周。他们去了凡尔赛、圣克卢、卢浮宫，在音乐学院旁听了一堂课，皇家图书馆里他们看到了古腾堡的活字和拉辛在他的那本《索福克勒斯》里做的注解。他们在英国大使馆用餐，去调查医院、监狱以及总是让狄更斯无法抗拒的停尸房，还看了所有他们能去看的戏剧演出。他们和剧作家尤金·史克莱普交流，和大仲马一起吃晚饭。他们说话的对象有特奥菲尔·戈蒂埃，有病中的夏多布里昂，还有曾在热那亚略见过一面的拉马丁，狄更斯赞美了他的自由派政见；他们还在皇家广场的公寓拜访了维克多·雨果。雨果的口才给他们两个留下了非常深刻的印象，福斯特说他对狄更斯的奉承"非常动人，十分得体"。狄更斯认为，他"看起来像个天才"，而他的妻子则看上去像随时都可能在早餐里下毒的人；他的女儿出现时"腰部以上几乎没有任何衣料……我怀疑她胸衣里是不是有锋利的匕首，她出来时什么都没穿戴着。"③ 开了玩笑后，他觉得"在我见过的文人当中，我最喜欢维克多·雨果"。④

和福斯特一起在巴黎度过的时光使狄更斯对人的看法有所改进，他开始看到法国人的美德，并为其吸引。"在巴黎，从最广泛最普遍的意义上来说，对艺术普遍的赞赏和尊重是我所知道的最好的国民性。他们都是特别聪明的人；尽管他们当中仍有人既精致又粗糙，但我相信，从崇高和伟大一面看，他们会是这个宇宙中的先锋。"⑤ 这是他真正爱上法国的开始，而法国人则以译介、仿效他的作品作为回报，最终在10年后阿

---

① 狄更斯致福斯特，1847年1月初（?），《朝圣》第五卷第3页。
② 狄更斯致查尔斯·谢里丹，1847年1月7日，《朝圣》第五卷第3页。
③ 福斯特：《一生》第二卷第十五章，狄更斯致布莱星顿女伯爵，1847年1月27日，《朝圣》第五卷第15页。
④ 狄更斯致德拉鲁，1847年3月24日，《朝圣》第五卷第42页。
⑤ 同上。

歇特出版公司经狄更斯授权翻译引进了他的全部小说故事。① 19 世纪 40 年代他的作品已经被翻译成了多种欧陆语言，德语、意大利语、荷兰语甚至俄语，但没有哪种语言能像法语这样和他有如此近的关系，这是他学过的语言。② 福斯特说狄更斯的法语发音很差劲但写作水平很高。他给福斯特写了封信，"查尔斯·狄更斯，入籍法国，成为巴黎市民（法语），在 1847 年他开始用法语给德奥赛写信，行文大胆，即使文字简单而且不够准确（英语）：'噢，我的上帝！时间以惊人的速度流逝！当我自由的那一刻，我仍然觉得自己是一个被挂在木架上的犯人。没关系！敢作敢为、不可比拟的博兹！你会赞赏我的勇敢！（法语）'"在两年中，他熟练地掌握了这门语言，可以进行正式的通信了。③

　　同时他还有小说要写。故事从 1846 年 10 月第一期发表开始就卖得出了意料得好，让布拉德伯里和埃文斯一直忙着重印，而 1 月的这一期他们一开始就卖出了 32 000 册。这样的成功当之无愧，因为这本书有一个绝好的开头：董贝夫人在伦敦波特兰广场一座阴暗的大房子里的产褥上死去，她的丈夫抱着刚刚出生的儿子，上流社会的医生无力回天，她年幼的女儿弗洛伦斯一边哭一边抱着她，"双臂紧紧抱着那根细长的圆材，母亲漂向了那环绕着整个世界的黑暗而未知的大海。"* 第二章在此基础上继续讲述了为还是婴儿的保罗雇佣奶娘的经过：董贝先生嫉妒外人的存在，也不高兴把孩子交给波利·图德尔。图德尔太太是个母性很强的年轻女性，丈夫在铁路上做工，自己还有几个孩子。董贝先生坚持要她放弃自己的名字，在他的家里她要被称作"理查兹"。他尽力从家里移除一切令人类产生情感的布置，告诉图德尔太太她不需要和孩子互相产生依恋之情。读这一章会让你对年复一年为狄更斯家服务的奶娘们产生疑惑，并想象狄更斯可能和她们有怎样的交流。他自己的儿子们被交给奶

---

① 狄更斯给"我深爱并尊敬的伟大的法国人民"写了一篇介绍性质的短函。见罗伯特·L. 帕滕，《查尔斯·狄更斯和他的出版商们》，第 257 页。他后来在作家弗雷德里克·苏利耶的葬礼上告诉法国作家保罗·费瓦尔，他从 1847 年开始就钟爱法国，他敬重法国文学。苏利耶和费瓦尔都写出了轰动的流行小说作品。

② 见 R. H. 霍恩《时代新精神》，引自菲利普·柯林斯编：《狄更斯：决定性的遗产》，第 202 页。

③ 见福斯特《一生》第二卷第十五章："他始终没能把那门语言说得太好，他的口音有些瑕疵；但他能从容流畅地写作。"狄更斯致福斯特，1847 年 1 月 10—11 日，《朝圣》第五卷第 5 页。狄更斯致德奥赛，1847 年 4 月 5 日，《朝圣》第五卷第 53 页。1849 年 8 月 4 日，狄更斯已经能用法语给他的法国朋友雷尼埃写信，很好地表达对其死去女儿的悼念。

* 中译文参见《董贝父子》，祝庆英译，上海译文出版社 1994 年版。——译者

娘，又交给保姆，然后交到乔治娜手上，他们会不会有时候不知道该亲近谁？

把这些放在一边不谈，《董贝父子》的开篇在构思和写作上都极巧妙。波利·图德尔太太被描绘成一位善良热心的女性，"比任何人触觉更敏锐，并更坚定地保持温柔和同情、克己和忠贞"，狄更斯这样写到。她独自安慰六岁的弗洛伦斯，告诉小姑娘她的母亲正在天堂，她将在那里和她再见。①但当她带着弗洛伦斯回家走到坎登镇时，孩子在街上迷路，落入一个老妇人手中，老妇人偷走了孩子的衣服又把她送回家，波利立即被解雇了。小保罗长年的衰弱是从他失去喂养过他的奶娘开始的，又因父亲随后的种种安排而加剧：父亲把他送到布莱顿，交给可怕的皮普钦夫人照看了一年，又把他送进填鸭式的学校，他是个敏锐、敏感而聪明的孩子，在那里却什么都没有学到。他最爱、最依赖的人是他的姐姐，随着他的衰弱和他姐姐的成长，他们的父亲开始憎恨这个被他忽视的女儿。这部叙述保罗短暂一生的作品是部杰作。他五岁时问父亲关于钱的事，得到的回答是金钱能解决一切，但他看到，金钱没有挽救他的母亲，也没能让他变得强壮健康。他用自己的聪明才智羞辱了皮普钦夫人，并想知道他的老师柯内莉亚·柏林波尔的透亮的眼镜片后是不是有双眼睛。事实上，他的部分思考方式像是年幼时的狄更斯，正如狄更斯在描写皮普钦夫人给孩子们寄宿公寓时对福斯特阐明的那样："这样的描述是从生活中来的。——我想我不是八岁的孩子……我们对孩子的管教应非常严厉。我想起在日内瓦那段人生经历。当我死的时候，我能把手稿留给你吗？里面有些东西会让你感动。在那里。"②

福斯特做好了去听狄更斯吐露他早年秘密的心理准备，而狄更斯杀死这个有趣的孩子时，全国人民都在随保罗的命运而心情跌宕起伏。麦克莱斯私下就弗洛伦斯的塑造提出抗议，"在年轻女孩最令人乏味的时候，他就会对'耐儿'那种年纪的女孩情有独钟"。除此之外，他觉得《董贝父子》非常好，他尤其欣赏作品中对伦敦生活的呈现。③萨克雷特别赞美了狄更斯对保罗在布莱顿学校经历的黑色漫画式描述，男孩们被

---

① 《董贝父子》第三章。
② 狄更斯致福斯特，1846年11月4日，《朝圣》第四卷第653页。
③ 麦克莱斯致福斯特，1843年，V&A福斯特档案。

填鸭式地灌输经典,他还觉得保罗的死亡"无法超越——了不起"。① 书的销量在保罗死后稍有下降,但也稳定在了 30 000 册左右。

《董贝父子》塑造了一个世界,吸引读者沉湎其中。他非常了解(在海外也非常想念)的伦敦就展现在我们面前,从豪华的住宅街到北边的城市的边缘,包括城里滨河的朴素民房、商店还有坎登镇。这蕴含着极大的能量和创造力,尽管早期章节中的近乎完美到后来逐渐消失。有人提出这样的看法——《董贝父子》会成为"董贝父女"——但最终没能兑现。这是他第一部事先规划了结构的小说,尽管在写作过程中狄更斯改变了一些意图。他还留出了不少余地去详述他的喜剧人物。其中一位是巴格斯托克少校,这是一个胖得像气球一样的退役军官,喜好拍马屁,恃强凌弱,敌我分明,他给董贝先生介绍了第二任妻子伊迪丝。另外一位则是伊迪丝的母亲斯丘顿太太,一位上了年纪的社交圈淑女,每天她的侍女用钻石、短袖、胭脂、卷发、假牙以及其他令人看起来年轻的东西为她打扮,晚上再拿下来,"假发掉下来,弯弯的黑眉毛变成稀疏的灰色毛簇;苍白的嘴唇收缩着,皮肤变得惨白松弛;这是一个又老又疲倦,胆怯而昏昏欲睡的女人,只剩下她的红眼睛……她蜷缩着,像邋遢的套着油腻腻的法兰绒袍子。"② 她是狄更斯笔下最出彩,也是最令人反感的人物之一。

董贝在与他女儿交流时是骄傲、固执和残忍的,而弗洛伦斯完美的顺从和善良则让读者急躁,事实上她完全没有什么个性可描述的。狄更斯并不太清楚在给她一个童话式设定时该怎样去处理这个人物,好让董贝家迅速衰落,当时她的父亲正外出度假,钥匙锈在锁里,地窖里长了蘑菇,灰尘、蜘蛛、飞蛾、蟑螂,老鼠在墙里"安家",地板上长了草,砂浆的碎片从烟囱里落下——在有仆人打理的市内宅邸,这种情况不太可能发生。这纯粹是个幻想,但这让狄更斯可以说,"弗洛伦斯在那里绽放着,就像故事里美丽的公主。"当她在退休水手、老好人卡特尔船长——他住在船只配件店里——那里找到避难所,逃离父亲的残忍行为时,她又被设置在一个童话故事里。在这个故事里,狄更斯用他的文字阐述了自己在做什么,"故事书里一位流浪的公主和一只善良的怪兽可能会一

---

① 引自《朝圣》第五卷第 227 页脚注。
② 《董贝父子》第二十七章。

起坐在火炉边说话,就像卡特尔船长和可怜的弗洛伦斯……他们看起来没有太多不同。"①

弗洛伦斯与她的商人父亲并不处在同一个世界,尽管在她父亲办公室打杂的小工喜欢她。而狄更斯也没有对董贝的生意进行过多描写,这令读者有些失望,他更没有提到生意失败的原因。他对描述董贝的第二次婚姻更感兴趣,对象是伊迪丝,一个同意做他妻子的年轻寡妇,明确说明她并不关心他。她只是遵从她母亲的教诲嫁给"金钱",狄更斯强调了这一点,给她设置了一个她不认识的名叫爱丽丝的表妹,而爱丽丝也在出卖自己:她是个妓女。狄更斯的意图是明确的,却因他的笔力无法呈现真正的女性而有所削弱:弗洛伦斯要成为童话中的公主,伊迪丝是情节剧的女主角,爱丽丝也是。伊迪丝的所有行为都取自戏剧,不管是她从"蓬松的黑发"上扯下钻石扔到地板上,踩踏她昂贵的手镯,用手击打大理石的壁炉架直到出血,还是她生气时发怒的样子——鼻孔扩张,颈部鼓起,活像只愤怒的青蛙(狄更斯一定仔细观察过女演员)。她的脸就像美丽的美杜莎,瞪着她的丈夫就能将他盯死。当她离开董贝家的时候,在楼梯上从弗洛伦斯身边尖叫着爬过去的样子"就像一种低等动物"。

伊迪丝为了羞辱董贝,与他属下令人反感的业务经理卡克尔私奔了。狄更斯本来打算让她成为卡克尔的情妇,但他尊敬的老朋友杰弗里让他打消了这个念头;结果他让情节变得更加不可思议,把伊迪丝和卡克尔第一次见面的地点放在了法国第戎,只为了让伊迪丝告诉卡克尔她无意和他发生关系甚至没想再见他第二面。她对人的藐视和坏脾气让人怀疑究竟有没有男人会考虑和她发生关系,不管婚内还是婚外;人们也会忍不住想知道她和董贝新婚之夜究竟是怎么过的。狄更斯当然按照当时的习惯做法剔除了任何性方面的暗示,但更深层次的原因是,他无论如何都不知道该怎么写或去考虑与成年女性间的关系。有时候他在讲述过程中对伊迪丝使用顿呼修辞,"啊,伊迪丝!真还不如在这时候死去的好!也许这样死去会更好,伊迪丝,这比寿终正寝要好得多!"他在下一部书里也重复了这样的提示,在性方面受辱还不如死了的好,想想小艾米丽,

---

① 《董贝父子》第四十九章。

这两个案例听上去都像是一片虔诚之心给了在期盼这类事发生的大众，这既可能是因为他不能将这个话题写得真实，也可能是他不知道该如何去写。①

卡克尔知道自己正被计划报复的董贝追赶，他赶回了英格兰，结果葬身于火车车轮下。《董贝父子》被誉为第一部伟大的铁路小说，这部小说充分利用了穿过坎登镇的铁路修建这件事，这意味着一排排带着花园的小房子被拆毁，那里的居民和生活方式都在改变，狄更斯密切地观察到这一点。②更进一步讲，在这本书中，火车是象征失败的符号。当董贝乘上火车时，他觉得这是"一个得意的怪物，死神"，因为他那时正考虑着他儿子的死去。"它去了，发出尖叫、咆哮和咯咯的声音"，火车驶过，他"瞥见村舍、房屋、大厦、豪华的庄园、耕耘和农作、人、破旧不堪的路，这些路上看上去没有行人，都很微小，微不足道。事实上确实如此，在那不可征服的怪物——死神的道路上，除了这样的几瞥以外，还有什么呢？"③狄更斯对他以两页篇幅的华丽的散文诗勾画出的火车作为死神的形象很满意。这本书的最后，他再一次沉湎于此：卡克尔迷上了看火车，在他眼里引擎就像是喷火的恶魔，咆哮着并掉落烧红的煤块，有两只红色的眼睛，一道炫光，还冒着烟；直到他死在这个恶魔之下，他肢体的碎片被抛入空中。尽管狄更斯自己非常喜欢坐火车旅行，是铁道上的常客，但铁路恐怖的力量对他的小说来说是不可抗拒的素材，每个读者都记得卡克尔之死。

小说原计划的另一个变化是让办公室里打杂的华尔特爱上弗洛伦斯，并被董贝送走；狄更斯原本的打算是让他落魄变坏，再让他像一个英雄一样回来。他一直爱着弗洛伦斯，而弗洛伦斯也用言语向他致意，"欢迎你到我这受伤的胸口来！"她沿袭了伊迪丝的剧院腔。她的姐妹亲情很容易变得更温暖，让这对情侣完婚，并给他们一个幸福结局是可以的，这时候董贝破了产，疾病缠身，孤独一人，最终对他的女儿柔和起来，变成了一位亲切得难以置信的外祖父。狄更斯说他写到结局时一直对着手

---

① 《董贝父子》第三十章。
② 位于斯塔格斯花园的小房屋以及附带的菜豆、兔子、鸡、晾衣绳以及铁路摧毁了房屋，并将这一地区变为仓库、酒馆和出租屋，房子用灰泥粉刷改修，时钟时间改为铁路标准时间，还有铁路公司给工人盖的建筑，见《董贝父子》的第五章和第十六章。
③ 《董贝父子》第二十章。

第十三章 中断的《董贝父子》

稿在哭。狄更斯的一个朋友威尔基·柯林斯评价说，没有一个聪明人能在读"《董贝父子》的后半段时……不为它的拙劣感到惊讶"。这结论很残酷却是事实：在出色的前半部分对比之下更加重了失望，这个故事曾蕴含着希望，却被苍白的情节和过度的描写浪费了。另外一位老朋友安斯沃思描述《董贝父子》的后期连载"差得可恶"和"烂得令人作呕"。[①]

在那之后，许多评论家赞扬《董贝父子》呈现了当时的社会，关注了社会问题，探讨了亲子之间的关系，并暗示体面的生活和深切的感情随着社会发展会越来越难以实现。[②] 你可以就所有这些要点展开讨论：皮普钦夫人和斯丘顿太太都是又老又明显缺乏体面和亲情的人，而年轻的苏珊·尼珀和笨拙的图茨先生却天生具备这两个优点。狄更斯在一章中引入了一场针对贫民窟住房的布道说教，此外还让董贝夫妇发生了一场争执，暗示了如果他们能更多地关注社会问题而非私心，他们就可以成为更好的人；但这是个题外话，在书里是次要的，它基本上是一个关于私人家庭生活的故事。家庭被作为关注的重点，故事甚至没有提到董贝究竟做的是什么生意，也没有提到他失败的原因。在狄更斯写完最后的章节的同时，一群他相当同情的宪章主义者在伦敦向议会提交了一份请愿书，要求延长投票时间，但故事里没有哪一页提示了这个问题。

看一下狄更斯在写作时承受的压力，我们就能在某种程度上解释这本书前后的落差，并感叹他竟然完成了这本书。基本上每个月都有事情会打断他的写作，1847 年他还不得不放弃再写一本圣诞读物的计划。他要开始处理一大堆家庭事务。德文郡台地的家被租到了 6 月底，他离开巴黎后需要在伦敦再找一处房子让全家居住，让凯瑟琳在 4 月能舒适地生产。2 月，查理刚开始在伦敦的新学校上学就得了猩红热，狄更斯和凯瑟琳急匆匆从巴黎赶过来，医生却不准他们去看望，因为凯瑟琳怀着孕。他们急得团团转，住在尤斯顿的一家饭店里，查理住在奥尔巴尼街的霍加斯家，由外祖父母照顾。狄更斯忙着找房子、落实家具事宜，写连载的进度也拖得厉害。"我现在的不幸是不可想象的，"他给在巴黎的乔琪

[①] 威尔基·柯林斯的评论被写到了福斯特《一生》的页边空白处，弗雷德里克·G. 基顿在《查尔斯·狄更斯的小说：书目和概述》（伦敦，1897）第 109—110 页提及。另见罗伯特·L. 帕滕：《查尔斯·狄更斯和他的出版商们》，第 207—208 页。安斯沃思在给他朋友的信中的评论见《朝圣》第五卷第 267 页脚注。

[②] 这些批评家包括凯思琳·蒂洛森、汉弗莱·豪斯、J. 希利斯·米勒和史蒂芬·马库斯。

写信，她留在那里照看着六个孩子。①

查理康复了，但消瘦苍白。他被带到里士满静养，3月底他的弟妹们被带来和他们父母团聚，一家人租住在切斯特广场1号的房子里。这里离他们真正的家很近，在奥尔巴尼街和公园之间。凯瑟琳在生下西尼之前勉强住了进去。三周后狄更斯经历了一场可怕的事故，他被一匹马袭击，袖子被撕破，他担心自己手臂的肌肉会受伤。这起事故导致他喉咙处的神经紧张以至于需要治疗，他悲叹"这件事比我向任何人讲的要可怕"，这让他好几天都不能动笔。② 他去布莱顿休养。然后所有的孩子又都得了百日咳。一家人6月底安顿在了布罗德斯泰，孩子们在海滩上玩耍，据他们的父亲说"咳个不停"。③ 所以《董贝父子》几乎没有一个月不被家里的麻烦事或灾难打断；狄更斯还总在担心芬妮不断恶化的病情。至少他能在7月搬回德文郡台地那间他熟悉的书房里。

此外，还有他自愿接受的杂务。3月他早先的出版商威廉·霍尔去世了，他坚持要出席在海格特举行的葬礼。那一整天他都想着霍尔十年前是怎么卖给他登载着他第一篇发表文章的那本杂志的——过去和现在交织，这对他来说甚至比损失一天的工作进度还重要。然后他又接下了另一项演剧任务，这次是要为六十多岁的利·亨特募捐。狄更斯任命自己为经理，一手包办了选角、排练、同剧院的磋商以及整个剧团的行程。这占用了他6月和7月里的大量时间："在写作《董贝父子》和经理的职务之间，我一半脑子在发疯，另一半则处于混乱之中，"他抱怨到。④ 福斯特比平常更忙，他接下了《审查员》的编辑工作，他长期给这家自由派报纸供稿，现在这家报纸在他手上发展，并有效稳定地运行着。而狄更斯则开始酝酿关于作家的保险计划，它需要并将成长为一个庞大的组织，还要在来年通过更多的戏剧演出为组织筹款。

11月，他和凯瑟琳在北汉普顿郡的罗金汉城堡看望了从洛桑来的朋友沃森一家。城堡很壮观，建在深谷之上，11世纪作为皇家城堡建成，英国内战期间几近毁掉，但它宽敞的大厅、门楼和圆塔保留了下来，经

---

① 狄更斯致乔治娜·霍加斯，1847年3月9日，《朝圣》第五卷第33页。
② 狄更斯告诉库茨小姐关于他被袭击的事，1857年5月16日和23日，《朝圣》第五卷第67页、第70页。14年后，他在给妹妹莉蒂西亚的信中重提了此事，1861年11月25日，《朝圣》第九卷第521页。
③ 狄更斯致M. 鲍尔，1847年7月2日，《朝圣》第五卷第111页。
④ 狄更斯致T. J. 汤普森，1846年6月19日，《朝圣》第五卷第95页。

数百年改造而成为带着庭院的私人居所。在 19 世纪 30 年代继承遗产前，沃森曾是个军官，娶了出身名门的妻子后成了模范房东，他建造学校，改造住户们的小屋。牵扯贵族时他谨慎如狄更斯，也为沃森夫妇的魅力心动，罗金汉启发了他的想象力，影响到了他的作品。几年以后它成为《荒凉山庄》里切斯尼山庄局部的原型，它壮丽，里面生活着德洛克爵士家几代人。他们过着奢华却无意义的生活——然而他还是在继续参观时略微赞美了朋友的房子。

体验了上流社会的放纵生活后他去了利兹的机械学院，进行了一场以教育为主题的演讲，他赞扬了学校的工作，学校的课程包括化学、法语、德语、商务研究、绘画和设计的全日制课程以及夜校课程；他们建了一座很不错的图书馆，并吸引了不少女学生来就学，数量稳步上升。几千人聚在一起听他讲话，他出现的时候大家都站起来为"小耐儿的作者"鼓掌喝彩，他演讲的过程中听众多次拍手欢呼，这是在那里进行教育工作有价值的一个充分的体现。尽管他"被胸部的不适和失声整得半死"，他告诉福斯特他觉得自己从没讲得这么好过。① 在家里度过圣诞节后，他又一次出发了，带着凯瑟琳去了格拉斯哥，那里有另一家为男女工人开设的教育机构邀请他去演讲，在那里他受到了同样的欢迎，人群欢呼着，期待他的到来。

凯瑟琳没有去听他演讲，因为她在乘火车来的路上流产了。狄更斯对这件事轻描淡写（"没什么可说的"），但告诉弟弟阿尔弗雷德她"病得极重"，他不得不请了两位著名的医生看诊，结果夫妻俩被勒令禁止使用直达快车之外的方式返回伦敦。② 这样一来他就错过了与阿尔弗雷德及其妻、子的会面，也没能见到生病的姐姐芬妮以及她的丈夫伯内特。一回到德文郡台地的家，凯瑟琳就卧床了好几天。

1848 年 1 月，萨克雷写给他的赞赏《董贝父子》和致谢的信还没完成，他告诉萨克雷，"我把细读《名利场》留到《董贝父子》写完之后再

---

① 狄更斯致库茨，1847 年 11 月 27 日，《朝圣》第五卷第 204 页；狄更斯致福斯特，1847 年 12 月 2 日，《朝圣》第五卷第 204 页。
② 狄更斯致乔治娜·霍加斯，1847 年 12 月 30 日，《朝圣》第五卷第 217 页；狄更斯致阿尔弗雷德·狄更斯，1848 年 1 月 1 日，《朝圣》第五卷第 221 页。

做",并邀他月底来吃晚饭,之后还有"凌晨时分一场盛大的土风舞"。①这里还要提到一件让他分心的事。他离开瑞士前写给库茨小姐的那封附带着娼妓救济方案的信是当年最吸引人的,也是最耗时的事,他承诺并决心推动这件事的发展。到1847年底,在他写了12期《董贝父子》故事的那一年,他成功地设立了"流浪女之家",库茨小姐提供资金,他具体指导。这要求他各处走访,和可能的职员多谈话并评估可能的受助者,参加很多会议,还有大量的信要写。下一章将具体谈到他如何着手做这些事。

《董贝父子》最后三期,即1848年1、2、3月号的销量基本在34 000册左右,在连载结束后人们还在不断购买前边各月发行的旧刊物。1847年狄更斯赚到了3 800英镑,这是他第一次赚到足够多的钱能让他存入银行用于投资。从这时起,他终于摆脱了经济上的严重忧虑,如福斯特所言,"从这一天起所有和金钱有关的窘境都结束了"。② 这是他人生的一个转折点,奇妙的是,这个转折点是一本以金钱的无力为主题的书,书里说金钱不能挽救生命,也不能赐予健康或赢得爱情。

公众满意,收入也高,狄更斯当然很高兴。他和福斯特、马克·莱蒙还有约翰·里奇一起庆祝了一番,给自己放了几天假去威尔特郡,骑马穿过索尔兹伯里平原,然后乘火车从大西线铁路回到伦敦。在3月31日最后一期发行的前一天他请了12位男性朋友吃晚餐。这个时候凯瑟琳又怀孕了:西尼才一岁,凯瑟琳从小产中恢复过来,但她必然已经疲于无止境的怀孕,还害怕在无法自我保护的情况下一遍遍经历生育的磨难。1844年到1849年1月,四个儿子出生,没有一个是狄更斯期望的,尽管他在每个孩子的婴儿时期都很热情,还给他们起了亲昵却荒唐的称呼如小鸡看守、粪蛋、木柱子、胡话鸟还有海幽灵之类。十九世纪四十年代里的最后一个孩子是亨利·菲尔丁·狄更斯,他将成为狄更斯家最聪明,也是最有能力的孩子。

---

① 狄更斯致萨克雷,1848年1月9日,《朝圣》第五卷第228页。狄更斯似乎没有给萨克雷写信提到《名利场》,但据福斯特《一生》第三卷第二章叙述,1855年10月他在一场晚宴上对萨克雷赞扬它,称它是"欢笑的宝藏,富有智慧"。1862年经费克特介绍给狄更斯的法国小说家保罗·费瓦尔后来拜访了盖德山庄,他于1870年6月写道:"狄更斯认为《名利场》是部不折不扣的杰作。"菲利普·柯林斯编:《狄更斯:访谈和往事》第二卷,第293页。

② 福斯特:《一生》第二卷第十七章。

第十四章　一个家
1847—1858 年

狄更斯从小就在观察街头的女性。她们出现在《博兹札记》里，尽管并不具有真实性，也出现在《雾都孤儿》里的南希身上。狄更斯坚持认为，这肖像是真实的，他是基于他周围的现实生活创造了这个人物；还有《钟声》以及这时候的《董贝父子》，以后还将有更多。① 1840 年他确保被指控杀死自己诞下的婴儿的女仆伊莱莎·伯吉斯接受了公正的审判，还帮助她回到体面的工作岗位上，让她有了个不错的未来：这是世人所知的他第一次救助的一位可能面临悲惨命运的女性。他富有同情心，但头脑并不简单，他可以对娼妓以及男人们在她们身上的经验和对她们的需求持严苛的现实主义态度：比如他为被公开指责和妓女们有伤风化的萨缪尔·罗杰斯辩护说他们当然想要伴侣，并在信中评论，"上帝慈悲，如果这样的罪要对我们所有人降下并追赶我们一世，什么人又能逃得过！"② 他表达了对法国人的钦佩，他们认识到了罪与恶习在社会上的存在，而英国人拒绝谈论它。③ 1848 年他在一次男性友人间的坦诚交流中告诉爱默生，"纯洁在英格兰更多地是一种规定，如果他自己的儿子特别纯洁，就有人会警告他，儿子的健康可能有问题。"狄更斯回应爱默生，爱默生说年轻的美国男性直到他们的新婚之夜都保持童贞，并同意卡莱尔关于欧洲男性的贞操"如今几近消失"的观点。变化发生时查理才 11 岁，但我们没有理由怀疑爱默生对它的叙述，而狄更斯当然也只是在表达他的见解，一个健康的男人当然有性欲，当它唾手可得时，如果一个

---

① 狄更斯在 1858 年文库版前言中提到南希。
② 狄更斯致约翰·欧佛斯，1840 年 10 月 27 日，《朝圣》第二卷第 140—141 页。
③ 有一封给乔治娜的信，见狄更斯致乔治娜·霍加斯，1856 年 5 月 5 日，《朝圣》第八卷第 110 页，当中有趣地描述了狄更斯和库茨小姐的女伴布朗夫人的一场争论，话题是关于法国人的品行，狄更斯辩护得非常坚决，以至于让布朗夫人哭了出来。见下文第十九章。

年轻男性对它毫无欲求，那才是件奇怪的事情。①

我们已经看到在 1841 年狄更斯是如何暗示麦克莱斯他们可以去找在布罗德斯泰的娼妓，告诉麦克莱斯他知道能在哪里找到她们。他认为，男人利用她们是很普遍的事；但同时他极度同情这些位于社会最底层的、最无助的女性，除了加深了痛苦之外，她们没有任何指望，也没有任何能拯救她们自己的力量。如果他对这种行为的容忍与拯救这些女性的愿望相矛盾，那可能是因为他认为自己不太可能凭一己之力结束这种制度，而且男人们总会以某种方式找到他们想要的东西。把卖淫的责任都推卸给女性，又裁定任何未婚先孕的年轻女子都永远无法挽回名誉，这一双重标准困扰了不少维多利亚时代不同性别的思想者。盖斯凯尔夫人、格莱斯顿和托马斯·哈代在不同时期都用语言或实际行动来对抗这种伪善，还有很多人私下主动帮助这种伪善的女性受害者；但没有人的做法像狄更斯的"流浪女之家"一样大胆、独创并富有想象力，他从一开始就坚持这里必须是被救助的女性真正的家，它要秉持家庭的规则，而不是作为一个必须赎罪的地方存在。

善良慷慨的库茨小姐准备跟从狄更斯的引导，她打算为项目投资，机构将每年支出 700 英镑（相当于 2010 年的 70 000 英镑），在机构建立过程中她给了狄更斯充分的自由。他需要找一座足够大、能住下十来个年轻女性的房子，卧室共用，再配上一位女舍监和她的助手——他的早期计划是可以居住 30 人，但出于可行性的原因放弃了。狄更斯认为，伦敦市中心没有合适的地方，但这地方也不能离得太远。1847 年他发现了一座小而坚固的砖房，位于一个叫牧丛的地方，这里仍然算是乡下，但有阿克顿的公共马车方便往返市中心。房子已经被命名为"乌拉尼亚小屋"，但从一开始狄更斯就简单地称其为"家"，对他来说非常重要的是，这里必须感觉上像一个家而不是一所慈善机构。他喜欢这个地段，房子位于乡间小路上，有独立的花园，他看到姑娘们能有自己的小花坛种植花草。房子带有一间车库和马厩，可以改建成洗衣房，周围布满田野，他当时就劝库茨小姐把地买下来，租给当地的奶农用来牧牛——然后牛奶可以供应给"家"里的姑娘们。

---

① 《朝圣》第五卷第 276 页脚注 10，引自 M. M. 希尔茨编爱默生《日记和杂录笔记》（剑桥，1973），第 550—551 页。

第十四章 一个家

租赁协议于 6 月签订，之后他立即开始面试可能就职的女舍监，让建筑工人修整房屋结构，装饰内部，并添置了架子以及花园的围栏等。好心的供应者提供了床架和床单、厨房和洗衣房的设备、陶器和刀叉、书籍、钢琴；狄更斯为所有东西付了账并把收据给了库茨小姐。他喜欢做规划、消费和装修房间，他充分发挥着想象力，乐于为此付出他的时间和精力。

他看来没有和福斯特商量这个计划，福斯特知道这件事，却在这方面没有说过什么，在他对狄更斯一生的描述中间接提到了这项计划，并许诺"将来会再提及"，但他没有。① 狄更斯主要的同行者和协助者是奥古斯特·崔西和乔治·切斯特顿，他们分别是托提尔场和冷浴场监狱的典狱长，也是好朋友。狄更斯请他们加入了委员会，还带了两位担任监狱牧师的神职人员以及对移民计划感兴趣的一位副主教，以满足库茨小姐希望"家"要严格执行英国国教的规则的愿望。库茨小姐的私人医生布朗医生是委员会的又一位成员，她还任命了严格遵守宗教准则的教育家凯-沙特沃斯博士，狄更斯觉得他很无趣。狄更斯对基督教的祈祷和戒律很满意，但并不在乎教派，他要求坚决避免布道、沉重的说教以及忏悔，他认为这只会疏远机构内的人；但后来库茨小姐解雇了年轻善良的下级舍监费舍尔夫人，因为她不信奉国教，狄更斯也只能妥协。他自己则专注于寻找一位通情达理、坚忍、处变不惊并且和蔼的女性来和居民们共事。他必须否决太天真单纯的申请者，其中一位谈到在"家"的工作时说它是件"可怕的差事"，但总体来说他的委任是成功的，其中最引人注目的一位舍监是默尔森夫人，她很勇敢，是位医生的遗孀，双亲帮她照顾三个年幼的孩子，所以她才能承担这份工作。她在这里待了五年，传授知识，提供可口的食物并指导烹饪；她和狄更斯密切合作，有时到他家做客，与库茨小姐通信，承担职责，并被称作"家人"。她是位非常出色的女性，一位维多利亚时代默默无闻的女英雄，她离开只是因为她被第二任丈夫"抢"了回去。她一直为她在狄更斯手下工作而骄傲。

狄更斯的目标是挽救两类女性，一类是已经沦为娼妓的女子，另一类是因为缺乏家庭支持，交友不慎、找不到工作、饥饿或者在某些情况

---

① 福斯特：《一生》第二卷第二十章。

下有自杀倾向而有可能堕落的人。"家"会给她们提供一个安息之所，有可口的食物和规律的生活，训练她们读写、缝纫、家务、烹饪以及洗涤这些事，并为她们准备移民到澳大利亚、加拿大、南非等殖民地开始一段新生活的事宜而筹划。他的计划是与每一位被托付给他的年轻女子——大部分由典狱长、治安官和警察送来的，虽然这当中也有私人的推荐——面谈，询问她们的生活情况并形成针对个人的评估结果。一旦她被接受，她便会被告知，今后再也不会有人对她提及过去，就算舍监也不会知道这些情况，尽管狄更斯有时候会对他最信任的默尔森夫人泄露一些细节。每个年轻女子都会被建议不要同任何人深谈自己的过去，这里不会有任何惩罚性待遇，也不会要求她们悔罪。狄更斯对庇护所和疯人院中强加给女性的宗教反感到"几乎不能忍受的程度"，他知道她们是多么畏惧它；他坚持"家"里的牧师必须谨慎而平和，"尽最大可能不去苛求他的秩序"，要明白这里的居民需要"倾心于美德"，而不是被恐吓、拖动或被驱使。①

在他写的要读给这些年轻女子的文章中，他考虑到了要在"家"里划出一块轻松、直接、私密的空间：

> 如果你曾想得到（我知道你们有时一定这样想过）一个能摆脱你悲惨生活的机会，拥有朋友、平和的家、帮助自己甚至他人的方式、内心的平静、自尊以及你曾失去的一切，祷读……关怀……我将给你们的，不只是一个机会，当然也会带着所有这些幸事，只要你努力，这个机会就是你应得的。不要觉得我在写这些时是高高在上的姿态，我也没打算提及你们过去的状况来伤害你们的感情。神不允许！我只想善待你们，我下笔时把你们当作我的姐妹。②

要改善这一点会很难，所以这些年轻女子转而寻求他的照顾也不奇怪。

她们每个人要在"家"里住上约一年，然后移民船上会为她们保留

---

① 狄更斯致库茨，1847 年 11 月 3 日，《朝圣》第五卷第 182—183 页。
② 狄更斯的呼吁，于 1847 年 10 月 28 日发给库茨小姐，以活页形式印刷，《朝圣》第五卷第 698 页附件 D。

被监管的席位,届时她将会有良好的健康状况,得到更好的教育,能更好地管理自己的生活。狄更斯希望她们能找到丈夫,而这一期望也在不少人身上实现了,尽管库茨小姐对让曾经堕落的女性结婚的道德因素有所疑虑。狄更斯和库茨小姐还在给居民提供的服装问题上有所分歧,库茨小姐喜欢冷色调的色彩,狄更斯则坚持她们应该穿上她们喜欢穿的、令人愉悦的颜色的服装。最后狄更斯占了上风,他还支持"家"里多一些轻松的读物,因为他觉得"家"会有变得冷酷而阴郁的危险。天真无邪的库茨小姐用心良苦,而狄更斯在给库茨小姐的许多冲击性的信件中的一封里建议说:"所有被引入危险禁忌的生活的人都在一定意义上富有想象力;如果他们的想象无法被美好的事物充满,坏事就会让他们窒息。"① 出于对音乐的力量的相信,狄更斯找来了老朋友,现在是一位出色的教师的约翰·赫勒,请他来教她们多部合唱;在这件事上狄更斯诚然没错,但库茨小姐觉得这是太昂贵的奢侈行为,于是她中止了这一安排。

  这些女子的居住条件简单却不苛刻。她们三四个人共享一间卧室,每个人都有自己的床;有个人在第一次看到一张完全属于她的舒适的床时哭了出来。她们六点起床,互相整理铺位以免有人偷藏酒。她们每天简短做两次祈祷,一次在早餐前,一次在晚上。她们吃得很好,有一早一正两餐,晚上六点还有一次茶点作为每天最后的进食。每天早晨有两个小时的授课,主要是阅读、写作和简单的算术——她们不是每个人都能读写——正餐后到茶点前是自由活动时间。在她们做针线缝补衣物的时候会有人大声朗读。她们在花园里有可供种植的小块土地,另外园丁巴格斯特先生负责维护花园。她们自己承担所有的家务,每周轮换:洗涤、清扫房间、烹饪、整理床铺,等等(值得一提的是,早期培训女教师的学院也要求学生做家务)。她们为穷人煮汤,这能给她们带来帮助他人的满足感。周六她们要做一次大扫除,每个人都要沐浴。周日她们和舍监一起去教堂,平时舍监还可以单人或成组地带她们出去。任何居民都不许单独出门,也不许在没有监督的情况下会客或与人通信,以免有她们过去的同伴想把她们拉回已经离开的往日生活。如果有人生病了,会有医生来治疗,在有必要的情况下会把病人送到医院。任何居民都不

---

  ① 狄更斯致库茨,1848 年 11 月 5 日,《朝圣》第五卷第 440 页。一位舍监建议提供轻松的读物,狄更斯表示赞成,具体的内容是沃兹沃斯和克拉贝的诗歌。

得怀孕生子。她们能凭良好的表现得分——包括守时、清洁等——也会因为坏的表现而失分；分数则对应一定的金钱，这样她们可以在离开这里的时候有一定的积蓄。达菲先生会来和她们谈有关移民的事，她们有什么期望，又可能遇到什么问题。第一批三位居民于 1849 年 1 月启程去了澳大利亚，在接下来的五年中又有 27 人踏上了移民之旅。

狄更斯预计到了失败，也确实有人厌烦了在牧丛的规律生活，无法宁静地过下去。在一次委员会议后他离开时，一个人诚实地请求他，希望让她离开，最好能回到族人中去。另外一个人则和当地警察偷偷交往。两个人持刀闯入地窖去偷贮藏在那里的啤酒，喝得大醉。据狄更斯在开除她们之后的描述，其中一人有能力在两周内搞垮一家女修道院。有人曾经偷窃并难以改掉恶习。冲突和口角也是有的，有姑娘煽动纷争，有姑娘逃跑，也有姑娘必须被开除。但大部分人表现不错。寄予她们的期望都很现实，她们觉得自己越来越健康强壮，在居住期满后她们会发现自己得到了一些值得拥有的东西。珍妮·哈特利曾经写过一本书是关于"家"的，书中追踪了其中一些移民到澳大利亚和加拿大的女性的情况，找到了她们的婚姻记录甚至她们的后代。① 她也调查了一些被开除者的记录，其中有些重操旧业，有些则可悲地夭亡。

狄更斯知道得很清楚，他只是触及了巨大社会问题的冰山一角。问题的根源在于社会对穷人的住房和教育的忽视，在于对孩子们在济贫院中严酷生活条件的宽容，在于双重标准和女佣们少得可怜的薪酬以及最差的待遇，也可能是由于一些男女天性中根深蒂固的东西。1855 年，狄更斯回答利特尔顿爵士关于在戏剧中表现娼妓的问题时，他写道："必须要牢记，一座大城市里的某处总会有性服务业存在。"② 他在进一步于贝斯纳格林给穷人建造更好的住房的大计划中给库茨小姐提出建议，"家"持续运行了 10 年之久。而在他的生活状况改变致使他无法继续协作时，库茨小姐也继续运行了下去；事实上库茨小姐很快就提了很多建议，她对这项事业前所未有地投入，对它的成功富有信心，就如狄更斯之前一样。

---

① 珍妮·哈特利，《查尔斯·狄更斯和失足女之家》（伦敦，2008），一篇值得注意的调查报告。作者在本章中使用了部分她的发现和有关这些年轻女子的史料。
② 狄更斯致利特尔顿爵士，1855 年 8 月 16 日，《朝圣》第七卷第 691 页。他继续写道："一些事物在其自主进行时会得到增益，并在某种程度下遵循着某种社会理念。"

其他的作家也曾做过善事，但狄更斯则比常人贡献了更多的时间，思考对伦敦街头娼妓的挽救计划，至少比他从 1850 年起负责编辑一本周刊这件事要投入得多。他帮助过的年轻女性中没一个人有足够见识能知道他是谁，或者能体会到他投身于对她们的救助事业这件事有多么不凡。他的信件中报告了他在到"家"中走访时听到的她们的一些谈话内容。一个名叫戈德布罗的姑娘这样回答了他的几个关于她想在殖民地做什么的问题："她没想过，狄克森先生，反正会有人安排她"。① 另一个总抱怨的居民主动说，"福音是'公正'在这房子里得以实现的那天"。② 第三个人原本表现良好，但后来表现得差强人意，她必须努力将她的形象挣回来，她告诉狄更斯："呵！如果她无法让他们立即放弃，她就会想离开。"他越来越喜欢这些厚脸皮的家伙，但把制造麻烦的人丢出去时他从来没犹豫过。被开除的人必须交出她们质地良好的制服。伊莎贝拉·哥顿在一个昏暗的下午被赶了出去，她哭着，身上只有一件旧披肩和半个克朗。在外边，她倚靠房子一分钟，然后出了大门沿着路慢慢走着，用她的披肩擦拭她哭湿的脸。我们能知道这些细节是因为狄更斯在看着她，并把他看到的都写了下来。他为这些人着迷：他还没有把这些写进小说里。有些人重操旧业做回娼妓或窃贼，像玛丽·安·丘奇，1852 年她会惹出更大的麻烦；还有玛丽·安·斯托内尔，自请离开但很快又进了监狱。一个被开除的姑娘不久之后死在肖迪奇的济贫院里。其他许多人长途跋涉去了殖民地，过上了体面的日子，比如玛莎·戈德史密斯嫁给一个墨尔本木匠，蕾娜·波拉德在加拿大结婚有了一个大家庭。路易莎·库珀在"家"住了两年，去了好望角，回来时看起来相当体面，和一个英国园丁订婚，给狄更斯带了一个鸵鸟蛋作为礼物，"这是生出来的最丑的鸵鸟蛋——由可怕的装置弄成的，它表现了维多利亚女王（带着她的冠冕）站在教堂顶上，接受一位英国海员的效忠"。③

在公开场合中没人察觉到他在干什么，他给《家常话》杂志写了一篇有关"家"的文章，这篇文章被匿名发表。对于一番拯救穷人出苦海的事业来说，这也许有些失衡，但这没能阻止他贡献出惊人的时间和精

---

① 狄更斯致库茨，1854 年 5 月 23 日，《朝圣》第七卷第 335—336 页。
② 同上。
③ 狄更斯致库茨，1856 年 11 月 15 日，《朝圣》第七卷第 223 页。

力去推进，把它看作一个后人可以跟从模仿的典范。从他给默尔森夫人的信中可以具体看到他的温情和思虑。1850年7月他要求她"告诉明天出发（去好望角）的姑娘们我最后的口信，我希望她们好好做事，嫁个好人，过得幸福。"① 当默尔森夫人要去接一位新居民时，他写信给她："请你给伊莱莎·威尔金送件内衣，她和她父亲同住在牛津市场区18号，再提供她能暖和洗个澡的钱，两次就更好了，告诉她这样做可以彻底清洁并有益健康，再预约下周三或周四接她来。她有件袍子能来时穿。我想你应该还没有准备好。关于博内特，我觉得你最好去送她，我是这么想的。她实在是个唐突的姑娘。"② 他做这些是因为，他相信有人需要。如果一只麻雀掉落在身上是天意，那么这些姑娘就是他的麻雀，他想让她们飞起来，而不是掉下去。

---

① 狄更斯致默尔森夫人，1850年7月14日，《朝圣》第十二卷第625页。
② 狄更斯致默尔森夫人，1852年10月31日，《朝圣》第十二卷第644页。

第十五章　一部个人史
1848—1849 年

1848 年狄更斯给自己放了九个月的假，此外他和福斯特的友情又有了新的进展。在《董贝父子》最后一期发表的一个月后，福斯特自己出了一本书，题目是《奥利弗·戈德史密斯的一生和冒险》，内容是对一位 18 世纪作家的生平研究。这是相当厚的一部书，差不多有 700 页，被题献给了狄更斯，还用一首十四行诗拿狄更斯和戈德史密斯作比：

> 世间常困苦
> 友心怀慈悲
> 其人志也坚
> 敏思细入微
> 至乐至哀极吾辈……

狄更斯立即写信说这本书"着实非常好"——并顽皮地加上了一句说它"部头特别大"——一周之后他发来了一条热情洋溢的评论，"从头到尾仔仔细细地读过了"。这评价相当不错，因为有些内容读着很吃力，但他很喜欢当中对戈德史密斯的时代有力的描绘，书里不止表现了戈德史密斯的长处还有他的弱点，"这一点更好"。这赞扬很让人满意，毕竟戈德史密斯是狄更斯在童年时期就很喜欢的人物，他还加上了足够多的评语和论证以表现他和这本书的密切关系。他继续说，他为能和福斯特所做的事有"些许的联系"而自豪，还说"我控制不住我的喜爱之情，他的名声应当超过我，他是如此出色的传记作家——以及如此出色的批评家！"[1]

---

[1] 狄更斯致福斯特，1848 年 4 月 14、22 日，《朝圣》第五卷第 279 页、第 288—290 页。

这样他在刚过 36 岁的时候就指定了自己的立传者，这个决定之后再未动摇。他们也有过争执。麦克雷迪 1847 年秋天记录下了一次他们之间的争吵，此外还有更多，狄更斯会挑逗福斯特并把自己的意志强加于他，而福斯特也会不赞成狄更斯的行动，他们的政见也有所分歧，但他们对彼此的友谊和信赖却总会被修复。就现在来说，狄更斯在对福斯特的倾诉中找到了安慰："我停下来向你敞开我的心和认识，"他在这年 5 月写给福斯特的一封信里谈到，"我们之间的关系已经超越了友情"。① 一年前，即 1847 年春天，在狄更斯离开后继任《每日新闻》经理的查尔斯·迪莱克对福斯特说起了他在河岸街一家仓库看到小时候的狄更斯的回忆，他给了孩子半个克朗，孩子礼貌的鞠躬作为回礼，孩子的父亲这时在一边看着。福斯特后来向狄更斯提起迪莱克讲的这段往事时，狄更斯沉默了几分钟。这触及到了狄更斯的一些痛苦回忆，福斯特没有深究，但狄更斯在这时对他讲了自己在鞋油厂的经历以及父亲因债务而入狱的往事。他说他从未对人讲过这件事，但他从未忘却，并一直默默承受着它们多年来给他造成的痛苦。现在福斯特的同情和关注帮他缓和了心情，让他能更客观地看待童年的自己。过了一段时间，他决定写一篇关于那些年的书面说明，并将它交给福斯特。福斯特在日记里写，他观察到文中"没有写小说时那样的修饰，而是直白的，就像写一封普通的信。"他还写到，狄更斯在信中还封入了一张条子，"这段他现实中经历的描述可能不会给人留下任何印象……它非常可能永远不见天日。无所愿。留予 J.F. 或其他人。"②

他吐露了自己隐藏的往事，这让他更进一步地回顾过去，回忆一直在他的脑海里。他在 1848 年写的圣诞故事《着魔的人》将主题定为记住过去，哪怕是犯错和悲伤的经历，并认为这件事很重要，只有通过我们的记忆，才能感受对他人的同情，这在《圣诞颂歌》里已经提及，就在

---

① 狄更斯致福斯特，1848 年 5 月 7 日，玛丽·霍加斯忌辰，《朝圣》第五卷第 299 页，以及福斯特：《一生》第二卷第二十章。
② 福斯特在《一生》的第一章中说，这引自 1849 年 1 月。这看上去很像，在说话和落实为文字之间隔了很长一段时间。福斯特确实在他的书中偶尔会记错日期，这里他也有可能记错了。
按查理·狄更斯 1892 年在麦克米伦版《大卫·科波菲尔》的引言中所述，他母亲告诉他，狄更斯曾对她读过这段证言，并告诉她，他打算将其作为计划要写的自传的一部分，凯瑟琳试着劝说狄更斯不要这样做，因为这当中关于他的父母的话有些刺耳；狄更斯采纳了这一建议，打算把这素材用在《大卫·科波菲尔》中。这和福斯特所记的日期以及《大卫·科波菲尔》的写作进程都不太吻合，但查理的说法并没有特别可疑之处。

吝啬鬼斯克鲁奇的记忆里。① 1849 年他开始写作《大卫·科波菲尔》，这将是他最在意的一部小说，作品运用第一人称叙事，部分取材自他自己的童年和少年时光。但首先他给自己放了个假，《董贝父子》的结尾和《大卫·科波菲尔》第一章之间隔了一年。他知道了写作中休息的价值，他现在也能负担得起一个假期了。

时值 1848 年，革命席卷欧洲，法国、普鲁士、意大利全境和奥地利都发生了起义。只有伦敦还保持着平静，宪章主义者宣布他们带了 600 万人签名的请愿书到伦敦，政府将女王迁居到了怀特岛上，惠灵顿公爵则被调来在可能发生的革命中保卫首都。但宪章主义者很平和，即便议会拒绝了他们的请愿书也没有采取暴力行动。狄更斯对他们的事业不是不同情，但也不公开支持。而他赞扬了法国国王路易·菲利普在巴黎的退位以及共和国宣言，他兴高采烈地用法语给福斯特写信说："共和国万岁！人民万岁！众人为王！让我们抛洒热血，为自由，为正义，为大众的事业！"还署名"市民狄更斯"。② 他的信仰被法国人的理智动摇了，他们选出了路易-拿破仑，拿破仑·波拿巴的侄子当总统，后来拿破仑甚至称帝，囚禁流放他的共和主义对手；但狄更斯仍觉得法国让他无可抗拒。

他告诉库茨小姐他曾倾向于接受回去当一名伦敦最大的一个区的议员代表的提议，但经过谨慎考虑，他觉得坐在议院很难写作，收入也受影响，于是他最终拒绝了。他补充说，"如果我真的那样出现了，你会发现我是个多么可怕的激进人物！"③ 1848 年底狄更斯写了一篇文章攻击一位正在审判一群被控策划暴力事件的宪章主义者的法官，这位法官指出，法国 1789 年的革命是不必要和有害的，"那仅仅是一场政治权利的斗争"。狄更斯坚持认为法官的观点是错误的，那是一场为推翻压迫制度而必要的斗争。④ 因他的共和主义倾向，他在 1849 年 1 月庆祝了查理一世处刑 200 周年，当然是私下与他热情如火的朋友兰道一起。⑤

---

① 《着魔的人》是最后一部被分期出版的圣诞故事。它比起前两作略有改善，但仍然不是部成功的作品，故事中最有趣的角色是个可怕的狼孩，描写得很可信。
② 狄更斯致福斯特，1848 年 2 月 29 日，《朝圣》第五卷第 256—257 页。
③ 狄更斯致库茨，1848 年 5 月 24 日，《朝圣》第五卷第 317 页。这是唯一提到有人请他做议员的资料。
④ "司法诡辩"，1848 年 12 月 23 日登载于《审查员》，重印于迈克尔·斯拉特编《狄更斯的报道》第二卷（伦敦，1996）第 137—142 页。狄更斯在《双城记》中扩展了他对法国 1789 年革命的观点。
⑤ 见《朝圣》第五卷第 481 页脚注 4，福斯特致信利·亨特，说狄更斯去了巴斯，庆祝兰道的 74 岁生日以及查理一世处刑 200 周年。

这一年阴云笼罩了他的家庭。1846 年确诊肺结核的芬妮还留在曼彻斯特，1847 年一整年到 1848 年初都在从事音乐教育的工作。狄更斯 3 月请了她的丈夫伯内特来《董贝父子》的晚宴上演唱，并承担了他的交通费；狄更斯想说服他带着他的妻子和两个小儿子来伦敦，这样芬妮可以得到家庭的支持并能请最好的医生诊治她。但芬妮一直到 4 月还在做心理斗争，直到她已经病得无法再上课。狄更斯写信催促她停止工作——"一定，一定，一定要停下来"——并汇钱去接济他们，他们也终于同意搬家，这时又过了一季，到 6 月底了。① 当时他们安顿在北伦敦的霍恩西，芬妮已经十分瘦弱，狄更斯请去的医生说她已经病入膏肓。他亲眼看着她渐渐死去，"速度不是很慢"，他这样告诉米顿。② 他描述她平静地接受了死亡的降临，并说她并不后悔在病中还辛苦工作，是她的天性令她如此；她也为她的孩子们感到忧伤，但她并不觉得痛苦，因为她相信总有一天她会再见到他们。在告诉福斯特这些事时，狄更斯也承认他在为他自己的孩子们害怕，毕竟他和芬妮都有着同样的对疾病的恐惧。

芬妮一直活到了 7 月，当时狄更斯和他的剧团去了苏格兰，通过他们的父亲尽可能地与芬妮保持联系。狄更斯送给她葡萄酒宽慰她，一回到伦敦，他就能每天抽出时间去看她。但他的孩子们此时正在布罗德斯泰，他在伦敦照看了几天后便带着怀了孕的凯瑟琳去和孩子们一起住了。照顾病人最重要的是耐心，但他并不具备这项美德，在无法挽救芬妮的情况下，他不知道自己还能做什么。他告诉麦克雷迪，他甚至希望终结快些到来，"她如此徒劳疲惫地躺着"。③ 约翰·狄更斯继续守在他大女儿的床边，并和儿子保持着联络。芬妮这时正被不时发作的可怕窒息折磨着。9 月 1 日狄更斯回到伦敦，看到她正在发作之中，几乎不能呼吸，喉咙中发出骇人的噪音，表情痛苦。他看到她陷入昏睡之中，这不是睡眠，第二天早晨她就死去了，年仅 38 岁。狄更斯爱着她，嫉妒过她接受的早期教育和她作为歌手的成功，看到了她的婚姻和母亲身份是如何约束了她，让她减少了演出只能依赖教学工作；他怜惜她的第一个儿子，那是

---

① 狄更斯致信芬妮·伯内特，1848 年 5 月 3 日，《朝圣》第七卷第 886—887 页；1848 年 5 月 9 日，《朝圣》第五卷第 301—302 页。
② 狄更斯致米顿，1848 年 7 月 1 日，《朝圣》第五卷第 358 页。
③ 狄更斯致麦克雷迪，1848 年 8 月 4 日，《朝圣》第五卷第 384 页。

个身患残疾却很聪明的孩子，这个孩子现在憔悴不堪，不久之后也去世了，就像《董贝父子》里写的那样。①

芬妮和她的丈夫是虔诚的非国教徒，她曾据此要求被葬在非神圣的土地上，狄更斯按照她的意愿操办了葬礼，在海格特公墓找了一块地方，福斯特9月8日和他同去。然后他回到布罗德斯泰度过9月剩下的时光，开始写他的圣诞故事。月底他穿过最喜欢的肯特郡领地：梅德斯通、帕多克伍德、罗切斯特和查塔姆，走回了伦敦。他在伦敦又得知了另一则有关病情的消息，曾在他的意大利、瑞士和法国之旅中担任向导的忠实的罗切需要被送往医院，狄更斯立即做了安排。罗切得了心脏病，已经时日无多。

12月家里又迎来两件大事，他的弟弟奥古斯特和弗雷德都结婚了，但这两件婚事狄更斯都不太同意。年仅21岁的奥古斯特要求在德文郡台地举办他的宴会，狄更斯同意，但他在喜宴后就逃跑了，"我觉得只要还有东西可喝，那里就很可能一直会有一些和我关系非常亲密的人在"。②弗雷德要娶安娜·威勒，她是克里斯蒂安娜·汤普森的妹妹，出于对她的年纪、不确定的健康以及不稳定的性情的担心，狄更斯非常不赞同这桩婚事。他不情愿地偿还了弗雷德的一些债务，没有参加12月30日于马尔文举行的婚礼，约翰·狄更斯成了男方家唯一的代表。据记录，弗雷德穿着白色的缎面背心，佩戴着天鹅绒花和银饰出现：显然他借鉴了哥哥的穿衣品味。这两段婚姻都是灾难性的，弗雷德于1859年离婚，奥古斯特则在1858年抛弃了失明的哈丽特，和另外一个女人跑到了美国。③

这一年《着魔的人》一上市卖出了18 000册（尽管在这之后，销量不是很多）。狄更斯计划新年里和他的朋友们进行一次短途旅行，"到一座我们都不知道的老教堂城享受一下，你们说诺威治和斯坦菲尔德大堂如何？"④ 斯坦菲尔德大堂是最近轰动的杀人案的现场，这次短途旅行安排在了凯瑟琳分娩之前，预产期在1月中旬。福斯特忙着不能去，狄更斯和里奇、莱蒙一起也没能玩得太尽兴，斯坦菲尔德大堂令人失望，诺

---

① 亨利·伯内特于1849年1月夭折，年仅8岁。
② 狄更斯致弗兰克·斯通，1848年12月5日，《朝圣》第五卷第453页。奥古斯特娶了哈丽特·洛弗尔，一个已故东印度公司官员的女儿。
③ 哈丽特·洛弗尔是弗朗西斯·洛弗尔和斯洛弗·斯特里特的女儿，曾住在马德拉斯。
④ 狄更斯致福斯特，1848年12月31日，《朝圣》第五卷第464页。

威治也很无聊，但雅茅斯勾起了他的想象，"广大的世界中最陌生的地方……我当然会去试一试，"他如此告诉福斯特。① 他按时回来参加了查理的生日派对，穿着中式服装，戴着面具表演魔术，跳他女儿教给他的波尔卡。派对的前一天他直到下半夜还醒着，因为生怕忘掉波尔卡的步子，便起来在冰冷的黑暗中独自练习。在派对上他向福斯特讲了他在夜间的练习，并严肃地补充说："记住写进我的传记里！"②

1月15日凯瑟琳开始分娩，这次她难产了，因为胎位不正。狄更斯曾读到过氯仿可以用作麻醉剂，发现爱丁堡的医生经常在临床上使用它，在凯瑟琳的同意之下，他安排了一位来自圣巴塞罗缪医院的麻醉医生协助她分娩。大部分伦敦医生都强烈反对使用氯仿，提出它可能导致痴呆儿出现，阻碍分娩并杀死母体，但事实证明狄更斯是有充分依据的：婴儿迅速出生，没有受到任何伤害，凯瑟琳免于痛苦并很快恢复了。四年后氯仿被广泛接受，甚至女王分娩时也在使用。

他曾打算管他的小儿子叫"奥利弗·戈德史密斯"，后来又改变主意给他起名"亨利·菲尔丁·狄更斯"，作为"对将要着手写的小说式样的一种敬意，"他这样对福斯特解释。③ 但实际上，《大卫·科波菲尔》伟大之处正在于这种方式是狄更斯特有的。它不是一部关于社会的粗鲁喜剧，也不像《汤姆·琼斯》那样性伪善，它更奇特，更精确，也更痛苦。依恋和失落，以及早年经历对成人后行为的塑造是这本书的中心话题。前14章涵盖了大卫的童年，作为天才的杰作独立成篇。这些章节用细腻的笔触表现了孩子的痛苦，他和母亲分离、被继父虐待，莫名其妙地遭到惩罚并被羞辱，被送到制度恶劣不公的寄宿学校，无助地活在不喜欢他的人手下。其中许多经历很有普遍性，引起不少读者的共情。狄更斯明白，对于不快乐的孩子来说，时间过得有多慢。他描写了给一个被忽视的孩子爱的人是如何成为孩子极其重要的人的，比如母亲的女仆佩格缇为大卫做的："她不能替代我的母亲；没有人能替代；但她走进我心中的那一处空白，之后它便关上了，而我在她身上感受到了从未在别人那

---

① 狄更斯致凯瑟琳·狄更斯，1849年1月8日，《朝圣》第五卷第471页；狄更斯致福斯特，1849年1月12日，《朝圣》第五卷第474页。
② 福斯特：《一生》第二卷第二十章。
③ 狄更斯致福斯特，1849年1月底，《朝圣》第五卷第483页。

里觉察过的某样事物。"①*

他告诉我们，就算是非常小的孩子也在审慎地观察着成人并评判他们，不只对他们不喜欢的人，还对他们喜欢的，在大卫这里被观察的人是他的母亲：她虚荣易怒，在她再嫁而无法保护他之前，大卫甚至就已经察觉到了她的缺陷。在一个名副其实的场景中，狄更斯写了大卫为死去的母亲悲伤，而在这一桩人生大事发生时，大卫在他的同学面前略有些得意。在弗洛伊德或任何儿童专家抵达现场之前，狄更斯描绘这个童年是基于他自身的经验——以及他自身的想象力，毕竟这部书前面几个章节完全是虚构的。他不了解萨福克郡，而大卫出生的蛮石镇是从"布伦德斯通"扯过来的，他只在路标上看到过，根本没去过那里。

这是他第一部以第一人称写作的小说，也只是第二部严肃地以一个儿童的口吻来叙述的小说。在他开始写《大卫·科波菲尔》的两年前，《简·爱》引起了巨大的轰动，它以一个孩子对自己被监护人和学校残忍虐待经历的叙述开篇。这本书以男性的假名发表，但很快作者真身暴露：写这本书的是一个籍籍无名的约克郡出身的女子——夏洛蒂·勃朗特。据人所知，狄更斯从未读过《简·爱》——在现存的信件中他没有留下任何线索——但福斯特显然是读过的，也正是他建议狄更斯使用第一人称写作："我提出了他应该改变方式以第一人称来写作的建议，他立即郑重地接受了；尽管他并未期待公开使用他任何私密的个人回忆，但各种因素一同作用，促成了这一决定。"② 这是个了不起的巧合，两位作家在数年之间都选用了被虐待儿童的心声作为小说的核心。对于夏洛蒂·勃朗特来说，这想法是自发产生的，而如果狄更斯受到了她的影响，不管是直接的还是通过福斯特间接的，这都是两个伟大作家之间令人欣喜的互动。除此之外，两者几乎没有相似点，《简·爱》的前几个章节充满着激情和愤怒，而狄更斯的作品则是近似于祭文的悲哀，其高潮是童年的

---

① 《大卫·科波菲尔》第四章。
* 中译本参见《大卫·科波菲尔》，石定乐、石定柔译，湖南文艺出版社1995年版；张谷若译，上海译文出版社1980年版；张俊萍译，百花洲文艺出版社2014年版。——译者
② 福斯特：《一生》第二卷第二十章。利维斯夫人在《小说家狄更斯》关于《大卫·科波菲尔》的章节中假定狄更斯读了《简·爱》，但U.C.克努普马赫在"从愤怒到狂暴：狄更斯挫伤的温柔"中论述，"狄更斯在着手写《大卫·科波菲尔》前拒绝读《简·爱》"，但没有给出原始资料，见乔安·沙托克编《狄更斯和其他维多利亚时代人士》(贝辛斯托克，1988) 第76页。菲利普·柯林斯编：《狄更斯：访谈和往事》第二卷，第289页给出一条记录，它来自盖德山庄的文件，不知出自谁于，日期约在1860年，说"狄更斯没有读《简·爱》，并说他永远不会读，因为他反对整个流派。[这符合霍加斯小姐说它是本不健康的书的说法。]"

大卫见证了他母亲的死亡,母亲的怀里抱着还是婴儿的弟弟,他看到自己意识中那个在他还是婴儿时的母亲,并把她抱着的小生命看成了自己,"在她怀中归于寂静"。对狄更斯来说,转换到第一人称写作是一种解放也是一种丰富:奥利弗、耐儿和保罗·董贝是最高技巧的结晶,而大卫则是一个被充分构想的活生生的孩子。①

狄更斯的技巧自成一家。在早期章节以及情节紧密的部分,大卫在讲述自己的故事时,他的语言在过去时和现在时之间切换,用"让我看看……""我现在……"或"我们正……"这样的句式引领读者。就这样,谈到童年时的家,他写道:"这里有一条长长的通道——我觉得它真是特别的深!"……"我现在正在后边的花园里……""我们正在冬天的暮光中玩耍,在客厅里蹦蹦跳跳,……我看着她(我妈妈)把光亮的卷发绕在她手指上……"在描述母亲带着他上课,同一间屋子里还有他的继父以及继父的姐姐时,他写道:"我打了个磕巴,莫德斯通先生抬头。我又打了一个磕巴,莫德斯通小姐抬头。我红着脸,在半打词上磕磕绊绊,然后停下。我想我妈妈如果敢的话,一定会给我看下书,但她不敢,然后她温柔地说:'哦,戴维,戴维!''现在,克拉拉,'莫德斯通先生说,'严格要求这孩子。'"而他离家的时候说:"看,我们的房子和教堂正离我们越来越远;树底下的墓被什么东西挡住……"②

他的描写是如此精细准确,就好像他在写作时正看着事情在眼前发生(他可能曾有过这样的经验,就像托马斯·哈代写诗时能在脑海中看到画面一样)。比如说,当佩格缇对他描述他母亲的临终之日和死亡时:"在这里佩格缇停下来,轻轻地拍了拍我的手",后面还有,"跟着又是一阵沉默……我的手又被轻轻拍了拍。"③他完美地观察到了一个人很难表达自己想说的话但需要寻找合适的词汇时会无意识地用手指去敲打什么的动作。还有一个例子:他让大卫衣衫褴褛地从伦敦步行到多佛,最后到了他强悍的贝翠姨妈面前,姨妈站在花园前手里拿着园艺刀,大卫伸

---

① 夏洛蒂·勃朗特读了《大卫·科波菲尔》,并非常喜欢,她于1849年9月13日告诉W. S. 威廉姆斯:"我读了《大卫·科波菲尔》,它在我看来非常好——内容令人钦佩。你说它和《简·爱》有类同之处。它偶尔确实有——只是狄更斯的优势在于,他了解各种各样的人和事物!"这是夏洛蒂·勃朗特的谦逊。当然《大卫·科波菲尔》最好的部分在于描述童年、家族和家庭相关场景。见T. J. 怀斯和J. A. 西明顿编《勃朗特姐妹:她们的生活、友情和通信》第三卷(初版1932年,牛津,1980)第20页。
② 对《大卫·科波菲尔》的引用分别来自第二、四、十章。
③ 《大卫·科波菲尔》第九章。

出一根手指触碰她。任何曾与一个胆小的孩子住在一起的人都认得这手势，而狄更斯很可能观察过他的弟妹还有他自己的孩子这样做；他将这些材料从自己的回忆中摘出来，进行了充分的利用。

作品的细节描写令人惊诧，而整本书主题的建立——一个孩子长大过程中的教育和发展，从痛苦到幸福的成熟——使用了温情和幽默的方式。大卫不是儿时的查尔斯·狄更斯，但他借用了狄更斯童年在鞋油厂时的一些经验。他把自己双亲的无情一面分到了大卫嗜虐的继父莫德斯通先生身上；约翰和伊丽莎白也被转换成了大卫在工厂做工时的房东——迷人的麦考伯一家。他们在某种程度上呈现了大卫被遗弃时的贫困和孤独，拒绝为他提供教育，不安慰他，不给他希望，但给他爱意和尊重。"麦考伯"用约翰·狄更斯的语气讲话，滔滔不绝的矫饰演讲，看热闹不嫌事大，面临经济问题时情绪起伏不定；他还对大卫说了父亲对童年查尔斯说过的格言："每年收入20英镑，支出19英镑19先令6便士，就意味着幸福，每年收入20英镑，支出20英镑6便士，就意味着不幸。"① 这是一个令人难忘的重要角色，出彩之处在于他为人荒唐无能还总是野心勃勃；麦考伯夫人也是个自成一派的荒诞人物，就大卫的不幸她同样没有受到一丝的指责。他将父亲分成两个人物，让双亲远离指责，还给麦考伯夫妇安上有趣的格调，让他们的出场凸显出大卫是个孩子。他们用对平等成年同伴的言行对待大卫——有些方面充分体现了狄更斯的双亲对待他们的儿子的方式，他们让儿子和当铺交易，以维持生活，完全让他自立，只是因为他的智力和效率能让他们忘记他还是个孩子；但狄更斯当然没有忘记这些，还在文中引用了这些记忆。

狄更斯夫妇转换为麦考伯家仅仅是个例外，基本上所有大卫成长过程中接触到的人物都是狄更斯虚构的。佩格缇在雅茅斯做渔民的家人住在沙滩上一艘倒置的船里，一起的还有哈姆和小艾米丽，艾米丽是一个长着一双蓝眼睛的孤儿，被佩格缇的叔叔带大，她并没有一个已知的原型人物。大卫在学校里的学长斯迪尔富斯也没有原型，这是个拜伦式的、让大卫无法抗拒的人物，就算大卫认为他行为恶劣，但大卫也崇拜他的魅力；这是狄更斯最为接近表现同性之恋的描写，他将它坦诚地写了下

---

① 《大卫·科波菲尔》第十二章。

来。他们再见面是在刚成人后，斯迪尔富斯带他回家见母亲和她的女伴罗莎·达特。罗莎是这本书里最有趣的女性角色，她嘴唇上有伤疤，敏锐、聪颖。大卫太单纯，还没法理解她或者她和斯迪尔富斯的交流，她觉得大卫确实很有吸引力，但她拒绝做一个"玩偶"，而大卫则喜欢管她叫"黛西"。斯迪尔富斯通过大卫见到佩格缇家后，在谈论佩格缇家时管他们叫"那一种人"，本意是他们不像较高社会阶层人士那样神经质，达特小姐则回答："真的！……我不知道有没有比听到这话更让我高兴的。这真让人宽心！知道这事太让人高兴了，他们受苦的时候，他们都不知道……"① 大卫单纯地误读了这一交流，觉得斯迪尔富斯是在开玩笑挑逗达特小姐，引起她的注意，而罗莎的嘲讽是她谴责他无情的方式。但大卫搞错了，他的朋友轻率地毁掉佩格缇家的生活仅仅是为了消遣。但大卫总是给斯迪尔富斯找借口，还一直记得在学校熄灯就寝后他是如何想着这个人："我记得我坐起身，看见他躺在月光里，他英俊的脸扬起，头斜枕在胳膊上……"。②

　　大卫的姨妈贝翠是又一位强悍独立的女性，她不是狄更斯通常赞赏的类型，狄更斯就她的善行善念给了她应得的报偿，特别是她照顾受她庇护的迪克先生，使他免于被送进精神病院。迪克先生的思维很少连贯，他带着大卫出门放风筝，大卫和他在一起时很高兴，大卫觉得风筝飞上天的时候，迪克先生的思维也会随之脱离混乱。这很有可能，当然狄更斯也相信游戏和富有想象力的玩乐对每个人都有益处。更进一步，在这部书中，狄更斯让大卫爱上漂亮迷人近乎低能的朵拉·斯本罗并娶了她，同时也嘲弄了他自己对小新娘的偏好。他对她的爱强烈可信，因为她可能是他母亲的另一版本；此外，还有他们努力料理家务时令人懊悔的喜剧场面，然后大卫明白了，他犯了一个他必须忍受的错误。我们从注解中得知，狄更斯很难抉择究竟是要让朵拉活下去还是让她死掉，部分原因可能是，他在这个角色身上引用了他对玛丽娅·比德内尔的部分回忆。在有朵拉参与的章节里他好几次返回到现在，这种行为强调了这些章节与之前描写大卫母亲的章节的联系，他在那些章节里也是这么做的。所

---

① 《大卫·科波菲尔》第二十章。后来狄更斯设计罗莎对待艾米丽粗暴、残酷，在作者看来，这与第20章的人物形象不一致。
② 《大卫·科波菲尔》第六章。

以这本书的过去联系着现在，现在也结合了过去。

在如此长的作品中，每月连载使他没有机会重新考虑并做出修改，所以它也有不少弱点。章节的背景设定在坎特伯雷——老校长斯特朗博士和他被错误地怀疑为不忠的童媳；还有威克菲尔家，律师父亲和高尚的女儿，即艾格尼丝，她无私地爱着大卫，这些内容都很单薄。尽管威克菲尔手下邪恶的职员，即红头发、红眼睛，手还黏糊糊的乌利亚·希普很有趣，但狄更斯主要的心魔总是在发表意见说这"太差劲"。情节最戏剧性的部分是斯迪尔富斯引诱了小艾米丽，并把她带到他去意大利的游艇上，女孩的叔叔去寻找小艾米丽，而斯迪尔富斯在暴风雨中溺死。这里又出现了过去和现在的联系，斯迪尔富斯溺水的尸体让大卫想起了自己像一个熟睡的小学生。但艾米丽毫无个性，而帮着寻找她的妓女玛莎说话则用的是情节剧里凄凉的陈腔滥调："哦，河流！我知道我属于它……我没法摆脱它……它是这世界上唯一我配得上的东西，或者说它配得上我。哦，这可怕的河流！"另外还有，她催促佩格缇先生和大卫"踹我，杀了我！你不会相信——为什么你要相信？——哪怕是从我嘴里发出的一个音……"① 狄更斯所熟知的在牧丛的那些年轻女子不会这么说话，但他忍不住给玛莎安上这种舞台式的语言，就像《雾都孤儿》里的南希一样。晋升为女主角的艾格尼丝·威克菲尔冷静、干练、性冷淡，像艾米丽一样毫无生气。如约翰·格罗斯指出的，大卫文学上的成功毋庸置疑，但"在堪称伟大的童年场景之后，这本书整体来说就言之无物了，艾格尼丝在他笔下就是个常见的人。"② 尽管有这么多弱点，但也无损于这本书的整体成就。《大卫·科波菲尔》是一部杰作，它建立在狄更斯发掘自身经验的基础上，他改造这些经验，并赋予了它们神秘的力量。

故事"被包裹在绿色封皮"下，费兹的插画是刊物的组成部分，这本书于 1849 年 5 月至 1850 年 11 月公开发行。朵拉和斯迪尔富斯被杀了，希普被送进了监狱，麦考伯家、艾米丽和她的佩格缇叔叔去了澳大利亚，带了玛莎和他们一起；而大卫成了一位著名的作家，快乐地娶了第二个妻子。它卖得不像《董贝父子》那么好，但后来成了他在世界上最知名的作品。托尔斯泰特别推崇这本书，它一直给童年时代因失去、不幸、

---

① 《大卫·科波菲尔》第四十六章。
② 约翰·格罗斯：《文人的起起落落》(伦敦，1969)，第 31 页。

不友善或被不公平的对待而受苦的人们提供安慰。

在写作的同时，他也意识到他已经远超过了孩童时代他对自己可能有过的期望。他的书让他变成了一个资产家，他可以任意选择他的生活方式。他家的家务有一个崇拜他的小姨操持，他可以带他家八个孩子在布罗德斯泰过夏天，女儿有家庭教师，儿子则可就读良好的学校：查理1850年1月去了伊顿公学。只要他想，他就能去巴黎或者到他最爱的肯特郡乡间漫步。他可以公开为善事募集资金，同时还沉迷于对表演和导演的热情中，并且能私下谨慎地投身于牧丛之"家"的事业。库茨小姐是这个国家最富有的女人，同时也是王室的友人，她听从狄更斯对她的慈善事业提出的建议并提供资助，私下里还是他忠诚的朋友，她一心要确保让狄更斯的大儿子在人生中有充分的优势，从特大号的生日蛋糕到花钱可以买到的最好的教育。狄更斯仍然和他年轻时迎娶的妻子是夫妇，仍然在信里管她叫"我最亲爱的凯特"。

每月按时交稿已经不像《董贝父子》那时那么令他有压力，他每月都能留出一定的自由时间："如果在我每月的空闲中，每天早晨能有半个小时进行独处，再有半个小时看着墨水和纸张，这看来就是让我待在火车上。我有这么多事，总是有人提醒我一定要尽我所能保持相当高的声誉，我觉得还是得一直离我的桨近一些，这样更好，也更聪明。"这是对一直在建议他回瑞士过夏天的理查德·沃森说的。① 相反，狄更斯在邦彻奇的怀特岛上找了一座别墅，萨克雷在7月23日见他抵达，并怀着些许妒忌记录道："我为自己的小命奔忙时，在码头上见到了伟大的狄更斯携其妻、子以及霍加斯小姐，他们看上去都恶俗得要命还那么高兴。"②

他叫朋友们来与他分享别墅带来的乐趣，这里有私人浴场以及一处被当成淋浴使用的瀑布，狄更斯在这里上演了他的戏法，按他的描述，有次说是"隐居在俄罗斯的矿山九年"的产物，还有一个戏法要价5 000基尼，"来自一位清王朝的官吏，他在舍弃这秘密后立即可悲地死去了。"③ 你可以看到他作为父亲是何等有趣。之后在邦彻奇，他病倒了。他得了感冒，后来转成了咳嗽，浑身乏力，医生用听诊器为他做了检查，

---

① 狄更斯致理查德·沃森，1849年7月21日，《朝圣》第五卷第579页。
② 萨克雷致布鲁克菲尔德夫人，1849年7月23日，哥顿·N. 雷编：《萨克雷的信件与私人文件》第二卷（牛津，1945），第569页。
③ 见《朝圣》第五卷第706页附件G。

并建议他接受一种用于肺结核的按摩治疗。无疑他回忆起了芬妮的病,他害怕自己也会有同样的遭遇。他的胆病发作,腿在打颤,虚弱到无法走路,也没法阅读,甚至没法梳理头发,他觉得如果继续待在怀特岛上他一定会死——这些他都通过信件告诉了福斯特。突然他的病症消失了,但接下来,和他们一起来的里奇被一个大浪击倒,然后一病不起,狄更斯不得不用磁石给他治疗。这样做效果不错。然后狄更斯赶到布罗德斯泰的一家旅馆去写下一期连载,直到10月中旬才回到伦敦。11月沃森家请他去罗金汉城堡做客,在那里他居住在古老精致的城堡里,当中有城楼、吊闸和一切便利的现代设施、26个仆人,以及一处美丽的、运营良好的地产。他告诉福斯特"这是个非常令人愉悦的地方,即使对你我这样严肃的共和主义者也是如此。"①

秋天到来时,两个麻烦找上了他,还惊动了律师。一桩事是《大卫·科波菲尔》里描绘的人物太接近他的生活,出问题的是"莫彻小姐",这个人物是个侏儒,职业是美容师,给斯迪尔富斯做发型,打算帮他诱惑艾米丽。狄更斯的邻居萨缪尔·希尔夫人本人个子不高还是个手足病医生,她写信抗议狄更斯将她描写为莫彻小姐,这明显给她造成了困扰,不管是在事业上还是生活里。狄更斯回信承认,他从希尔夫人身上提取了一些特征,他本来是要让莫彻小姐做坏人的,但现在他得改变剧情让她成为一个正面角色。他向希尔夫人的律师也做出了同样的保证,而且信守诺言,在后面的章节把莫彻小姐写成一个强悍的卫道士。另外一场法律纠纷则牵扯到一个英国无赖托马斯·鲍威尔,他出版了一本有关狄更斯美国之行的传记,文章饱含敌意,毫无价值。狄更斯写文章曝光鲍威尔曾是个小偷和赝作者,用假装精神病人的方法逃脱英格兰法律的制裁之后逃亡出国,鲍威尔则扬言要起诉狄更斯诽谤。美国人对狄更斯遭受的攻击津津乐道,这场争执还在持续。

12月,狄更斯带着查理去伊顿公学面试,伊顿公学1月就要开学。老师们发现查理非常了解维吉尔和希罗多德,而且很聪明,尽管他在贺拉斯式拉丁文诗句的写作上还需要一些额外指导。狄更斯对他儿子通过了一位奇怪校长的面试"说不出的高兴",并骄傲地向库茨小姐报告了他

---

① 狄更斯致福斯特,1849年11月30日,《朝圣》第五卷第663页。

的成功。除此之外，这年年底他还要对"家"进行视察，时间是 12 月 21 日和节礼日（圣诞后第一个工作日）。在圣诞节那天他第二次退出了加里克俱乐部，没有给出任何理由。① 家里像往常一样办酒宴，有时他外出就餐，与马克·莱蒙和斯坦尼——即最亲密的老朋友海景画家克拉克森·斯坦菲尔德——去看看哑剧。凯瑟琳又怀孕了，预产期在 1850 年 8 月。

---

① 狄更斯和加里克俱乐部的关系很难跟踪。他于 1837 年第一次加入俱乐部，1838 年退出，1844 年 2 月再次加入，1849 年 12 月又一次退出，1854 年他又登记为成员，1858 年夏天因为耶茨和萨克雷的争吵而退出，1865 年又因为威尔斯被排斥而退出。

第十六章　父子们
1850—1851 年

　　1850 年 1 月的第二个周六，查理 13 岁生日的一个星期后，他的弟妹在德文郡台地集体嚎啕大哭送他离家去伊顿公学，陪他去学校的是他的父亲。狄更斯这时候得了感冒，他觉得头胀得可怕，但他还要和查理的导师吃饭，那是一位传统的学者兼教士，而查理这时候只能一个人在空荡荡的大厅里用餐。对他来说这是个凄凉的开始，其他的孩子都还没有到校——这有点像大卫刚进克里克先生的学校时的样子——但他在大家到校后就接受了这环境，交上了朋友，变得受欢迎，开始能和其中最好的学生对上几句拉丁韵文。开学几天以后，狄更斯收到了和他亦师亦友的杰弗里爵士的讣告。爵士在一周前写给他的最后一封信里警告他提防伊顿："在那里最确定能学到的东西，一是浪费的习惯，二是理所当然地以出身取人。"① 杰弗里委婉地补充说，希望狄更斯的儿子能不受这些影响，狄更斯便投身于伊顿的试验，给查理安排了游泳课，这样他可以如愿在河中划划船，时不时地用野餐招待朋友；但他一定想起了自己对出身良好、打扮入时的伦敦教士嘲讽的描述："在伊顿庆祝他不可救药的愚蠢"。他自己从未完全相信过这是他儿子应该接受的正确教育。②

　　1 月，狄更斯在写小艾米丽被斯迪尔富斯不怀好意地诱惑，直至堕落的情节。他告诉福斯特，他希望读者在"多年之后"还能通过这个角色记住他，他也确实被记住了。③ 他像往常一样忙着去视察"家"，那里有许多"艾米丽"，她们不那么有魅力但已经脱离苦海，同时他还在筹备一份新期刊，定名为《家常话》（*Household Words*），将在 2 月发行。他的朋友，来自《每日新闻》的威尔斯被任命为副主编，主管日常工作，福

---

① 杰弗里的信件注明日期为 1850 年 1 月 6 日，见《朝圣》第五卷第 461 页脚注 3。
② 见他 1836 年的散文《星期天，三人组》，重印于牛津插图版狄更斯《非商业的旅行者和重印文章》（牛津，1958，笔者持 1987 版）第 635—663 页。
③ 狄更斯致福斯特，1850 年 1 月 23 日，《朝圣》第六卷第 14 页。

斯特成了领薪水的顾问，约稿信也发给了不少潜在的供稿人。盖斯凯尔夫人是他初次接触的作者之一，狄更斯是通过福斯特知道她的，她在查普曼和霍尔那里发表了她的第一部小说《玛丽·巴顿》。这是以产业工人生活为主题的先驱作品之一，狄更斯说她是他最想招募的作家，并解释说他的期刊致力于"抬高弱者，整体改善我们的社会环境"。① 狄更斯告诉盖斯凯尔夫人，《家常话》的所有内容都是匿名发表的，但她很乐意成为这本刊物的常任撰稿人，从这时起她的三分之二的故事和文章都是交由狄更斯发表的，包括克兰福德系列和《北与南》。他们还同样对从事让人堕落的服务业的年轻女性的命运十分关注，盖斯凯尔夫人询问并听取了狄更斯的意见，帮助一位受庇护人移民。在他给她的一些信件里表面上有些调情——"亲爱的谢赫扎拉德"——"我永远都张开双臂欢迎你（只要 G 先生允许我这样说）"——"你这个懒婆娘，你那篇文章在哪里！"——盖斯凯尔夫人则用他在德文郡台地的气派生活方式取笑他，抵抗住了他催稿的压力，狄更斯悄悄对威尔斯说"盖斯凯尔夫人，真可怕——可怕。如果我是 G 先生，老天看我怎么揍她！"②

狄更斯还和他的妹夫，现任卫生部长亨利·奥斯丁有不少往来，狄更斯决定报道伦敦穷人恶劣的居住环境，这境况引发了近期的霍乱疫情，导致了不少人的死亡。他同意在 2 月为新组建的都市卫生协会致辞，并向他们发表尖锐的演说。在接下来的几年里，他也建议库茨小姐给贝斯纳格林的穷人建造体面的住房，和国家及地方政府就疏忽和自满——在他看来这简直是犯罪——激烈地斗争着。1854 年秋天，他在《家常话》上就公共卫生话题发表了一系列文章，呼吁人们应投入更多资金，赋予地方委员会更多权利，着手解决卫生问题，并探究了伦敦亟需解决的污水问题。人们必须愉悦，但在死于可预防疾病的情况下，让他们愉悦是无益的。

他将《家常话》的办公室设在了位于惠灵顿街 16 号的一幢房子里，直到今天那里都是剧院街。这是他的老地盘，他从孩提时代就很熟悉这

---

① 狄更斯致盖斯凯尔夫人，1850 年 1 月 31 日，《朝圣》第六卷第 21—22 页。《玛丽·巴顿》出版于 1848 年，被保守主义媒体攻击过。
② 狄更斯致盖斯凯尔夫人，1851 年 11 月 25 日，《朝圣》第六卷第 545 页；1853 年 4 月 13 日，《朝圣》第七卷第 62 页；1852 年 2 月 25 日，《朝圣》第六卷 609 页；狄更斯致威尔斯，1855 年 9 月 11 日，《朝圣》第七卷第 700 页。

里了。惠灵顿街当时从柯芬园南起，与河岸街交叉，一直到滑铁卢桥。他重新将他分散的记忆碎片结合到一起，从一开始，惠灵顿街对他来说就不只是办公室的所在地。在装修时，他要求埃文斯给楼上装上煤气，把房间收拾得舒适，这里能让他暂时逃回单身汉的生活，在他去阿德尔菲或者莱森剧院的包厢之前给他一个能换衣服吃饭的地方，而不用专门回德文郡台地的家一趟。1851年4月他对威尔斯说想在惠灵顿街找两个好点的房间，夏天需要时住下，里边放进两个铁床架，可在万国博览会期间使用，他打算在家人去布罗德斯泰期间再把德文郡台地租出去。有时他谈到他的"吉卜赛帐篷"，并开玩笑说，他把水壶用一根绳子吊在三根棍上，烧着水，还吃着偷来的家禽，但实际情况是，他请了男性朋友来吃饭喝酒，而且目前他把楼上的房间妥善地布置过了，后来又雇用了一个管家，将这里变成了非正式的第二住所，他可以在这里舒适地过夜。① 他发现自己和惠灵顿街的环境意气相投，1859年《家常话》停刊，他又开始做一份新的刊物时，他也只是把办公室从惠灵顿街16号搬到了26号，还大张旗鼓地做了同样的布置，楼上有五个供他使用的房间，还从自家搬来了家具。他在惠灵顿街共住了18年，这里是他的另一个家，比其他任何地方都住得久。他在那里时，有时穿着天鹅绒的吸烟服，喝了许多杜松子潘趣酒和热白兰地潘趣酒，抽了许多雪茄，还享用了许多来自福特纳姆的美食，有腌鲑鱼、鸽肉饼、冷肉和热芦笋，还有仕女巷的牡蛎，有时还有烤羊腿，在里边塞上小牛肉和牡蛎，这道菜是他自己发明的。

《家常话》自1850年3月创刊以来一直运营良好，每周三发行，每期两便士，很快销量就达到了每周40 000份左右。他占这杂志的一半股份，布拉德伯里和埃文斯占四分之一，福斯特占八分之一，外加每月固定40英镑的薪水，并在头三年提供故事和时文之类的稿件100篇。他规划要在竞争激烈的期刊出版领域提升新闻工作的标准，吸引受过教育的读者，依照他们的良心说话，在公共事务上发挥一定影响力；为此他亲自写下了许多有关社会问题的文章，住房、卫生、教育、工厂中的事故、济贫院，维护穷人选择享受周日的权利。他选登了几篇描述大都

---

① 关于吉卜赛生活，见狄更斯致斯宾塞·利特尔顿，1851年5月20日，《朝圣》第六卷第393页。

会警察署探员工作的文章，异常敏锐、审慎地描写了这个群体，侦探们可靠高效、仔细辨别证物、追捕嫌犯；他招待一群探员来惠灵顿街，与菲尔德探长建立了友情，菲尔德探长退休后做了私家侦探。① 他还提供娱乐内容，包括《一个孩子的星梦》，内容是有关死亡和儿童的，1850年刊物吸引了许多读者，但在今天看来它显得太甜、太黏糊。他甚至开始涉足艺术评论领域，攻击米莱的画作《基督在双亲的家中》，认为其"平庸、可憎、令人生厌、反感"。② 这篇文章荒唐可笑，还攻击了整个拉斐尔前派运动，但狄更斯坚信自己正处于狂躁期，所以他可以持任何观点。

直到1850年10月他还在写《大卫·科波菲尔》，就算它卖得不如《董贝父子》，他也对这本书一直保持着信心。2月份他遇上了麻烦，必须改变莫彻小姐的角色设定。然后在5月他"尚未决定朵拉这个角色的走向，但今天**必须**决定"，就如他告诉福斯特的：他决定杀掉朵拉，带着福特纳姆的食盒自己去了德比。8月凯瑟琳生下了一个女儿，这个孩子被命名为"朵拉"，以纪念他死去的女主角。之后其他孩子被安顿在布罗德斯泰，狄更斯在那里租了堡垒山庄两个月。他想在写完书的时候离海近一些，在那里他写下了暴风雨的场景，第一天用了八个小时，第二天用了六个半小时，觉得完全被它打倒；他也确实写到了结尾，以一种充满渴望的感觉，他把自己的一部分"送进了朦胧的世界"。③ 他告诉德奥赛他有多喜欢在布罗德斯泰工作："萨尼特是个荒凉的小岛，但我很喜欢它，因为这里很安静，我可以在这里思考、做梦，像巨人一样。"④

"巨人"在写下一本书前又给自己放了一年的假。他现在能确定自己的地位和他能获得的力量。1852年4月《经济学人》发表意见："狄更斯的作品……只要写下来就能卖出去被人阅读，就像面包烤出来就肯定会卖出去被人吃掉。"⑤ 他是小说家、斗志昂扬的编辑和公众人物，他被

---

① "警探派对"登载于1850年7月27日《家常话》。菲尔德是《荒凉山庄》中布克特探长的原型，狄更斯还请他盯着布尔沃分居的妻子罗西娜，以防她在他们的一次演剧活动中生事。见菲利普·柯林斯《狄更斯和犯罪》（伦敦，1962），这是一段关于狄更斯和警方关系的证言。
② "旧灯换新灯"刊载于1859年6月15日《家常话》，重印于迈克尔·斯拉特编《狄更斯的报道》第二卷（伦敦，1996）第424—248页。
③ 狄更斯致福斯特，1850年10月21日，《朝圣》第六卷第195页。
④ 狄更斯致德奥赛，1850年10月1日，《朝圣》第六卷第184页，原文为法语。这是狄更斯对他自己和他的想象能力的幻象。
⑤ 罗伯特·L.帕滕：《查尔斯·狄更斯和他的出版商们》，第236页，引自1852年4月3日《经济学人》。

有志气的穷人所爱，中产阶级在倾听他的声音。他能请到任何他想请的人出席在德文郡台地举办的盛大晚宴，凯瑟琳在一旁主持。19世纪50年代前期他的社交圈子延伸到了很有趣的范围。约翰·罗素爵士，从1846年到1852年任英国首相，同时也是自由党的党魁，他建立起了这场对双方都意味深长的友谊。狄更斯先是被罗素请去吃饭，后来他把《双城记》题献给了罗素，多年后还试图让儿子弗兰克进入外交部寻求他的庇护。① 沃森家一直热切地邀请狄更斯来罗金汉城堡，在那里他见到了沃森夫人的表亲玛丽·博伊尔，她正值快乐的40岁，写小说，热衷于业余戏剧，并很快和狄更斯建立了友情；真正的双向的温情对她来说更有意义，他们也很享受调情式的交流。② 博物学家理查德·欧文专长为比较解剖学和生理学，1847年他担任皇家公共卫生委员会成员，他也为《家常话》撰写了稿件，成了狄更斯的挚友，他描述狄更斯"很英俊，但不止如此——他脸上的每一处都显示着真正的善良和天赋。"③ 奥斯汀·莱亚德以发掘了尼尼微而知名，狄更斯初次见到他是在库茨小姐那里，他现在是一名自由党议员，两个人见面谈的是社会和政治问题。化学家迈克尔·法拉第爽快地答应了狄更斯的请求，允许《家常话》登载以他的课程为基础的文章。作家伊斯特雷克女士是卡莱尔家的朋友、查尔斯·伊斯特雷克爵士的妻子，国家美术馆的第一任总监，她公开说，她喜欢狄更斯晚宴上的一群人，他们也在通信。布尔沃·利顿则和他更加亲近：他是继狄更斯之后当时最成功的小说家，作品数量庞大，两部戏《里昂的淑女》和《钱》上演了几十年。身为贵族和地主，他和狄更斯共同组建了文学艺术工会，旨在取代由居高临下的主顾们施舍的皇家文学基金，他们的新保险方案计划让作家们可以自助。④ 在接下来的十年里，布尔沃、

---

① 此事发生在1863年7月，结果无用。1865年，罗素爵士要给他的一个儿子安排位置，狄更斯回复说，他没有儿子需要职位。

② 玛丽·博伊尔，生于1810年，父亲是海军中将，祖父是伯爵，姐姐是阿德莱德王后的侍女，玛丽于19世纪30年代出版了两部小说，1849年又出版了一本诗集。狄更斯发现她很有趣，很享受和她一起表演且很喜欢她，可能她的背景也给他留下了深刻印象，狄更斯没有允许她在事业上利用自己。他拣了一篇她投给《家常话》的稿件，并基本上重新改写了一遍，尽管狄更斯对此还算包容，但这一行为明确地表示，他不想再收到她更多的稿子。她一直倾心于狄更斯，直到他去世，例如1867—1868年狄更斯访美期间她还为他的巡演送去鲜花。

③ 见《朝圣》第六卷第780页脚注3，引自欧文的私人日记。欧文对达尔文论证的攻击给他的名誉带来了灾难性的影响。

④ 狄更斯在皇家文学基金委员会任职，但不喜欢机构的办事程序，1841年后就再没出席过它举办的晚宴。工会也needs需要的作家提供补助金和位于内布沃斯的住房；但尽管狄更斯、福斯特和布尔沃为此做了巨大努力，这一计划还是没有成功。

福斯特和狄更斯投入了大量时间和精力来推动这一计划，上演更多剧目来为工会筹资。

这些伟大、优秀的人成了 19 世纪 50 年代狄更斯生活的一部分。1851 年，画家奥古斯特·艾格介绍给他的另一类型的朋友威尔基·柯林斯出现了。柯林斯比狄更斯小 12 岁，是一位成功的画家之子，正走上小说作家之路。他曾读过法律，但仅仅是由于他父母的坚持，他是个有献身精神的波西米亚人。狄更斯将他看作一个天赐的优秀记者和一个有冲击性的叙事者，并发现他的生活方式简单而不落俗套，尤其在和女性相处时显得有趣。两个男人有共同的穿衣品味，都喜欢颜色鲜艳的衣服。柯林斯会穿着骆驼毛的西装搭配粉色宽条纹衬衫和红色领结登场，他就算穿了素净的颜色也会看上去很奇怪，他的头很大但身材偏小，一只眼里打了石膏，性情更易烦躁。柯林斯最好的立传者说他"多少有意识地决定不那么绅士地去行动"。① 他像崇拜英雄一样崇拜已经地位够高、不用再担心究竟像不像个绅士的狄更斯。他成了狄更斯多次出逃和短途旅行的指定旅伴。在这方面他取代了麦克莱斯，但他不能代替狄更斯最信任的朋友福斯特，福斯特一直能得知狄更斯的许多知心话，这些话是永远都不会对柯林斯说起的。

坚定的成功没能让狄更斯远离躁动，飞离伦敦的想法时常出现。1850 年 6 月，他劝说麦克莱斯和他一起去巴黎，但他们发现那里太热，麦克莱斯也不能分享狄更斯对参观停尸房的热情。回程路上，他们听到了皮尔早逝的消息，狄更斯感叹他的死是国家的损失；他改变了人的看法却没能改变议会，并说皮尔能"借病脱离那些轻如鸿毛的蠢人和花花公子，毕竟西敏寺里没有过滤机制。"② 1851 年 2 月，他又去了巴黎，他告诉布尔沃，这次他是为《家常话》做些调研，"伦敦是个卑劣的地方……自到海外生活以来，我从未善意地看待过它。每当我从乡下回来，看到那巨大沉重的天篷压住屋顶，我就会想我在这里干什么，除非有义务。"③ 万国博览会将于 1851 年 5 月开展，他想出城躲开成千上万的游客，博览会带来的显著发展也没能让他欢呼，铁路公司开通了上百辆专列，运输

---

① 见凯瑟琳·皮特斯：《创造者之王：威尔基·柯林斯的一生》（伦敦，1991），第 101 页。
② 狄更斯致哈丽特·马蒂诺，1850 年 7 月 3 日，《朝圣》第六卷第 122 页。
③ 狄更斯致布尔沃·利顿，1851 年 2 月 10 日，《朝圣》第六卷第 287 页。这趟巴黎之旅是和里奇以及沃森夫人放荡不羁的侄子斯宾塞·利特尔顿在一起。

乡下的乘客到城里,许多人第一次看到了伦敦。他强迫自己去看博览会,看得很笼统,他告诉威尔斯他总是对这种事有种本能的反感。①

让他郁闷的不只是伦敦和万国博览会。他还觉得他有太多的儿子需要教育,要让他们走向社会。他发现男孩子们太吵,还难以沟通,儿子们似乎继承了父母两家最差的性格,懒惰、被动、花钱大手大脚。在家里,他对儿子们很严厉,执意要他们整洁、守时,他给儿子们安排任务并检查他们的衣服,这带来了"混杂着厌恶和反感的情绪"以及"奴役"和"退化"的闲言碎语。② 还有他弟弟弗雷德的问题,他总是欠债,然后要钱,走上了他父亲的老路。

博览会举办那年,德文郡台地租期结束,他在海格特和摄政公园地区开始找房子。他只看了北伦敦,摄政运河上有一座名叫巴尔勒莫尔的大房子,他出价 2 700 英镑。③ 在这不成功的竞价期间,凯瑟琳身体不适,需要他的关注。她患上偏头痛,痛苦不堪。狄更斯告诉妹夫奥斯丁,她每隔三四年就会身体不适,"血往头上冲,偶尔会感到混乱和紧张,令人担忧。"④ 这是已知的他第一次提到这种病症,但她看上去实在很不舒服,于是狄更斯建议她去莫尔文做水疗,布尔沃曾经从中受益,便推荐了这种疗法。狄更斯以极大的关怀和温柔处理了这一情况,在莫尔文租了一所舒适的房子,和她一起去,把她安顿好,准备在她住下的大部分时间里陪在她身边,乔治娜也跟着。同时查理患了流感,从伊顿被遣送回家。狄更斯还忙着准备他的演剧活动,这是场王室要求的表演,要上演的是由布尔沃主笔的一出喜剧《好像并不那么坏》,意在为工会筹钱,狄更斯本来正忙着写一出滑稽戏,现在只能搁置。

狄更斯赶回伦敦参加排练以及参加"家"的委员会会议,这时他听到了他父亲病危要做膀胱手术的消息。狄更斯的双亲不再住在刘易舍姆,搬到了高尔街和罗素广场之间的凯佩尔街,狄更斯把他送到戴维医生的住处,请他去寻求医疗建议。戴维医生成了他们家的朋友兼房东,也是戴维医生叫了外科医生并通知了狄更斯。狄更斯几乎是在父亲要开始手

---

① 狄更斯致威尔斯,1851 年 7 月 27 日,《朝圣》第六卷第 448 页。
② 亨利·狄更斯:《回忆我的父亲》(伦敦,1928 年),第 26 页。
③ 巴尔勒莫尔宅位于横跨运河的麦克尔斯菲尔德桥附近,艾威大道和阿尔伯特路的结合部。宅邸属于工厂主约翰·奇克。狄更斯通过拍卖业者威廉·布斯与之交易,与其同名的儿子称,1911 年运河上一艘运火药的驳船爆炸,毁掉了房子。
④ 狄更斯致亨利·奥斯丁,1851 年 3 月 13 日,《朝圣》第六卷第 314 页。

术时赶到他床边的："他以惊人的毅力忍耐着，我后来亲眼见了他——他的房间就像个血腥的屠宰场。他令人吃惊得开朗和勇敢。"① 狄更斯出门找药品，然后他去了德文郡台地，在那里他看见孩子们在快乐地和小婴儿朵拉玩耍，他写信给"我亲爱的凯特"说，他明天想回莫尔文，第二天就赶了回去。

三天后他又在伦敦了，关于他父亲的身体状况的更坏的消息传来。3月30日晚上11点他赶到病床前，发现约翰·狄更斯已经认不出任何人。戴维家的房子现在挤满了狄更斯家的成员和亲朋好友，阿尔弗雷德从约克郡乘火车沿他供职的铁路赶来，还有奥古斯特、莉蒂西亚和亨利·奥斯丁夫妇，他们带着老奥斯丁夫人、弗雷德的妻妹、狄更斯家老朋友查尔斯·史密森的遗孀以及阿梅利亚·汤普森。狄更斯守在他父亲床边，直到大约凌晨五点半父亲去世："我一直留在那里，直到他死去——多么宁静……我几乎不知道该怎么办，"他对福斯特说。② 但他其实很清楚自己该做什么，父亲去世时他把母亲抱在怀中一起痛哭。这一描述来自戴维夫人，她说他自始至终都表现得极为温柔，对母亲说他今后可以成为她的依靠。这安慰很有必要，因为他父亲的遗产估值还不到40英镑。狄更斯立即付清了父亲的所有欠款，母亲和莉蒂西亚一起住，狄更斯专门给她在他们30年前曾住过的苏默斯镇附近的安普提尔广场找了座房子。

狄更斯在《每日新闻》《晨报》和《泰晤士报》上刊登了父亲的讣告。他被失眠困扰，三个晚上不曾入睡，其中大部分时间他都在街上行走。4月2日是他的结婚纪念日和福斯特的生日，两个男人一起"大声欢呼着"，为凯瑟琳的健康干杯，他这样告诉凯瑟琳。③ 第二天他写信给福斯特要他陪自己去海格特公墓给父亲选墓地。福斯特为排练立即前往奈柏沃斯，又回来和他一起去了公墓，葬礼的那天早晨两人又一起去了海格特，然后他们要一起坐火车到莫尔文陪凯瑟琳。他们来回不断奔波，还有排练的事。报纸上登了几篇约翰·狄更斯的讣文。狄更斯还记得要预定夏天要在布罗德斯泰住的堡垒山庄，从5月中旬订到10月底。

一周后狄更斯在伦敦主持戏剧基金的晚宴，他先去了德文郡台地看

---

① 狄更斯致凯瑟琳·狄更斯，1851年3月25日，《朝圣》第六卷第333页。死亡证明书指出，约翰·狄更斯患有因长期的尿道狭窄而导致的破裂和伴随而来的尿液渗透导致的阴囊生坏疽。终年65岁。
② 狄更斯致福斯特，1851年3月31日，《朝圣》第六卷第343页。
③ 狄更斯致凯瑟琳·狄更斯，1851年4月4日，《朝圣》第六卷第348页。

孩子，和已经九个月大的朵拉玩耍，孩子在他离开去参加晚宴时还好好的，但就在他发表演说的时候，她突然抽搐起来，在家中夭折。信使被派到晚宴，福斯特被叫了出去，他决定让狄更斯先发表完演说再告知，然后他又去了莫尔文，带着一封狄更斯的信，告诉凯瑟琳发生了什么事。他们又得在海格特办一场葬礼，凯瑟琳被安抚下来，带到了伦敦。

与此同时，5月16日还要进行《好像并不那么坏》的御前表演，演出在德文郡公爵伦敦的宅邸进行，需要彩排、安排晚餐、搭配服装，要考虑到王室派对上的礼仪问题，还要在特制的白色缎面节目册边缘烫上金银。与布尔沃分居中的妻子愤怒地威胁说，她要打扮得光鲜亮丽地出现在观众席，散播她丈夫的劣迹，狄更斯向他的朋友菲尔德探长报警，请他在晚上盯着这个女子，以便在必要时巧妙应对。一切顺利，女王觉得这场戏"充满智慧，尽管太长了"——这无疑是典型的王室式抱怨——但她很喜欢狄更斯的表演，"大名鼎鼎的作家"，令人钦佩，她还很享受在这之后"与公爵共进精致的晚餐"。[①] 她的出席达到了预期效果，推动了工会发展，鼓励更多人为它捐款。

在这段忙碌又令人心痛的时间段过去后，狄更斯一家终于到了布罗德斯泰，尽管中间狄更斯还回了好多次伦敦。狄更斯和威尔斯去了德比郡，到伊顿看望查理，参加了德文郡公爵为剧组成员举办的晚宴和舞会，塔佛德为他的《大卫·科波菲尔》颁发迟来的奖项，萨克雷和丁尼生也到场了。还有更多的演剧活动，他和马克·莱蒙合写的滑稽剧《夜莺先生的日记》初次公演，于是他们有机会以各种各样的化装形象出现，他们尽兴地即兴表演，狄更斯不时狂放地模仿甘普夫人或山姆·威勒。它在伦敦和所到地区的城镇中取得了巨大成功，这让他彻底证明了自己能匹敌那个最初启发了他的人——单人多角戏大师查尔斯·马修斯。

6月狄更斯看望了已经搬到位于多赛特的舍伯恩的麦克雷迪夫妇，和他们一起庆祝结婚纪念日。7月他终于谈下了伦敦的一所带花园的大房子，即位于塔维斯托克广场的塔维斯托克大宅，租金1 500英镑。房子的状况很差，在一家人搬进去之前还要修整。他的朋友，贫困的美术家弗兰克·斯通曾和家人在这里居住，狄更斯现在把德文郡台地租给了他们。

[①] 维多利亚女王日记中的记录，见《朝圣》第六卷第386页脚注4。

他得到了塔维斯托克大宅 50 年的使用权，说他希望在这里终生居住，还派了一队工人进驻。① 回到布罗德斯泰，他请福斯特和他一起度过了 9 月里三个阳光明媚的周末，之后 10 月斯通和奥古斯特·艾格一起来访。

艾格爱上了乔治娜，并向她求婚。他英俊而性情温和，是狄更斯的好朋友，还是个成功的画家，有能力让妻子过上优越的生活。尽管乔治娜喜欢他，但她还是拒绝了。狄更斯后来告诉库茨小姐"不管是不是一种怜悯，对我来说，她就只是她，而不是要去照亮一个不错的小伙子的房子，"乔治娜跟随狄更斯九年，她已经被他的魅力和活力束缚得太紧，她很难想象在他生命中她还能有别的位置。② 她 24 岁，依然是他的小宠物，但她这只宠物有钢铁般的意志，在家庭组织中她的发声是仅次于狄更斯的，身体孱弱的凯瑟琳也服从她的安排。乔治娜崇拜、恭维狄更斯，狄更斯也回以恭维的话，说她远比艾格聪明，她的能力远超"六分之五"的男人。③ 她跟着他旅行，逗人笑也被逗乐，在一个出色的人身边享受着令人羡慕的生活方式。孩子们喜欢他们的小姨，但她和凯瑟琳必须经常在狄更斯出门时跟在他身边，把孩子们交给保姆和家庭教师，等他们长大些再交给校长。在乔治娜身上见不到太多她对凯瑟琳的嫉妒：这时候凯瑟琳又怀孕了，这是第 10 个孩子，将在 1852 年 3 月出生。

---

① 狄更斯致奥古斯特·特雷西，1851 年 10 月 10 日，《朝圣》第六卷第 517 页。塔维斯托克宅建于 19 世纪初，于 1901 年拆毁，原址上建起了英国医学会的办公室。
② 狄更斯致库茨，1853 年 10 月 25 日，《朝圣》第七卷第 171—172 页。狄更斯这封信寄自米兰，他这时正和艾格以及柯林斯一起旅行。艾格于 1860 年结婚，1863 年在阿尔及尔英年早逝。
③ 同上。

第十七章　童工
1852—1854 年

在接下来的五年中，狄更斯的生活充满了各种各样的活动，让人很难相信他既写小说，又写文章信件，还口述了《孩子的英格兰史》，再加上编辑工作、自家孩子们的教育，给库茨小姐的慈善事业提供建议，推进解决政治改革、公共卫生、住房和污水的问题，他还外出旅行、表演、演讲、募捐，再步行 12 英里释放他多余的精力。在家里，他的第 10 个也是最后一个孩子出生了，他要为查理在主显节前夜的生日安排一场盛大的演剧活动。所有孩子都有戏份。1854 年 3 岁的亨利·菲尔丁·狄更斯上演了《大拇指汤姆》，让萨克雷笑得从椅子上跌了下来。他还经常精心视察监督在牧丛的另一个"家"，密切关注着每一个受庇护的年轻女性，与库茨小姐通信交流许多管理上的问题。在惠灵顿街，他以编辑的锐利眼光主持《家常话》编辑部的工作。1854 年，他在外出的时候通过邮件向威尔斯提出详细的建议，给刊物供稿，并以每周一期的形式写一部短篇小说，促进发行量。他和他的剧团到处巡演，为文学艺术工会筹资。福斯特生病时，狄更斯时常去看望，还大声朗读给他鼓劲。他重访了瑞士和意大利，新朋友威尔基·柯林斯和奥古斯特·艾格是他的旅伴。他经常乘 12 小时的东南铁路跑去巴黎，还在一户人家长住了一段时间。他为这几年里五十多岁就意外死去的三位男性朋友哀悼：接受了《大卫·科波菲尔》题献的理查德·沃森；优雅、拜伦式的德奥赛，他为债务远走巴黎；还有塔佛德，总是热情好客的剧作家和坚定的自由派法官。去世的还有麦克雷迪的妻子凯瑟琳，她被同样折磨着她的孩子的肺结核击倒；凯瑟琳·狄更斯一定会非常想念这位密友。

在一张拍摄于 1852 年的银板相片上，狄更斯刮净了胡须，但他一直在断断续续试着留小胡子，1854 年夏天他终于留成了。1856 年他又留起了一副络腮胡，于是面带稚气的狄更斯从此永远消失了，这让福斯特很悲伤，他请了弗里斯来为狄更斯画肖像，却行动得太晚没能留下狄更斯年轻的容貌。还有很多人也持同一想法，他们觉得胡须遮住了他美丽的嘴唇。他的面色变得像经历了风吹雨打，他瘦削的身材一如从前，他的步伐还是那么有力，他的步速仍然保持在稳定的每小时四英里。① 从 1853 年起，一家人夏天的大部分时间都是在布洛涅度过的，这里代替了布罗德斯泰在他心里的地位。而在 1853 年冬天，他在伯明翰为近 6 000 名观众朗读了他的圣诞读物，他后来告诉威尔斯，他在考虑朗读活动开始售票。12 月 30 日最后一场朗读会结束后，威尔斯写道："如果 D 真的成了一个朗读者，他会又有一番成就。当然他不会这样做。但他今天告诉我，如果他们要求的话他会去做。"② 这想法深深地驻扎在他心中，但他的第一次售票的朗读会要等到 1858 年。

在 1852 年到 1857 年之间，狄更斯写了三部小说，都涉及英格兰的现状，小说如那些杰出的美术作品、诗歌、发明一样，记载了 19 世纪中期的生活，满溢着愤怒和黑色幽默，描述了律师、金融家、贵族、瓦匠、马戏演员、士兵、工厂主、被监禁的负债人和他们所在监狱的看守、童工、乐师和舞者、美学家、盗贼、侦探、女委员，还有或嫉妒或暴躁或温柔或被虐待的妻子们。这些角色比他的早期作品里的角色要少很多欢笑，但有着更多精细的描述，就像一个男人在四十来岁时都会变得中正平实一样。

其中的第一部是《荒凉山庄》。故事早在 1851 年 2 月就"影子式地徘徊"在他脑中，但在那一年他经历了死亡、搬迁和筹款，他没有时间开始写一本新书，尽管他还写了《孩子的英格兰史》，有时自己动手，有时是向乔治娜口述。③ 关于开始一部严肃作品的想法只能被推迟，直到 11 月中旬他们搬进了塔维斯托克宅。狄更斯在他的新书房坐了几天，他告诉他的出版商埃文斯新书的第一期会在 1852 年 3 月写好。前面几个章节写于 12 月，立即确立了主题，《大卫·科波菲尔》中的依恋、失去、爱

---

① 小马库斯·斯通是弗兰克·斯通的儿子，在狄更斯"大概 40 岁"时第一次见他。查尔斯·狄更斯博物馆书库藏手稿，第 49 页。
② 威尔斯的信，菲利普·柯林斯在《狄更斯：朗读公演》（牛津，1975）中引用，引言第 20 页，日期标注为 1853 年 12 月 30 日。
③ 它于 1851 年 1 月至 1853 年 12 月登载于《家常话》，是一套敷衍了事、好笑又固执武断的历史故事，通述历代国王，以 1868 年最后一个坏的斯图亚特逃跑——"斯图亚特说到底就是一个公害"——以及基督教新教在英国的确立作为结尾。在最后的注解里，他称赞维多利亚女王"非常好，受人爱戴"。故事的合订本卖得相当差。

和友谊统统不见，代之以更广泛更沉郁的事物。场景被设置在笼罩伦敦的雾和脚下的泥泞中：

> 伦敦。最近是米迦勒节期，大法官坐在林肯饭店大厅里。11月的天气狂风肆虐。满街泥泞，就像大水刚从大地上退去，如果这时候遇上一条差不多50英尺长的斑龙，像一只庞大的蜥蜴似的，摇摇摆摆爬上霍尔本山，那也不足为怪。煤烟自烟囱顶上纷纷飘落，化作毛毛雨，其中夹杂着煤屑，像鹅毛大雪似的——有人会觉得这就像在为太阳的死亡哀悼……到处是雾。雾笼罩着河上游，在小岛和绿地中间流动；雾顺着河流而下，在一排排的船只和大而肮脏的城市的水边的污染处翻滚。雾笼罩着埃塞克斯郡的沼泽，笼罩着肯特郡的高地。①*

雾散开了，瞥见了一只恐龙，狄更斯将这一段塑造成了他作品中最有力的开篇，他展示了黑暗肮脏的英国，给书定下了主题。故事将呈现出法律系统最坏的一面，它的残暴、怠惰、腐败和障碍，反映了社会总体上的治理不善；故事还将展现出伦敦机体上的病态，城市中有毒的水、破旧的房屋、爆满的墓地和脓疮一样的污水渠，这些都是治理不善造成的部分影响。书中几乎没有他早期作品中生气勃勃的喜剧成分：《荒凉山庄》中的玩笑都略显恐怖。

狄更斯的笔触如诗，带着尽可能多的快乐描绘邪恶与黑暗的地方，如同描写善和美。他的一贯大胆的想象力如莎士比亚作品一样古怪而富有灵感，像半疯的"弗莱特小姐"，她的疯狂道出了真相，她在屋里关着朱顶雀和金翅鸟，还给它们起名字：希望、欢乐、青春、毁灭、绝望和疯狂。令人可敬得可怕的律师霍尔斯像蛇一样纠缠着他的受害者，他的表现"仿佛要把他的当事人身上的最后一块肉也吞了下去"。斯莫尔维德家是复利之神的崇拜者，残酷地追求金钱，轻视一切故事书、童话、玩偶和游戏，在家里只吝啬地给他们的童工夏莉（夏洛蒂·涅克特）一茶杯

---

① 斑龙由地质学家、古生物学家兼牧师威廉·巴克兰（1784—1856）命名，1824年他在牛津郡斯通菲尔德发现了巨大肉食蜥蜴的化石，并写下了关于恐龙化石的第一份完整描述。

* 中译文参见《荒凉山庄》，黄邦杰、陈少衡、张自谋译，上海译文出版社1998年版。——译者

的残羹剩饭当晚餐。夏莉出门工作时把自己的弟弟和还是婴儿的妹妹锁在一间屋子里以确保他们的安全,她是家里唯一的支柱。这样的事都是狄更斯构想出来的:他们在现实中的对应情形可以在亨利·梅修19世纪40年代出版的《伦敦劳工和伦敦贫困者》中找到。

在《荒凉山庄》的第二章里,嫁给老地主的交际花戴德洛克夫人看了一眼家庭律师图金霍恩先生带来的法律文书上的笔迹,然后昏倒。这勾起了图金霍恩律师的好奇心,决定找出她昏倒的原因。图金霍恩不喜欢女性,视她们为拥有秘密并会干涉到他与他的贵族男性客户关系的人,他很高兴有个理由能对她穷追猛打。这将成为一个悬疑故事,一篇犯罪小说,同时也是对英国社会的描述。狄更斯相信他能凭一个优秀的故事取悦读者。对他来说,流行和艺术成就不是一对矛盾。《荒凉山庄》是最早的英文侦探小说之一,高潮部分出现了经典的三名犯罪嫌疑人情形。它同样也是一个19世纪的童话或滑稽剧,其中体现了善良和邪恶的精神,情节不断反转,是喜剧也是悲剧,穿插着暴力和悲惨的死亡以及爱情的胜利。

第三章则介绍了故事的叙述人埃丝特,并第一次将时态转到过去时。贯穿整本书,作者的描述一直采用现在时,而埃丝特对她经历的描述则一直停留在过去时,不断改变着视角。埃丝特一直在自贬,渴望被爱,因为她的成长中没有双亲,别人说她是一个有罪的母亲的孩子;万幸的是,她阴郁的女监护人去世了,她转而被一位仁慈的表亲照顾,即荒凉山庄的贾迪斯先生,他还收留了两个成为孤儿的表亲,理查德和艾达。他们都是大法官法庭的保卫者,也是受害者,因为贾迪斯案在大法官法庭审理了数十年,毁灭许多生命,任凭其消逝。仁慈的贾迪斯先生对案子不理不睬并建议他们也同样这样做;埃丝特成了荒凉山庄的管家,她爱艾达和理查德,如爱自己的手足。

以夏洛蒂·勃朗特为代表的读者被埃丝特激怒,这个小女子总是很开朗,高尚到忘我,但她并不愚蠢,她能做出很犀利的发言。当弗莱特小姐谈到给善人的荣誉时,是埃丝特观察到"在英格兰,一个人在太平盛世无论做了什么好事,有过什么壮举,都是不被封爵的,除非他给国家创造了巨大的财富。"① 这和狄更斯的现实生活有一点小小的联系，如前文第十二章所述，狄更斯选用了他从 1843 年起就在帮助的孤儿埃丝特·埃尔顿的名字，她"安静、质朴、家庭英雄主义，是最感人、最有趣的那种"，这给狄更斯留下了非常深刻的印象。她是她父亲的管家，献身于她的弟妹，还有他口中的"她千方百计地贬低自己"，在塑造埃丝特·萨默森这个角色时，这些事都在狄更斯意识中引导着他。②

在霍诺丽娅和戴德洛克夫人姐妹中可能还有对美丽的谢里丹姐妹的暗指。她们在社交界中被养大却没有任何财富，亨丽埃塔和简嫁给了贵族，卡洛琳则被卷入了丑闻。狄更斯在这里借用的是处境而非人物。戴德洛克夫人被她的处境限制，她表现出的不仅是一张面孔、一个象征和一个针对会威胁到她的隐秘丑闻的傲慢态度，还有许多知名的对现实的借用，比如布克特探长是以他的朋友菲尔德探长为原型的，法国女人的女仆奥尔当斯的原型是个声名狼藉的法国女子曼宁夫人，狄更斯看到她被吊死。伯依松先生则是根据华尔特·萨维奇·兰道塑造的，这个人物表现得就像他一样刀子嘴豆腐心，取悦每个认识他的人。但利·亨特的亲朋好友则在为唯美主义者史金波的肖像描写苦恼，这个角色说话很有魅力，之后却被揭露是个以敲诈别人为生的寄生虫，尽管狄更斯辩解他没有打算写亨特，但亨特并不相信，伤害已经造成。

《荒凉山庄》中幸福的家庭非常少，还有不少单身人士、破裂的关系、孤儿或者与双亲分离的孩子。埃丝特、艾达、理查德、夏莉·涅克特和她的弟妹、菲尔·斯夸德、嘉斯特和乔都失去了双亲。贾迪斯、伯依松、克鲁克、乔治·朗斯威尔、格里德雷和图金霍恩都是单身汉，有妻儿的史金波则很少让他们入侵到他的生活中来。弗莱特小姐是个老处女。莱斯特爵士和戴德洛克夫人看起来也没有孩子，比起被揭露有一个私生子而成为社交圈里的耻辱，戴德洛克夫人更愿意去死。斯纳斯比家也没有孩子，尽管斯纳斯比太太怀疑街上的野小子乔是她丈夫的私生子。

---

① 《荒凉山庄》第三十五章末。埃丝特表达了狄更斯的看法。夏洛蒂·勃朗特问她的出版商："《荒凉山庄》的第一期是否得到了普遍的赞赏？我喜欢大法官的部分，但当它逐渐变成自传体，那个说自己不"快活"的年轻女子开始讲她的经历，在我看来往往无力而且废话太多；埃丝特·萨默森小姐身上可亲的天性被讽刺，而非如实地呈现。"见 T. J. 怀斯和 J. A. 西明顿编《勃朗特姐妹：她们的生活、友情和通信》第三卷（初版 1932 年，牛津，1980）第 322 页。

② 见《朝圣》第四卷第 374—375 页，《朝圣》第三卷第 538 页脚注 2；更多和埃丝特有关的内容见《朝圣》第三卷、第九卷。

杰利比夫人有个被她忽略的家，还有个被她消耗得破了产的丈夫，等等。斯莫尔维德家关系则很紧密，中间掺杂着厌恶和猜疑。只有巴格内特家是个温暖团结的小群体，父亲是军人，母亲很坚强，儿女们都很善良规矩。

童工总能引起狄更斯的注意，这本书里就有好几个：乔，打扫十字路口的、懵懂而孤独的男孩；夏莉，一个"小小的女孩"，她声称自己过了13岁，一个人带着她的小弟弟和还是婴儿的妹妹生活，靠给斯莫尔维德家洗衣服养家糊口。嘉斯特，一个济贫院出身的佣人，有痉挛症，现在已二十多岁，她显然是在为一个个雇主工作的过程中成长起来的。还有菲尔·斯夸德，残疾还毁了容，一个成年人连自己的年龄都不知道，但他说他从8岁起就开始工作，给一个补锅匠打下手。他们都使人想起狄更斯在《老古玩店》校样中所写的，"穷人没有童年，童年是要花钱去买的。"① 他幻想出的孩子们站在和他在牧丛之"家"里正面试的真正的姑娘们平行的地方，他们基本上都饿得半死，离开曾经的家庭，一些人来自济贫院，一些人来自监狱，是缝衣女、裁缝或绢花匠，闲散的或不情愿的娼妓：在给库茨小姐的信中他曾讨论过其中几个人的细节，他告诉她："我实在太忙，导致《荒凉山庄》故事的构想有很大变化，我这一周或最后的十天都生活在无尽的煎熬之中。"②

在书中，卡蒂·杰利比被她母亲勒令去工作，远离了自然、欢乐的童年；埃丝特尽管在寄宿学校的待遇不错，在那里也足够开心，有一份教师的工作，但她也要训练自己将为人服务的使命摆在自身的欲望之前。每个人都表现出了勇气、智慧和善良：嘉斯特把她的晚饭给了乔，斯夸德帮着照看他。卡蒂一度逃离了她的母亲，结了婚，她照看荒唐自私的公公，帮助她的舞蹈教师丈夫。埃丝特受到她的学生们的敬爱。夏莉在被贾迪斯先生晋升为埃丝特的侍女时也表现得一如既往；只剩下可怜的乔，他一直流浪、挨饿、被忽视，甚至无法挣扎着活下去，他放弃了努力并死去了。他成了这本书里最受称赞和欢迎的人物，读者们读到孩子的死亡时纷纷被打动。狄更斯让乔临终时重复了主祷文的前几个词。它们对他来说毫无意义，但是他喜欢"我们的父"——"对，这话真好，

---

① 这句在校样中被删去，据推测是版面空间的原因。
② 狄更斯致库茨，1852年11月19日，《朝圣》第六卷第805页。

先生",并在说话时摩挲着身边医生的手。有人觉得这是个伤感的表现,但对狄更斯来说随着乔的死亡而来的愤怒和悲伤无疑是与他所熟知的现实联系在一起的,他不仅用头脑写作,更用心:"死了,陛下。死了,王公贵卿。死了,尊敬的和不值得尊敬的牧师们。死了,生来就带着上帝那种慈悲心肠的男女们。在我们周围,每天都有这样死去的人。"① 这里没有提到天使,也没有提到乔由痛苦转向幸福。

整本书并没有精确到哪一年,但据称故事发生的时间正好是在铁路贯通之前,即19世纪30年代中期。这样埃丝特大约出生于1815年,于是她当兵的父亲可能在滑铁卢战斗过,她的母亲可能出生于18世纪90年代,而莱斯特·戴德洛克爵士生于1775年,这样每个人就都有了一条令人信服的时间线。② 故事内容大多很严肃,尽管其中有漫画式的、个性奇怪的人物。当中有幸存者,也有少数幸福的承诺,但还有许多人被遗弃、被毁灭。③ 主流评论刊物都忽略了《荒凉山庄》,包括《爱丁堡》《季刊》和《星期六》。而在提到它的地方,许多评论家尽管认可狄更斯是个很受欢迎的天才,但他们也表达了失望之情,狄更斯抛弃了在荒诞和卑鄙上所加的幽默感,故事结构也不好。就连福斯特在称赞它的同时,也觉得这本书"真实得让人不快"。④ 读者在情绪不高或觉得笔调复杂的情况下有时会不够耐心,但很快,狄更斯构思的跨度和丰富之处体现了出来,他的这种过剩不再是一个弱点,而成了一个长处。

据福斯特说,狄更斯虽然假装对不同意见的批评漠不关心,但他也为此很痛苦,"他认为自己理应受到比往常更高的赞颂。"⑤ 公众不在乎关

---

① Q.D.利维斯是《小说家狄更斯》(伦敦,1970)中关于《荒凉山庄》一章的作者。相关讨论见于第三章第137页,并提及《荒凉山庄》第四十七章。她写到这一章的结尾"没有感情,而只有讽刺的效果和意图,因为随之而来的是,狄更斯用愤怒和毫不吝惜的爆发结束了这一章。"但作为讽刺,它也没有引发笔者的感情,笔者可以想象,阿兰·伍德科特静静地给自己结束了祈祷。

② 旅途全程都乘坐马车,狄更斯在第五十五章中写道:"铁路不久就要穿过这平原,而火车也会像流星一般带着耀眼的光芒,轰隆隆地驰过这片夜色笼罩的旷野,使月光为之减色,尽管不难预见,但现在这些地方还看不到这样的景物。"

③ 约翰·萨瑟兰在他的《谁背叛了伊丽莎白·贝内特》(牛津,1999)里就霍顿队长、乔和戴德洛克夫人的死因提出了疑问,他的答案经过了充分论证,令人信服。他提出,霍顿队长刻意吸食了过量的鸦片,但伍德科特博士说,这不太可能是有意之举,因为他惯于服用较大的剂量,这样他就可以免于被裁定为自杀,能葬在被视为神圣的土地里。戴德洛克夫人在他的墓附近同样吸食鸦片自尽,她之前夜里走了长长的一段路,可能会精疲力竭,也可能感到冷,但这都不是导致她死亡的原因,再一次地,伍德科特回避了明确指定鸦片就是她的死因。乔,萨瑟兰博士同意苏珊·沙科的观点,即他死于肺结核。

④ 匿名评论,刊登于1853年10月8日《审查员》,印刷于菲利普·柯林斯编:《狄更斯:决定性的遗产》,第290页,以及福斯特:《一生》第三卷第一章。

⑤ 福斯特:《一生》第三卷第十四章。

于《荒凉山庄》的这些评论，它的月销量让狄更斯和出版商都很惊讶，在 34 000 册到 43 000 册之间波动。美国杂志《国际月刊》编辑开价 2 000 美元向布拉德伯里和埃文斯预订新作，却被告知狄更斯还没构思新书，之后哈珀直接派人来找他，以 1 728 美元（360 英镑）的价格买下了先行校样。① 《董贝父子》和《大卫·科波菲尔》在美国卖得都很好，狄更斯却没有赚到一分钱，所以尽管现在还没有推进国际版权协议，他还是重新开始了交涉。② 《荒凉山庄》在美国每月的销量超过 118 000 册，成为富有价值的广告媒介，媒体认为，狄更斯是个"文字上的大富豪"。实际上《荒凉山庄》总共让他赚了 11 000 英镑。罗伯特·帕滕明确地记录："这次重现不是复杂的装订和上涨的价格构成的更贵的版本；它来自成千上万的人每月付出他们的先令来换取一期期 32 页包装严密的活版印刷物——近 20 000 词——和两张插图。"③ 狄更斯对人民说话，人民回应他，《荒凉山庄》被视作他最伟大的作品。

他从 1851 年与 1852 年交界的冬天开始一直写到 1853 年秋，贯穿了他 40 岁到 41 岁的生日。第一期出版于 3 月，凯瑟琳生下了他们的第 7 个儿子爱德华，他以布尔沃·利顿的名字命名，但在这个家里通常被叫作普洛恩。在他快出生时，狄更斯给一个朋友写信说"我开始数不清家里的孩子了，他们实在太多了；在我觉得不会有更多时，我却发现新生的正一个个排着完美的队形下来吃晚饭。"——一个可爱的玩笑，尽管他在普洛恩出生后和库茨小姐抱怨说"总之我本可以忽略他"，信中内容主要是给伦敦东区的穷人建设样板住宅。④ 但普洛恩成了这个家里被宠坏的宝宝，有时候被他的父亲称为"世界上最快乐的男孩"。

另外一个快乐的男孩查理正在伊顿享受生活，他在同学中很受欢迎。狄更斯从一开始就十分喜欢他，相信"他比他父亲更有艺术力"，是个"确实有着不凡才能的孩子"，尽管还需要鼓励。⑤ 狄更斯到伊顿看望儿子，坐火车去斯劳或者温莎，带着给福特纳姆和梅森在 7 月的夏

---

① 罗伯特·L. 帕滕：《查尔斯·狄更斯和他的出版商们》，第 233 页。
② 《董贝父子》和《大卫·科波菲尔》在美国的销售情况见《查尔斯·狄更斯和他的出版商们》，第 209 页。
③ 同上书，第 234 页。
④ 狄更斯致谢里丹·马斯普拉特，1852 年 2 月 (?)，《朝圣》第六卷第 591 页。(马斯普拉特是位化学家，住在利物浦，娶了夏洛特·库什曼的姐妹美国女演员苏珊)；狄更斯致库茨，1852 年 3 月 16 日，《朝圣》第六卷第 627 页。
⑤ 狄更斯致福斯特，1841 年 6 月 30 日，《朝圣》第二卷第 313 页；狄更斯致库茨，1845 年 9 月 10 日，《朝圣》第四卷第 373 页。

日戏水派对时用的果篮,在游戏后享用一顿有三明治和啤酒的野餐。两年之后他对儿子的进步很不满意,他告诉库茨小姐"伊顿会让查理再造五年的拉丁文句子",这看起来并非对他"是合理的"。① 狄更斯决定尽快给孩子换个环境,尽管孩子才 16 岁,狄更斯已经要求他选一份将来要从事的职业。当查理说他想做一名军官时,尽管库茨小姐一定会出钱给他"买一个委任",他父亲还是立即非常坚定地要他舍弃这一想法,劝他在商业上发展。查理没什么选择只能答应,他立即离开了伊顿,被送到莱比锡去学德语并开始学习商业技能。9 个月之后,他的德语老师告诉狄更斯这个孩子德语学得很不错,但不建议他去上商业学校,因为严苛的科目不适合他,此外他看起来也对成为一个商人没什么兴趣。可怜的查理热切地想让父亲高兴却完全不喜欢商务,只能回家听候进一步的教训。狄更斯对库茨小姐报告说他染上了"倦怠的毛病,对于一个人来说是件严重的事,"他"身上固有的目标和能量都比我设想我儿子可能会拥有的要少。"② 他试着告诉儿子自己辛苦工作的少年时代,但查理的反应令他失望,查理在质疑自己的父亲,并表示无意模仿父亲的喜好。

狄更斯把儿子送回了德国,查理在那里从事了一些文学翻译上的事,这让老师很高兴,说他有些这方面的资质。再次回到家,他的父亲又试着给他在伯明翰安排了一些商务培训课程。狄更斯咨询了在那里的朋友,朋友说查理在伦敦学商务会更好,因为那里的商业气氛更浓,还能住家中,但这不是狄更斯想听到的。还有一段时间,狄更斯曾允许儿子去《家常话》编辑室帮忙,查理还快乐地加入了家庭演剧活动中。库茨小姐和霸菱银行有些联系,在查理为一家券商短暂工作了一段时间后,霸菱银行给了他一个职位,每年薪水 50 英镑。他现在 18 岁,是个快乐的男孩,有教养,没什么野心和动力。三年后他 21 岁,他会拥有能反抗他父亲的精神力量,但他从来没有学会如何去赚钱。

姑娘们则没遇到什么麻烦,1853 年表现出了绘画天赋的凯蒂开始去贝德福德学院上课,这是刚开设的女校,位于摄政公园。她看来受到了良好的训练,后来成为多才多艺的画家,她是狄更斯家唯一追随父亲向

---

① 狄更斯致库茨,1852 年 4 月 18 日,《朝圣》第六卷第 646 页。
② 狄更斯致库茨,1854 年 1 月 14 日,《朝圣》第七卷第 245 页。

艺术发展的孩子。华尔特准备加入驻印度的军队，狄更斯不反对军人这个职业，只要查理不从军。他发现在布洛涅有一家专为英国男孩开设的寄宿学校，由两位英国牧师开办，其中一位曾经在伊顿任教，于是他解决了家里男孩子们的教育问题。学费只有 40 英镑一年，孩子们要学习法语以及通常的课程，外加击剑、舞蹈和德语。夏天他们有两个月假期，圣诞节则不放假，除非他们的父母想看孩子。这就意味着，就算有寒假，孩子们也每年要离家将近 10 个月。9 岁的弗兰克和 7 岁的阿尔弗雷德于 1853 年一起被送了过去。在宿舍过如此长时间的集体生活，远离母亲、阿姨和姐妹，他们可能会觉得这是种惩罚，他们的妈妈可能也会这么想。在狄更斯对公众的演讲中，他说他是多么得不喜欢"又便宜又远的学校，被忽视了的孩子在那里一年年地变得憔悴"时，不知道你会作何感想。①查理和华尔特没有被这样对待过。

两个孩子在那里待了五六年，1856 年的圣诞节，他们都没有回家，一直在学校待到 1857 年 7 月。弗兰克出现了口吃问题，情况坏到足够对他以后找工作造成影响。弗兰克和阿尔弗雷德看来都没有学到太多东西，也没有成就事业的雄心。狄更斯想过把他们两个送到军队实习，并安排阿尔弗雷德跟随华尔特的脚步去印度驻军。弗兰克在 14 岁时想成为一名医生，于是他被送到了汉堡，大概因为德国的医学教育不错。但到地方后他又改了主意不想待在德国，下一年他又被送到了布洛涅。西尼 8 岁去了学校，13 岁离校，按他的志愿进了海军，亨利的学校生涯也是从 8 岁开始的。他是唯一一个记录下了对学校看法的人，他感到"非常悲伤、孤单"，回顾时他完全想不起任何快乐的事。男孩们用锡盘子吃饭，食物令人倒胃口；他还认为那里教法语的方式很糟糕。

狄更斯只想要三个孩子，比起男孩他更喜欢女孩，但在每一个孩子出生时他都会对他们表现出极大兴趣，为他们担忧，即使这对六个儿子来说不完全是爱。在提到他们时，狄更斯说他很难对他们表露情感，他的意思大概是他很难对这么多不必要的后代产生应有的感情；他有写作的压力，要运营杂志，要排演戏剧，还要照看牧丛之"家"，他没有太多的时间和精力能留给他们。

---

① 狄更斯在 1857 年 11 月提到了仓库管理员暨办事员学校，描述了一类他不喜欢的学校，演讲收录于 K. J. 菲尔丁编：《查尔斯·狄更斯演讲全集》，第 242 页。

教育是他在 1854 年写的小说《艰难时世》的核心话题，从 4 月到 8 月在《家常话》上每周连载。这个故事意在促进杂志的发行量并成功地将它翻了一番，尽管狄更斯觉得在杂志有限的空间里很难塞得下他的理念，他非常想念月刊能给他的自由度。在协议中它的篇幅将会和《荒凉山庄》的五期内容差不多，叙事的感觉在宏伟如诗的《荒凉山庄》之后明显局促平淡了不少。但拉斯金认为，狄更斯的伟大作品中还有几个方面未涉及，并断言"他的观点是最终正确的那个，被粗暴、尖锐地讲了出来。"① "粗暴、尖锐"表明，他对狄更斯的方法保留意见，而《艰难时世》以近乎于寓言和传说的形式简单强调了它的要点：有一个填鸭式的校长名叫麦却孔掐孩*，焦煤镇上功利主义的议员托马斯·葛雷梗（又译葛擂硬）是个五金商人，他住在一所叫"石屋"的房子里，还有个贪婪的磨坊主叫庞得贝。书里主要涉及教育上的不良风气，它将教育限制在对单纯事实和现实情况的死记硬背上，而无视想象力、感性、幽默、游戏、诗歌、娱乐和有趣的事。麦却孔掐孩先生主管一个成绩不太好的班级，只有能背书的学生会得到奖励，这样毫无乐趣的教育道路被葛雷梗用到了自家的孩子身上，让他们从小就只重视事实而忽略情感。他用自己偶像的名字命名两个孩子，马尔萨斯和亚当·斯密·葛雷梗——这让我们想起狄更斯的孩子是随诗人、散文家和小说家命名的：华尔特·兰道、阿尔弗雷德·德奥赛·丁尼生、西尼·史密斯、亨利·菲尔丁以及爱德华·布尔沃·利顿·狄更斯。

《艰难时世》的情景被设置于焦煤镇内和周边的劳动人群中，这里是一个磨坊工人居住的产业小镇，以兰开夏的普雷斯顿为原型，狄更斯 1854 年曾到过那里，看到了一场旷日持久的罢工。他对工人们的描绘有一些敷衍还流于感伤，描述的重点在一个名叫史蒂芬·布莱克浦的善良工人上，此人因为拒绝加入工会而被排斥，夹在坏雇主和坏工友之间遭了难。葛雷梗最喜欢的女儿路易莎嫁给了庞得贝，却并非出于爱情，因为她在成长过程中不承认这种感情的存在。这桩婚姻被搞得有些似是而非，因为她不可救药地爱着的那个人是她的手足兄弟汤姆，她希望汤姆

---

① "致未来者言"，登载于《谷山杂志》，1860 年 8 月，第二期第 159 页，见菲利普·柯林斯编：《狄更斯：决定性的遗产》，第 314 页。

* 中译本参见《艰难时世》，全增嘏、胡文淑译，上海译文出版社 1985 年版。——译者

能从这桩婚姻中得到好处。汤姆可预见地变成了一个恶棍和小偷，还让布莱克浦替他背上了从庞得贝处偷钱的罪名。至于路易莎，像伊迪丝·董贝那样，她离开了她讨厌的丈夫，转而投向了一个有前途的人，成为狄更斯笔下典型的快要绝种的美人：她"双手捶胸"并质问她的父亲："你做了什么啊，父亲，你对在这一大片荒野上本该鲜花盛开的花园做了些什么？"这就需要葛雷梗家收留的、马戏团出身的女孩茜茜（塞西莉亚）·朱浦以她的慷慨和温暖来鼓励安慰他们，她升华成了一个他人不能及的道德权威。一切的善似乎都来自于茜茜，葛雷梗家有的只是种种失败；道德紧逼着家庭，情节就像是用一只尺子算出来的一样。

然而，这本书独创的、传达信息的方式某种程度上弥补了它的不足。故事是由马戏团团主史里锐讲述的，团主是个邋遢的胖子，带团四处巡演，给穷人提供娱乐活动，节目有走钢丝、小丑表演和由狗和马上演的马戏。史里锐告诉葛雷梗，一直工作学习不好，生命里还需要其他一些事物："人必须笑。"他大胆地将史里锐以及马戏团成员塑造成了拥有人类最好的价值观的模范形象，这是只有狄更斯才能成功写下的一笔。它首先让读者们吓了一跳，而更大的原因是史里锐说话大舌头，所以这句格言是以类似"银必许笑"这样的形式出现的。这到底是怎么回事？你会问自己一下。然后你会明白就算是大舌头的人也会说出真相。狄更斯对有缺陷的人的描写是超越了他所处的时代的，他们可以讨人喜欢、有智慧有洞察力，而史里锐在此提醒每一个人，清高的人、热诚的人、随和传统的中产阶级以及望子成龙的父母，世界是多变的，想象力就像乘法表一样重要，比商务或银行业更重要。你会不禁想象查理有没有读过《艰难时世》，如果他读了，他又会怎么想。尽管狄更斯将这本书题献给了卡莱尔，他也懒得给再版的书再写一个序言。这本书被模仿过，没有改编成戏剧，它还曾被翻译成法语和俄语出版，有些热情的评论家为它辩护。但这是他最不受喜爱的书，大概是因为它被修改得太狭隘、正规。

19世纪50年代的日子一天天过去，他一直忙于编辑写作《家常话》、慈善事业和同为善事的演剧活动。发生改变的是他的家庭生活、他和霍加斯家的关系，包括他的岳父母和与他共享一个家的两个霍加斯家的女儿，凯瑟琳和乔治娜。他的精力和创造力不见减弱，但他的精神生活有了转变，仿佛他在下意识地准备变为一个不同的人。

第十八章 小杜丽和朋友们
1853—1857 年

狄更斯对自己婚姻的不满暗涌。凯瑟琳一定感觉到了，乔琪也不会忽略它。尽管他在 1852 年曾对人吹嘘刚出生的爱德华（通称普洛恩）的个头和漂亮样子，但他还是被太多需要照顾、教育、引导的儿子们折磨着，他们可能继承了母亲的被动甚至母亲娘家的"愚笨"。① 凯瑟琳才三十多岁——1855 年她才到 40 岁——所以没人能保证普洛恩就是最后一个孩子。他们分开时，狄更斯仍然满怀爱意地给她写信说"等再回家并拥抱你时我会非常高兴——这当然是因为我非常想念你。"② 然而他觉得他有离开的必要，在 1853 年他与两个单身汉即威尔基·柯林斯和奥古斯特·艾格一起重访了瑞士和意大利。夏蒙尼、冰之海以及辛普伦万里无云的上坡路让他很高兴，但在那不勒斯时，他给乔琪和凯瑟琳分别写信，抱怨整整五天连一封信都没有收到，在罗马他又抱怨福斯特和威尔斯不在身边，这表示他觉得这趟旅程很无趣。

这当中最奇怪的一封信是 12 月他写给凯瑟琳的，在热那亚看望了德拉鲁一家后，他想起凯瑟琳曾十分嫉妒他和德拉鲁夫人之间的关系。这封信以一段出众的自我分析为开头，告诉她"强烈的占有欲确实让我和其他男人有所不同——有时它是好的，而有时我敢说它是坏的。这是令你在热那亚时不高兴的根源，而不会让你以婚姻生活为傲，给你以更高地位，让你令人羡慕。"③ 他对她的怠慢被置于他给她带来的好处之后，变成了对她的一种指责，说她对德拉鲁家的态度"不算好，不亲切也不慷慨——这不是你应有的做法"，并建议她给德拉鲁家写一封诚恳的信。他说他不会问她有没有照做，因为如果她只是出于他的要求而这样做，

---

① 1854 年，狄更斯用"愚笨"一词形容霍加斯夫人，并在 1856 年 4 月 17 日给威尔斯的信中描述了霍加斯家，见《朝圣》第八卷第 99 页。
② 狄更斯致凯瑟琳·狄更斯，1853 年 11 月 4 日，《朝圣》第七卷第 198 页。
③ 狄更斯致凯瑟琳·狄更斯，1853 年 12 月 5 日，《朝圣》第七卷第 224 页。

这封信就是"毫无价值的、可鄙的"，但如果她这样做了，她就会将他置于"更好的地位上"。这样道德绑架一般的信件可以让我们对这一阶段他们的婚姻关系有所了解。凯瑟琳被吓到，按照他的要求写了信。四年后，狄更斯完全忘记了一个丈夫该做的事，也忘记了他曾经敦促过凯瑟琳要亲切要慷慨，他在写给德拉鲁家的信中嘲弄她，说她已经"妒意冲天，并秘密地至少从 15 000 名女人那里获得了对我品格的正面评价……自我们离开热那亚后。"① 这是封不太好看的信，但从这里可以看出，对他来说最重要的事，是他必须永远都是正确的。

他和福斯特的友情也经历过一段冷却期。狄更斯有时过于直言不讳，比如在听福斯特讲了两个半小时 17 世纪政治家斯特拉福德的讲座后，他寄给福斯特一封信，批评他在傲视台下的听众，"就像一个校长在教一群小学生，我认为伦敦的听众无疑会对此很恼火"；如大部分立传者一样，福斯特一厢情愿地将所有美德都扣在他的描写对象上，狄更斯还建议福斯特砍掉半个小时的内容；除去这些，讲座都很好。福斯特很伤心，狄更斯向他致歉并得到了谅解。② 福斯特是《审查员》的编辑，报纸读者坚持中产阶级价值观，福斯特现在成了他们中的领军人物，而这种价值观却和狄更斯不是很合拍，后来狄更斯在《我们共同的朋友》中讽刺了这一点。然而他也能做到为人亲切感性，比如当福斯特因风湿痛卧床不起时，他前去看望并在床边坐了一整晚，大声读戈德史密斯的《委曲求全》。两人非常享受朗读的过程。③ 福斯特经常生病：他有支气管病和风湿痛，总是暴饮暴食，还不像狄更斯那样能用走路的方式消除影响。狄更斯也做水上运动，他于 1855 年曾从牛津划船到雷丁，"穿过绵延数英里的睡莲，它们漂在水上聚在一起，就像一条仙路"，后来在一个孤独的日子里，他向库茨小姐这样描述。④

狄更斯只对福斯特表现出他的不满和渴望，向他讲述不能和别人讨论的事——不是麦克雷迪，不是他的艺术家朋友麦克莱斯、斯坦菲尔德、斯通、里奇和艾格，也不是柯林斯、威尔斯、库茨小姐或拉维妮娅·沃

---

① 狄更斯致德拉鲁，1857 年 10 月 23 日，《朝圣》第七卷第 472 页。
② 这发生在 1854 年 5 月。
③ 狄更斯在 1855 年 1 月 3 日的信中告诉瑟雅此事，见《朝圣》第七卷第 496 页。朗读活动应该是在早些时候发生，可能在 1852、1853 或 1854 年。
④ 狄更斯致库茨，1854 年 5 月 27 日，《朝圣》第八卷第 125 页。

森，不是任何一个和他有交情的人。甚至对福斯特，狄更斯也并不总是能轻易和他亲昵起来，而是用一种迂回的方式告诉他自己的问题：他这种情况有点类似大卫·科波菲尔和朵拉的婚姻关系，"在不真实中寻求真实，太幸福又太不幸，并在永久逃离内心对它的失望的过程中找到危险的安慰。"① 9月，在结束《艰难时世》后，他给福斯特写信说，他想独自离开半年，也许要去比利牛斯山："你会说这是躁动。不管它是什么，它都一直驱动着我，而我对此无能为力。我休息了九周或十周，有时觉得像是度过了一年——尽管在停下之前我的神经开始痛。如果我不能走得又快又远，我就只会被引爆然后灭亡。"②

这封信来自布洛涅，从6月到10月一家人安顿在"右营别墅"里。狄更斯春天就把乔琪派来挑房子，并同意了她的选择。别墅是以附近一座老军营命名的，营地曾一度关闭，现在又被启用，法国军队在峭壁顶部建起了一座帐篷和木屋之城，位于布洛涅和加莱之间：通路被封锁，军号作响，士兵密集成群，但狄更斯把这些全加进了他的步调中，一边保持工作状态，一边继续他的步行。军队采取行动是因为战争：1854年3月，英法联合对俄国宣战。他们的目的是防止俄国侵占奥斯曼帝国在欧洲的领土，英国担心去印度的通道，而路易·拿破仑统治下的法国则急于为拿破仑一世1812年在莫斯科的败北雪耻。两国在多年的和平之后都有心一战，联军确信他们可以轻松取胜。他们的计划是让海军控制波罗的海，然后派遣兵力到克里米亚摧毁俄国在塞瓦斯托波尔的船厂。成千上万的人从加莱登上英国的船只。

狄更斯在别墅挂起了旗帜，9月他写了几封令人愉快的信件，介绍法国皇帝和亲王检阅军队的来访。他独自走在峭壁上，他的路线与马背上的两位领导人及70位制服华丽的随从的路线交叉。狄更斯对福斯特描述，他是如何脱下他的宽边毡帽，而曾在伦敦德奥赛和库茨小姐那里见过他的法国皇帝是如何脱下他的三角帽还礼，阿尔伯特也依样做了。③ 狄更斯对两个阿尔伯特都不喜欢，"一个不能再普通的男人"，他也不喜欢

---

① 狄更斯致福斯特，1854年1月（？）日—6月17日，《朝圣》第七卷第354页。
② 狄更斯致福斯特，1854年9月29日，《朝圣》第七卷第428页。
③ 狄更斯致福斯特，1854年9月10日，《朝圣》第七卷第412页。

拿破仑三世，"法国的篡位者"，但他很满意这如画的一刻。①

联军错估了他们的能力，战争延续了两年之久，导致成千上万人死亡，这也引起了狄更斯一生中对政治最强烈的愤慨。他钦佩战士们的勇气并决定支持战争，但同时他也对看上去与在1854年上万人死亡的伦敦霍乱期间表现没什么不同的政府感到不寒而栗，"在整个对俄战争期间可能会有无数的英国人被杀。"② "在我看来，英国人在战争中的全神贯注是一件令人悲哀的事情。所有其他大众关心和同情的话题都排在前面。恐怕我会清楚地看到，今后几年，国内改革将彻底动摇；每个严重拖沓的官僚会在所有反对他空谈的抗议者面前炫耀战争。"③ 他抨击失职的首相阿伯丁爵士在指挥战争方面的拙劣表现，塞瓦斯托波尔还在俄国人手中，冬天来到，英国的军队因为疾病、严寒和缺医少药而减员。这时候弗洛伦斯·南丁格尔成了女英雄，第一个前线记者威廉·霍华德·拉塞尔从前方带回了生动报道。英国政治体制和军事指挥都表现出无能。狄更斯暴怒，指责他们不仅损失了士兵，还使战争拖了亟需进行的改革事业的后腿。他将他的愤怒写进了他最早于1855年开始计划写的小说里，将它命名为《非谁之错》，对政府进行了刺骨的嘲讽。

整个1855年他给朋友们写了许多带有强烈政治表达的信件。他说，政治系统的腐朽使英格兰像大革命前的法国，英国也可能走上法国的道路，在每个城镇上空散布"贫困的巨大阴云"，议会沉默，贵族则无所事事。④ 奥斯汀·莱亚德现在是自由党议员，他于1855年5月组建了一个行政改革社团，狄更斯加入这个社团并致辞，成了莱亚德的诉苦对象，在公职人员的委任中，利于"党团和家族的影响"盖过了功绩和效率，它成了这本书意图揭示的主题。刊登在《家常话》上的文章表达了他对政府的看法，尽管他小心地解释说，他无意进入政坛："文学是我的职业——

---

① 对两者的描述都是后来进行的，对阿尔伯特的描述是在其去世后，而对路易·拿破仑的描述是于1865年，但代表了狄更斯所坚持的对他们的看法。
② 狄更斯致沃森夫人，1854年11月1日，《朝圣》第七卷第454页。
③ 狄更斯致瑟雅，1855年1月3日，《朝圣》第七卷第495页。
④ 狄更斯致瑟雅，"我担心我会清楚地看到，在今后几年，国内的改革动摇根本"，1855年1月3日，《朝圣》第七卷第495页；狄更斯致莱亚德，1855年4月10日，《朝圣》第七卷第587页，狄更斯致福斯特，1855年4月27日，《朝圣》第七卷第599页。

它既是我的事业又是我的乐趣,我永远都不会越界。"① 行政改革社团最终失败,狄更斯继续以私人身份发表强烈的批评,他在9月告诉福斯特"代议政府对我们来说完全变成了一次失败,英式风度和谄媚使得人们不适应代议政府,一切都已经崩溃。"②

几天之后,他给麦克雷迪写信说,"反复无常、谄媚,最可鄙的阁下来自各种形形色色的地方,"他继续写"我现在没有任何政治理想和希望——一点都没有。"他还补充说,他现在正埋头写《非谁之错》,"发泄会把我炸飞的怒气",并借剧烈运动使他从阴暗的政治思想中解脱出来。③ 这本书的讽刺之处在于呈现了几个政治世家的形态,儿子们或受雇于权力机构,或在议会拥有席位,或作为公务员就职于政府高薪部门。狄更斯称他们为泰特·巴纳科家族和斯蒂尔特·斯托金家族,以贬低他们来取乐,展示年轻人是如何虚度光阴,德西穆斯·巴纳科阁下又如何在精心安排的晚宴上自行指派任命,一群溜须拍马者鼓动着他讲笑话,内容涉及一段关于伊顿的一棵梨树和议会的一对梨树的冗长回忆,所有人都觉得无聊至极,而他则从中获得了极大的愉悦感。在满足的余韵中,他为女主人的儿子提供了一个高级职位,这个年轻人在他妻子口中"几乎是个白痴",却因为他的百万富翁继父而平步青云。这是一种毁灭性的嘲弄,被狄更斯抨击的阶层因此被激怒,之后知识分子评论家对这本书进行了恶劣评价,他们的地位与被这本书攻击的阶层很接近。

呈现这些对英格兰的消极看法用去了狄更斯两年半的时光,从1855年初到1857年6月。在他的信中,他对酝酿的过程有惊人的描述,零零散散的初步想法和感觉被"写下来,他还在大量的小纸片上做了笔记,它们最后都变得模糊得无法辨认。"之后,这些笔记就会给他带来一种感觉,即这个故事是一种有形力量,"打破我周围的一切"并控制着他,所以他必须出发"沿铁路而下好让它满足"。5月初,他告诉库茨小姐,自己进入了"一种难以名状的躁动状态——这体验令人疲倦而痛苦……我起身沿着铁路走下去——又回来,记下要立即出城的誓愿,从比利牛斯

---

① 狄更斯致《每日新闻》,1855年6月14日第二版,见K.J.菲尔丁编:《查尔斯·狄更斯演讲全集》,第199页。狄更斯在6月27日协会的致辞也提到了这一点,即他通过文学提供公共服务,而不会跨出这一范围。
② 狄更斯致福斯特,1855年9月30日,《朝圣》第七卷第713页。
③ 狄更斯于福克斯通致信麦克雷迪,1855年10月4日,《朝圣》第六卷第714—176页。

山脚出发……站起来在我的房间里整天走来走去——倘徉在伦敦直到深夜——约人见面，却实在烦得不想见人"。两周后，他的情况依旧糟糕，但"我已经在工作并进展到了第一期中间阶段"，即他仍然称作《非谁之错》的书稿的前四章。①

其他作家所需要的安静和精力的集中在狄更斯的工作中不是必需的。② 连续数月他都在努力抓住他的想法并开始写作，而与之匹敌的是各种占用他时间、分散他精力的急事。他要继续从事《家常话》的编辑和撰稿工作，还和莱亚德的行政改革社团有约定：在一次公开集会的致辞中，他积极抨击了首相帕默斯顿勋爵以及下议院，把他们比作破败的剧团。牧丛之"家"的事务也令他很繁忙，他正忙于营救另外一个不幸的年轻女子。他年轻时的恋人玛丽娅·比德内尔给他写信，激起了他强烈的情感，他准备去见她一面。他为自娱自乐而筹备的《大卫·科波菲尔》朗读活动直到19世纪60年代才实现。他开始着手在肯特郡买一幢房子。在格雷夫森德旅馆举行了一场只有男士参加的生日聚会后，他在雪中步行到罗切斯特，翻过盖德山顶时他发现了一处物业待售。"地点和房子都很合适……是名副其实的'我童年的梦想'"，他这样告诉威尔斯，并吩咐他尽可能将它买下来。③ 狄更斯已经准备与威尔基去巴黎，经停布洛涅并带弗兰克和阿尔弗雷德出去吃晚餐，于是他将事务都交给威尔斯，自己继续既定的行程。柯林斯得了病，狄更斯则心事重重，无法确定下一步的动向。他告诉福斯特，他可能继续上路，从巴黎到波尔多，还进一步打算夏天搬到比利牛斯。他再一次拿自己与大卫·科波菲尔相比较，说他的"意识完全处于一种散乱的状态——为什么和可怜的大卫一样，现在这种感受在情绪低落时总会压倒我？那时，我错过了生命中的幸福

---

① 狄更斯致威尔基·柯林斯，1855年3月4日，《朝圣》第七卷第555页；狄更斯致福斯特，1855年5月2—3日，《朝圣》第七卷第608页；狄更斯致库茨，1855年5月8日，《朝圣》第七卷第613页；狄更斯致库茨，1855年5月24日，《朝圣》第七卷第629页。像他的所有后期的小说一样，手稿字迹更小更密，有大量修改。

② 将狄更斯的工作状况和他的作家同伴们相比较很有意义，如在几乎同时期写了《包法利夫人》的福楼拜。在宁静的诺曼乡下，避开他父亲为他做的安排，没有妻子孩子的妨碍，也没有其他的个人或事业上的义务，可以花一整天时间写一页。他们都喜欢把自己代入角色中，和他们共享经验，在写作时痛苦难受，但福楼拜工作时不能被打断，他充分构想一个完美的世界观，仔细完成并打磨他的文章；而狄更斯不仅要忍受被打断，还经常看起来似乎刻意分散精力，以他惊异的创造力应对外界对他系列故事的需求以及各种杂务。在《包法利夫人》中，福楼拜如神一般轻视他笔下的角色，而狄更斯有嘲弄，有怜悯，将他们当作一个人对待。

③ 狄更斯致威尔斯，1855年2月9日，《朝圣》第七卷第531页。

——和一个我从未交到的朋友同伴。"①

后来还有更多类似的抱怨。他没有前往波尔多，反而代替柯林斯接手了情节剧《灯塔》的制作，这部剧将在仲夏于塔维斯托克宅上演，狄更斯亲自担任主角，后边还有大段的滑稽剧，大部分是他自己和马克·莱蒙即兴创作的。所有这些消遣都要用上几周的时间。5月，他决定下个冬天在巴黎待上半年，并开始给他自己和一家人找住处。一个人怎么能在做这些事的同时还全神贯注写一部长篇小说？狄更斯继续前进，身上背负了太多的事。他只能这样做，没有一天他不竭尽全力，不管肉体上、社交上还是感情上。

7月学校假期来临，他在福克斯通租了一座房子，把八个孩子带去——查理在伦敦工作——并建立了他的写作日常流程，每天上午工作五个小时，从9点到下午2点，之后一个人出门步行到下午5点。他抱怨男孩子们实在太吵，但这种情况没有持续太长时间，因为华尔特8月1日离开去军校受训，8岁的西尼9月1日跟着阿尔弗雷德和弗兰克一起去了布洛涅的寄宿学校，剩下两个女孩和两个最小的男孩。

在此时，即1855年9月，狄更斯更改了书的标题，从《非谁之错》变成了简单的、听起来带些稚气感的《小杜丽》，这是书中一个角色艾米·杜丽的名字，她的父亲威廉·杜丽是个被关进萨瑟克区马夏尔希监狱的负债者。故事的时间设定在比《荒凉山庄》更早的19世纪20年代，那时狄更斯还是个孩子。② 威廉·杜丽在马夏尔希监狱里被关了许多年，1824年，约翰·狄更斯也被关到那里。从这个来源神秘的灵感入手，狄更斯的想象力引导他创造出了这个杜丽家最小的孩子——小杜丽——这个人物，她在马夏尔希被养大，营养不良，穿着单薄，但她的善良在这个破败的世界中令她闪光，她将她的技能、勤奋和善意都献给了那些比她还要不幸的人。

尽管在故事中她已经22岁了，但她看上去仍像个孩子，脸色苍白，又瘦又小，生来就是个《荒凉山庄》中童工角色的后继者。但还不止如

---

① 狄更斯致福斯特，1855年2月3、4日，《朝圣》第七卷第523页。
② 狄更斯开始叙述时用"30年前"，在第六章又重复了"30年前"，以此介绍了威廉·杜丽。在下一页我们被告知，杜丽先生"很久以前"就进了马夏尔希监狱。我们已经知道，第五章登场的小杜丽已经22岁，生于马夏尔希，这就意味着她父亲入狱是在1802年前后。这就将故事发生的时间放在了19世纪20年代中期，乔治四世在位期间，同时也是狄更斯的童年时代。

此，她在书中的形象描写被赋予了一层诗意，她能不受干扰地在夜间的街道穿行，安慰帮助脑部受损的麦琪和出身于济贫院的老南迪，令他们有尊严，善待在午夜突然出现的不知好歹的哥哥姐姐。在故事前半部分，40岁的亚瑟·克莱南先生深夜在他住处的火炉余烬旁回顾他虚度的生命和无望的未来，不断自问，觉得自己现在只能等死，这时门轻轻开了，"说出的几个字让他吃惊，仿佛是个回答：'小杜丽'。"这是个魔法般的瞬间，不戏剧化，也不感伤。①* 她表现得就像父亲的父母一样，从不抱怨他的陋习，只让他一个人暴怒，就如狄更斯通常对他父亲所做的。小杜丽带有些科迪莉亚的特征，在狱中安慰她的父亲。狄更斯熟知莎士比亚，**他更依赖莎士比亚，胜过依据现实**。小杜丽是个聪明孩子，救赎了一个可悲的世界。

《小杜丽》是狄更斯的第三部反映英格兰状况的小说，回归了《荒凉山庄》的广阔视野。故事发生在伦敦，一个几乎无可救赎的黑暗的伦敦，有着"致命的阴沟"，它曾是一条澄清的淡水河，穿过城市，城市中过劳的人们否认自然之美，街道透着一股忧郁感，"阴暗、闭锁、陈旧"，破旧的房子前的台阶上坐着"照看着胖大孩子的瘦弱孩子"，而普通的新房子里安置着仆人，马夫在外边闲晃。圣保罗大教堂的较低处是"歪曲下行的街道"，位于齐普赛街与河流之间，通往仓库和码头，穿过狭窄的巷子，通过污浊的河流以及"溺水者尸体招领"的告示。一切都在刺激着感官。有钱人的房子能闻到"隔天的汤和拉车的马"的味道。穷人的衣服是油腻腻的。南迪穿着的乞丐服上能闻到所有济贫院出身的人的味道。弗洛拉·芬沁夫人曾经美丽可人，但现在她已到中年，吃得太多太胖，多嘴多舌，身上有薰衣草水和白兰地的味道。周日晚上的教堂钟声听起来"就像瘟疫正在城市中肆虐，收尸车在四处行驶。"狄更斯不喜欢他的所见所闻，以及所嗅到的一切——一部分是他童年中的伦敦，一部分是19世纪50年代的伦敦——他的玩笑几乎都是令人不快的或苦涩的。

他描绘了一个大伦敦地图，由河流、圣保罗教堂和齐普赛街、巴比肯、霍尔本和格雷旅馆街组成，还有市镇以及建于1819年、有三个窄铸

---

① 见《小杜丽》第十三章末尾。
* 中译文参见《小杜丽》，金绍禹译，上海译文出版社1993年版。——译者

铁拱门的南华克桥，小杜丽安静地坐在那里看桥下的水流，此外，还有柯芬园和本顿维尔、里士满和汉普顿宫、卡文迪许广场和帕克街以及政府办公室所在的西敏寺。他挑选的演员来自济贫院、监狱、剧院、政府机关，"血心后院"（Bleeding Heart Yard）里穷人拥挤的住所、梅菲尔上流社会的豪宅、恩赐居所和郊区别墅。它们交织在一起，构成精心设计的情节，其中有一些精心得过分，情节间有些不自然。滑稽戏反派里高先生来自马赛监狱，这无论如何都说不通，他第一次出现时收到一根纸烟，这是纸卷烟草第一次在狄更斯小说里出现。① 许多角色都在情节设计中被送去周游法国，甚至到阿尔卑斯山、威尼斯和罗马，但伦敦特别是马夏尔希及其周边地区是这本书的核心。②

　　金钱问题同样贯穿其中，如何赚钱，如何损失钱，如何在没有钱时想办法应对；它在何时是真实的，何时又是想象的？这是个长久的问题。杜丽家起于监狱，欠了大笔的债，投资又遭受损失。金融家莫多尔通过他的冷美人妻子和卓越非凡的管家保持了与他巨大财富相应的生活方式，自己却从来不曾觉得享受。莫多尔夫人表达自己对简单生活的偏爱的说辞简直完美——"我就喜欢一种比较原始的社会"、"我天生有点喜爱牧歌式的东西"，但这受到社会的约束，她解释说，这是在尊重它的价值观，它们既不原始，也不是牧歌式的。政治家、银行家、教士和律师都渴望出席莫多尔夫人举办的晚宴。卡斯贝先生是个地主，看上去是慈祥的老人家，但他通过收租人狠狠地压榨他可怜的房客们。业余画家亨利·戈文是巴纳科的侄子，他屈尊娶了中产家庭弥格尔斯家的女儿，挥霍着妻子娘家给的丰厚补贴，却轻视他们的社会地位。亚瑟·克莱南是个非英雄式的英雄，他被一个残忍伪善的母亲带大，她的信条是"上帝呀，惩罚我的债户，让他们消亡，让他们毁灭"。他发现他真正的母亲年纪轻轻就去世了，她曾经是个受过训练登台演出的末流歌手，献身于艺术和想象的世界，却被他的养母轻视。克莱南不具备商人的性格，他必须在逆境和损失中学会应该将他的信心置于何处：不是商业，不是政府机关，也不是宗教，而仅是忠诚的心。

---

① 见第一章。狄更斯开始吸纸烟，1854年纸烟被引进法国。狄更斯致威尔斯，1854年9月21日，《朝圣》第七卷第418页，信中要求威尔斯从他办公室带四包烟到布洛涅。

② 《小杜丽》第十四章，题为"小杜丽外出聚会"，有段有趣的注解："街上的女人整晚在外，'如果现在真的是派对的话！'这便是小杜丽的聚会，大都市的耻辱、背弃和痛苦（之后？），是她离开后返家的聚会。"

莫多尔夫人养着一只宠物鹦鹉，它的尖叫声和带着讥讽的刺耳大笑总会打断她讲话，就像她的另一个对听者在表达她真实的意思。弗洛拉·芬沁曾是克莱南的心上人，现在则是一个寡妇，常有浪漫的妄想，她无法连贯地说话，言语中带着巴洛克式的复杂和荒诞、有趣，甚至到了让人受不了的程度。书中最富有智慧和最伤感的一幕是威廉·杜丽在监狱里招待他的老朋友——出身济贫院的南迪以及他的新朋友兼恩人亚瑟·克莱南喝茶。杜丽先生对南迪表现出了一种优越感，用手掩着嘴为他感到抱歉。"这可怜的老人在救济院，出来一天散散心。"他这样对刚给了他10英镑的克莱南解释，如果没有这笔钱，他们可能就没茶喝。杜丽先生让南迪坐在窗台上喝茶，然后对克莱南滔滔不绝地说着南迪的缺陷，说他的听力和腿脚都在衰退，记性也不好了，他"过着那样的生活，不中用了"——这描述也能套用在他自己身上。在南迪被小杜丽温柔地带着离开后，杜丽先生注意到，他"令人看了心里难受……尽管你心里也有一些安慰，因为他自己倒并不感到难受。这可怜的老汉完全不中用了。精神垮了，完蛋了——都被压碎了——他的精神都研成粉末了，先生，全都研碎了！"杜丽先生因自己的优越感而振奋，他像个皇族一样走到牢房的窗前，当其他狱友仰望他时，"他的点头会意几乎便是他赐的福。"①

后来这段场景又一次让人想起，杜丽先生离开马夏尔希监狱，气派地启程去国外旅行。他富有并衣着考究，在罗马出席盛大的晚宴，这时他踌躇着，变得迷茫起来，并问谁在看守，狱吏在哪里，求人施舍，他觉得自己还是那个长久以来的马夏尔希之父。这是个非常戏剧性的场面，但它跨越了真实和悲剧，完美无缺地达成。杜丽先生要死了，他自然会回归那个他待了25年的地方。即使偶尔叙述被削弱或扩展得令人费解，其中仍然有狄更斯笔下最好的一些片段，比如莫多尔先生要做一件邪恶的差事，他从儿媳芬妮那里借了一把玳瑁柄小刀，芬妮在阳台上目送他离开。这是个炎热的夏天，芬妮怀着孕并觉得很烦闷："烦恼的泪水湿润了她的双眸；因这泪水之故，她望下去只见那赫赫有名的莫多尔先生在

---

① 《小杜丽》第一部第三十一章。这是笔者最喜欢的场景之一。笔者很高兴发现，乔治·吉辛在《查尔斯·狄更斯：批评研究》（伦敦，1898）中写道："雅致的处理，细致的观察，我倾向于认为，这个场景超越了所有小说。"

街上，似乎在跳跃、起舞、旋转，仿佛有好几个魔鬼附了他的身。"① 他确实如此。

《小杜丽》的最后一期刊行于 1857 年 6 月。就在几周之前，狄更斯重访了马夏尔希。他在合订本的前言中描述了此行，说自从监狱关闭他还没有去过那里，他发现了一些保留了以前监狱房子的大块区域。他和一个外边街上的男孩聊了聊，指着那边房间的窗子，据他说杜丽先生在那里生活过，小杜丽在那里出生。他问男孩知不知道现在房客的名字。男孩回答说"'汤姆·派提克。'我问他谁是汤姆·派提克，他说是'乔·派提克的叔叔。'"这是个精彩的故事，远远超过了只看过介绍的读者已知的。小男孩在命名派提克家时相信他的世界是真实的，而狄更斯也给想象中的杜丽家取了名。而这里和现实的联系已经被遗忘，他的父亲曾在 1824 年关在那里，有一个小男孩曾到那里看望他。② 有关约翰·狄更斯的记忆牢牢锁在他心里，两人之间的关系伴随着气恼、爱和愤怒；也许就算父亲对艾米·杜丽的残忍令她蒙羞，她也能原谅她堕落的父亲，给他无条件的爱和支持，这也是狄更斯应对自己对父亲的愤怒的一种方式，在父亲去世后他想完全放下这些感情。如果她真是这样的人，那她在某种程度上就是狄更斯的一个象征物，她被看作完美理想化的狄更斯自身，一个从来不会为有缺陷的父亲生气的孩子。

故事以主人公亚瑟·克莱南四十多年的悲惨经历及他和小杜丽的婚礼结束。小杜丽的年纪可以做他的女儿——千真万确，"他挽着她的手臂，就像她是他的女儿一样。"这本书最后描写到，他们离开教堂开始了"适宜而又幸福的简朴生活"，一个很美好的场景出现在他的脑海里："他们默默地走到了喧嚷的大街上，形影不离，无比幸福，当他们在阳光和树荫下走过的时候，那些吵吵嚷嚷的人、心情急切的人、不可一世的人、刚愎自用的人、虚荣浮夸的人发出了他们惯常的喧嚣。"③

对他来说，他没有这样的幸福，也没有分不开的爱人，他的生活中没有得到这样的祝福。他有的只是责任和让他全神贯注的事：孩子们的

---

① 见《小杜丽》第二部第二十四章。
② 狄更斯致福斯特，1857 年 5 月 7 日，《朝圣》第八卷第 321 页，信中给出的描述稍有不同。他在马夏尔希见到的小男孩正看护着一个大个头的婴儿，他告诉狄更斯这个地方的历史，管那房间的租客叫杰克·皮提克。
③ 1857 年 5 月出版的合订版《小杜丽》售价 21 先令，卖得非常好，11 年里卖出 85 000 册。

照料和教育，牧丛之"家"的运营和《家常话》的编辑工作；还有总要做出的新计划，要买的新房子，海外旅行，戏剧的上演。巧合的是，他想买的那座位于盖德山的房子属于《家常话》的一位撰稿人——作家伊莉莎·林恩·林顿，她从父亲那里继承了这座房子。在实地勘察和协商后，这所房子于1856年3月以1700英镑的价格卖给了狄更斯。

在写作《小杜丽》时，他生活上的其他干扰来自两个女人，她们从不同方面令他展开了想象力。一位是卡洛琳·梅纳德，她自称汤普森夫人，她的弟弟弗雷德里克于1854年秋写信给狄更斯寻求帮助。她曾是一名绅士的情妇，那时曾出钱让弟弟当工程师学徒，但九年后那位绅士的生意失败，她被抛弃了。她有一个年幼的孩子且没有收入，于是沦为娼妓。她的弟弟也无法继续受训，一家人住在位于布朗普顿路附近的布特街的一座小房子里——同时她还在这里接客。弟弟很绝望，作为一个制图员，他的收入实在微薄，但他想拯救姐姐离开这种生活。卡洛琳三十多岁，狄更斯第一次见她时描述她"相当娇小，看上去很年轻；但很可爱很温柔，脑子也很好使。"① 这些话是写给库茨小姐的，他正在和她商量如何能帮助这个女子。他说她弟弟所讲述的事给他留下了深刻的印象："他对姐姐遭受的耻辱感同身受，并对姐姐不减赞美，他一直以来都坚信，姐姐是个善人，她从来都带着亲切感和敬重感——这份浪漫实在惊人，却又是那么可以理解，我从未有如此魄力去想它。"② 狄更斯立刻发现这个情节可以写进小说，就算他永远都不会写到。

12月，狄更斯去布特街看望卡洛琳，她告诉狄更斯她愿意去南非，只要能带着她的孩子一起。他想让库茨小姐来见一见她。从巴黎回来之后，1855年2月他在"家"为她们安排了一次会面。她对成为一名居民没有异议，只是"家"不接收带孩子的母亲，此外，据狄更斯说，"她的态度、个性和经历完全不同。"③ 库茨小姐同时也派了另外一位顾问去看望卡洛琳，这位顾问是个教士，他观察到，她穿着考究，雇佣着一名女仆，看上去"绝非一贫如洗"。教士觉得她已沉迷于奢侈的生活，不会靠针线活养活自己，也无法面对移民到好望角或澳大利亚的生活；还指出，

---

① 狄更斯致库茨，1854年12月11日，《朝圣》第七卷第482页。
② 狄更斯致库茨，1854年11月17日，《朝圣》第七卷第468—469页。
③ 狄更斯致库茨，1854年12月11日，《朝圣》第七卷第482页。梅纳德是她的真名，但她也被称呼为卡洛琳·汤普森，可能这是她孩子的生父的姓，毕竟狄更斯有时会以"汤普森夫人"称呼她。

第十八章 小杜丽和朋友们

她的父亲是个酒鬼，母亲是肯辛顿济贫院的看护，妹妹是个"女帽贩子！声名狼藉"。说到底她和"家"里的那些女孩并无太多不同。① 让她移民的建议被搁置了。

教士又一次去看卡洛琳时，发现她的母亲已经去世，这一次，他建议库茨小姐，有可能的话，再与狄更斯商量一下如何帮助她最好。3月，狄更斯请姐弟俩去了德文郡台地，在他们来访之前他把"我该怎么办？"这个问题丢给了库茨小姐。库茨小姐显然提出了一些卡洛琳无法接受的做法，狄更斯又写信给库茨小姐，说"这当然就结束了"，并补充说，他相信她是完全诚实的，而且"她会以某种方式让自己恢复"。

然而，库茨小姐似乎改变了主意，安排她成了一处住宅的管家，可能是在伦敦某个地方，她可以作为一个陌生人出现，以寡妇的名义过关。② 改头换面成为另外一个人这种事让小说家狄更斯颇感兴趣，但此后风平浪静，直到次年（1856年）5月，他告诉库茨小姐，他又看到了她。房屋出租的生意不足以维持生活，她说要离开那房子，并准备卖掉她的家具，用那笔钱带着她的小女儿和弟弟去加拿大。狄更斯相信，她在那里可以找到管家或者类似的正经职业。他为他们的旅途提供了方便，帮他们联系了加拿大铁路方。此后，他们的故事结束了。卡洛琳·梅纳德或汤普森只激起了狄更斯的想象力且持续了18个月。她不断寻求他的帮助，试着在伦敦谋生，最后自己筹钱去了加拿大。她还向他展现了另一类风月女子，不同于"家"里那些女孩，也不同于他书里描写的那些脏兮兮、连话都说不好的人，他发现她甚至会算账。

就在帮助卡洛琳·梅纳德的同时，狄更斯收到另外一个女人的一封信。这封信突如其来，并具有无法抵抗的影响。这封信来自他早年的恋人玛丽娅·比德内尔，她现在已经结婚了。自1833年比德内尔抛弃他起，他们就没再见过面。③ 狄更斯一直与她的父亲断断续续保持联系，并在1845年得知她结婚了，那时候他在意大利，如今她已经是温特夫人。但收到

---

① 威廉·坦南特牧师致库茨，1855年2月3日，《朝圣》第七卷第918—919页。
② 见《朝圣》第七卷第917页脚注2。
③ 《朝圣》的编者们提到了乔治娜的一段描述，狄更斯在玛丽娅·比德内尔结婚那年带着凯瑟琳和乔治娜去拜访温特家。它写于1906年，这和狄更斯在信中"二十四年的消失像一场梦"的说法不吻合，所以不太可能发生。1845年前六个月狄更斯都在海外，忙着他的大型演剧活动，他的儿子阿尔弗雷德出生了（这让凯瑟琳若干周都只能待在家里），他还要写他的圣诞读物并准备《每日新闻》的编辑工作。这让他十年后给玛丽娅的信成了胡说八道，在那封信里，他特别提到"让我们再见面的机会本就罕有，现在已彻底消失"，因为他自己在回避这样的机会。

她的信件是"如此令人愉快",信里提到她有了两个孩子,让他的回信如同狂想。"相信我,你不会比我更柔情地记得我们过去的时光和老朋友……你的信令我回忆起之前愉快而温和的交往,带着春天般的感觉,那时我要么比现在更聪明,要么就比现在更愚蠢……",等等。① 他告诉她,自己正要离开巴黎——这趟旅行是和威尔基一起的——并表示愿意给她的女儿带东西;他还补充说,狄更斯夫人会去拜访并安排一次两对夫妻的见面。但实际上,他什么都没对凯瑟琳说。五天之后他又从巴黎给玛丽娅写了一封长信,说他看了她的笔迹后"又开始头痛",并回忆了他给她搭配的那双她曾戴过的蓝手套。信的开头就像是一封情书。"不管我有多少幻想、浪漫、活力、激情、愿望和决心,我从未也永远不会同那铁石心肠的小女子(也就是你)分离,我愿二话不说地为她去死……我以我自己的方式力图摆脱贫困和默默无闻,只带着一个关于你的永恒念头……那以后我从未成为像当年的我那么好的人,那时你让我那样悲惨地快乐着。"他甚至建议她去读《大卫·科波菲尔》中关于朵拉的部分内容:"那个男孩是如何深切地爱过我,这个男人又是如何生动地记得它!"②

两人之间的情绪越来越激动。第三封信写于他回家的路上,告诉她"只有我自己才稍微了解这些相关之处,我会在这里补充上。没有哪个地方能比我自己的房子更私密,更适合吐露心事。"她给了他一大堆他们早年恋情被迫结束的理由,毫无疑问,这是因为顺从父母,而在回信中,他告诉她,"在那些艰难岁月里被浪费的温情"使他留下了一个习惯,他总是压制着自己,对展现他的爱意总是很谨慎,就算是对他自己的孩子也是如此。他暗示他们会再一次享有对彼此的信任,这种信任是"完全纯真和善意的……只在我们之间。你所建议的,我会全然认同。"她提出,在圣保罗附近的街上见一面。狄更斯回答,这可能会很危险,因为他有可能被认出来,于是他建议他们可以在周日的三四点钟到德文郡台地见面,他要求凯瑟琳必须出面招待。舞台搭建起来,为一段秘密的罗曼史和一份重燃起的爱,他们正在回顾这段往事。玛丽亚提醒他说,她现在已经"缺了牙、又胖又老又丑",而狄更斯回复说,"你一直都和我

---

① 狄更斯致温特夫人,1855年2月10日,《朝圣》第七卷第532—534页。
② 狄更斯致温特夫人,1855年2月15日,《朝圣》第七卷第358—359页。

记忆中的一样。"①

会面如期而至。他见到了一个胖女人，不再漂亮可人，言谈蠢笨而且话太多。他心中构建的大厦崩塌了，这打击让他立即败退下来。但无论如何，两对夫妻要在一起吃顿饭，这能让他比较下玛丽娅和凯瑟琳的胃口以及腰围，还有她们相似的一窝孩子。他仍尽力表现出最好的一面，写了封感人的信给玛丽娅的女儿艾拉，告诉她有关自己的新宠物渡鸦的事（"如果你乐意，它可以在你腿上啄出一个个小洞"），还有他自己三岁的"小宝贝"普洛恩出麻疹卧床的事，描述了一辆大车和两匹马，载着人和各种动物的诺亚方舟，一座有四门大炮的军营，一箱砖，一个小丑和四个黄油面包的皮，等等——这是一封完美的给孩子的信。②

孩子是一回事。但从这时起，他开始找借口不去见玛丽娅。他送给她戏票，自己却不出现。他解释说，他必须"按自己的野路子"闲逛，他"以一种严苛的方式，即它必须完全掌控我的生活……有时需要几个月，把一切都撇在一边"③ 重视他的创造力。他告诉她，他连续几个周日都要到乡下去。而当6月玛丽娅的孩子夭折时，他写信给她表示同情，并带有一种可怕的坚定："我最好还是不要去见你。我很确定，但我会一直想着你。"④ 心如铁石的狄更斯为他的错误辩护。

更糟的是，在他想起她最近的样子的同时，他还创造了弗洛拉·芬沁这个角色，并让她主导了《小杜丽》的一部分内容。她肥胖、贪婪、酗酒还太过饶舌，她的可笑之处在于那永不停歇且半通不通的对话，她还特别喜欢提到她遥远过去的旧情人。温特夫人无疑有些蠢笨，但还没有笨到在读《小杜丽》时认不出她自己的程度。尽管弗洛拉在某种程度上也表现出了她心善的一面，但这比他和史金波对亨特所做的要残酷得多。在给一个喜欢这角色的读者的回信中，他说："这个角色进入我的脑海，因为我们心中都有一个弗洛拉（我的那个正活着，而且非常胖），这是一个从不为人所知的半严肃半荒谬的真相。"⑤ 在他还写作《小杜丽》

---

① 狄更斯致温特夫人，1855年2月22日，《朝圣》第七卷第543—545页。
② 狄更斯致艾拉·温特，1855年3月13日，《朝圣》第七卷第563—564页。
③ 狄更斯致温特夫人，1855年4月3日，《朝圣》第七卷第583页。
④ 狄更斯致温特夫人，1855年6月15日，《朝圣》第七卷第648—649页。
⑤ 狄更斯致德文郡公爵，1856年7月5日，《朝圣》第八卷第149页。

的同时，他将自己成书的 11 部作品都送了玛丽娅一份，每一本上都题写着"追忆旧日时光"，并以一种非常友好的方式给她回信致谢，再次解释他是如何的忙，忙到没有多少时间用来写信。她令他的双重幻想破灭，但她也可能会意识到，她同时也是他的缪斯，是她启发了狄更斯，使他在作品中创造了这两个最令人难忘的女性人物形象。

第十九章 任性和不安
1855—1857 年

1855 年 10 月狄更斯和乔治娜去了巴黎,他们在搬进房子时遇到了点麻烦。公寓——"玩偶屋"——位于香榭丽舍大道 49 号建筑的三层。他们住在那里的第一晚,他口中的"我的小小右手"不安地叫醒他,告诉他这地方很脏,房间里的味道让她无法入睡。乔治娜已经不再是个小姑娘了——她已经 28 岁——现在她全权高效地掌管着狄更斯家的家务。狄更斯立即叫人做彻底的大扫除。扫除结束后,房子变得"精致、令人愉快而充满活力……外边是移动的全景,这就是巴黎本身"。[①] 他喜欢巴黎。这是一个明亮、邪魅而令人肆无忌惮的地方,他曾于 19 世纪 40 年代到访这里,这话并不全是非难,从那时起他开始赞赏这里居民的智慧以及高雅和粗俗的结合。现在他享受着在这里存在的种种乐趣,比如几英里的可步行的街道,诡辩的人,戏院和歌剧院,诱人的餐馆装着镜子,有红天鹅绒的内装和周到的服务员,商店的陈列显示着"细节中的机智和品位"。[②] 他告诉过库茨小姐,他打算给现在 17 岁的玛梅和 16 岁的凯蒂这两个女儿一些"巴黎式"的熏陶:她们学舞蹈、绘画和语言,穿着也是法式的。凯瑟琳带着女儿们和小些的孩子们从布洛涅过来,她一定是绕远路去看望了三个在寄宿学校的男孩子,很快一行人也安顿在了香榭丽舍大道。

狄更斯的法语进步了许多,现在他可以明白剧院台上说的全部内容,他还对乔琪自夸,2 月在与威尔基的旅行期间他收获了"许多对我讲法语时天使般的方式的赞美"。[③] 更美妙的是,《马丁·翟述伟》正在巴黎的报

[①] 狄更斯致威尔斯,1855 年 10 月 21 日,《朝圣》第七卷第 724 页。
[②] 狄更斯致哈迪曼,1846 年 11 月 27 日,《朝圣》第四卷第 665 页,"巴黎就是你所知道的那样——明亮、邪恶、顽皮,一如既往。"另外在 1863 年,他发现巴黎"比以前更差,程度无法估计",威尔基·柯林斯,1863 年 1 月 29 日,《朝圣》第十卷第 200 页。"这就像摄政时代重现,魔鬼万岁就像是社会的座右铭",指出了公开的性放纵、酗酒、贪婪和赌博。
[③] 狄更斯致乔治娜·霍加斯,1855 年 2 月 16 日,《朝圣》第七卷第 540 页。

纸上连载，他在商店里被人用法语打招呼说："啊！这是那个知名作家！先生您是如此受人尊敬。此外！我很高兴能荣幸地见到狄金先生"（他的说法）。不仅如此，他们都知道并喜欢他书中的角色，"（法语）那个托雅（托吉斯）夫人，啊！她很好玩，和我在加莱知道的一个淑女一样。"①

他在香榭丽舍的公寓努力工作，在严寒的 1 月里，他沿着巴黎的城墙从巴里尔凯旋门散步到河边，第二天沿着河岸走到巴士底，头顶是意大利式的蓝天。②市中心在举行一场盛大的庆祝游行，因为克里米亚战争结束，一场和平会议 2 月将在巴黎召开。6 岁的亨利记得他被戴上了一顶法国军礼帽，并被举起来在仪仗检阅时高喊"皇帝万岁！"狄更斯允许法国知名画家阿里·谢弗着手给他画肖像，但他觉得这画完全认不出是自己。他很高兴能再见到拉马丁，并重新认识剧作家斯克里布，还赞美他的妻子，她有一个已经长大的儿子，却还是美丽如往昔并保持着"25 岁的体形"。③屠格涅夫的朋友，歌唱家宝琳·维亚多邀请他来吃晚餐并和乔治·桑见面，但狄更斯并不了解乔治·桑的作品，他们之间也就没有思想的碰撞。狄更斯概括她"胖乎乎的，庄重，面色黝黑，黑眼睛"以及"身上没有任何女才子的酸气，除了会有点把别人的所有意见都往她的方向扯"，也没有人鼓励他去读乔治·桑的作品。④大出版社阿歇特公司联系他，提出一份重新翻译出版他作品的计划书，协商过程是在愉快的晚餐中进行的，与编辑、译者以及书商一起。玛梅和凯蒂都玩得很尽兴，她们在流亡的威尼斯爱国者丹尼尔·马宁那里学意大利语，还与萨克雷的女儿安妮和米妮一起度过了很长时间，萨克雷去美国讲学时姑娘们则在巴黎和萨克雷家的祖父母一起过。

现在统治着法国的拿破仑三世皇帝可能是个"冷血的恶棍"，但法国

---

① 狄更斯致威尔斯，1855 年 10 月 24 日，《朝圣》第七卷第 726 页。《马丁·翟述伟》的法语译本于 1855 年 1 月至 10 月在《通报》上进行连载。
② 狄更斯致福斯特，1856 年 1 月 27 日，《朝圣》第八卷第 37 页。
③ 狄更斯致福斯特，1856 年 2 月 24 日，《朝圣》第八卷第 63 页。狄更斯一定知道拉马丁现在贫穷而宁静的生活，他曾是革命的领导人，1848 年创立法兰西第二共和国，曾被人寄望竞选总统以取代风头正劲的路易·拿破仑，现在他自己的政治声音已经没有了，但他仍然在推动废止奴役和死刑。狄更斯钦佩他、喜欢他，但他的例子也证明了作家狄更斯不直接从政的明智。
④ 狄更斯致福斯特，1856 年 1 月 20 日，《朝圣》第八卷第 33 页。参考下文，狄更斯致福斯特，1856 年 8 月 15 日。

人及他们的生活方式依旧适合他。① 毕竟他第一次见到路易·拿破仑是在他的朋友德奥赛的家里，他是如此尊敬德奥赛，还请德奥赛做了儿子阿尔弗雷德的教父。② 德奥赛完全无视习俗惯例和一系列事实，包括他与妻子分居、几乎成了继母的情人以及他永远都不会还的账单。但狄更斯置之不顾，而为他的潇洒、他作为肖像画家的才华、他在社交场合的智慧和魅力以及他法国式的处世之道着迷不已。德奥赛和他的法国同胞们的人生方式与英国人完全不同，狄更斯对他们的观点有异议。尽管他厌恶皇帝拥有绝对权力，但英国的政治形势也同样令人沮丧，这使他相信，代议制的失败是因为没有受教育的民众的支持。③

1856年5月，狄更斯与库茨小姐的女伴布朗夫人就法国这一话题意见发生了严重的分歧。在布朗夫人抨击法国时，狄更斯却称赞了法国对社会问题的开放性，告诉她法国人与英国人最大的不同是"英国人草率地对待确实存在于他们中间的社会丑恶面和陋习，更不会提及；而法国人不会回避，他们习惯承认这些的存在。"布朗夫人大喊"别这么说！"而狄更斯坚持："可我必须说出来，您知道，我们的虚荣和偏见使您贬低了一个毋庸置疑的伟大国家。"布朗夫人泪流满面。④ 几个月后，狄更斯给福斯特写信，抱怨英语小说家与法语小说家相比所受到的限制——他提到了巴尔扎克和乔治·桑——他们能自由并实事求是地写作，而同时"英语作品里的主角总是让人提不起兴趣——他们太好"。狄更斯接着告诉福斯特："这一模一样的不自然的年轻绅士（如果得体是某种必然的不自然），你会在我的其他书里见到他，他必须出于你的道德观念而对你表现出不自然的一面，我不会说出任何不当言辞，但他们甚至不能有任何全人类发展或毁灭带来的不可分割的经验、磨难、困惑和混乱！"⑤ 这是

---

① 狄更斯致 F. O. 瓦德，1852年1月14日，《朝圣》第六卷第575页。1851年12月一场血腥政变确立路易·拿破仑为独裁总统。接下来大批反对者被逮捕，其中许多人未经审判就被放逐。1852年11月，路易·拿破仑称帝，自称拿破仑三世。狄更斯去世后，1870年9月，法国被普鲁士击败，拿破仑三世的统治终结。
② 狄更斯于19世纪40年代在伦敦库茨小姐家以及德奥赛家中都见过路易·拿破仑，狄更斯一直不喜欢他。但德奥赛是拿破仑军队将军的儿子，他于1849年搬到法国，希望路易·拿破仑能给他一个职位。狄更斯于1850年和1851年在巴黎见了德奥赛，1852年初德奥赛被指定为美术总监，但他于同年7月去世。
③ 狄更斯致麦克雷迪，1855年10月4日，《朝圣》第七卷第715、716页。狄更斯能在给麦克雷迪的信里更自由地谈及他对政治的失望。
④ 狄更斯致乔治娜·霍加斯，1856年5月5日，《朝圣》第八卷第110页。
⑤ 狄更斯致福斯特，1856年8月15日。福斯特将这封信印发，《朝圣》的编者再版此书，它的第四行有"天然"（natural）一词（"英语书里的主人公总是很无趣——太好——太自然……"）——结合上下文，"不自然"（unnatural）放在这里更合理。

他作为一个作家对形势的抱怨，也是他觉得难以在他的小说中去挑战的地方。①

狄更斯在巴黎找到了生活的快乐，但他还必须经常回伦敦。库茨小姐女伴的丈夫兼"家"的托管人布朗医生10月底去世了，他毫不犹豫地回去操办葬礼，把他对精心安排的哀悼仪式的厌恶抛在一边。他告诉威尔斯，他尊敬和钦佩库茨小姐，"她的善良和财富令她如此孤独"，这使他决定要去减轻她失去一位密友的痛苦，他煞费苦心地安慰她和布朗夫人。②在伦敦，他看到查理过得不错"但稍微有点不稳定"，霍加斯家住进塔维斯托克宅来照看他们的外孙，但并没有尽心照看宅子。狄更斯抱怨霍加斯一家，而最后一晚，狄更斯是在惠灵顿街他的外宅和威尔基喝酒度过的，后来狄更斯给威尔基写信说："我很急于知道杜松子潘趣酒在你这里是怎么获得成功的。这是世界上最奇妙的饮料，而且我觉得它应被置于卫生署高压之下。在《家常话》编辑室的沙发上睡了两个小时后，我昨天早晨起来的时候就像一朵纯洁的花"。③

12月，他又在英格兰了。这次是去看望一位寡妇拉维妮娅·沃森，地点在罗金汉，他还在彼得伯勒、谢菲尔德和曼彻斯特开了朗读会。他在给"我最亲爱的凯瑟琳"的信中描述了英格兰冰冻般的天气——他告诉她说，他看到人们在尤斯顿站"真的冻得痛哭流涕"——他还和他的出版商弗雷德里克·埃文斯吃了顿愉快的晚饭，福斯特也在场作陪，他们一起庆祝了《小杜丽》的第一期发行。回到巴黎正好是圣诞节，他发现他的七个儿子已经聚在一起准备过节，并通知威尔斯他"正处于抑郁发作中——这在他身上很罕见"。④华尔特失聪，被送到了巴黎聋哑学校，那里只用了三个月就有效地恢复了他的听力。朋友们从英格兰来小住，3月，威尔基·柯林斯每天都来和他们吃晚饭，还劝说狄更斯去试试学生餐厅，此外还有孤独的鳏夫麦克雷迪。狄更斯在2月、3月和5月分别又跑了几趟伦敦。他还继续着《小杜丽》每月的连载，它的销量甚至比

---

① 直到哈代在《远离尘嚣》(1874)和《德伯家的苔丝》(1891)中挑战了"英国小说的玩偶"时，事情也没多大改变——这两部小说都被连载的责任编辑删除了有伤风化的词句，《无名的裘德》(1894)中则提出了性和婚姻的问题。不以为然的英国评论家指责哈代写得像福楼拜，而福楼拜的《包法利夫人》则出版于1857年。

② 布朗医生10月在法国西南部的波城去世，他的遗体进行了防腐处理，11月被运回英格兰安葬。狄更斯致威尔斯，1855年10月28日，《朝圣》第七卷第728页。

③ 狄更斯致威尔斯，1855年11月10日，《朝圣》第七卷第741页。

④ 狄更斯致威尔斯，1855年12月30日，《朝圣》第七卷第774页。

《荒凉山庄》还高,达到了他职业生涯中最高销量的记录。1855 年 11 月发行的第一期卖出了 35 000 册,之后攀升到 40 000 册,20 期中销量最低的也没有跌破 30 000 册,它带来的收入超过了他以往所有的系列小说,每月能有 600 英镑。[1]

1856 年 3 月还发生了两件大事。一件是盖德山庄购买手续的完成,另外一件则是来自福斯特的请辞。福斯特辞去了《审查员》的编辑职位,得到了一位高级官员的任命,而且他要结婚了。他的新娘是伊丽莎白·科尔伯恩,37 岁,是位有钱出版商的遗孀,她拥有非常可观的收入——是再适合不过的妻子人选。狄更斯知悉他 44 岁单身贵族朋友的这一决定时如五雷轰顶,可能还有点嫉妒的刺痛,他害怕会失去在福斯特身边的特等席位,同时,他还对福斯特步入婚姻的选择有种反讽式的危机感,这让他焦躁不已。福斯特已经听了一大堆他对家庭的不安和不满,1856 年 4 月他写来一封信回忆"过去的时光——过去的时光!我不知道我是否某天能找回曾有的心境。可能会找回一些——但不会完全像以前那样了。我发现我家衣柜的架子变得非常大。"[2] 他们两个都知道这个"架子"指的是狄更斯和凯瑟琳之间的不愉快。他对柯林斯描述自己如何带着凯瑟琳、乔治娜、玛丽和凯蒂去他最喜欢的位于王宫的巴黎餐厅"三兄弟"吃饭,用他的话说"狄更斯夫人近乎于在自杀……"[3] 凯瑟琳变胖了,而且毫无疑问吃得比她应有的饭量要多,但是这残酷的评论必定让很喜欢凯瑟琳的柯林斯感到了震惊。在同一封信中,狄更斯描述了他自己去巴黎舞厅去看那里的妓女的经过,她们都"邪恶而冷酷地算计着,或在她们已经磨损的美丽中憔悴自怜",她们中的一个"有高贵的品质",吸引了他的目光。他说他准备第二天晚上再去看这个女人:"我幻想着能多了解她一点。不过我觉得永远不可能。"

4 月底,他离开巴黎,选择住在多佛,这时候塔维斯托克宅在霍加斯家搬走后正在被大扫除。"我没法再静观他们的愚蠢(我想,我的心理素质已经被霍加斯家早晨的视线侵蚀殆尽)。"[4] 更过分的是,他们离开时把房子弄得脏兮兮的,他这样告诉其他的相关人。他现在看不顺眼的不仅

---

[1] 罗伯特·L.帕滕:《查尔斯·狄更斯和他的出版商们》,第 251 页。
[2] 狄更斯致福斯特,1856 年 4 月 13 日,《朝圣》第八卷第 89 页。
[3] 狄更斯致威尔基·柯林斯,1856 年 4 月 22 日,《朝圣》第八卷第 95 页。
[4] 狄更斯致威尔斯,1856 年 4 月 27 日,《朝圣》第八卷第 99 页。

是凯瑟琳，还有整个霍加斯家，唯一的例外是乔治娜，她的性格是从15岁起养成的，乔治娜对他无条件地崇拜。狄更斯甚至能对乔治娜抱怨她的双亲，哈丽叶特·比切·斯托夫人写的一本书里传达了他对凯瑟琳的无情描述，只给了她一个字："大"。① 他自己的家人也在给他添麻烦，他的弟弟弗雷德又写信来找他要钱，他则回复："我为你做的已经够多，远超大多数人冷静思考时认为合适和合理的范畴。但是如果合理地考虑到我为其他亲戚支付的巨大开支，这就变得骇人听闻。你今后不可能再得到我更多的援助，这绝对是最后一次了。"② 这里稍微有些还未洗心革面的吝啬鬼斯克鲁奇的感觉。弗雷德的行为太容易让他想起父亲在家里最艰难时期的表现，也让他变得严苛起来。狄更斯的收入是不错，但他的花销一年也在8 000—9 000英镑之间。③

5月，他在伦敦度过。《小杜丽》每月的写作持续占用着他的时间，他还要时常去视察牧丛之"家"的事务。他自作主张去圣保罗教堂的最高处看庆祝克里米亚战争结束的烟火表演，身边只带着一个朋友马克·莱蒙。7月，一家人又去了法国布洛涅过夏天。1856年他们在法国度过的时间比在英格兰还要长，他喜欢布洛涅城镇和乡村的混搭，那里有海风，完美的旅馆和饮食，勤劳朴实的人民，男人炫耀着红色睡帽，渔夫的妻子像女神朱诺一样赤脚走路，工作时穿的短裙下露出美丽的小腿，黝黑如同桃花心木。威尔基来和他们同住，此外还有玛丽·博伊尔和杰罗德。在那里生活惬意如常，直到8月底白喉的流行使他们赶回了英格兰，三个在校的男孩子阿尔弗雷德、弗朗西斯和西尼也得离开了，一家人在英格兰待到了9月中旬，然后又乘船从伦敦出发回到法国。

福斯特和他的伊丽莎白的婚礼于9月24日在伦敦郊外的上诺伍德举行。奇怪的是，狄更斯没有出席典礼，也没有现存的任何信件讨论过这一话题；但可能这段友情正经历着低潮期，或者福斯特自己保留了几封信，毕竟在9月初的通信中他们之间的气氛还很友好，福斯特在10月中

---

① 见《异乡的晴朗回忆》（1854）；狄更斯致乔治娜·霍加斯，1854年7月22日，《朝圣》第七卷第377页。
② 狄更斯致弗雷德·狄更斯，1856年12月12日，《朝圣》第八卷第236页。
③ 罗伯特·I. 帕滕：《查尔斯·狄更斯和他的出版商们》，第240页。

第十九章　任性和不安

旬还非常高兴地给狄更斯写了信并收到了回信。① 他的蜜月是在湖区度过的，旅行持续了两个月，中间他还在帮着看《小杜丽》的校样；一回到伦敦，他就给狄更斯一家看了他位于蒙塔古广场的新居。新福斯特夫人没有孩子，性情甜美而聪慧，和简·卡莱尔颇有交情，她完全打算让福斯特决定他们今后的生活，包括她的开销，住在哪里，日子怎么过，要什么人来陪。这方面一切都很顺利，他们的关系也持续如常，他们一起吃晚饭，狄更斯也照常找福斯特咨询意见，甚至还会给伊丽莎白写点深情的信条。

在写《小杜丽》之余，狄更斯的精力主要放在了要于1857年1月主显节前夜暨查理20岁生日上演的一部戏上。这是柯林斯写的又一部情节剧，1856年初他第一次向狄更斯提起，然后他们决定一起上演这部戏。这部戏名叫《冰渊》，灵感来自约翰·富兰克林爵士的探险队于1845年发现西北通道的经历，现实以悲剧和人的最终命运之争作结：有证据表明，结局是自相残杀。② 《冰渊》远离了这一令人毛骨悚然的问题，完全虚构了故事，坚持了人类的情感，而狄更斯立即在富有牺牲精神的主人公理查德·沃德中看到了自己。沃德是一群极地探险者中的一员，最终得到了自己喜欢的女性克拉拉的芳心，剧中他们正天各一方。第一幕中，在英格兰的女人们担心着已经三年不见的男人。克拉拉害怕，被她拒绝了的追求者沃德会攻击她现在的未婚夫，以他的性格会如此，而克拉拉有预见力的老保姆提醒说，她看到了雪地上的血迹——这样的预见力是狄更斯的建议。在剧末，沃德经历了嫉妒和杀人冲动的心理斗争，牺牲自己，拯救了他的竞争对手，几个前往纽芬兰去见探险者们的女性见证了他崇高的死亡。

从一开始，狄更斯就专心把自己代入那个克服了自身之恶并在最后做出了伟大牺牲的男性角色中。1856年6月初，他开始为准备扮演沃德

---

① 婚礼筹备时，狄更斯应该仍在布洛涅，他在伦敦一方面是因为那里正流行白喉；从另一方面讲，横跨海峡不会阻止他出席任何他想出席的场合，所以这里一定会有些问题或不快的存在，不管是出于福斯特还是他自己。新娘可能希望婚礼安静地进行，因为她有严重的言语缺陷（1860年11月14日，狄更斯嘲弄过这一点，《朝圣》第九卷第399页）。伊丽莎白·克罗斯比（1819—1894）是位海军军官的女儿，她的第一任丈夫亨利·科尔伯恩是位出版商，福斯特为其编辑过伊芙琳的日记。

② 狄更斯在《家常话》上发表过两篇长文，攻击因纽特猎人对约翰·雷伊博士作的证词，嘲笑了英国探险者可能堕落到同类相食的地步。1997年因纽特人的描述似乎证实，一些探险者的尸体被发现，食人的证据也被找到了；但此事仍在争论中。

而蓄须。他告诉库茨小姐，这出戏"十分巧妙有趣——很严肃又很奇妙"，并全情投入这部戏的制作上演的过程中。① 事实上，这出戏的情节荒谬，很难说写得好，但维多利亚时期的品位相当宽容，而且狄更斯的表演从各方面来说都非常杰出——大概也是他的存在本身——弥补了这出戏的缺陷。1866 年这部戏于商业剧场重排，这次则以失败告终。而《冰渊》无论优劣，它都促成了狄更斯生活中不可逆转的剧烈变化。个别几个朋友可能见证了它的到来，但没人能猜到这能将他带到多远。

狄更斯决定要把一切做得完美。查理在莱比锡认识的一个朋友，年轻音乐家弗朗西斯科·博格给戏写了配乐，他所指挥的室内乐团正在伦敦演出。布景方面，狄更斯交给了他的画家朋友们。选角正待确认，剧本正待修订，舞台效果也要考虑。戏正篇后的闹剧更要选好。10 月，在一趟穿过芬奇利、尼斯顿和威尔斯登的 20 英里步行中，他记住了所有《冰渊》里的台词。他的胡须留到了令人难忘的程度，让他看起来很不拘一格。

凯瑟琳在塔维斯托克宅挤满参与者期间去麦克雷迪家住了，狄更斯自己做起了建筑师，在读书室的墙后搭起了一个木质结构的舞台，30 英尺长。英格兰最好的海景画家之一斯坦菲尔德这时正在生病，但他没法拒绝狄更斯，也贡献出了一幅杰出的北极海景。第二幕里用来造雪的设备需要仔细调整，他们还用煤气以及红色的灯制造了日落效果。每周一和周五的晚上都有正式的排练，是为年轻演员——玛梅、凯蒂和查理提供的——这也是一堂关于准时、守序和持之以恒的课，至少狄更斯是这么认为的。在布洛涅上学的男孩们今年圣诞将不会回家过。②

11 月，从湖区度蜜月回来的福斯特被要求看剧本并提供评论。福斯特特别不喜欢预知力的设定，但尽管他的意见没有被采纳，他还是同意去朗读狄更斯为序幕写的韵文。观众席所需要的空间太大，在 1 月 6 日开演前，狄更斯报告说，观众们需要 93 个席位，"至少十个位置既看不到也听不清。"③ 这时给观众们安排位置比过去更为困难，因为现在裙撑的流行使每位女士所需的空间变大。于是戏又被安排加演一场，总共四场

---

① 狄更斯致库茨，1856 年 10 月 3 日，《朝圣》第八卷第 199 页。
② 狄更斯致库茨，1857 年 7 月 10 日，说儿子们"在缺席一年后刚从布洛涅回家"。《朝圣》第八卷第 372 页。
③ 狄更斯致福斯特，1847 年 1 月 3—4 日（?），《朝圣》第八卷第 251 页。

演出，但观众们依旧要挤在一处。演出当天下午 3 点，狄更斯与马克·莱蒙在弗利特街公鸡餐馆一起用餐，吃了牛排，喝了点烈性酒；他还对家里提供的茶点和晚餐提出了详细的要求，杜松子潘趣酒要冰镇，并放在桌子底下一整晚，"只提供给我或莱蒙先生"，各张桌上还应摆放大量香槟。① 他告诉一位朋友，他从这出戏之外得到一种奇怪的感觉，"我喜欢在写一本书时有人陪着。这是一种最奇怪的满足感，在我的生活中没有类似的满足感。"② 他写作时常常模仿他自己笔下的角色，但他无疑更希望能在公众面前这样做，沃德在极端的情感间挣扎，从杀人的欲望到决心付出自己的生命去拯救他的敌人。在一场演出结束后，他坐在厨房的炉火边晕了过去。③

包括《泰晤士报》在内的几份报纸的评论家都被请来看《冰渊》，他们提供了热情赞扬的报道。乔治娜被赞"优雅活泼"，玛梅有"戏剧性的本能"，而凯蒂则"迷人的单纯"。但狄更斯才是这里的明星，人们说他的表演能与专业演员相提并论。在场的萨克雷指出，"如果他去登台表演，他每年能赚 20 000 英镑。"④ 四场演出很快结束。狄更斯对他在瑞士的朋友瑟雅说，"演出已经连续三周成为整个伦敦被热衷讨论的话题。而现在这里则是一团混乱的脚手架、梯子、横梁、帆布、油漆罐、木屑、人工雪花、煤气管子和给人带来的恐惧。我在这十周里为它们经受了如此的痛苦……现在我觉得自己像遭遇了海难。"⑤ 拆掉剧场让他痛苦。他送给博格一套钻石的衬衫装饰扣以感谢他付出的劳动。"啊，反应，反应！"他呻吟着对威尔基·柯林斯说。2 月他听说女王也想看这出戏。还能再上演吗？

杂事不止这一件。他考虑改革或者中断皇家文学基金，但没有进一步行动，布尔沃和福斯特已经使文学行业公会成熟起来。他的弟弟弗雷德写信抗议他拒绝付出 30 英镑的行为和他的绝情："这个世界为你的作品着迷，你是最宽容大度的——让他们一个个受你讽刺——（如果有人要根据你的一切评判你）并愿神保佑他们！"后边还有类似内容，而结尾

---

① 狄更斯吩咐他的仆人约翰·汤普森，《朝圣》第八卷第 254 页脚注 3。
② 狄更斯致詹姆斯·坦南特爵士，1857 年 1 月 9 日，《朝圣》第八卷第 256 页。
③ 狄更斯致玛丽·博伊尔，1857 年 2 月 7 日，《朝圣》第八卷第 276—277 页。
④ 引用威廉·豪伊特 1857 年 1 月 15 日信件，《朝圣》第八卷第 261 页脚注 4。
⑤ 狄更斯致瑟雅，1857 年 1 月 19 日，《朝圣》第七卷第 265 页。

是"你深情……祝你幸福每一天"。① 狄更斯的 45 岁生日是在家过的，以一顿晚餐庆祝，几天之后他和威尔斯一起去了盖德山庄办理正式的手续。房子建于 1780 年，造得很坚固，包括两层楼，每层四个房间，一间阁楼，地下室有仆人的房间和厨房，还有花园和草地，立在山顶和福斯塔夫相联，在罗切斯特上方，能清楚眺望肯特郡的乡村风光。要把它收拾得舒适还要费相当一番功夫，但这座房子对他来说的价值是它的砖石、砂浆和管道，这些满足了他童年时代的梦想，同时又证明了 1820 年时那位无比脆弱的孩子也能达成他的任何规划。

他的最初计划是把这里作为夏日居所，冬天把它租给房客。他买了所有的家具——红木餐桌、椅子、床、床上用品、大理石洗脸台——并让他的妹夫亨利·奥斯丁监理装修工程。② 他告诉麦克雷迪，他希望买下盖德山庄是"我能为儿子们做的最好的一件事——特别是查理，现在他将能享受到乡下的空气，通过好天气有所改变，他能乘着铁路出去做生意，然后回来吃晚饭。"③ 他的想法是，这房子要在 5 月 19 日前做好接待朋友的准备，他们将在一起举办凯瑟琳 42 岁的生日会兼乔迁派对。在他现存的信件中，这是唯一一次提及凯瑟琳的生日，也是他们一起度过的最后一个生日。

华尔特过了 16 岁生日，顺利通过了考试，准备去印度，那里 5 月发生了兵变，他出发的日子便延至 7 月。狄更斯和威尔基在 3 月一个寒冷的周末去了布莱顿。4 月《小杜丽》接近完结，但他也抽出时间读了布莱克伍德杂志（Blackwood's Magazine）上一个匿名作者写的两篇故事，两篇故事随后集结在《教区生活场景》这本书里。狄更斯把它们推荐给了福斯特："它们是我开始写作事业后看到的最好的东西。"④ 这些文章是乔治·艾略特最早对小说写作的探索。同样，在布莱克伍德杂志上，一篇对《小杜丽》的负面评论让他心烦意乱，它出现的时机正好是他开始写最后一部分的时候。文章指责他的故事结构糟糕，在描写社会问题上做

---

① 弗雷德的信，1857 年 2 月 7 日，《朝圣》第八卷第 277 页脚注 3。
② 狄更斯致亨利·奥斯丁，1857 年 2 月 15 日，《朝圣》第八卷第 283—284 页。
③ 狄更斯致麦克雷迪，1857 年 3 月 15 日，《朝圣》第八卷第 302 页。
④ 狄更斯致福斯特，1857 年 4 月中旬，《朝圣》第八卷第 317 页。"阿莫斯·巴顿"中提到了《匹克威克外传》，这一定让狄更斯非常高兴，文中忧郁的福音派牧师认为"最近刚完结的《匹克威克外传》的巨大销量是原罪的最有力的证明"。

了一次失败的尝试，还让威廉·杜丽说了不少"废话"。他这次打破了之前不读攻击性文章的惯例，并告诉福斯特，他"为自己因此做了如此傻事而相当生气"。① 一个月后的5月9日，全书完结。最后一期的校样被送给了斯坦菲尔德，他也是这本书题献的对象，和校样一起送达的是一封温情的信，说这是"包含我们相互的爱意的一个小小记录"。② 斯坦菲尔德已经六十多岁，他们认识了20年，狄更斯在这些给老友的话中体现了他性格中最友善的一面。

6月的大部分日子是在盖德山庄度过的，他很快得知，那里不通自来水，也没有排水道可用。这就意味着，一群工人要踩过花园，打孔，安装水泵，建造新的污水池并挖起苗床，以便在下边铺设管道；然后等换过了所有的东西，它们又被挖了出来，因为它们又出了各种故障。8月份他们在挖到217英尺深时才发现了足够用的地下水，而且它要每天用马拉水泵抽上来。狄更斯称，等他能在地面上喝到第一杯水时，这杯水的成本会是200英镑。③ 4月，狄更斯请汉斯·安德森来做客，6月他应约前来并在此住了五周，待得久到了讨人嫌的地步。狄更斯开始很喜欢他，但他的怪癖和语言不通让乔治娜、凯蒂和查理很恼火，尤其是查理，他有天早晨曾被安德森要求帮忙修面。安德森和凯瑟琳相处得最好，表现得耐心而温柔，他在她身上看到了《大卫·科波菲尔》中的艾格尼丝。库茨小姐和布朗夫人到盖德山庄来见安德森时被狄更斯警告说"他不会说别的语言，只会说他自己的丹麦语，而且他可能甚至没有意识到这一点"。两位女士带着安德森出去散步，躺在草地上时，他会编菊花环，后来女士们还建议他和她们一起离开盖德山庄去斯特拉顿街，而安德森接受了邀请，这样主人家才终于得到了解放。④

安德森这次来访的时机很不巧，狄更斯正被卷入另一个漩涡。6月8日，狄更斯收到了他的朋友剧作家道格拉斯·杰罗德去世的消息，他立即着手为其遗孀和遗孤募捐。这给了他机会重演《冰渊》，他知道女王也想看这部戏，便准备给她安排一场演出。但当女王说，她希望演出能在白金汉宫进行时，狄更斯表示反对，因为他不愿将"女儿们"置于"朝

---

① 狄更斯致福斯特，1857年4月5日，《朝圣》第八卷第309页。
② 狄更斯致斯坦菲尔德，1857年5月20日，《朝圣》第八卷第328页。
③ 狄更斯致布朗夫人，1857年8月28日，《朝圣》第八卷第422页。
④ 艾德娜·希利：《默默无闻的女士：安杰拉·伯德特·库茨的一生》，第135—136页。

堂"，这会把她们架在火上烤，于是女王接受劝告，屈尊驾临摄政街的插图画廊，后续公演将在那里进行。7月4日，女王带了一大群人来看演出，其中包括比利时国王利奥波特和他的女婿普鲁士王子弗雷德里克，女王在日记里写，她觉得这部戏"有强烈的戏剧性……感人……打动人"。在《冰渊》和滑稽剧间的休息时间里，她唤狄更斯前来，想向他表示祝贺，而狄更斯则回复说，他觉得穿着下一幕滑稽剧的服装拜见女王并不合适。第二次邀请也同样被拒绝了，这相当失礼，因为王室的请求通常被认为是命令。狄更斯则十分高兴自己坚持了原则，女王也意识到不能因此责怪他。女王的秘书致信，传达了女王过度恭维的赞美，包括对剧本、表演和他正直的传信，并向他保证"我愿非正式地告诉你——一切都进行得非常好。"①

狄更斯还准备办两场售票的公开朗读会，第一场在朗埃克广场的圣马丁会堂，朗读《圣诞颂歌》，为杰罗德筹款。2 000名观众热情地欢迎了他。后边还有两场《冰渊》的加演。这时候，在布洛涅上学的儿子们放假回家，他们一开始住在盖德山庄，并见到了即将出发去印度的华尔特。华尔特哭着与母亲以及兄弟姐妹道别。狄更斯和查理去南安普顿送他登上印度号，他"在我向他告别时被责骂了一分钟，但他立即恢复过来，表现得就像个大人。"② 一个16岁甚至更年轻的孩子被送到陆军或海军是件很平常的事，几年的寄宿学校生涯后这可能看起来并没有那么糟糕，但事实上印度隔了半个地球远。

狄更斯立即恢复了工作状态，处理的事务包括排水系统、排练、演出以及在曼彻斯特的一场又一场朗读会，他还急切地提出要给"家"增建新房间的计划。"我知道这是一个不错的计划——因为它是我提出的！"他对库茨小姐开玩笑说，但太常提起的玩笑也就意味着这个玩笑具有的严肃性。③ 现在他正考虑请建筑商对牧丛进行评估。同时《爱丁堡评论》刊发了一篇抨击《小杜丽》的文章，指责狄更斯在表现英国公务员体制时有不公之处，还说他在讽刺地描写"拖拉部"时没能充分理解行政管

---

① C. B. 菲普斯致狄更斯，1857年7月5日，《朝圣》第八卷第366页脚注1。
② 狄更斯致库茨，1857年7月20日，《朝圣》第八卷第381页。
③ 狄更斯致库茨，1857年7月10日，《朝圣》第八卷第372页。

理体系。① 还有其他的反对意见有待反驳，狄更斯立即予以回应，在朗读会开始前就写了半篇文章，第二天早上在又一场《冰渊》开演之前完成了剩下的一半。看上去他可以承担任何事、所有事，他不给自己时间考虑对生活的不满，也不考虑他可能会为此做什么。

观众迫切地希望《冰渊》能在曼彻斯特上演，现在狄更斯必须考虑这个问题。7月25日他告诉库茨小姐他不会这样做，但一周后他去了一趟曼彻斯特，发现杰罗德基金还需要更多的钱，于是他改变了主意。他告诉弗朗西斯科·博格去准备8月21日与22日在曼彻斯特自由贸易会堂举行的两场演出。场地能容纳4 000名观众，他还需要受过训练的女演员，因为狄更斯家和霍加斯家的姑娘们的发声无法满足如此大的空间。他很难找到职业女演员在如此短的时间里接手她们的角色。艾米琳·蒙塔古回绝了狄更斯，直到8月3日去曼彻斯特开朗读会时狄更斯都没能找到替代者。② 8月8日《冰渊》在伦敦的最后一场演出举行，他累到第二天整天都躺在床上，于是他给弗兰克·斯通写信，请他在曼彻斯特接过他在滑稽剧中的角色。凯瑟琳这时也在生病卧床。8月12日他给整个剧团在曼彻斯特的旅馆预订了23个房间并告诉一个朋友，他将和"职业的女士们"于周二和周三，也就是18日和19日，在画廊排练。狄更斯于1836年演滑稽剧《奇怪的绅士》时认识了奥林匹克剧院的阿尔弗雷德·维甘，他向狄更斯推荐了特南夫人和她的女儿们。特南夫人在19世纪20年代是一位雍容、智慧而优雅的知名年轻女演员，职业生涯漫长，还在萨德勒威尔斯剧院登台，在麦克雷迪、查尔斯·肯布尔和萨缪尔·菲尔普斯身边担任主要的女性角色，她的三个女儿从小就被培养成了演员。特南夫人和她的两个小些的女儿玛丽娅和艾伦同意在《冰渊》以及滑稽剧中出演，准备在仅剩的几天中学会所有的戏。

狄更斯记得他曾在玛丽娅小时候看过她演戏，他立即就喜欢上了这

---

① "现代小说家许可证"匿名发表于《爱丁堡评论》，1857年7月，第104期，第124—156页。据悉，它出自费茨詹姆斯·史蒂芬之手。狄更斯在《家常话》发表了他的回复"《爱丁堡评论》上奇怪的错印"，见1857年8月1日第16期，第97—100页。菲利普·柯林斯在《狄更斯：决定性的遗产》第366页中指出，史蒂芬的兄弟莱斯利说，费茨詹姆斯后来表达了他对英国政府系统和改革需求的观点，这些观点和狄更斯所持的观点非常不同。令费茨詹姆斯·史蒂芬反感的是，故事对公务员的粗糙夸张描写，这些描写在《小杜丽》中构成了喜剧和强烈的讽刺。其他评论家抱怨，这本书与狄更斯早期的小说相比，显得无聊、阴暗得多。

② 艾米琳·蒙塔古曾和狄更斯在他的演剧活动中同台，记得他的精力、他供应杜松子潘趣酒的慷慨、他的暴躁和不安。她认为狄更斯夫人是个欢快的女主人。

姐妹俩和她们的母亲。狄更斯把"特南"这个姓的重音改到了第二个字上，而这家最小的女儿对他来说永远都是奈莉。① 8 月 18 日，狄更斯在画廊给她们排练，同一天他给斯通写信说，他不再需要斯通替他演《约翰叔叔》里的角色了，他要自己来演。黑眼睛的玛丽娅在画廊看过《冰渊》，她将接演女主角克拉拉；金发蓝眼的奈莉将和狄更斯在《约翰叔叔》里演对手戏。② 狄更斯在一份紧急通知里再次告知库茨小姐，他的女儿们没法胜任在自由贸易堂的演出，她们将被专业演员代替，之后在 8 月 20 日他带着一大家人去了曼彻斯特，其中包括刚病愈的凯瑟琳，还有其他剧组的演员、乐师以及技术人员。

他的精神状态相当好，在火车上带着大家一起做游戏。车上没有走廊，谜题用手杖和雨伞通过窗口从一个车厢传到另一个车厢，迎风传来许多欢笑和尖叫声。③ 他很得意，在曼彻斯特他上演了迄今为止最好的表演，他在台上死去时，玛丽娅·特南悲伤地跪在他身边哭泣，她的眼泪直接掉到他的嘴上并渗进了胡子里。④ 在为滑稽剧换装前，她的妈妈和妹妹安慰她，每个人都在流泪，情绪渐渐高涨。

回到盖德山庄，他给布朗夫人写信说，他从华尔特那里得到消息，他的船已经到了地中海，和这消息一起他还描述了一段关于他不安定的精神状态："我觉得就像在按比例绘制瑞士的所有山脉，或者做出任何不寻常的事，直到我放弃，它只会稍稍成为一种解脱。"⑤ 第二天他告诉了柯林斯他"严重的绝望和不安"，并建议他们一起在《家常话》开个游记专栏，还因为他想"逃离自己。这是为了在我突然出现并心情不佳地盯着自己的脸时……我的空虚不可想象——难以形容——我的苦恼，令人惊诧。"⑥ 实际上，他发现特南夫人和她的三个女儿们将在 9 月中旬去唐卡斯特，在比赛周中到当地剧院演出，他立即就在天使旅馆给他自己和柯林斯订下了房间。库茨小姐收到了一段长长的描述，是关于玛丽娅在曼彻斯特的表演的，讲了她"女性的温柔"和"真诚而富有感情的内

---

① 凯特是这样告诉格拉迪丝·斯托里的，见《狄更斯和女儿》第 127 页。
② 狄更斯后来如此告诉沃森夫人，1857 年 12 月 7 日，《朝圣》第八卷第 488 页。
③ 弗朗西斯科·伯杰在他的《回忆、印象、轶事》（伦敦，1913）中描述。
④ 狄更斯对库茨小姐的描述，1857 年 9 月 5 日，《朝圣》第八卷第 432—434 页。
⑤ 狄更斯致布朗夫人，1857 年 8 月 28 日，《朝圣》第八卷第 422 页。
⑥ 狄更斯致柯林斯，1857 年 8 月 29 日，《朝圣》第八卷第 423 页。

心"。① 他和福斯特通信，回应福斯特请求的"一些信心，就如过去的日子一样"时，他黯然地宣称：

> 可怜的凯瑟琳和我并不相配，这已经不可挽回，不只是她让我不轻松、不快乐，我反过来也一样——还会更甚。她完全就是你知道的那样，和蔼顺从，但我们捆在一起就是奇怪地不相配。天知道，如果她嫁给另外一人是否就能比现在快乐1000倍，她避开这种命运至少对我们两人都好。我经常伤心地想为她想，我总挡了她的路，这该有多可怜；如果我明天病了、残疾了，一想到会失去对方，我知道她会有多伤心，我的悲痛又会有多深。但等我一好起来，我们的不合显然又会出现；世上没有任何事物能让她理解我，或者能让我们互相满意。她的气质和我并不搭。在我们只需要考虑彼此时，这还无关紧要，但是诱因不断积累，最后只能导向绝望，我们必须一直和它斗争。自从你记得的玛丽降生的那天起，这就是我看到的现在一直降临到我头上的事；我很清楚，你帮不了我，谁也不能。②

在下一封信中他写道："任性和不安的感觉是一个人在一个时期拥有无限遐想的生活的一部分（我认为），这是我所有的生活，你应该很明白，它常常只能被控制得像是在骑一条龙。"他接着说，他觉得即使"本来能做些什么事"，对凯瑟琳和对他自己都更好，这看上去也已经不可能；他还承认，夫妻俩在互相责备。在信的最后，他问福斯特："你觉得我买下的这个地方（盖德山庄）怎么样？关于从我的书里挑些内容进行朗读这个旧想法的重现，令我十分动心。你也想想看。"③

---

① 狄更斯致库茨，1857年9月5日，《朝圣》第八卷第432—433页。
② 狄更斯致福斯特，1857年9月3日（？），《朝圣》第八卷第430页。
③ 狄更斯致福斯特，1857年9月5日，《朝圣》第八卷第434页。

第三部

第二十章　暴风雨
1857—1859 年

1857 年 8 月，狄更斯与特南一家见面，这是一场匆匆进行的工作性质的小型会面，这次会面给他的生活中带来了方方面面的变化：众所周知，一只蝴蝶翅膀的扇动可能会扰乱整个天气系统。暴风雨打乱了他的生活，他和凯瑟琳离婚，随之而来的是友谊的断绝，还有和出版商关系的决裂。《家常话》停刊，被一家新的周刊取代，狄更斯是其所有者兼编辑，在一间大办公室里运营。他和他最好的插画家哈布洛特·布朗尼分道扬镳了。以后也不会再有大型的业余演剧活动。一家人共享的假期不复存在。他和库茨小姐的慈善工作也宣告结束。他和他奉献了 10 年的牧丛之"家"的缘分于 1858 年春走到尽头，在这之后，没有了他的参与，这小小的社区渐渐衰落，19 世纪 60 年代初就已经没有新的受助者入住了。他在 1851 年以 50 年租期租下的塔维斯托克宅，原本用作他度过余生的家，但现在他对此失去了兴趣，1860 年时他将房子转卖了出去。①

另一个巨大变化是，他决定从事第二职业——职业读者。这件事他惦记多年，像他对柯林斯解释过的，促使他向这一方向发展的原因之一是，他相信在投入这份事业时，他能从爱情不如意的痛苦中解脱出来——他管这叫唐卡斯特的不幸。② 朗读还能给他带来额外的收入，他要赡养越来越多的人，其中包括特南一家；四处不停的旅行给他带来些许自由，让人很难知道他究竟是在他位于惠灵顿街办公室楼上的房间里，还是出门在外进行朗读活动，或是在盖德山庄，又或是在别的什么地方。他与公众的关系也有某种程度的改变，因为狄更斯在朗读会上听上去与在图书里读到的并不太一样。他从他的小说和故事中提取要素改编为剧本，做

---

① 狄更斯告诉给他监理房子工程的亨利·奥斯丁，"（我期望）这是一项终生的事业"，1851 年 9 月 26 日，《朝圣》第六卷第 494 页。
② 狄更斯致威尔基·柯林斯，1858 年 3 月 21 日，《朝圣》第八卷第 536 页。

了相当多的重写、精缩和删减工作，许多内容与原作出现分歧，使其戏剧化，其结果就是，被精简但不可避免粗糙的东西——喜剧性和悲情的段落被突出。① 朗读对他来说，最重要的不只是能给他带来所需要的大量金钱，这也让他恢复了对他所爱的一切的信心。他每到一处都会有大量的听众前来，给他"海啸般的回应"，鼓励他，滋养他的精神，在批评者和评论家面前保护他。② 他亟需这样的安慰。

他一直都活力焕发，富有魅力，令人赞赏，但他的外表反映着他的年纪，他甚至开始看上去比他的实际年龄还要老。他敏锐光亮的眼睛凹陷入眼眶，失去光彩，他的额头上出现了皱纹，脸颊上有两道深深的斜沟。他的头发变少了，胡须斑白：一些照片清晰地反映了这个情况，其他一些照片则暗示，他可能像一般的名人一样有时会对此做些修饰。他仍然是那个不知疲倦的编辑，威尔斯是他的助手，他同时也在写新闻报道和小说。他开始探索历史演义的写作，即《双城记》，取自流行的法国大革命题材，主人公类似《冰渊》里他非常喜爱的沃德，富有牺牲精神。这之后他以《远大前程》回到了他的最佳状态。这是一部近乎完美的小说，某种程度上如歌谣一般，描绘了早年的回忆和梦境，充斥着怪物、恐惧和待解的谜题。接下来的一本书是《我们共同的朋友》，这故事像一个畸形的鼓包，泼辣的女工比她们的父亲聪明，贪婪的伦敦中产在他们的红木餐桌边被嘲笑唾骂。这两本书里都表现了道德的败坏和暴力，都有贯穿着整个叙事的河流，黑暗、透着危险，就像莉西·赫克瑟姆看到的，"一直延伸到死亡的大海"。③ 这些年里糟糕的健康状况消磨着狄更斯的力量，他的单身生活被神经痛、风湿痛还有不甚明确但令人不快的持续症状困扰，他的牙齿和牙床都有问题，还得了痔疮。他的左脚开始间歇性肿胀，然后右脚也出现了同样情况，每次疼痛发作时，他都无法进行长距离的散步，而徒步曾是他生活中不可或缺的一部分，也是他的乐趣。④

---

① 菲利普·柯林斯的《查尔斯·狄更斯：朗读公演》（牛津，1975）提供了文本。朗读用的《董贝父子》选取"小董贝"段落进行了压缩，甚至对喜欢原作的人来说都是一个冲击，《大卫·科波菲尔》的朗读改编也是如此。福斯特担心这会是一种较低等的艺术形态，一些人有同感。
② 这句话取自狄更斯致麦克雷迪的信件，1863年3月31日，《朝圣》第十卷第227页。
③ 见《我们共同的朋友》第六章。
④ 这些发作的所有特征——时间、急性疼痛，由于肿胀而穿不上鞋子，从一只脚转移到另一只脚，后来又转移到一只手上，这些症状都指向痛风。然而狄更斯坚决抵制和否认这一诊断，大概是因为痛风与大量饮酒有关。他坚持认为，这疾病是他在雪中行走导致的。他的所有症状情况在五年前被提交给一些医生，医生们不约而同地认为，痛风才是狄更斯手脚疼痛的原因。

这时他的手也受到了影响。他不屈不挠地与衰弱对抗，但这日渐衰弱的趋势已不可逆转。

在狄更斯去唐卡斯特见特南一家时，他究竟在期望什么？为了唤起在曼彻斯特演出时的激情，和这家人建立更亲密的友谊关系，还有更多：他希望奈莉一直年轻、娇小、优雅、美丽，如她从前一样。他认为自己能拥有她，他给威尔斯的信件表明了这一点。他从威尔斯那里听说，小杰罗德指责他在慈善活动中的虚荣，便在唐卡斯特回信说，他没有注意到，并补充："我希望我在所有事情上都能像我曾期望的那样去做个好孩子，在这件事上我的本意也是如此，"此外还有，"但上帝保佑你，与你现在通信的人内心最坚强的部分是由弱点组成的。而他到这里（如果你知道）只因为他的理查德·沃德！猜猜这个谜，威尔斯先生！——"① 这些话告诉我们，他急需对某个人坦承发生了什么事，他又怎么想，但他很难让自己的心思回到童年，以第三者身份挤出一种奇怪的声音与自己对话。后来，他写给威尔斯的一封信中提供了更多信息："我今天早晨会带着这小小的谜到乡下去"以及"我想我会在周二离开，但我现在没法决定。柯林斯明天和我分开……我确实打算明天回家，但我现在不知道该不该这样做。"他对他的小小谜题有更多的期待。可靠的威尔斯承诺给他那本《家常话》，他放下了心，高兴地说："那就让谜语和猜谜者走他们的野路子也无妨！"②

这听起来就好像狄更斯希望夺走奈莉·特南一样，她的母亲竟然同意了。和情人过着闲逸生活的柯林斯很可能也鼓励了他。狄更斯可能还想到了另一位朋友，女演员茱莉亚·福蒂斯丘。狄更斯在1856年得知她终于和多年的爱人加德纳爵士结婚，过得"宁静，非常幸福。"③ 但即使狄更斯相信他可以做出类似的安排，他也没能在唐卡斯特找到合适的办法；而特南夫人则比他更清楚福蒂斯丘处境的不利之处，包括当加德纳几乎完全混在他的贵族朋友圈中且对茱莉亚不闻不问时，她是如何装作若无其事的；她失去演员的职业，忍受着孤独的生活，几乎独力抚

---

① 狄更斯致威尔斯，1857年9月19日，《朝圣》第八卷449页。
② 狄更斯致威尔斯，1857年9月20日，《朝圣》第八卷450—451页。
③ 狄更斯致麦克雷迪，"我得知一条新闻，我觉得你会乐意听到它。加德纳爵士和茱莉亚·福蒂斯丘结婚了，他们宁静且幸福地生活在一起。"1856年12月13日，《朝圣》第八卷第238页。这是否是一桩合法婚姻，尚无法判定。

养了他们的孩子。

在唐卡斯特,没有任何出格的事发生。狄更斯见到了特南家的长女芬妮并对她的活力和志向留下很深印象,他观察到了三姐妹的亲密关系,于是宣称,他有兴趣帮助她们所有人。一瞬间,她们似乎成了他梦想中的家人,她们聪明可爱,贫穷却努力工作,失去父亲,从小在剧院被养大,而剧院对狄更斯来说是像家一样轻松的场所;而她们也不会漏看了狄更斯本身的魅力和这样一个朋友能带来的好处。同时,特南夫人也能告诉他,她的女儿们是多么年轻多么纯真,她们是如何被带大的,她们尽管在剧院里工作却又如何纯洁无瑕:她一直都看在眼里。某种意义上,这段友谊建立起来,狄更斯带着这段友情、兴奋和苦恼回到了塔维斯托克宅。10月11日,在家里,他嘱咐凯瑟琳的女仆安妮给他在妻子的卧室和更衣室里竖一道隔板,他现在将一个人睡在一张单人床上。他对凯瑟琳——同时也不可避免地对其他家庭成员——表明他拒绝和她有身体接触。这是他自己的方式,他打破了让他感到羞辱的夫妻生活,从中解放出来,不留一丝温柔。现在他满怀着对新欢奈莉的热情,希望能重回纯真的少年时代。

但他已不可能再如少年般纯真。正相反,他性格中最黑暗的一面被唤起。他准备残忍对待他无助的妻子。任何不合他心意的事都能点燃他的怒火。他将谎言用作武器,用于攻击或防御。他的自以为是令人震惊。他决然地断定,他做的一切都是正确的,他本来知道事情并非如此,但他已经丧失了判断力。一个以善良和重视家庭美德而知名的男人突然失去了道德准则,这情形实在令人惊慌沮丧。

如果奈莉能投入他的怀抱而不要求他做出柏拉图式友谊的样子的话,他可能会更轻松更开心:一个淘气的女孩能让他高兴。而事实上,奈莉一直显得高不可攀,尽管她会为他的注意而兴高采烈,而狄更斯渴望着她并为此痛苦。甚至在10月他和妻子离异之后,他写信给剧院经理巴克斯通,表达了他对剧院能雇用奈莉的高兴之情,并催促剧院给她更多工作(巴克斯通在接下来两年里照做了),并附上了一张50英镑的普通支票,当然这是为了奈莉。[①] 在剧场界,狄更斯可以期待理解和宽容,他扮

[①] 狄更斯致巴克斯通,1857年10月13日,《朝圣》第八卷第466页。

演了一个保护者的角色。同时，他还给德拉鲁写信，诋毁凯瑟琳的品格，说她已经不能照顾孩子，只剩下疯狂的嫉妒，无法感受到幸福。① 塔维斯托克宅的气氛很压抑，10月的又一个晚上，狄更斯按捺不住自己，从家里步行到盖德山庄，一共走了30英里。12月，他立即踏上了朗读活动的征程，沿着他的旧路，从伯明翰、考文垂一直到查塔姆。

12月，狄更斯还把八岁的亨利也送到了布洛涅的寄宿学校，和他的哥哥们一起，兄弟几个在那里过了圣诞节。② 把四个孩子送出去之后，五岁的普洛恩是唯一一个现在还待在家里的孩子，家里还有他的小姨乔琪、他的姐姐们和哥哥查理。库茨小姐和布朗夫人被邀请出席狄更斯12月的圣诞故事朗读会，故事是他和柯林斯为《家常话》写的《英国囚徒历险记》。故事意在向印度兵变中的英国军人及女性的精神致敬，但舞台设置在了加勒比海，主人公和海盗相遇，剧情一半是少年的冒险，另一半则是一个普通士兵爱上一位军官的妹妹这样感伤的事，整个故事很糟糕。家里这年没有圣诞聚会，接下来的1月也没有庆祝查理21岁的生日。

把注意力从1858年发生的一大堆事上转移开。他的女儿凯蒂在几十年后这样说，家里的空气弥漫着不幸感，狄更斯表现得就像个疯子，但在当时她无法抗议。她看到她的母亲被羞辱，父亲还责令母亲去公园小屋拜访特南家，凯蒂力劝母亲拒绝，但没有效果，凯瑟琳还是去了。③ 还有一个故事是，狄更斯给奈莉定做的雕刻手镯被错送到凯瑟琳那里。与此同时，他正专注于各种浪漫的梦。他写下半是告白的信赞美他的女性友人——一封写给达夫·哥顿女士的信说："我在做什么？撕裂自己——在大部分时间里是我通常的职业……在当前的写作中没有什么能让我满足，只有攀上巨大的山峰，一手施魔法一手持剑，找到我心上的姑娘（我从未找到过她），她被50头巨龙包围——杀掉它们——并赢得她，胜利。我可能会以通常的方式结束故事，后来过上安定幸福的生活——有可能；我也不甚确定。"他给沃森夫人也写了类似内容的信，内容是关于他想拯救一位他所倾慕的公主，他还希望出生在有巨人和盘踞在城堡的恶龙的时代；他对沃森夫人吹嘘，自己夜间步行到盖德山庄的经过是"我的壮

---

① 狄更斯致德拉鲁，1857年10月23日，《朝圣》第八卷第471—472页。
② 乌纳·蒲柏-轩尼诗：《查尔斯·狄更斯》（伦敦，1945），第176页，无原始出处。
③ 见第27章凯蒂就此对格拉迪丝·斯托里的描述，《狄更斯和女儿》，第96页。

举",还说"我曾非常努力,并想:'毕竟比起在这里躺着,还是起来做些什么的好。'"①

狄更斯心中的混乱没有完全妨碍他的慈善工作,2月他进行了一场有影响力的演讲,为大奥蒙德街儿童医院筹款,设立了一份基金,4月还为此办了一场朗读会。据悉,3月他最后一次去了牧丛之"家",然后去爱丁堡朗读,与福斯特争论他是不是应该做公开售票的营利朗读会。福斯特将公演看作比写作更低级的追求,并质疑这样做是不是有损绅士风度。狄更斯不惧怕任何看法,并坚持认为已经有不少人为他的慈善朗读会付了钱。无论如何,他主意已定。他告诉柯林斯,"在唐卡斯特的不快感还存在,让我没法写作,(一直醒着!)一分钟都没法休息。我从《冰渊》最后一场那晚起就没有一刻的平静和满足。我确实以为从来没人能被一个灵魂如此地攫住并撕碎,"而他坚信,通过公开朗读,"些许有形的成就和变化……会是件好事,是另外一种忍耐的手段。"②他所指的唐卡斯特的不快是说他引诱奈莉失败,当他告诉福斯特,他决定要做朗读会时,话题回到了家庭状况,他对福斯特说,"一切都绝望地结束了……(我)必须承担一场令人沮丧的失败,这就是结局。"③这之后,他请福斯特出面帮他协商与凯瑟琳离异的事。狄更斯知道他可以依赖福斯特,不管福斯特对朗读会或者他的婚姻有什么想法,没有任何事会改变福斯特对他的爱或帮助他的意愿。

营利性质的朗读会于4月29日在圣马丁会堂开始,狄更斯读了《炉边蟋蟀》,为他"欢呼的声音可能在查令十字街都听得到"。④开始时他说,他将朗读看作一种强化他和读者之间近乎个人友谊的感觉的形式,这句话又引起了一阵欢呼,于是他接着讲下去;还有报道说,有上百人在票房买不到票。他终究取悦了整个国家,人民把他当作朋友。5月1日他在皇家学院的宴会上发表了简短讲话,5月6日第二次朗读会上演,5月8日他又为艺术家慈善基金致辞。5月9日他给库茨小姐写信,告知他和凯瑟琳已经事实上离异的消息,这段婚姻是"一场年复一年的悲剧",

---

① 狄更斯致达夫·哥顿女士,1858年1月23日,《朝圣》第八卷第508页;狄更斯致沃森夫人,1857年12月7日,《朝圣》第八卷第488页。
② 狄更斯致威尔基·柯林斯,1858年3月21日,《朝圣》第八卷第536页。
③ 狄更斯致福斯特,1858年3月27日和1858年3月30日,《朝圣》第八卷第539页。
④ 耶茨的描述,见K.J.菲尔丁编:《查尔斯·狄更斯演讲全集》,第263页。

他还搬离了塔维斯托克宅,住到了办公室去,"留她母亲在家里,她随便做些什么,这样她也有可能保持愉快的心情。"他说,孩子们都不爱她,她的妹妹乔治娜也看到了这种隔阂,就像过世的玛丽多年前看到过的一样。信的结尾处进一步指责凯瑟琳的"软弱和嫉妒",后边又说"她的精神有时也不清楚。"①

5月10日星期一,狄更斯告诉查理他即将离婚。查理对此猝不及防,他不想面对面地和父亲讨论这个问题——他一定是想起了在伊顿时他们为他的未来争论的情形——查理选择了从他在霸菱银行的办公室写信,说他决定和母亲一起生活,这明显违背了狄更斯的意愿。查理解释说,这不是因为他不爱他的父亲,而是他觉得自己有责任和母亲在一起。狄更斯后来告诉别人是他建议查理这样做的,但查理的信表明事实并非如此。这是查理自己的主意,也是他最辉煌的一瞬间,同时给他在伊顿和库茨小姐那里挣得了信誉。这年晚些时候,查理的父亲曾建议一家人一起去爱尔兰度个假,但查理没有接受邀请。

同一天,乔治娜离开去了盖德山庄,并对姐姐明确表示自己不会以任何形式支持她。普洛恩应该在她身边,玛梅和凯蒂似乎也一起去了。乔治娜谨慎地让自己远离"战场",并远离霍加斯家其余的家人,如果家人知道她决定继续跟着她刻薄的姐夫的话,必定会十分震惊。而他们的确非常愤怒,指责乔治娜排挤凯瑟琳,但这并非事实。②乔治娜爱着狄更斯,她的半生是在他的宠爱陪伴下度过的,她也足够敏锐,知道跟着狄更斯要比拮据地住在父母身边待嫁要好。而对狄更斯而言,他爱着始终为他奉献的乔治娜,感激她选择站在他的一边,继续担任他的管家。狄更斯宣布他的长女玛丽将负责他的家庭事务,但实权则在乔治娜,即霍加斯小姐,手中。

5月19日,凯瑟琳给库茨小姐写了封信,同时她也在准备搬离塔维斯托克宅,留下孩子们在家,查理则跟着母亲:"上帝保佑,我现在只想

---

① 狄更斯致库茨,1858年5月9日,《朝圣》第八卷第558—560页。8月,凯瑟琳的姨母海伦·汤普森给亲戚斯达克夫人写信,告诉她狄更斯打算找个医生诊断凯瑟琳为精神失常,但医生拒绝了,说她的心智完全没有问题。《朝圣》第八卷附录F,第746页。
② 露辛达·霍克斯利的《凯蒂:狄更斯画家女儿的生活和爱情》(伦敦,2006)指出,乔治娜进行了贞洁测试,贞洁证书存于家庭档案中,尽管谁也不知道它今天在何处。见第134页和脚注。

沿着一个方向走。以后某天我会告诉您我曾多么艰难。"① 凯瑟琳的陈述则非常平静。库茨小姐给狄更斯传话，请他上门来见面。狄更斯却写信回复："我有多么敬爱你，你某种程度上是知道的，可你永远不会完全明白。但世上没有任何东西能动摇我做出的决定，就算你也不能。"他还补充道："如果你见过了狄更斯夫人和她邪恶的母亲，那么我没法开始着手讨论任何关于那个女人的存在的问题，就算是你也不行。"② 霍加斯夫人的邪恶之处在于，她声称离异的理由是狄更斯和奈莉·特南出轨，另外她还怀疑乔治娜的品行。

马克·莱蒙作为这一家的密友，同意成为凯瑟琳的代理人，在5月20日又一场朗读会后，莱蒙作为一方，同福斯特、狄更斯以及狄更斯的律师弗雷德里克·乌弗里展开协商。乌弗里在1856年接过了狄更斯的大部分法律相关事务。达成的初步协议内容包括，凯瑟琳可以从狄更斯处得到每年400英镑的赡养费和一辆马车。③ 狄更斯搬回塔维斯托克宅，在那里他写了一封关于离异的信给他的经理亚瑟·史密斯，授权他将这封信给"任何愿意公平对待我的人"看，信的内容会在后边说到。史密斯和他的兄弟阿尔伯特都是剧场界的核心人物，是可靠的好朋友，能在必要时给狄更斯提供支持和保护。在又一次朗读会结束后，狄更斯写信给乌弗里，谈及他的岳母和妻妹海伦，指责她们对他"严重诽谤"，但凯瑟琳自己是无辜的："她对我极为温柔，我真诚地相信这一点，也很愿意去展示它。我不会再对她施加丝毫的痛苦。"④

5月27日他在顾资银行的账户记下他向"N"付款四个基尼。这时候，谣言在伦敦四处流传。安妮·萨克雷给一个朋友写信："爸爸说，查理遇见他父亲和一个不知名的女演员在汉普斯特德西斯走过。但我一点都不相信这桩丑闻。"⑤ 而萨克雷在加里克俱乐部听到有人说，狄更斯和他的妻妹有染时，反驳说，对象是个女演员。狄更斯写信给萨克雷否认

---

① 凯瑟琳致库茨小姐的信，见《朝圣》第八卷第565页脚注2。可能有人建议凯瑟琳留在塔维斯托克宅并强令狄更斯搬出。这会让他更难得到孩子们的监护权。
② 狄更斯致库茨，1858年5月19日，《朝圣》第八卷565页。
③ 狄更斯于1856年见到法雷尔的合伙人乌弗里，并优先让乌弗里处理自己的法律事务。凯瑟琳的补偿最终为她的房屋和每年600英镑赡养费。
④ 狄更斯致乌弗里，1858年5月26日，《朝圣》第八卷第569页。
⑤ 安妮·萨克雷致艾米·克罗，未注明日期。哥顿·N.雷编：《萨克雷的信件与私人文件》第二卷（牛津，1945），第478页注解第46条。

了所有事。两个人在加里克俱乐部翻了脸,加上莽撞的年轻人埃德蒙·耶茨曾对萨克雷出言不逊,而这个年轻人是狄更斯的朋友。于是两个伟大小说家之间的友谊终结了。狄更斯和妻子分手的消息甚至传到了德国,连玛丽安·埃文斯(乔治·艾略特)和乔治·亨利·刘易斯都听说了,他们可能不会像别人那样反对,毕竟他们自己也有暧昧不清的关系。

之后是更多的朗读会和现场爆满的观众——6月1日狄更斯还向"运动场与大众娱乐协会"(Playground & General Recreation Society)致辞。然后他打算在报上登一篇"个人"声明。福斯特努力劝说他放弃这个糟糕的主意,但狄更斯很固执,甚至将声明副本给凯瑟琳发了一份,附带着一张纸条,纸上写着希望他们之间所有的抵触就此结束。这份声明言辞含糊,影射长久以来的家庭问题如今已被妥善解决,同时也针对恶意传播涉及"我珍视的无辜者"的谣言。总之,对于公众来说,这份声明令人费解。尽管泰晤士报刊发了这份声明,狄更斯自己也刊发在《家常话》上,但《笨拙画报》拒绝刊登。这足以让狄更斯对《笨拙画报》的经营方感到愤怒,因为经营者是布拉德伯里和埃文斯,同样也是狄更斯的出版商;他还和《笨拙画报》的编辑吵了一架,这位编辑正是曾和他一起演了不少戏的亲密老友马克·莱蒙。①

这次争吵在狄更斯看来非常激烈,他甚至坚持要自己年长些的孩子中断他们和莱蒙家以及埃文斯家孩子们之间的友谊。玛梅和凯蒂同萨克雷家安妮和米妮的友情也同样进入了困境。后来狄更斯甚至强令霍加斯夫人和她女儿海伦不情愿地签字撤回她们关于他和特南家以及乔治娜的关系的发言,还禁止所有孩子与他们的外祖母或阿姨说话。一封狄更斯写给查理的信警告说,他禁止孩子们"对他们的外祖母和海伦·霍加斯说哪怕一个字。如果这两个人随便哪个出现,我会立即命令孩子们离开他们母亲的房子并回到我这里。"②

6月8日他在盖德山庄休养时写信给耶茨,"如果你能知道上个月我的感受,我受到了怎样的误解,我生活在怎样的紧张和在怎样的挣扎之

---

① 布拉德伯里和埃文斯,在1859年5月写下的一份陈述中提到,狄更斯想让他们在漫画杂志《笨拙画报》上刊发他的声明,希望他们"用一个荒谬的行动满足一个怪异的心愿"。见《朝圣》第九卷附录C第565页。

② 狄更斯致查理,1858年7月10—12日(?),《朝圣》第八卷第602页。

下，你就会明白我的心已经破碎不堪，今天我还不足以说出这些话。"①6月9日声明登在了《家常话》上，6月10日他朗读了"小董贝"，是保罗·董贝一生经历的精简叙述，赢得了观众的眼泪和欢呼。7月12日他退出加里克俱乐部，8月初开始在各郡巡回朗读。与此同时，亚瑟·史密斯将狄更斯委托他出示的信件副本给了《纽约论坛报》驻伦敦记者，8月16日它在纽约印发，并迅速被英国报纸转载。信中解释他们婚姻中的不幸已经持续了多年，乔治娜在很长时间里负责照料孩子，品行优良，她一直在尽可能阻止这场婚变。"她一遍遍地告诫、劝说，忍耐痛苦，每日辛劳，努力阻止狄更斯夫人和我分开。"信里接着说，狄更斯夫人自己经常提议要分开，"她在怀孕时越来越和人疏远，间歇性地精神错乱——此外她觉得自己已经不适合做我的妻子，离开对她更好。"这说法听起来就像是每次他们争吵，凯瑟琳就会说些类似"如果情况太糟"或"如果你不那么喜欢我了，我们就最好分开"这样的台词。这种话只有一个可怜的妻子才会用，她希望她的丈夫能更善待她。信中继续吹嘘狄更斯在离婚协议条款中的慷慨，并补充了他对乔治娜的情感。狄更斯认为，她"比世上任何人都更值得拥有他的感情、尊敬和谢意。"然后信里描述"那两个恶人一定曾说了我不少坏话……把这场婚变与一位我仰慕并尊敬的年轻女士联系在一起。我不会重复她的名字，因为我非常尊敬她。以我的灵魂和名誉起誓，这世上不会有比这位年轻女士更善良纯洁的人。我了解她的天真无邪，就像了解我自己的女儿一样。"当然这指的是奈莉。最后，他说他的孩子们"都知道我不会欺骗他们，我们之间的信任关系无须担心。"②

狄更斯说，他没有授权发表过这份丢人的文件，只给了亚瑟·史密斯，这着实是个无力的辩解。乌弗里告诉他，这"很不幸"，伊丽莎白·巴雷特·布朗宁为此震惊，写道："一个人用他的天才作棍棒打击他最亲近的人，这个人甚至是他发誓一生温柔呵护的妻子——利用自己的优势让舆论和她对立，这是一种怎样的犯罪。要我说这太可怕了。"③萨克雷和盖斯凯尔夫人等人觉得这样宣传家庭问题的糟糕程度堪比离异本身。

---

① 狄更斯致耶茨，1858年6月8日，《朝圣》第八卷第581页。
② 《朝圣》第八卷第740—741页。
③ 引自《朝圣》第八卷第648页脚注4。

奈莉这时正在曼彻斯特工作，戏剧评论家给她的评价是负面的，这暗示她受这场丑闻的影响，这也让她在戏剧评论界变得不受欢迎。

狄更斯的第一次地方巡回朗读活动从 8 月开始，总共 85 场，地点包括苏格兰和爱尔兰（他留下乔治娜，安排让儿子们见他们的母亲，凯瑟琳觉得儿子们"又乖又亲热"，但她也为孩子们不能如她所愿久留在她身边而伤心）。① 在爱尔兰，他读到说他有"一双明亮的蓝眼睛"的评论时被逗乐，而不高兴则是因为有闲话说"尽管我只有 46 岁但看上去就像个老人"。② 当库茨小姐给他写信说，凯瑟琳带着几个回来过暑假的孩子来看望过她时，他在回信中又开始攻击凯瑟琳，说：

> ……既然我们已经谈过她，她给我造成了难以言喻的痛苦；而我必须坦诚地将我所知的真实摆在你面前……她并不善于照顾人，而且从来不照顾孩子；孩子们也不关心她，甚至从不关心。在您的会客室里上演的这台小小的戏不是真的，而且孩子们越少这么表演，对他们越有好处……啊，库茨小姐，我这双软弱的手甚至不能最低限度地维护我的名声，为何我不知道我这双手打击了它——联同这些我已经给了他们好处的恶人！我再也不想和她有联系。我想原谅她，忘记她……从远在印度的华尔特到还在盖德山庄的小普洛恩，他们都知道这件令人不快的事……我现在所写的一切都是赤裸裸的事实。她一直在使他们为难，他们也在让她为难；她很高兴能摆脱他们，他们也很高兴能摆脱她。③

凯瑟琳一定是说了些不慎重的话，而狄更斯就像个被激怒的孩子，拿起他最锋利的武器，在库茨小姐那里诋毁她。他的说法是，凯瑟琳在表演她对孩子们的爱，而孩子们并不爱她。这是个可笑的控告，有足够的证据表明这与事实不符，他这一番断言也不太可能影响库茨小姐。

狄更斯的世界现在分成了两半，一边是在他这场婚变中支持他或者至少保持沉默的人，另一边是他的"敌人"，那些辜负了他的人。在此情

---

① 海伦·汤姆森引用凯瑟琳·狄更斯的信，1858 年 8 月，《朝圣》第八卷第 559 页脚注 1。亨利和阿尔弗雷德后来都提到了时常的亲切探望。
② 狄更斯致乔治娜·霍加斯，1858 年 8 月 24 日，《朝圣》第八卷第 637 页和脚注 4。
③ 狄更斯致库茨，1858 年 8 月 23 日，《朝圣》第八卷第 632 页。

形下，他在朗读会上得到的掌声和欢呼声变得越来越重要，就像涂在伤口上的药膏，这让他还能觉得自己是个好人。他致力于做一个好人，正如公众所认知的形象，他想保住他的好名声，因此他把过错推到别人身上。但他无法完全对别人和自己隐藏真相。坏人在一定程度上有一种轻率，就像狄更斯在他早年小说中描绘的，士括尔斯、费金、曼塔利尼和奎尔普都会让你发笑；但从《董贝父子》开始，恶行的存在变得严肃而粗粝起来，如卡尔克、莫德斯通、图金霍恩、里高、弗雷吉比和赫德斯通。甚至斯迪尔富斯也不甚有趣，狄更斯作为一个抛弃妻子找了个不肯迁就他的小姑娘当新欢的人，自然无法就他自己的境遇开玩笑。对待 9 月写信委婉探问的玛丽·博伊尔，狄更斯珍惜她的感情，他说他发表公开声明只是在为无辜者辩护，把他的行为合理化。12 月他又给她写信，补充道："我有要做的工作，我充满着激情和能量，我自己必须走的那条路也充其量只是一片荒芜。但复仇和憎恨不曾在我的心中。"① 你可以在他挣扎的时候为他感到惋惜，但你不可能喜欢他做过的事情，甚至有时也不能相信他说的话。

　　早先就认识狄更斯的人对他的"朗读者"这一新身份很好奇，想看一看。1858 年 11 月，他在南安普敦表演时，1840 年他曾经挑逗过的年轻女子埃莉诺·皮肯在演出的第二晚来听他读了《圣诞颂歌》，这时她早已嫁为人妇，人到中年。她想象他已经"干枯缩成一个瘦小的男人"，但他的朗读是如此绝妙，演出结束后她希望能和狄更斯谈谈，却仅被隔着窗户告知狄更斯已经离开。显然他并不总是乐于在公众前露面。

　　凯蒂多年后还记得一些片段：她说，父亲在离异后有两年几乎没和她说过话，原因是她会时不时去看望她的母亲。凯蒂还补充说，父亲有时候会向她问起她的母亲。②

　　巡演之前，狄更斯安排芬妮·特南去佛罗伦萨学习歌剧演唱，给她写了不少介绍信，介绍给英国驻佛罗伦萨使节的妻子诺曼比女士、同样住在佛罗伦萨的托马斯·特罗洛普夫人，还有他在热那亚的朋友、领馆人员以及德拉鲁。特南夫人作为监护人陪着芬妮一起出行，即使这会把

---

① 狄更斯致玛丽·博伊尔，1858 年 9 月 10 日，《朝圣》第八卷第 656 页；1858 年 12 月 9 日，《朝圣》第八卷第 717 页。
② 格拉迪丝·斯托里和凯蒂从 1923 年至 1929 年凯蒂去世这段时期交流的笔记，目前陈列于查尔斯·狄更斯博物馆。见后文第二十七章。

玛丽娅和奈莉留在伦敦。狄更斯坚持认为，她们目前在伊斯灵顿租下的公园小屋对身体不好，因此她们搬到了市中心的伯纳斯街，靠近牛津街。两个可爱的女演员身边没有年长女性的陪伴，这必然会引来一些注意，狄更斯在听到她们被一名警察纠缠的消息时很震惊，他怀疑此人被"某些'累赘'唆使来揭发他们家庭生活的一切。如果事实如此，那无疑此人应被开除"。① 他可能指示威尔斯去投诉并说如果这情况登载到《泰晤士报》上的话可能造成"最为惊人的骚动"，但同时他也深知在这件事上他得低调，而非张扬。威尔斯也知道，后来便没有更多的关于这名警察的消息了。

在这些事发生的同时，狄更斯的弟弟弗雷德也被妻子起诉请求离婚，并因通奸而被传讯；弗雷德回应说，在这件事上他已经取得了谅解。狄更斯最小的弟弟奥古斯特也抛弃了自己的妻子，马上要和另一个女人一起去美国。霍加斯家带着一种嘲讽的满足感目睹这些事发生。福斯特看到了狄更斯同布拉德伯里和埃文斯之间的合作关系的结束，这种关系变得"混乱，但又坚定，这一决裂就像他和凯瑟琳的离异一样。"罗伯特·帕滕认为，狄更斯将《笨拙画报》拒绝发布他的个人声明一事解读为对他自身的批评，也是对他的"快乐家园"概念的批评，用他的话说，"狄更斯和他的读者们似乎差不多要构筑起一个黄金时代的新神话。"② 如果这是正确的，狄更斯就是在保护一个虚构的世界，他深知，它已经被他的行为亵渎。他面临如此这般的道德困境，以至于他只能以愤怒来对待他人。布拉德伯里和埃文斯也都是小人，他们被永久地驱逐出了他的生活。

狄更斯在顾资银行的账号记录下了他给奈莉准备了一份圣诞礼物，"C.D.E.T.10 英镑"。1859 年，他在伦敦读了几场《圣诞颂歌》。在听过他读这篇以及《匹克威克外传》里的审判场景后，福斯特的称赞更像是在弥补他之前的批评："你昨晚表现出的朗读技巧的确高超。你读的两篇故事特别打动我。"③ 然后在听说狄更斯想把塔维斯托克宅租给特南家时，他必须提出建议。福斯特夫妇都觉得狄更斯应该把那里留给女儿们，

---

① 狄更斯致威尔斯，1858 年 10 月 25 日，《朝圣》第八卷第 686—687 页。
② 罗伯特·L.帕滕：《查尔斯·狄更斯和他的出版商们》，第 262 页。
③ 福斯特的信，见《朝圣》第九卷第 10 页脚注 2。

"给姑娘们一些社交空间",他写信给狄更斯,坚决地提出建议,反对他的另一计划:"我无疑会考虑到诸如此类的事,这一步必定会造成极大伤害。对你我来说,这比起推理,更多的是感觉上的问题;而我不会让你在这时候做这样一件事,只为 8000 镑,远不及 800 镑。别笑话它。我能强烈地感觉到。"[①] 威尔斯也坚决建议他不要把房子租给特南家。两个男人认为这一行动必然会导致霍加斯家的指责,引起更多的丑闻,给狄更斯自己、他的家庭和特南家带来损害。这次狄更斯接受了劝告。他又和福斯特商量了他的新刊物的命名事宜。狄更斯想称其为"家庭和谐"。他要么是认为,自己还能在读者面前作为快乐家庭神话的代表,要么就是在否认自己最近的行为。福斯特提出,这个用词可能会让一些人对狄更斯家最近发生的事件关注。狄更斯同意福斯特的判断,又作了让步。这本杂志后来被称为《常年》,狄更斯是这本刊物的出版方、所有者和编辑。

[①] 福斯特致狄更斯,1859 年 1 月 14 日,《朝圣》第九卷第 11 页脚注 5。

第二十一章　秘密、神秘和谎言
1859—1861 年

威廉·弗里斯于 1859 年 1 月给狄更斯画的肖像呈现得是一个男人用愤怒的眼神凝视的样子，画中他仿佛在藐视整个世界。当你对这位画家稍加了解，并考虑到他们的友情，还读过弗里斯对他去狄更斯书房时的经历的描述后，你会觉得这不是你所期待的。狄更斯这时已经开始写《双城记》，弗里斯从一个角落里看到他在喃喃自语、扮鬼脸，还在房间里踱来踱去，拔他的胡须。肖像的委托人不希望他蓄须：福斯特从 1854 年起就在盼着能给狄更斯再画一张刮干净脸后的肖像，但他在五年后放弃了，请弗里斯开始着手画像。虽然就座时没有亲切友善的谈话，但弗里斯看到了别的东西，在他展示成品时，狄更斯自己也懊恼地承认他画得不错。乔治娜很讨厌这幅画。这幅画在皇家学院展出时，兰西尔观察，"我希望他能看起来不要那么急切繁忙，不要太不像他，也别太超出他。我更愿能捕捉到他偶尔熟睡宁静的样子。"①

他煎熬地度过了众人皆知的麻烦时期，开始了一段新生活——或者说"几份新生活"。朗读表演者狄更斯正在仔细将自己的小说和故事改编成剧本，马上他要到全国各地巡演，乘火车四处穿行；还有人极力劝他去美国朗读，但他拒绝做出承诺，说离开太久"对我来说实在很痛苦"。②此外还有"记者狄更斯"这个身份，自称"非商业旅行者"，他是自家杂志的首席记者，四处旅行，足迹遍及安格尔西、利物浦和康沃尔。"地主狄更斯"遛狗的样子成了肯特郡人熟悉的形象，他还一直在改建盖德山庄的房子，扩建场地，雇佣当地人工作，作为"在这地方投了不少钱的人"在村子里他广受欢迎，对穷人也和善慷慨。③ 1859 年冬天他把盖德山

---
① 福斯特在《一生》第三卷第九章中引述了这条意见。
② 狄更斯致其巡演经理亚瑟·史密斯，1859 年 1 月 26 日，《朝圣》第九卷第 17 页。
③ 威廉·理查德·休斯：《在狄更斯领地一周的漂泊》（伦敦，1891），第 87 页。

庄租给了一家房客，但从那以后他就一直为自己留着。狄更斯还有另一重身份，他现在是一本杂志的所有者兼编辑，主持惠灵顿街 26 号的工作，周围都是聪明的年轻人和作者，他们渴望向他学习，还会常常恭维他，如埃德蒙·耶茨、乔治·萨拉（两位都出身于戏剧世家），爱尔兰律师珀西·费茨杰拉德文笔流畅，约翰·霍林舍德是个主要靠自学成才的记者，后来成了一位剧院经理。狄更斯雇他们工作，修改他们的稿件，是他们的良友，还招待他们吃饭，精彩地表演了杜松子潘趣酒的准备过程，这时他就像一个"好笑的魔法师，带着发现了伟大的人类福祉的小小骄傲。"①

在家里，他正为他儿子们的工作发愁。孩子们的叔叔弗雷德这个长辈让人很丧气：1862 年初弗雷德被关进了王座监狱，他离了婚，拒绝支付赡养费，逃到海外却又破产回国。② 阿尔弗雷德在温布尔登准备参加军队考试，但 1862 年他落榜了。弗兰克 1860 年在伦敦城里找了份工作但表现不佳，于是转到了《常年》杂志社来工作；他的父亲给他办了一张大英博物馆的借书证，让他租住在伦敦城里的斯通家。狄更斯克服自己对走后门的抵触，拜托约翰·罗素爵士和克拉伦斯·佩吉特爵士于 1860 年在悉尼的海军军校给他求了一个位置。狄更斯还要操心女儿们的部分社交生活，考虑到这时她们的小姨乔治娜的名声有疑，在这方面他也不能掉以轻心；威尔基·柯林斯的弟弟查尔斯希望能娶凯蒂，而威尔基自己正和一位已有一名私生子的女人卡洛琳·格雷夫斯在一起，凯蒂和玛梅可能还不知道其存在，她们也不可能见到。秘密和谎言贯穿着一家人的社交生活。

另一个秘密自然是，狄更斯成了特南家姑娘们的资助者和保护人，他对她们的职业生涯和生活条件都保持着相当密切的关注，就好像她们是他的又一群女儿。1859 年 3 月玛丽娅和芬妮从佛罗伦萨归来时，住所也已经安排好了，她们被称作"伯纳斯街 31 号的老处女"，租住在安普提尔广场霍顿小区 2 号，是位于莫宁顿街区的一所大房子。没有任何记录证明是狄更斯支付的房租，但间接的证据却很有说服力：一年后奈莉

---

① 约翰·霍林舍德：《我的人生》第一卷（伦敦，1895），第 97 页。
② 弗雷德三个月后从监狱被释放，但在这之后他陷入贫困，他和哥哥的关系也没有缓和，他们此后再没有联系。

满 21 岁可以自己拥有物业时，两个姐姐把房产转给了她。三姐妹在 1859 年春季都有工作，芬妮在法国轻歌剧《魔鬼兄弟》中担任演唱者，玛丽娅和奈莉都出演了干草市场的轻话剧和闹剧；同样地，从 1859 年 5 月起，狄更斯在顾资银行的账户出现了很多给"HP 信托""HP"和"HPN"的付款项目——长期而固定，无疑这代表的是"霍顿小区信托""霍顿小区"和"霍顿小区奈莉"。① 1859 年 8 月奈莉在干草市场最后一次登台，表演小查尔斯·马修斯的作品。她在马修斯的《加瑟伍》中扮演加瑟伍夫人，这出戏正确的名字是《眼不见心不烦》，奈莉以这部戏结束她的舞台生涯，这究竟是她的选择，还是因为她再也没得到工作机会，或者是因为狄更斯希望她别再工作？一切都成了谜。②

至于"小说家狄更斯"，他的想象力经历了震荡时期，从抨击伦敦的金融家、公务员、政客和律师转向以极快的速度在两年半内按周连载了两部历史小说，从 1859 年持续到了 1861 年夏天。第一部是《双城记》。这是一个冒险故事，年代设置在 18 世纪下半叶。③ 故事受到了卡莱尔对法国大革命的研究及其领导的调研的启发，其核心角色西尼·卡顿则是狄更斯的一个新起点，一个酗酒的律师的英雄主义精神得到升华，付出生命拯救了他的情敌。狄更斯承认他的灵感的另一个来源是《冰渊》中的沃德，但卡顿更有派头，他的死亡也更刺激。故事的第一期于 1859 年 4 月底在《常年》上登载，这对于杂志来说，是一个绝佳的开始。而布拉德伯里和埃文斯则脱离狄更斯继续运营《家常话》。④

狄更斯曾在 1854 年按周连载过《艰难时世》，而这次的篇幅则几乎是那时的两倍。他发现开头很难，把材料塞进每周的小故事里也要竭尽全力，但它确实像期望的那样起到了推动《常年》杂志的作用。威尔斯报告说，印数在一周后就上了 100 000 份，六周后就实现了盈利。⑤《双城记》从来不缺读者：有记录称，1968 年，《双城记》在美国的销量远远超过了狄更斯的其他小说，受许多英语读者的最爱。⑥ 但他在社会评论界

---

① 见《朝圣》第九卷第 11 页脚注 1。
② 然而我们知道，她的姐姐玛丽娅取代了她的位置。
③ 狄更斯将其按月发行，由哈布洛特·布朗尼（费兹）画插图，以迎合他的老读者。
④ 《家常话》于 5 月停刊。
⑤ 狄更斯致福斯特，1859 年 6 月 16 日，《朝圣》第九卷第 78 页。威尔斯自然随狄更斯一同移籍，继续做他的首席助理，并参与分红。查普曼和霍尔出版月刊部分，并从 100 000 册中抽取一些，还有一些发到了美国，但这仍然是令人印象深刻的数字。
⑥ 罗伯特·L.帕滕：《查尔斯·狄更斯和他的出版商们》，第 332 页。

并不如他在英语圈的评论家中那样受欢迎,他要么被忽视,要么被抨击故事缺乏幽默感、情节难懂。福斯特称赞《双城记》时几乎是在孤军奋战。

《双城记》的故事情节冗长、复杂是不争的事实,它讲述了三个法国家庭在18世纪50年代到90年代的历史,并借由犯罪和残忍的行为贯穿于情节中;对旧政权可怕之处的描述某种程度上机械地聚焦于惨状,角色则类似单纯、象征善恶的人偶,如善良的医生、完美的女儿和妻子,邪恶的侯爵,民众里图谋报复的女性。书中最好的场景之一是在伦敦举行的间谍审判,周围的英国看客们急欲看到人在他们眼前如何被吊死、被开膛、被分尸。狄更斯还出神入化地描写了弥漫在恐惧氛围中的巴黎,小说中充斥着暴力、街舞、谴责和审判中的结怨。故事的高潮部分荒诞,令人伤感,卡顿在断头台前著名的遗言烘托了紧张气氛——"我做了这辈子最好的一件事……"* 只要心非铁石,人们都会受其影响。这就是"表演者狄更斯",取悦他的读者,并"榨取"他们的眼泪。

"它在写作过程中带给我极大的感动和激励,"他告诉柯林斯,"上天明鉴,我尽了最大的努力。"① 书中让卡顿在监狱营救场景中使用氯仿,但在现实中这东西在几十年后才被发现,约翰·萨瑟兰指出了它的不合理。萨瑟兰这篇非常睿智的论文应该与之后发行的每一版印在一起,因为它为这本书增添了娱乐性,《双城记》本身也旨在娱乐大众。② 它的恐怖、刺激和勇敢的自我牺牲精神都带有一些相关的流行戏剧元素,事实上莱森剧院的法国经理塞莱斯特夫人很快就把它搬上了舞台,这位夫人曾经是个舞者。在巴黎,手上沾满血腥的革命党人跳起卡玛尼奥拉舞,又在伦敦从坐满一楼观众席的英国资产阶级那里得到掌声。狄更斯还把《双城记》配上插图按月出书,但这是他最后一本由费兹,即哈布洛特·布朗尼绘制插图的小说了。尽管他和布朗尼的合作从《匹克威克外传》就开始了,但布朗尼说他在狄更斯的家庭问题上不会站在狄更斯一边。1859年之后,两人就再没有了工作上的往来,也没有更进一步的联系。③

---

* 译文参见《双城记》第三部第15章,石永礼、赵文娟译,人民文学出版社2004年版。——译者
① 狄更斯致威尔基·柯林斯,1859年10月6日,《朝圣》第九卷第128页。
② 约翰·萨瑟兰关于《双城记》的论文大大增加了阅读小说本身的乐趣,它收录于《谁背叛了伊丽莎白·贝内特?》(牛津,1999)。
③ 罗伯特·L. 帕滕:《查尔斯·狄更斯和他的出版商们》,第304页。

第二十一章 秘密、神秘和谎言

《远大前程》于 1860 年 10 月开始写作，每周连载，从当年 12 月持续到次年 6 月。和《双城记》完全不同，它并非源于研究，也不是来自剧院，而是来自狄更斯想象力的深处，狄更斯从未打算去解释这部作品，也可能是他无法解释，但它反而是更好的。作品写得比他原本打算写成的要更紧凑，因为他放弃了原来要连载 20 期月刊的想法，以便每周将故事登在《常年》上，这任务让他觉得很难去精益求精。这是本伟大的书，它细腻而可怖，有趣而悲伤，还带着神秘色彩。

像许多其他的作品一样，《远大前程》的背景设置在了狄更斯自己的童年和青年时期，故事发生在他的故乡，描述了肯特郡的沼泽、罗切斯特、伦敦的法庭、纽盖特监狱、法律协会、伦敦索霍区、神殿还有河流。他笔下的主人公一夜间从罗切斯特走到伦敦，就像狄更斯自己从塔维斯托克宅走到盖德山庄；但就像已经提到过的，《远大前程》不是社会现实状况的描写，它只是一部小说，近乎于歌谣或者乡土故事。一个孤儿，双亲和同胞手足都在沼泽中的墓地里，一个苛刻的姐姐待他就像是男版的灰姑娘。他遇见了怪物——马格维奇、奥立克、郝薇香小姐、贾格斯先生，还有闭着一只眼睛带着一份文件的无名男子——他说不清这里边哪些对他构成威胁，哪些又有助于他。他的纯真被金钱和它看似所允诺的事物玷污。他忽略了那些保护着他的善良人——比如乔铁匠和比蒂老师——却被如此冷酷的仙女一般的艾斯黛拉诱惑。

故事开始于恐怖的气氛中，最原始的恐惧是那个在近乎黑暗的地方伤害你的人，所有孩子都害怕他。皮普经受的恐吓更甚，有人威胁说，他会被杀死、被吃掉，除非他能完成这个人交给他的任务，为打他的人偷盗食物和一份文件，于是我们发现这个人是个逃犯。犯了罪的皮普觉得从家里带食物给这个人的事令他心烦意乱，他想对唯一的朋友乔坦白，但他不敢。之后，有人给他上了两堂有关善行的课，一堂是逃犯被抓回去时向士兵承认是自己偷了食物——这让皮普不至于卷入麻烦——另外一堂课则来自乔，他对逃犯说，欢迎他来吃饭，食物是每个生命必须的。

皮普的一生被神秘的力量改变并控制着，这力量一开始将他与富有却古怪的郝薇香小姐及其养女艾斯黛拉联系起来，然后他从一个贫穷的铁匠学徒莫名其妙地变成了大富翁，"前程远大"。皮普善良、聪明，却被动，他没想过利用他所接受的教育去从事一份职业或为自己做些什么，只是单纯认为成为一个绅士就意味着无所事事的生活。负责他案子的是律师贾格斯先生，一个阴沉的人，有一双大手，头也不小，眉毛竖立，他的特点是下巴上一点黑色的胡须，还有他用来洗手的香皂的特殊气味。他从未告诉过皮普他的期望来源，但从他第一次出现起，他就是皮普的世界里最有力量的人物。犯罪组织害怕他，他知道每个人的事情，控制别人就像他们是自己的牵线木偶；他用香皂洗手是为了去掉他经手的生意的肮脏。他位于小不列颠的办公室装饰着被吊死的人拓下的脸模，皮普被叫去时发现那里离屠宰市场史密斯菲尔德很近，"到处都是污秽的、油腻的、充满血腥和泡沫，这些东西似乎都想粘住我"，还有"圣保罗教堂的黑色大圆顶在一幢阴森森的石头房子背后向我鼓出了眼睛，旁边一个看热闹的说，这就是纽盖特监狱。"①* 这就是伦敦的中心，一个极肮脏的地方。

皮普是故事的叙述者，但贾格斯是这本书的另一个人物，他和皮普的世界中几乎所有人都有联系，包括郝薇香小姐和她的亲戚，逃犯马格维奇以及他的同伙，艾斯黛拉和她的亲生母亲；故事情节也依赖于皮普对他们不同于贾格斯的理解。在皮普和贾格斯之间有位温米克先生，他有着分裂的本性，在办公室时他为人严苛，总抿着嘴，而在家时他却幽默而温柔。温米克在皮普的伦敦生活中取代了乔，表现出他善的一面，此时他代表着高雅、聪慧。他还承担了狄更斯在书中想要的一些滑稽要素——他的语言。温米克请皮普来一起分享他私下里的田园生活，带皮普去看他为自己和年迈的父亲在沃尔沃思东南郊区建起的小型宅邸，那里是城中一座小小的草莓山，房子被堡垒化且环绕着壕沟。他还炫耀着他的吊桥、旗杆、喷泉以及养着猪、兔子和鸡的花园，花园里还种了黄瓜。他相信皮普会欣赏这里，不会对贾格斯提起它们。另一个灵感触发的滑稽元素是特拉比家的儿子。特拉比是罗切斯特的裁缝，在皮普赚钱的时候给他做了身考究的衣服；特拉比家的孩子狠狠地嘲弄了他富丽堂皇般的新模样，后来在他败落时还不求任何报答救了他的命。

皮普的叙述充满神秘感，不止体现在阐释过的这些方面，还包括他对郝薇香小姐挂在梁上的情景的两段想象。他和我们都无法确定郝薇香

---

① 《远大前程》第二十章。
* 中译文参见《孤星血泪》，王科一译，上海译文出版社 2001 年版。——译者

小姐发疯到了何种程度。在第一次见到她时她已经显得够疯狂,她在婚礼上被人抛弃,陷入困境,但她自己做主,对贾格斯还有其他人发号施令,就算选择让她的房子腐朽,她也控制着自己的钱财,并过着一种梦幻般却刻意安排着的生活。她知道如何培养她的养女,让她成为向男性复仇的工具,她还会挑逗那些奉承她、想要得到她遗产的亲戚。她还在改变,随着故事的发展变得越来越懊悔,开始反省她对艾斯黛拉和皮普做的事。在最后,她几乎完全恢复了理智,这时皮普深思的是,她诅咒了自己和所有人的"有病的心灵"和"空虚的悲伤"。狄更斯将她这个实例留给我们观察,不加任何标签,也不试图追求事实和原因,容许它的不确定性,他就这样刻画了它的真实。

还有一个高深莫测的角色,肯特郡的奥立克,他像狗一样乖僻而危险,在铁匠铺干活。他在盛怒之下把皮普泼辣的姐姐打倒在地,脑部受损,从此失语。没人能证明这些是他做的,狄更斯开了个黑色玩笑,安排她残疾了,设定奥立克为她最喜欢的人,她坚持定期和他见面。他对每个人仍是个威胁,他杀死皮普的计划令人毛骨悚然,戏剧化的处理没有让这个计划失色。他放出假消息引诱皮普,把他绑起来,然后暂停下来以炫耀他冗长的暴行和邪恶目的——他准备将皮普的尸体扔进石灰窑——他的说辞长到足够让救援队到达,就像惊悚故事里由来已久的桥段。他又一次获得了自由,他的攻击行为持续到被捕入狱,看上去他不是一个能像塞克斯或奎尔普那样被赋予一个暴力结局的十足反派。

皮普如同狄更斯一样,一直觉得自己是个罗切斯特和肯特郡乡下的孩子,就算他成了一个伦敦人,住在巴纳德饭店的房间里,后来又到了圣殿区域,他也依旧与沼泽、罗切斯特与河流紧密结合在一起,他对风景的观察贯穿了全书。在开始部分,寒冷的冬天里,他想如果逃跑的话很可能死在沼泽里:"我想,今晚如果有人躺在沼泽地里,他非得被冻死不可。然后我抬头看着星星,想着一个人冻到快要咽气的时候,抬头望望这一大片亮晶晶的星海,却得不到半点援助和怜悯,这该有多可怕。"①他描述沼泽中的白雾掩盖着堤防、土丘、大门和散养的牛,雾中传来停泊在岸边的监狱船上大炮的轰鸣声。沼泽上空红色的月亮照亮他和奥立

———————
① 《远大前程》第七章。

克见面的时刻。在夏天，梅德韦河上挂着白帆的船随潮汐来来往往，他看到"夕阳西斜，映红了远方的云朵、风帆、青山翠峦或是水滨河边"，① 这美景让他梦想着他最想得到的东西。而在伦敦，故事的结尾是令人沮丧的，他极度兴奋并陷入了未来主义的梦魇，梦见他是墙里的一块砖石，无法逃离，然后"我忽而又变成大机器上的一根钢轴，被架在深渊上嘎嘎打转"。他企盼着机器停下，"我这根轴也能马上拆下来"。②

  狄更斯告诉福斯特他准备再写一篇第一人称叙述的故事，同时附上了一份保证，说这个故事和《大卫·科波菲尔》完全不同。当然，它们是不一样的。大卫的故事是个中产阶层的男孩用他的努力克服了令人痛苦的忽视感，成长为成功的作家的故事，命运让他和自己喜欢的女孩结婚，但随后又失去了她，这段婚姻被证明是个错误，最后他又有了自己理想的妻子和家庭。他们的不同之处不只在于皮普是个底层劳工家庭出身的孩子，他的故事是一场失败，他无法理解在他身上究竟发生了什么，没有得到他喜欢的姑娘，没能拯救他的恩主，没有为自己挣得任何东西。他只挽回了自己的道德，在他看到这么多之后，这已经足够。对于读者也是如此。皮普对冷淡的艾斯黛拉的感觉的描述是狄更斯对一个女性执着的爱的最有力表达："我之所以对艾斯黛拉产生爱恋，只是因为我见了她就不容我不爱。一旦爱上就放不下了。晨昏朝暮我也常常感到悲哀，因为我明知爱上她是违背理性，是水中捞月，是自寻烦恼，是痴心妄想，是拿幸福孤注一掷，是硬着头皮准备碰钉子。"③ 这后边本不需要再做任何补充，但布尔沃糊涂地要求让皮普和艾斯黛拉有个幸福的结局，并建议狄更斯改写那个黯淡的结尾，再写一个让人高兴的。令人惊奇的是，狄更斯同意了布尔沃的建议并重写了一个结局，在传统的版本后加了一章，并将其出版。福斯特知道消息时已经来不及阻止，他很不喜欢这样做，觉得这样玷污了这本书。他聪明地留了一份原始结局的副本，将它与替代版本比较，还将这个结局在他所著的《一生》第三卷中发表了出来。几乎没有评论家反对福斯特的意见，尽管大团圆结局仍然存在于每个标准版的《远大前程》中。

---

 ① 《远大前程》第十五章。
 ② 同上书，第五十七章。
 ③ 同上书，第二十九章。

第二十一章　秘密、神秘和谎言

两本书都写于狄更斯的健康状况出问题的时期。1859年6月，他告诉柯林斯，"老年期'感冒'实在很多。所以我决定不再去想它，（以一般的方式）告别尘世。"① 这可以被解释为他对奈莉的爱——"感冒"——仍旧未能实现，他只能到其他地方去寻求满足性欲。不久之后，他给他的医生弗兰克·比尔德写信："我的身体出现了点病状，所以我想去见你。我正在盖德山庄避暑，但打算今天上午过来。"② 比尔德开的药对他的皮肤产生了刺激，而且没有完全治愈他的病症。③ 他告诉柯林斯和福斯特，他始终有些不舒服，他觉得只有海才能让他恢复，于是他回到布罗德斯泰。他又给柯林斯写信，"也许掉进海里才可以——但我觉得海里应该没有硝酸银？"④ 19世纪硝酸银被用于治疗淋病。也许这才是他的麻烦，这是一件悲惨的、屈辱的事。⑤

1860年寒冷的新年来临，他仍未痊愈，还在找比尔德治疗并服药。3月又出现了另外的症状，他的脸疼起来，6月是后背的风湿病，他的腰直不起来。这些症状因治疗有所减轻，但到了12月《远大前程》开始每周连载，他"又感觉不舒服，去看了医生"，之后整个1861年1月他选择待在惠灵顿街，拒绝见客，并需要比尔德隔几天时不时来照看一下："我想要检查一下，但我希望别再有新的毛病出现"，他在1月底这样告诉医生，这个特殊问题终于被处理了。⑥ 5月他已经能雇一艘船在泰晤士河上与家人朋友享受一天，从黑墙到索森德再返回来，给人感觉就像他从未在意过。⑦ 随后，他独自去了多佛，去写《远大前程》最后的章节，呼吸海上的空气，而他的脸又开始出现神经痛。他告诉麦克雷迪，疼痛"给我带来了很大困扰，工作则基本完成得差不多了。但我希望这能是本好书，我相信自己很快就能把身上这点微不足道的疼痛抛到一边去。"⑧ 他确实将病痛抛到了一边，这之后直到1865年，他的身体都没有大碍。

他的妻家霍加斯的亲戚们仍是他不可原谅的敌人，同样的，还有他

---

① 狄更斯致威尔基·柯林斯，1859年6月12日，《朝圣》第九卷第76页。
② 狄更斯致弗兰克·比尔德，1859年6月25日，《朝圣》第九卷第84页。
③ 狄更斯致弗兰克·比尔德，7月1日——"新药明显有效，敌人基本被赶走"，1859年8月6日，《朝圣》第九卷第88页和第103页。
④ 狄更斯致柯林斯，1859年8月16日，《朝圣》第九卷第106页。
⑤ 狄更斯在致力于拯救堕为娼妓的年轻女性的同时可能也在嫖娼，这很难让人接受，但并非不可能发生。
⑥ 狄更斯致弗兰克·比尔德，1861年1月29日，《朝圣》第九卷第377页。
⑦ 福斯特：《一生》第三卷第十四章。
⑧ 狄更斯致麦克雷迪，1861年6月11日，《朝圣》第九卷第424页。

的前出版商布拉德伯里和埃文斯，以及凯瑟琳——他在给威尔斯的一封信里讽刺地称呼她"我天使般的妻子"，抱怨她在金钱上对他的需求。① 他和库茨小姐之间避免了直接的争吵，但他几乎不同她和布朗夫人见面，也几乎不联系，除了在库茨小姐写信催促他和凯瑟琳和好时，他回信拒绝，这在1860年4月和1864年2月各发生过一次。② 莱蒙曾和他非常亲近，但现在也疏远到了再不相见的程度。他还完全失去了萨克雷，1859年12月萨克雷成了新成立的《谷山》杂志的主编，像《常年》一样关注高质量的系列小说，是《常年》强有力的竞争对手。麦克莱斯在19世纪50年代中期就隐退了，此后再没有出现。1859年秋，老朋友弗兰克·斯通去世了，狄更斯为他哀伤，并张罗了他在海格特公墓的葬礼，照顾留下的孩子，他做这件事依旧很慷慨。他结束了演剧活动，这意味着，他发现能担任演员或设计师的朋友越来越少，比如里奇和斯坦菲尔德，尽管里奇带着他的家人于1861年夏天在盖德山庄住过一段，斯坦菲尔德还来到惠灵顿街和他一起吃饭。

汤姆·比尔德是狄更斯家资格最老的朋友之一，不管他对狄更斯的离异怎么想，他都很可靠。记者兼诗人查尔斯·肯特从1848年起就给狄更斯的作品写了不少好评，他一直很尊敬狄更斯，他们的关系也变得更为亲密，狄更斯开始请他去盖德山庄。和他一起演戏的老搭档玛丽·博伊尔一直爱慕着他，他们不时交换愉快的信件，罗金汉的沃森夫人也是他忠诚的朋友，尽管他们见面不多。狄更斯和布尔沃·利顿的关系非常好，布尔沃在狄更斯经历婚姻上的困境时，仍然抱有同情心，甚至会请狄更斯带着乔治娜和玛梅来内布沃斯小住。麦克雷迪现在住在切尔滕纳姆，仍旧对他亲近而且毫无保留。麦克雷迪的孙女后来说，他对奈莉·特南的事非常冷静，因为他知道狄更斯不是那类独身主义者，他还对狄更斯的离异非常支持。他只在狄更斯应对事件谨慎不足险些闹出丑闻时才放心不下。③ 让狄更斯高兴的是，麦克雷迪1860年3月又结婚了，新娘23岁，新郎67岁，而且新娘很快就有了身孕。

---

① 狄更斯致威尔斯，1861年3月11日，《朝圣》第九卷第391页。
② 见狄更斯致库茨，1860年4月8日，《朝圣》第九卷233页，当中他写道："我不认为自己是无可指责的"。狄更斯致库茨，1864年2月12日，《朝圣》第十卷356页。
③ 帕克尔夫人是麦克雷迪最小的儿子内维尔·麦克雷迪爵士的女儿。她的评论见菲利普·柯林斯的文章"W.C.麦克雷迪和狄更斯：一些家庭往事"，发表于《狄更斯研究》，1966年5月，第二期第2号第53页。

第二十一章 秘密、神秘和谎言

福斯特和狄更斯交换了角色，福斯特已婚、富有并有个忠实的妻子，而狄更斯是个任性的"单身汉"还有隐疾。福斯特也会反对狄更斯做的事或计划，但他的爱总是会胜过这反对之情，他对狄更斯的友情从未动摇过，唯一的缺憾是，他必须长期在外，目前他在政府有一份调查庇护所的工作。狄更斯仍旧找他看作品，尽可能发校样给他，福斯特则会去盖德山庄过周末。作品的校样同样也会发给在莫宁顿街区的艾伦·特南小姐，并不只是供她消遣，也是征询她的意见，因为狄更斯很看重她的"直觉和判断力"。① 于是他们以一种能让奈莉高兴并讨狄更斯喜欢的方式讨论作品。弗朗西斯科·博格在年老时据说曾回忆，狄更斯和奈莉曾在安普提尔广场的周日晚间音乐派对上对唱，但这一再重复还头头是道的故事并不可靠。②

狄更斯的情绪明显起伏不定。1860年5月，他在塔维斯托克宅接待了美国出版商詹姆斯·菲尔兹，他们初次见面是在波士顿，现在菲尔兹正急着说服狄更斯再次访问美国。狄更斯喜欢他的崇拜者菲尔兹，他还迷上了初次见面的菲尔茨年轻的第二任妻子安妮。安妮在日记里说："那座房子笼罩着阴影，让狄更斯看上去像个哀伤的劳工，而非我们从他所有作品中看到的那个快乐的人。"③ 这之后不久查理出发去香港当了茶商，7月凯蒂嫁给了威尔基的弟弟查尔斯·柯林斯，新郎32岁，新娘20岁，新郎是个好人，却身负残疾，他放弃了绘画，转而尝试写作。狄更斯为凯蒂的选择责备自己，他知道凯蒂嫁人不是因为爱情，只是想远离这个家，但他在盖德山庄举办了一场华丽的婚礼，有一趟专列火车把客人从伦敦送到海厄姆站。凯瑟琳没有被邀请，这是乔治娜、玛梅和凯蒂共谋的结果。凯蒂穿着一身黑去度蜜月，游戏和花园让所有的客人都很开心，宾客们在离开前被带去参观了罗切斯特的城堡和查塔姆。那晚，玛梅发现父亲对着妹妹的结婚礼服流泪，他对她说，他正为凯蒂离家而自责。④

婚礼结束几天后，他得知弟弟阿尔弗雷德得了重病，这个弟弟勤奋

---

① 狄更斯致威尔斯，1859年6月30日，《朝圣》第九卷第87页。关于"我信任的女子"给他的校样提意见的事见狄更斯致布尔沃，1861年5月15日，《朝圣》第九卷第415页，这个女子当然是指奈莉。
② 博格的证言来自安德鲁·德·特尔南于1933年在《记录和质疑》上的报道，这一年博格去世，享年99岁。笔者发现，德·特尔南是个臭名昭著的故事编造者，其事迹涉及德彪西以及其他人，还经常在他的《记录和质疑》中编造他的虚构情节，笔者认为这肯定是又一个德·特尔南的虚报。
③ 狄更斯致菲尔兹，1869年5月20日，《朝圣》第九卷第256页脚注3中引用。
④ 最早出自凯蒂对格拉迪丝·斯托里的口述，见《狄更斯和女儿》第106页。

而受人尊敬。狄更斯到北边去看他，到达时却发现他已经去世：就像姐姐芬妮一样，他死于肺结核。狄更斯负担起了弟弟的遗孀海伦和留下的五个孩子，首先把他们接到了盖德山庄，之后在附近给他们找了一所农庄，接着把他们安顿进伦敦的一座房子里，并确保男孩们接受教育。同时，他也在尽力照顾他的母亲，她现在"因为衰老，精神正处于奇怪的状态：……她渴望起床时能穿着貂皮，像个女版的哈姆雷特，用一种可怕的荒谬行为照亮了沉闷的场面，我能发现她需要救助。"① 至少他能让海伦去照顾她，将她们安置在同一座房子里。他现在要维持北伦敦三户全是女性的人家的生计，他的妻子住在格罗斯特街区，往北几个街区是在霍顿广场的特南家，肯特镇里住着他的母亲，海伦和她的孩子们和她在一起。1860 年他把塔维斯托克宅的租权卖了，得到 2 000 基尼，给他带来了额外的收入，他同意每年租一季城中的宅院取悦玛梅和乔治娜，1861 年他租了摄政公园的汉诺威台地，离他这些家属们在北伦敦的住所都是步行可达的距离。家具从塔维斯托克宅搬到了盖德山庄和惠灵顿街，狄更斯很喜欢向与他吃饭的朋友们炫耀他的"五个特别好的房间"；他还给乔琪和玛梅准备了卧室，她们应该会用得到。

1860 年 9 月，狄更斯办了场仪式，在盖德山庄点了堆篝火，烧了他这么多年上千封的信件，和过去的自己告别。他没有和他指定的立传者福斯特商量此事。② 11 岁的亨利·狄更斯帮忙点了这把火，他还记得在热灰中烤的洋葱。③ 对他来说，这是个不错的夏天，因为他说服了父亲让他离开布洛涅的寄宿学校，转到位于温布尔登的维恩牧师的学校。

狄更斯在 10 月的娱乐是引起轰动的萨默赛特"路山宅杀人事件"，报纸上有大量报道，事关一个显然受人尊敬的大家庭，这家的四岁儿子在厕所外被发现死亡，窒息，身上有刺伤的痕迹。他认为，凶案无疑是由孩子的保姆和父亲联手犯下的，孩子醒来时发现他们在一张床上，用狄更斯的话来说，是在他们"极乐的过程"中，他们害怕孩子会将这件事告诉他的母亲。在这则丑闻的进展中，他乐见它毁坏了中产阶层家庭体面的神圣形象：这时候他能带着奎尔普或贾格斯的讥讽来看世界。尽

---

① 狄更斯致弗兰西斯·迪金森，1860 年 8 月 19 日，《朝圣》第九卷第 287 页。
② 凯蒂这时并不在场（尽管一些资料说她在），她正在外度蜜月。
③ 见格拉迪丝·斯托里《狄更斯和女儿》第 107 页和《朝圣》第九卷第 304 页脚注 1。

管他相信凶手是这家的父亲，并十分喜欢这推论，但这个推论并没有被检控方采纳。①

整个秋天让他最担心的事是《常年》的销量下滑，这促使他改变了《远大前程》的写作计划，缩短篇幅以配合每周连载，他希望这能推动杂志的销量。连载于12月1日开始，同一个月里，查普曼和霍尔出版了他的《非商业旅行者》系列文章的第一辑，书很快销售一空并重印了两次。1860年和1861年交界的冬天是多年来最冷的，正好赶上了狄更斯身体不舒服的时候。他在节礼日回到伦敦，住在惠灵顿街，留下乔治娜在盖德山庄。他自己去看医生，和威尔基晚上去剧院，还要写作。等天气稍好了一点，他又重新开始散步，发现河边有条新修的米尔班克路，沿线有工厂和铁路，"富裕的街道从头至尾像足了泰晤士河的样子。当我泛舟河上时，这里还是支离破碎的地皮和壕沟，到处是散落的小酒吧、老磨坊，还有一座高高的烟囱。"②他喜欢对比城区的新旧景观，回顾年轻时的短途远足和在一条条河道上的泛舟。

1861年2月，查理从中国归来，顺路在加尔各答看望华尔特，然后去了母亲身边，这时候狄更斯搬到了他租了一季的位于汉诺威台地的房子里。在沉浸于《远大前程》写作的同时，他还准备3、4月在伦敦开六场朗读会；等他完成了演出，获得大片掌声，并写完了书，他便待在盖德山庄里试着过无所事事的日子。他的儿子弗兰克和阿尔弗雷德都记得他们在梅德韦河上从罗切斯特到梅德斯通划船，狄更斯当舵手，他们一起打闹欢笑，这趟河上之旅一定给了他们分享欢乐的珍贵一刻；此外，他还在泰晤士河上远途过几次。③但他觉得在家里度假的男孩子们会妨碍他，他还要准备秋天的新一轮巡回朗读会，这次的内容选自《大卫·科波菲尔》和《尼古拉斯·尼克尔贝》。但巡演的计划被搁置：他的经理亚瑟·史密斯去世了。接着是他的妹夫兼老友亨利·奥斯丁去世，留下妹妹莉蒂西亚，成了又一个要依靠他的寡妇。他请莉蒂西亚来盖德山庄，支付了葬礼的钱，提供她经济支持，并积极通过沙夫茨伯里勋爵为她申

---

① 他首先这样告诉柯林斯，然后是他的瑞士朋友瑟雅，1860年10月24日，1861年2月1日，《朝圣》第九卷第331、383页。凯特·萨莫斯凯尔的《威彻先生的嫌疑》的读者知道会有一个非常不同的答案出现。

② 狄更斯致瑟雅，1861年2月1日，《朝圣》第九卷第383页。

③ 菲利普·柯林斯编：《狄更斯：访谈和往事》第一卷，第156页，当中给出了阿尔弗雷德于1910年11月接受的一次访谈的内容，他回忆了划船旅行的事。弗兰克还回忆了他划船去梅德斯通的事。

请到了一份补贴，以表彰奥斯丁对公共卫生事业的贡献。为这件事，他写了大量的信件，并不断坚持才取得成功。

1861年狄更斯家的最后一件大事是查理的婚礼。新娘是贝茜·埃文斯，她是狄更斯过去的出版商的女儿，与查理青梅竹马，他们结婚并不奇怪。但狄更斯暴怒不已，且不惮于表达他对埃文斯的恶意。他试着阻止他的朋友去参加婚礼甚至不让他们踏进埃文斯的家门，他还责备理所应当出席了婚礼的凯瑟琳。他对贝茜口吐恶言，还警告查理不要和他妻家的兄弟，即在一家造纸公司工作的小弗雷德里克·埃文斯，有任何合作关系。狄更斯给查理的建议被忽略是在情理之中的。无论如何，查理的父亲开始了一场宏大的朗读之旅，婚礼当天他应该在位于布莱顿和泰恩河畔纽卡斯尔之间的某个地方，正在去苏格兰的路上，要在狂喜的观众面前模仿麦考伯先生和华克福德·斯奎尔斯。他模仿的斯奎尔斯在一个观察者看来"令人印象深刻的是，他让我们认为，他在享受残忍，而非一个演员在表演残酷。"①

随着年纪的渐长，他有时会以自身的名义发表残酷的言论。他的态度越来越苛责，不再像19世纪40年代那样反对公开处刑，他将这看作唯一能解决人类残忍野蛮的方式。1857年10月，他知悉印度起义反抗英国统治，在给库茨小姐的信中他主张消灭"这个种族新近留下的污点……将其剔出人类，从地球上毁灭"。如此极端的记录是件新鲜事。后来在19世纪60年代他赞赏了镇压起义的牙买加总督爱德华·艾尔，事变中有20名白人被杀，艾尔不经审判就使用鞭笞、枪杀、绞刑等手段处决了上百名叛乱者。英国社会对艾尔的看法两极分化。约翰·斯图亚特·密尔组建了一个委员会，寻求将其召回并予以审判，成员包括达尔文、托马斯·赫胥黎和查尔斯·金斯利；而卡莱尔、拉斯金、丁尼生和狄更斯支持艾尔的做法。关于这件事，狄更斯只提到过一次：1865年的一封信中，他将牙买加的起义同新西兰的毛利战争、爱尔兰芬尼亚会成员以及南非的问题联系在一起，他为英国统治者遭受的所有这些打击愤怒不安，他

---

① 观察者是凯特·菲尔兹，后来于1868年记录在她的《查尔斯·狄更斯朗读写照》中，马尔科姆·安德鲁斯在他的《查尔斯·狄更斯和他的表演自我：狄更斯和朗读公演》（牛津，2006）中引用，第255页。

管英国统治者叫"穿干净白衬衫的人们"。① 在同一封信中，他谴责白人传教士的活动，所以他的反应也不是单纯的种族主义；但他现在已经足够自称是个比往昔更加严酷的人。

对待特南家，他一贯温柔、乐于助人。1859 年 9 月他在写给"法国喜剧"的友人雷尼埃的信件中谈及了芬妮·特南，他和特南家的关系借此可见一斑："她有不凡的智慧和才能——优秀、勤奋又活泼"，10 月她将和她母亲同在巴黎。② 一张 50 英镑的支票 10 月被交到了在巴黎的 E.F. 特南夫人手中，此外还有一张写着"50 英镑，E. 特南"的账单，这大概是奈莉去了巴黎和母亲、姐姐团聚。如果芬妮是去巴黎找工作的，那她会失望而归，但在回程时她和伦敦迈尔安德路的东方歌剧院达成了协议，后来她又加入了伦敦大歌剧团，作为首席女高音与剧团一起巡回演出。玛丽娅在莱森剧院同狄更斯的两位老友萨莱斯特夫人和基利夫人一起演戏，狄更斯不止一次去看了她的演出，但在 1861 年莱森剧院停业了。1861 年 4 月的统计显示，特南家与一个 17 岁的女仆简一起住在霍顿广场，特南夫人被记为"年金领取者"，芬妮（25 岁）是歌手，玛丽娅（23 岁）是演员，而艾伦（22 岁）无业。

奈莉的性格仍旧很难说清。她已经不再是受宠的小女儿、小妹妹，也不必自行谋生，只是要面对会决定她未来的选择。狄更斯在《远大前程》中写给成年皮普用于描述他对艾斯黛拉的感觉的句子强调"我对她从不过誉"。③ 如果狄更斯觉得他在和奈莉的交往中对她的动机看得公平清晰，他就会像皮普一样，显得"爱她只因觉得她不可抗拒"。他让皮普告诉艾斯黛拉："你是我的一部分，我的半身。你是我读过的每句诗行……你是我脑海中知道的所有优雅幻想的具现……直到我生命的最后一刻，你不能选择，只能留做我人格的一部分，一半好的，一半坏的。"④ 这段就痴迷之爱的描述令人难忘。

6 月，玛丽娅在罗切斯特和温莎巡演团一起参加演出，7 月她去北边

---

① 狄更斯致库茨，1857 年 10 月 4 日，《朝圣》第八卷第 459 页；狄更斯致瑟雅，1865 年 11 月 30 日，《朝圣》第九卷第 115—117 页。艾尔被召回英格兰，一个英国陪审团和皇家委员会判他无罪，牙买加起义之后作为直辖殖民地受英国统治。
② 狄更斯致雷尼埃，1859 年 9 月 17 日，《朝圣》第九卷第 124 页。
③ 《远大前程》第二十九章。
④ 同上。

和芬妮在一起，在巡回歌剧团中担任女低音。9月，狄更斯给阿德尔菲剧院的经理韦伯斯特写信，请求他给玛丽娅提供工作机会，并提到了她住在霍顿广场的母亲，但韦伯斯特没有答应，于是12月玛丽娅又在罗切斯特了。这事让狄更斯很沮丧，尽管他那么努力地在帮助她们，为芬妮和玛丽娅甚至做得更多，她们都有足够天赋，能胜任一切场面，但她们就是没有办法大红大紫，取得真正的成功。也许她们还没优秀到那个程度，也许是她们和狄更斯的关系拖了后腿。在他们正努力的时候，奈莉的生活却发生了戏剧性的转折。

第二十二章 "毕蓓丽"式生活
1862—1865 年

接下来的三年里,狄更斯的生活分成了英格兰和法国两部分,粗略推算,在此期间他横跨海峡 68 次,且只偶尔说明他的旅行理由。1862 年 2 月,他度过了自己的 50 岁生日。10 年前他 40 岁的时候,即 1852 年,一整年他都在写《荒凉山庄》,同年他最小的孩子出生。而 1862 年他除了给他杂志的圣诞专刊写了篇非常短小的故事之外,再没写别的内容。故事名叫"他的靴子",说的是一个有了孙辈的中年英国人(就像狄更斯自己),脾气火爆,对阻挠他的人从不原谅,他去了法国,待在戍守部队所在的北方小镇,期间对一个叫"毕蓓丽"(Bebelle)的私生女产生兴趣,并最终把她带回英格兰收养。故事讲得不错,温柔而动人,但这不算他的主要作品。很明显,1862 年,与写作无关的事占据着他的头脑。

一件事是 1861 年秋天开始的朗读会巡演,12 月中旬巡演因阿尔伯特亲王的去世中断。他于 12 月 30 日在伯明翰再次开始演出,整个 1 月他都在持续巡演。"感谢上帝,每到一处成功都陪伴着我,"他给妹妹莉蒂西亚写信说,"每晚,我面前的大量观众都好像把我看作他们的亲友。"① 他在利明顿、切尔滕纳姆、普利茅斯、托基和埃克塞特延续着他的胜利之路,经停切尔滕纳姆时,他和麦克雷迪家在一起,麦克雷迪年事已高,身体也虚弱了,但他还有新娶的年轻漂亮的妻子,又一个孩子马上就要出生——她在 5 月生下了一个儿子。然后狄更斯向北踏上了被他认为是"着实令人眼花缭乱"的曼彻斯特和利物浦之旅,结束了巡演。②

个人的成功是其一,而家庭生活则是其二,两封在 1 月写给乔治娜的信表达了他的恼怒,内容首先是关于阿尔弗雷德的遗孀海伦去办公室骚扰他——不知乔琪和她是否说清楚了她应该和乔琪或玛梅去交涉——

---

① 狄更斯致莉蒂西亚·奥斯丁,1862 年 1 月 4 日,《朝圣》第十卷第 4 页。
② 狄更斯致托马斯·比尔德,1862 年 2 月 1 日,《朝圣》第十卷第 29 页。

此外乔琪还在他的彩色衬衫上缝错了扣子。你会听到一个男人的心声，他希望能被照顾得井井有条，他的独裁专横由此可见一斑。① 另一件让他不高兴的事是，他要为了事先答应乔琪和玛梅的"节期"而从盖德山庄搬回"伦敦最脏乱的小房子"。② 住处位于肯辛顿的海德公园外，对狄更斯来说，这边并不合他的意，他告诉福斯特，这里在扼杀、压抑他的创造力，但他一直困在那里直到 5 月底。他的做法是每周在惠灵顿街过两天一夜。

3、4月他在伦敦又办了几场朗读会，内容仍以《大卫·科波菲尔》和《尼古拉斯·尼克尔贝》为主，这时他能向福斯特炫耀他赚到的钱了——"想想看，一晚上 190 英镑！"③ 他要忙《常年》杂志的事，他的通信大部分是关于约稿，还有和威尔斯讨论杂志业务的内容。其他的信件涉及关于公共事件的简要想法。他拒绝在杂志里做任何关于纪念阿尔伯特亲王的专题，认为亲王是个"完全普通的人"，他的儿子威尔士亲王则是"一个可怜而愚蠢的闲汉"。④ 他冷漠地评价美国内战中北方各州对奴隶制的态度，这场战争令英格兰经济萧条，还使狄更斯去美国巡演的可能性搁置了。

4 月，狄更斯与演员查尔斯·费克特见面，费克特的舞台生涯自法国始，这时他正在伦敦精彩地演绎着和以往完全不同的哈姆雷特以及维克多·雨果剧作中的吕布拉斯，这让狄更斯异常钦佩。埃德蒙·耶茨正和费克特的剧团一起工作，狄更斯给耶茨写信说：

> 我希望费克特能在那群年轻女士中选用玛丽娅·特南。这不只是因为我和她的深厚友情，也不只因为我认为她是最优秀、最勇敢、最善良的姑娘（这也与此无关），我曾与她同台，我相信她只要能站在台上，用不了一个月，她就能展现出比别人更多的天赋。她不仅是个淑女，她漂亮、身材窈窕，总是小心谨慎还追求完美。她还是个优秀的模仿者（但从来没有机会表现）。不管给她看什么，她都能模仿出来。我最初认识她的时候，在曼彻斯特的某个早晨看着她的

---

① 狄更斯致乔治娜·霍加斯，1862 年 1 月 24 日、28 日，《朝圣》第十卷第 22、25 页。
② 狄更斯致托马斯·比尔德，1862 年 4 月 5 日，《朝圣》第十卷第 66 页。
③ 狄更斯致福斯特，1862 年 4 月 8 日，《朝圣》第十卷第 67 页。
④ 狄更斯致瑟雅，1862 年 3 月 16 日，《朝圣》第十卷第 54—55 页。

眼睛,《冰渊》仅仅用一瞥和六个词就被她呈现出来了。①

很少有推荐信能说得比这封还好,尽管并没有帮上玛丽娅的忙:费克特的剧团很快就要解散了。但这封信能告诉我们,狄更斯在她身上看到了什么——她的勇气,她职业上的爆发力和责任心,她美丽的外表和完美的淑女式表现——这也部分说明了,特南夫人是如何教育她的女儿们的,她们在自食其力的同时,也要表现得像个淑女。只是奈莉现在并非自食其力。

关于1862—1864年奈莉究竟在哪儿或在做什么并不确定,直到1865年6月,她出现在载着刚从法国渡海而来的乘客的火车上,和狄更斯以及她的母亲一同旅行。要不然我们就只能根据狄更斯的信件推测,她可能在法国。但既然我们已经知道了狄更斯是她的保护人,并密切关注着她的幸福,这个假设并不难做,毕竟从他的信中可以收集到不少线索。乔治娜的角色也能向我们透露些什么,因为狄更斯于1862年夏天去了两趟法国,而这时候乔治娜则宣称她生病了。她34岁,正是年富力强的时候,却突然开始看起来很衰弱,无法再管理这个家,履行她的日常职责。狄更斯急得把弗兰克·比尔德和埃利奥特森两位医生都请来了,她被诊断为"心脏功能衰退",需要休息。于是狄更斯主动提出带她和玛梅去巴黎待两个月,最晚待到10月中旬。乔治娜仍然有时会说她觉得身上无力,胸口时有疼痛,但好的治疗和休息足以让她开始恢复。他们在巴黎莫里斯饭店舒适地安顿下来,狄更斯和玛梅陪着她,她的心脏开始恢复健康,两个月后她"状态基本不错"。1863年回到盖德山庄,很快便恢复了正常生活。事实上,她之后再没有得过大病,最终活过了90岁。心脏功能衰退明显是误诊,给她写传记的人礼貌地暗示,1862年的这场病的致病因素可能包括了心理因素。② 这场病着实吓到了狄更斯,无疑是有意为之。

乔治娜也有理由装病。她可能害怕狄更斯会进一步调整他的生活——甚至也许与奈莉·特南同居组建家庭,生育更多孩子——这样会剥夺她作为狄更斯的管家、助手和最好的朋友的"特等席"。麦克雷迪在

---

① 狄更斯致耶茨,1862年4月3日,《朝圣》第十卷第64页。
② 亚瑟·A. 阿德里安:《乔治娜·霍加斯和狄更斯的圈子》,第76—81页,特别是第79页。

六十多岁的年纪终究还是与新婚妻子又生下了孩子。乔治娜需要得到保证，狄更斯则显然成功安抚了她，他愿意像早些年一样带她去巴黎，他还对乔治娜解释了有关奈莉的情况，某种程度上也将她包括在内。这有助于解释乔治娜此时以及之后的行为。没有事实能证明，1862 年夏天是奈莉让狄更斯去法国的，也无法证明她去法国的原因是她怀了孕，但这能够让乔治娜的行为变得合乎情理。

故事可能是这样发展的：既然奈莉抗拒成为狄更斯的情妇，而狄更斯又在他的单身生活中得了隐疾，这当中自然不会有怀孕的风险；但狄更斯的病一被治愈，他又立即展开攻势并成功地成了她的恋人。特南夫人已允许他在经济上和职业上对她女儿们的帮助，那时她看到伟大的查尔斯·狄更斯是如此友善、如此慷慨，没有抛弃她们，考虑到他艰难的婚姻状况，奈莉给狄更斯他所热切渴望和需要的东西并不能说是完全错误的。或者，也许奈莉只是单纯地屈从了。狄更斯是个伟大的表演者，他知道如何取悦他的观众。他以精力旺盛而为人所知，并认真地对待物质上的乐趣，包括饮食、散步、跳舞、旅行以及歌唱。他和妻子的 20 年婚姻中生下了 10 个孩子（除流产外）。他认为，性行为对于一个健康的男人来说是必要的。他想要得享极乐，看起来也得到了满足，随之而来的还有其后果。

丑闻一定要避免，怀孕的奈莉得藏起来。还有比法国更好的地方吗？1861 年铁路延伸到了法国北部，将海岸与巴黎联系起来，一条铁路从布洛涅出发穿过亚眠市，另一条从敦刻尔克出发途经阿拉斯。奈莉可以被安置在这一区域的某处待产，要搬到巴黎也很方便，那里有不错的医生，不引人注意，发展前景也不错。1862 年的 6 月、7 月狄更斯都在法国，8 月、9 月，他可能也在，10 月他肯定在，他告诉柯林斯，他正遭受"痛苦的焦虑"，还写信给福斯特说，他"说不出地可怜"，带着一种"动荡不安的苦恼"。[①] 他正在认真考虑去澳洲做朗读巡演赚钱。

10 月初，狄更斯告诉柯林斯，他在写一个故事，他描述这个故事起源于法国一个驻防城镇的召唤；然后，他告诉布朗夫人，这个故事是在

---

① 狄更斯致威尔基·柯林斯，1862 年 9 月 20 日，《朝圣》第十卷第 129 页；狄更斯致福斯特，1862 年 10 月 5 日，《朝圣》第十卷第 134 页。

他看到一个法国水手像保姆一样照看他的船长的女婴时出现在脑海中的。① 然而，故事却变成了一个神秘而羞怯的英国人收养了一个私生子，他慢慢爱上这个孩子，并因他的善行得到了救赎。"上帝保佑你，这个在你庇护下的孩子的幸福与你同在"，一个法国女人在他带着这个"没人要"的孩子离开法国回英格兰时这样说。在约翰·博文对这故事及其描写的年代的说明中，他写道："尽管我们没法确定这几个月里究竟发生了什么，但我们可以确定，1862 年秋天，在法国，狄更斯在考虑着一个私生子的命运、突然死亡、收养、为人父以及和解问题，他通过告诉他自己以及我们一个故事来完成这项思考，故事讲的是一个和家庭疏远的中年英国男人如何在法国为一个私生子创造幸福的结局。"②

但事情并不那么简单直接。9 月，乔治娜说，她觉得很虚弱，于是他带乔治娜去多佛休养。10 月 16 日，他又去了法国，这次没有去巴黎。两天后，乔琪同玛梅以及爱犬邦瑟夫人跨越海峡，法国的法律对她们下了缄口令。一行人安顿在圣奥诺雷郊区一所雅致的小公寓里，离 1846 年冬天一家住的地方不远。11 月布尔沃和威尔斯都来看望，威尔斯还给狄更斯带了"附带支票的黄金现金"。12 月中旬，他在伦敦过了两天，把乔琪和玛梅留在莫里斯饭店将近一周，又用了一天去了只有他才知道的地方。12 月 18 日他给威尔斯写信，信里有一条急切的请求："出于特殊目的我需要一张 50 英镑的钞票。你能在回信中发一张过来给我吗？"③ 这听起来像是要给奈莉钱，或者是给医生和保姆的。他回到盖德山庄与乔琪、玛梅过圣诞，这时候他终于决定不去澳大利亚开朗读会，此前他曾认真地考虑过这计划。他告诉福斯特，他需要钱："有这么多的女人我必须时时刻刻照顾到。这是场不凡的奋斗，就像你会猜想的，你知道奋斗者的状况。"④ 但是，还有比钱更需要考虑的事。

1863 年 1 月中旬，狄更斯回到了法国，这次没有带着女士们。他一

---

① 狄更斯致威尔基·柯林斯，1862 年 10 月 8 日，《朝圣》第十卷第 137 页；狄更斯致布朗夫人，1862 年 10 月 21 日，《朝圣》第十卷第 150 页。

② 笔者非常感激约翰·博文于 2000 年冬季在《狄更斯研究者》第 197—208 页发表的文章《毕蓓丽和"他的靴子"：狄更斯、艾伦·特南以及圣诞故事》，文章讨论了应如何解读狄更斯这一阶段的写作与他生活的关系。他指出，狄更斯引进的一个角色 M. 穆图埃尔上去是基于他在布洛涅的房东，而中心人物兰里和在英格兰的女儿发生过争执，另外他还有一个夭折了的孩子。狄更斯给《常年》接下来的两期圣诞专刊都供了稿，《利里普夫人的住处》(1863) 和《利里普夫人的遗产》(1864) 同样关注了私生子问题，随后他还去了法国。

③ 狄更斯致威尔斯，1862 年 12 月 18 日，《朝圣》第十卷第 178 页。

④ 狄更斯致福斯特，1862 年 10 月 22 日，《朝圣》第十卷第 148 页。

直在那里待到2月中旬。到达巴黎之前，他告知一个在大使馆当医生的朋友，爱尔兰人约瑟夫·奥利夫，对他说自己有多难受，"有些神经紧张——再加上无法在此提及的一种焦虑——让我无法入眠。"① 其他朋友和熟人听到他准备去热那亚或瑞士等地有种种不同的说法，但对威尔基·柯林斯，他只写了他正"'就某些事的某些情况——'感到不安且不确定等"［原文如此］。② 他说，他要离开巴黎一周，去一个保密的地方——可能是巴黎的另一个区——然后在1月29日回来，准备给他在法国的崇拜者们读小董贝死亡的段落，他觉得"好像我无法打起精神来冷静地面对这孩子的死"。③ 大概这时，奈莉的孩子出生了，还很虚弱。

1月，他还出席了古诺的歌剧《浮士德》的公演，剧目表现了纯真的玛格丽特被送给她的珠宝诱惑，狄更斯告诉乔治娜和麦克雷迪，这部剧让他很不舒服。"我无法忍受它，它影响我太深，在我耳中回响，就像梗在我心里的东西发出的凄厉回声，"他给乔治娜写信说。他继续写道："但是，某个法国人说'完美无缺，丹东！'于是我离席了。"④ 这话近乎于坦白，还藐视了除了他自己之外一切对他和奈莉的关系的解释。他还对认识特南家多年的麦克雷迪描述了剧中玛格丽特不再纯真的舞台呈现，写道："我忍不了，完全放弃了。"⑤ 让他无法忍受的是，剧中玛格丽特生下的孩子夭折，她被流放、被指控杀婴，并最终死去的情节。

2月4日，他派自己的男仆约翰回英格兰，他自己一个人旅行，去了阿拉斯和亚眠。3月，他又到法国去处理"一些非常紧急的事务"，要"耽搁四五天"。4月，他写到"生病的友人急切召唤"以及"冲过了海峡"。这些旅程的安排必须配合在伦敦举办的朗读会，1863年3月三场，4月底四场，5月五场，6月还有三场。同月，玛丽娅·特南在伦敦举行婚礼（她嫁给了富有的牛津酿酒商罗兰·泰勒）。8月，他在法国北部"人间蒸发两周"，11月又发生了一次。⑥ 于是，他一直延续这一模式，这

---

① 狄更斯致奥利夫，1863年1月18日，《朝圣》第十卷第196页。约瑟夫·奥利夫爵士是麦克莱斯的发小，也是麦克莱斯把狄更斯介绍给他的。他在巴黎学习医药学并娶了一位富有的英国妻子，两人都很喜欢狄更斯的作品，在巴黎和狄更斯成了朋友。
② 狄更斯致威尔基·柯林斯，1863年1月20日，《朝圣》第十一卷第198页。
③ 狄更斯致威尔基·柯林斯，1863年1月20日、29日，《朝圣》第十卷第198页和201页。
④ 狄更斯致乔治娜·霍加斯，1863年2月1日。这句话是丹东自己在绞刑台上说的。
⑤ 狄更斯致麦克雷迪，1863年2月19日，《朝圣》第十卷第215页。
⑥ 狄更斯致乌弗里，1863年3月17日，《朝圣》第十卷第224页；狄更斯致雷顿，1863年4月9日，《朝圣》第十卷第230页；狄更斯致威尔基·柯林斯，1863年8月，《朝圣》第十卷第281页。

一行动模式揭示,他总是召之即走,还有相对长的几段时间是在法国度过。这一年里,他写了些"非商业旅行者"系列文章,秋天他开始动笔写长篇小说《我们共同的朋友》。① 他也在着手"利里普夫人"系列写作,故事发表于1863年和1864年的圣诞节,主要内容同样是关于私生子,这次写的是个男孩。利里普夫人是伦敦一所出租屋的管家,她可怜一个被情人抛弃又在生产中死去的年轻女子,养育了留下来的婴儿;过了几年婴儿长成了男孩,她便带着他去了法国的桑斯,孩子在那里见到了他已经悔过却濒临死亡的父亲。

1864年,狄更斯去法国的次数变少了,他这时正在写《我们共同的朋友》,系列连载从5月开始。但在2月,他的银行账户上出现了"她的生日,3英镑"的字样,3月3日他买了一件3英镑的小礼物,一周后他又出发去了法国。6月他告诉一个通信员,他要去比利,但他给威尔斯的信里却说他在拼命工作,很难抽身前往法国"神秘失踪"一下。他接着写道:"我似乎有种灵感,可以在巴黎那些毕蓓丽式的生活中感受到利里普夫人不减的吸引力。"② 他的话可能表示,这时奈莉和孩子正在巴黎。狄更斯离开了10天。11月他又在法国过了一周或者10天。1865年3月,他的账户又出现了一条"她的生日,3英镑"字样。

很多问题悬而未决,大部分都无法解答。如果有这么一个生卒年月都未知的孩子也不奇怪,因为巴黎方面的记录都在1871年被付之一炬。美国学者罗伯特·加内特曾提出了一个解释,把孩子的出生定在1863年1月底到2月初,之后很快孩子在4月夭折。出生日期看起来似是而非,提示了这个胚胎可能是在1862年4、5月间受孕的。死亡日期看来是错误的,因为特南夫人和奈莉1863年6月都缺席了玛丽娅的婚礼,这告诉我们,她们的缺席在关系如此亲密的家庭中肯定会有某种不可抗拒的原因。此外,狄更斯在此期间还去了很多次法国。

还有更多的证据。狄更斯1867年写了一封信答复他的友人艾略特夫人的要求,谈到了奈莉。艾略特夫人好奇于奈莉和狄更斯的关系——她

---

① 他于1862年8月25日(《朝圣》第十卷第120页)的信中对福斯特提到一个初步的想法,他想写一个故事,其中有对比强烈的两群人,并要传达一条令人震惊的信息,这可能就是《我们共同的朋友》的萌芽——尽管它后来失去了"令人震惊的信息",令人着急。

② 狄更斯致尼克尔斯夫人,1864年6月26日,《朝圣》第十卷第408页;狄更斯致威尔斯,1864年6月26日,《朝圣》第十卷第409页。

称之为"神奇圈子"——大胆地要求狄更斯介绍奈莉给她。艾略特夫人很有主见,有点不务正业,曾被怀疑离过婚,她同时还是威尔基·柯林斯的朋友;她在伦敦还短暂出演过《冰渊》,有成为一名作家的抱负。狄更斯喜欢她,但他坚决地拒绝了她想见奈莉的请求。他告诉他这个"神奇圈子"存在且是唯一的,以及"如果你知道了前因后果,那对奈莉来说,会是说不出的痛苦……她不会相信你能同我一样看待她、了解她。这样的介绍是不可能的。这将会在她的余生中一直困扰她。无论如何我感谢你,但这真的无从谈起。如果她能忍受,她就不会有(混合她温柔的本性)**在孤独地**经历了这么多之后形成的骄傲和自力更生。"① 据狄更斯说,骄傲、自立、因曝光而感到的羞怯,以及带她熬过了"这么多"的温柔本性,这些组成了奈莉的性格。若非一个孩子的出生和夭折,还有什么能让她如此需求着骄傲和自力更生,并要求她独自忍受这么多?

　　源于奈莉的证据是反面的,即在姐姐们的帮助下,她在狄更斯去世后一直长时间隐瞒着他们之间的关系,她改了自己的年龄,毁掉狄更斯写来的信,这样就必然能证明,两人的关系是纯洁的、柏拉图式的。另外的证据来自狄更斯的女儿凯蒂。在奈莉去世后,她说奈莉给狄更斯生了个儿子。② 她把这话告诉了她的友人格拉迪丝·斯托里,她打算让斯托里根据她的口述出一本书,这本书后来确实也出版了。斯托里小姐指出,亨利·狄更斯确认了凯蒂说的话,并说这孩子是个男孩,很早就夭折了。③

　　如果这孩子存在——狄更斯的第八个儿子——那他死于何时?在狄更斯1864年多次去了法国的不少地方之后,事情又有所变化,1865年的前几个月他去了至少四次,尽管他自己经常生病,腿上的痛风让他痛苦不堪,他的下肢肿胀,甚至有时候无法行走。他努力工作,继续《我们共同的朋友》的连载,他告诉福斯特,他濒临崩溃,但他1月、3月都在法国,4月底和5月底也去了。④ 如此频繁的旅行可能表明了,他的孩子

---

① 狄更斯致弗兰西斯·艾略特夫人,1866年7月4日[实际为1867年],《朝圣》第十一卷第389页。
② 格拉迪丝·斯托里:《狄更斯和女儿》,第94页。见后文第二十七章。
③ 斯托里的书当时被攻击,萧伯纳1939年给《泰晤士报文学副刊》写信称,佩鲁基尼夫人(凯蒂·狄更斯)曾在19世纪90年代告诉过他整个经过。亨利·狄更斯的证言见狄更斯宅博物馆档案中格拉迪丝·斯托里的笔记手稿。见大卫·派克和迈克尔·斯拉特关于斯托里手稿的描述,《狄更斯研究者》1980年第76期第3—16页,以及后文第二十七章。
④ 狄更斯致福斯特,1865年5月末(?)[福斯特说是在狄更斯离开法国前一天],《朝圣》第十一卷第48页。

正在生病，如果孩子在 5 月去世，这就能解释为何这些持续的访问以 6 月奈莉和特南夫人随狄更斯回到伦敦结束。1865 年 6 月 9 日是奈莉在三年的行踪不明后，再次被明确所在地的第一天，因为这天载着他们到伦敦查令十字街的"往返火车"途径肯特郡斯泰普赫斯特时，撞到了一座板材松动的桥，列车冲向了桥下的河里。

狄更斯、特南夫人和奈莉独占了靠近车头的头等舱，逃过一劫，但奈莉觉得他们马上就要遇难，并说"让我们拉起手像朋友一样共死"——这话可能暗示了他们这时候的状态并不那么友好。① 奈莉伤到了手臂和颈部，必须下车，在这过程中，她丢了不少珠宝，然后她在有人察觉到她们是和狄更斯一起旅行之前，谨慎迅速地和她的母亲一起离开了现场。狄更斯自己也动摇了，但同时他提着白兰地酒瓶，用他的实际行动安慰帮助其他乘客，这时候特南家已经回到霍顿广场。如果奈莉已经在为她的孩子的死亡痛心，那她现在就有两个精神创伤需要去克服。她病了两周，身体纤弱。狄更斯让他的男仆约翰给"艾伦小姐"带去美味食物，改善她的食欲："明天早上，一小篮新鲜水果，一罐塔克斯的凝固的奶油、一只鸡、一对鸽子，或者一些不错的小型禽类。周三和周五的早晨，给她带类似的其他东西——每天稍有变化。"② 他还喜欢在他给威尔斯的信里称她为"小患者"：她不得不去做个病人。

我在早年的一本书《看不见的女人》中提出，斯泰普赫斯特的这场事故对狄更斯和特南来说，算是一场清算。即使在奈莉受伤的情况下，狄更斯也更在意自己的声誉而不是照看她。他们之间必须有一个关于两人关系的说辞，以应对友人和家人，狄更斯是个友善的叔叔，或者他的存在类似教父，很关心奈莉的教育问题。我认为，芬妮和玛丽娅一定在试图想象事实就是如此，以安慰她们的良心，不让别人怀疑狄更斯对她们的帮助是对她们的妹妹以色侍人的回馈。不管奈莉是不是在法国生下并失去一个孩子，不管她是不是为狄更斯经历了一场漫长的折磨却很少支持她而生气，这场事故带给她的都是无助和由她的地位引来的屈辱。这让她的姐妹清楚了，不管她是有罪还是无辜，不管这些词汇的意义是什么，她都必须使在说辞和事实错位的夹缝中的生活变得透明。

---

① 狄更斯致米顿，1865 年 6 月 13 日，对事故有一段很长的描述，但没有提及他的同伴的姓名。
② 狄更斯致约翰·汤普森，1865 年 6 月 25 日，《朝圣》第十一卷第 65 页。

多年来，每个对公众指出狄更斯和奈莉·特南可能有不伦关系的人都会被狄更斯的崇拜者们视为卑鄙的丑闻贩子，但奇怪的是，狄更斯对凯瑟琳的虐待并不让他们太担心。狄更斯的家人希望保护他的声誉，这可以理解，不伦关系是要提到法庭上的事件，在体面的社会是不可说的。托马斯·怀特1935年出版了一本狄更斯的传记，当中透露了大段有关特南的内容，于是他被攻击、诋毁；格拉迪丝·斯托里的《狄更斯和女儿》中有一段对她和凯特·佩鲁基尼之间交流的描述，书预计于1939年出版，但第一家印厂拒绝接下这本书，因为那里的人发现她在书里令人反感地提到了狄更斯的离异和特南在其中扮演的角色，而且似乎还担心会因此被指责，尽管所有当事人这时已经去世了。美国一位严肃的狄更斯研究者艾达·尼斯贝特于1952年出版了她的关于狄更斯和艾伦·特南之间关系的突破性的研究成果，当中提供了被乔治娜和玛梅在编辑时遗漏的狄更斯信件中的不少段落，此外还有狄更斯给威尔斯的信件的合集以及签字，现在它们已经因红外摄影技术而保存了下来。之后事情又有了变化。K.J. 菲尔丁和埃德加·约翰斯这两位专门研究狄更斯的专家学者在20世纪50年代早期都认为，狄更斯和特南之间有过一段存在性关系的不伦之恋。1959年菲利克斯·艾尔默的《隐姓埋名狄更斯》这本书一半内容是卓越的研究，一半则偏离了轨道，但它提供了更进一步的信息。《朝圣版》信件集则披露了多年来的更多细节。格拉迪丝·斯托里的手稿在她于1978年去世后被发现，这部手稿比早先出版的书多了些内容，大部分怀特说过的话在此得到了确认。菲利普·柯林斯是位严谨、深入、知识渊博的狄更斯研究者，他在《狄更斯：访谈和往事》（1981）中引用了格拉迪丝·斯托里的描述，说他发现，描述"基本是正确的，还非常之有趣"，同时，他还承认其他人仍然不接受特南是狄更斯的情妇这一说法。他自己采纳了这一观点，毕竟"（狄更斯）跟艾伦·特南上床有违他这个年纪的良俗"。[①]

然后事情又发生了变化。1990年，笔者出版了《看不见的女人》，这

[①] 托马斯·怀特：《查尔斯·狄更斯的一生》（伦敦，1935）；格拉迪丝·斯托里：《狄更斯和女儿》；艾达·尼斯贝特：《狄更斯和艾伦·特南》（伯克利，1952）；K.J. 菲尔丁：《查尔斯·狄更斯》；埃德加·约翰逊：《查尔斯·狄更斯：他的悲剧和胜利》（波士顿，1952）。引自菲利普·柯林斯编：《狄更斯：访谈和往事》第一卷，第24页，以及菲利普·柯林斯：《狄更斯和犯罪》（伦敦，1962，笔者持1994年版），第309页，另见第312—313页内容。

是对奈莉·特南一生的一段描述，这一年，彼得·阿克罗伊德在他写的狄更斯传记中提到："看起来几乎不能想象他们之间会有'圆房'这种事。"迈克尔·斯莱特的《查尔斯·狄更斯》（2009）坚持认为，没有证据能够证明此事，完美地搁置了这一问题。这两种描述都受到了后来凯瑟琳·朗利一份未发表手稿的影响，这份细致的研究主张奈莉的纯洁。①我认识且很喜欢朗利小姐，也向她学到很多，我研究了她的手稿但她的论证不能说服我，相反，手稿让我倾向于相信狄更斯两个子女的证词和格拉迪丝·斯托里的笔记，以及这章中描述过的狄更斯自己的信件和事件的发生顺序。狄更斯确实是奈莉的情人，奈莉与狄更斯有一个夭折的孩子，就算没有文件上的佐证，就算有未解决的问题，这件事都被多方来源的证据证实，难以轻易被抹杀。

在涉足"毕蓓丽"的世界这么久之后，他需要赶上进度。1863年3月，狄更斯曾经的旅伴奥古斯特·艾格——他还曾向乔治娜求婚——在阿尔及尔病逝。狄更斯悲伤地写下了一张单子，记下了自1858年以来相继去世的另外五位《冰渊》的参与者。五个月后狄更斯厌恶的岳母霍加斯夫人去世，他只给了凯瑟琳留下几句冷淡的套话，以及授权在万灵公墓打开玛丽·霍加斯坟墓：他曾经希望能与玛丽合葬。他连一句同情的话都没有。②几周之后，在9月，他自己的母亲也去世了——"她的情况很吓人，"他告诉威尔斯——然后他将母亲安葬于海格特公墓。1863年平安夜那天，萨克雷在睡梦中去世。尽管他和狄更斯在一周前曾在文艺协会友好地说了几句话，但他们在1858年之后关系就已疏远。狄更斯出席了在万灵公墓的葬礼，并为《谷山》杂志写了篇纪念文章，热情赞美了萨克雷的人格，但只字未提萨克雷的作品。这篇文章发表于2月，同月他又收到了儿子华尔特在印度的死讯。

华尔特生前欠了债，狄更斯对此很生气，有许多个月没和他联系。秋天，华尔特给玛梅捎信说，他病了，圣诞节时他又捎信告诉玛梅说，他病得很重，会被送回家休病假；但他还没能启程就去世了，在1863年的最后一天死于动脉瘤。库茨小姐借此机会给狄更斯写信，再次催促他

---

① 朗利小姐说，她处理故事时不带任何偏见，但她标为1975年3月15日的一份笔记显示，她从未持公正立场，因为笔记上记载道："这对我的论题非常重要——即艾伦·特南事实上不是查尔斯·狄更斯的情人"。笔记手稿现位于狄更斯宅怀特档案第13袋中。

② 狄更斯致凯瑟琳·狄更斯，1863年8月6日，《朝圣》第十卷第280页。

和凯瑟琳复合。狄更斯的回复是，"我曾写下的这生命中的一页已经完全空白，我无法假装那上边写着哪怕一个字。"① 他既没有对凯瑟琳说过也没有写信对她提到华尔特的死，只是付清了华尔特的债务，硬起心肠。②

不到20岁的弗朗西斯和阿尔弗雷德都让他很失望。10月，弗朗西斯没能考取外交部，尽管他有约翰·罗素爵士的举荐还有一位高级公务员的教导。他的口吃似乎是个障碍，但狄更斯觉得儿子的失败"莫名其妙"。他去找布鲁厄姆爵士，想给儿子在伦敦的户籍登记处找个职位。这次求职再次被回绝，之后，弗朗西斯同意去印度，加入孟加拉骑警队，并在1863年12月出发，还想着能见到华尔特。同时，阿尔弗雷德在准备伍尔维奇的参军考试，但辅导他的老师觉得他不太可能过关，狄更斯便决定把他安排在伦敦城里的一家企业里，但他也干得不好。于是有人劝阿尔弗雷德去澳大利亚。1865年5月，狄更斯去法国的时候，阿尔弗雷德坐船出发去澳大利亚，在新南威尔士州担任绵羊牧场的经理。此后，他再没见过他的双亲。

事业上的事倒都是还算顺利。两年的空白期后，1863年8月狄更斯从法国回来，告诉福斯特他想写一个新故事，这部小说能连载20期，10月他又称他自己对这个故事非常有信心，这就是《我们共同的朋友》。③ 那个秋天，他还为自己的朋友做了些好事，让福斯特和麦克雷迪和好，他们之前曾因为福斯特反对麦克雷迪再婚而在很长一段时间里没有来往。1864年2月，狄更斯抱怨，他的一些私人通信被人出版，并又毁掉了一批他收到的信件，声明他以后会"尽可能写短信"，后来他确实践行了这一想法。④ 1864年，没有举办朗读会。他在海德公园的格洛斯特广场租了幢房子，一直租到6月，重新布置了惠灵顿街的房间，换了漂亮的新地毯。3月，他从法国回来后，他又给福斯特写信称赞福斯特给17世纪政治家约翰·艾略特爵士写的传记，并在《常年》杂志上为其安排了醒目的书评版块。他告诉福斯特，《我们共同的朋友》的写作进展缓慢，在

---

① 狄更斯致库茨，1864年12月12日，《朝圣》第十卷第356页。
② 见尼斯贝特《狄更斯和艾伦·特南》第41页，引自《威廉·哈德曼爵士信件和回忆录》（第二辑，伦敦，1925，第148页），内容是，狄更斯夫人的朋友威廉爵士说，她为华尔特的悲痛"因她丈夫没有就这件事知会她而大大增加，她连一封信都没有收到。如果有任何事能让我对查尔斯·狄更斯的尊重降到最低，这件罪孽深重的事无疑给它加了码。作为一个作家，我赞赏他，但作为一个男人，我鄙视他。"
③ 狄更斯致福斯特，1863年8月30日，《朝圣》第十卷第283页；1863年10月12日，《朝圣》第十卷第300页。
④ 狄更斯致R.J.莱恩，1864年2月25日，《朝圣》第十卷第363页。

第二十二章 "毕蓓丽"式生活

4月30日第一期连载开始前,他希望能攒够五期连载的内容。4月23日他"平和宁静"地庆祝了莎士比亚的生日,这天他和福斯特、罗伯特·布朗宁还有威尔基·柯林斯一起出了城。① 秋天,他的又一位密友去世了,这次是画家约翰·里奇,还不到50岁。狄更斯严肃地参加了在万灵公墓举行的葬礼,他想起了朋友家人曾一起度过的快乐假日,他们的行走俱乐部,他们的演剧活动,还有里奇给他的圣诞读物画的那些备受称赞的插图。之后,与狄更斯一起创办《每日新闻》的帕克斯顿在1865年6月也去世了。

一位新朋友的出现填补了失去一些老友而留下的空白。查尔斯·费克特在1863年1月成为莱森剧院的经理。剧院正好就在惠灵顿街办公室的对门。费克特一半血统来自英格兰,一半来自德国,他主要在法国接受教育,母语也是法语。他于19世纪40年代在巴黎开始舞台生涯,成了明星,但很有争议。狄更斯在巴黎时就很欣赏费克特的表演,当费克特于1860年搬到伦敦时,狄更斯找了个机会与他见面。他演的哈姆雷特激动人心且备受赞誉,他自然的表演打破了所有的传统,是一个伟大的埃古(Iago)*。费克特讲英语有些口音但讲得很好;他还有些神经过敏,每次演出前他都会紧张到呕吐。他以坏脾气著称,到处借钱且基本上不还,但狄更斯还是非常喜欢他,赞美他是个"绝好的家伙,绝无虚伪"。② 1864年夏天,狄更斯说费克特通常会在周日来盖德山庄看他,1865年狄更斯描述费克特是"非常亲密的朋友",并举荐他加入文艺协会。③ 毫无意外,文艺协会回绝了狄更斯的举荐,但加里克俱乐部接纳了费克特。英国绅士的俱乐部充满阴谋、八卦和争吵,当威尔斯被俱乐部排斥,狄更斯退出俱乐部时(这是他第四次退出),费克特也忠实地和他们一起退出了。

费克特从未融入英国社会,他穿着睡袍作乐,还派客人去厨房取食物。他娶了一位法国女演员,与另外一位女演员卡洛塔·勒克莱尔有婚外情,他后来甩了这个女友又找了第三个。这种高卢人的粗鲁对狄更斯产生吸引力,正如德奥赛对名望的轻蔑,大概是因为与他们在一起时,

---

① 狄更斯致弗里斯,1864年4月13日,《朝圣》第十卷第381页。
* 莎士比亚戏剧《奥赛罗》中的反派角色。——译者
② 狄更斯致R.B.奥斯本,1864年6月1日,《朝圣》第十卷第400—401页。
③ 狄更斯致乌弗里,1865年4月30日,《朝圣》第十一卷第37页。

他可以让自己变成完全不同的一个人。费克特在盖德山庄留下了自己的印记。1865年1月，他突发灵感送给狄更斯一件完美的礼物：一个大盒子，里面装满了建造一座两层瑞士木制小屋所需的零件。狄更斯立即把它们装配起来。小屋置于远离山庄的野地里，只与一条他在路面下挖的管道连接，这为他提供了一个通风的、位于楼上的写字间——"一间令人最愉悦的、能度夏天的工作室"——挂着镜子，满是光亮和鸟鸣。[①] 在这里，他可以躲开人、信件、焦虑、烦恼，在工作时他不会被打扰。

[①] 狄更斯致费克特，1865年7月21日。感谢凯瑟琳·彼得斯的《创造者之王：威尔基·柯林斯的一生》(伦敦，1991)中关于费克特的信息。

第二十三章　聪慧的女儿们
1864—1866 年

从 1863 年秋到 1865 年秋这段时间，狄更斯在写《我们共同的朋友》。这是他最后一部完本的小说。这两年，他没举办任何朗读会，尽管有多年的压力，但他写的这本书仍是一部雄心勃勃的、有力的作品，充满了讽刺的幽默和他对自己生活的这个社会的最后审判。他被誉为与威廉·贺加斯相呼应的年轻作者，在这部晚期作品中仍充满威廉·贺加斯式的气魄，对场景和人物的描绘细致有加，对粗暴刺眼以及物质或道德有所欠缺的地方也不会一带而过，他甚至还很喜欢这些地方。他没有选择在《常年》连载，而是采用了一种老式的习惯，把它附上绿色封面，装订，按月连载二十期。他还同查普曼和霍尔签了一份合同，其中第一次考虑到了他有生之年可能无法完成作品的情形，在此情况下福斯特会同出版商探讨补偿的问题。如果一切顺利，狄更斯会分三次收取酬金，第一期出版时 2 500 英镑，第六期时收取相同数额，完稿时收 1 000 英镑的尾款，总共 6 000 英镑。① 他知道自己精力大不如前，便决定在 1864 年 5 月第一期发表前先存够五期的稿件。有时他会为能否保持住节奏而焦虑，7 月他告诉福斯特，他身体不适而且心情仍然不佳，抱怨说"在看到我作品上的大字之前还有一座大山要爬。"② 抱怨也无用，这本书的销量比他最近的任何一部作品都低，第一期卖出 40 000 份，之后一路下行，最后只有 19 000 份被装订成册；③ 但这部书的广告支出是他所有作品中最高的，达 2 750 英镑，由出版商和作者平均分担。尽管如此，这本书仍坚持发行。

《我们共同的朋友》向我们展现了他眼中最后看到的伦敦。19 世纪 60 年代的伦敦，"一座黑漆漆闹哄哄的城市，到处是烟雾缭绕的房子和吵

---

① 罗伯特·L. 帕滕：《查尔斯·狄更斯和他的出版商们》，第 302—303 页。
② 狄更斯致福斯特，1864 年 7 月 29 日，《朝圣》第十一卷第 414 页。
③ 罗伯特·L. 帕滕：《查尔斯·狄更斯和他的出版商们》，第 216、308 页。

人的老婆；这是一座尘土飞扬的城市；这是一座糟糕的城市，空中弥漫着铅灰色的烟尘，没一丝空隙"。[①]* 这座城市里每周都有人饿死在街头；这里的中产阶层堕落、不思进取、懒惰、贪婪并狡诈，相对于追求爱情，他们对追求股份更感兴趣。在他所嘲弄的这些有钱人和想发财的人中，自信的拉姆尔夫妇互相产生对方很有钱的错觉，维尼林是个挤进了议会的堕落商人，波茨纳普是个保险经纪人，他坚信英国比其他国家更优越，并选择性忽视生活中与他的自满情绪相左之处。他们的密友蒂平斯夫人是"乔治三世认错人而误封的爵士"的遗孀，被邀请出席拉姆尔夫妇的婚礼，在教堂里，她私下这样评判："新娘至少45岁，衣服30先令一码，面纱15英镑，手帕是送的。女傧相要低调，以免抢了新娘的风头，所以不是小姑娘……维尼林夫人；从来没见过这么好的天鹅绒，她从头到脚的装扮得花费2000英镑，简直就是珠宝商的橱窗，父亲肯定是个开当铺的，要不这些人怎么可能这样？"[②] 这个坏脾气、诙谐的老女人的内心独白把我们带进了奥斯卡·王尔德或者诺埃尔·科沃德的滑稽世界。

其他住在伦敦新区的人群杂乱分布在老伦敦城的周围："延伸到泰晤士河的那一大片田野，肯特郡和萨里郡在那里接壤，铁路横跨即将因其而毁的菜园……邻家玩具一样的房子像是一个语无伦次的孩子从他的积木盒子里拿出零件一块块搭成的……这边街道是一条不成形的废墟，那边是座教堂；这边有一间巨大的新仓库，那边是一座年久失修的乡村小屋；还有黑乎乎的沟、闪亮的黄瓜架、茂盛的菜园、砖砌的高架桥、小拱桥横跨其上的运河……仿佛那孩子一脚踢翻了桌子然后睡觉去了。"[③] 狄更斯笔下的伦敦总是脏乱不堪。废纸在街头被风吹动，许多情节还涉及坎登镇里堆起的大土堆，垃圾一旦被整理过便有其价值，让它的所有人成为"黄金拾荒者"。1850年在《家常话》上有一段狄更斯关于现实中的垃圾堆的描述，[④] 一些评论家认定这是这部书的象征；虽然就像约翰·卡雷指出的，如果它们意在暗示金钱只是粪土，积累金钱是件不好的事，这并不符合狄更斯自己对金钱的观念：他重视金钱，并在努力工作赚取

[①] 《我们共同的朋友》第一部第十二章。
* 中译文参见《我们共同的朋友》，智量译，上海译文出版社1986年版。——译者
[②] 《我们共同的朋友》第一部第十章。
[③] 《我们共同的朋友》第二部第一章。
[④] 这篇文章作者是R. H. 霍恩，题为"尘土，或可赎回的丑陋"。

金钱。① 这件事情本身总是比任何它可能象征或代表的事物更让狄更斯着迷。

从他在19世纪30年代第一次写城中文员的生活起，某些事一直没有发生变化。上班族们要从北边的郊区穿过由土堆、狗斗、垃圾山、骨头、瓦片和烧出的砖组成的"郊区沙漠"去城里上班。② 他们来的地方变得更远，但似乎依然居住在小而不便的房子里，还必须和人合住以分担房租：在霍洛韦，雷吉纳德·维尔弗一家把家里最好的房间出租。维尔弗家总是缺蜡烛，食物也很匮乏，晚餐通常只有一片过期的荷兰奶酪，有更好的东西时他们会在明火上煎炸一下吃。家里长大了的女儿们共用一间屋子，里边用一口上翻盖的箱子和一小块玻璃当化妆台，她们不会对人假客气，贝拉赤脚走下楼，手里拿着一把梳子，和她的父亲说话。狄更斯知道她们是怎么生活的，可能其中还有他在公园小屋看到的特南家生活的余音。

狄更斯笔下的角色们就像他自己一样，会离开城市去放松。他们去了布莱克希思或格林威治，或者沿着泰晤士河朝汉普顿走，再到更西的地方，斯坦斯、彻特西、沃尔顿、金士顿，那些有树木和草地的地方，还有牛津郡：我们还记得他于1855年6月乘船去牛津朗读时的孤独。即使在那里，泰晤士河也有它凶险的一面，毕竟就像在城里时一样，人们很容易在水里被淹死；而《我们共同的朋友》里也有不少溺水和近乎溺死的场景。暴力和危险威胁着许多人，在泰晤士河边的莱姆豪斯长大的丽齐·赫克萨姆也认为，"这条黑沉沉的大河同它阴沉的河岸……延伸到汪洋大海，延伸到死亡"。③

在城里，我们被带到伦敦的小型贸易商店和工房，标本制作师维纳斯先生在他阴暗凌乱的房间里；给玩偶做衣服的芬妮·克利弗跛了脚，几乎不能走路，她坐在工作凳上剪裁和给布料上浆时，肩膀高低不平，一眼看上去就像"一个孩子——一个侏儒——一个女儿——诸如此类"。她自称珍妮·雷恩，伶牙俐齿，她有一张"奇怪却不难看的笑脸，一双明亮

---

① 约翰·凯里：《暴力肖像：对狄更斯想象的研究》(伦敦，1973)，第111页。
② 《我们共同的朋友》第一部第四章。
③ 《我们共同的朋友》第一部第六章。

的灰眼睛"，满头金发。① 她是我们的老朋友童工，在 12、13 岁时就已经立业。这个给玩偶做衣服的人让一些 19 世纪的读者很不舒服，他们就像波茨纳普一样，不愿承认畸形和残疾的存在。亨利·詹姆斯给《我们共同的朋友》写了一篇差评，尤其针对珍妮，将她说成"可怜的小矮人"，说狄更斯用她唤起"廉价的欢乐和尤其廉价的感伤……像所有狄更斯笔下令人同情的角色一样，她是个小怪物：她畸形、不健康、不自然；她属于驼背低能的那种人，少年老成的孩子们在狄更斯的所有小说里起到令人伤感的作用。"② 詹姆斯没有烦劳自己去记住狄更斯笔下的珍妮：她是一个自力更生的年轻女性，她尽最大努力养活自己，还要照看她酗酒的父亲，对朋友忠诚；她可能对在她痛苦时给她安慰的天使有些非理性的想法，但这只是针对她的美德为人物设计的一个小缺陷。詹姆斯大概也不喜欢斯洛皮，这个济贫院出身的男孩被断定为一个白痴，因为他笨拙，小脑袋长在颀长的身体上，没人教过他任何东西。狄更斯看过太多，他知道丑陋和愚昧并不一定说明智力缺失，他展现了斯洛皮在受到训练、有充足的食物并被善待之后是如何学习从事橱柜制造生意的。

珍妮比她的父亲聪明，她的朋友丽齐·赫克萨姆，一个泰晤士河上靠搜刮溺亡者维生的船工的女儿，也是如此。她有个犯了罪的父亲，没有母亲也没受过教育，但她有智慧、有原则，她拉扯弟弟查理长大并送他接受教育，让他过上受人尊敬的生活。她的工作是看守一间存放水手装备的仓库，我们能看到她有事业心，看上去可爱又勇敢。一些类似这样的事可能会补充我们的信念，而她的内心世界对我们则是关闭的。狄更斯能描写富有野心的穷小子，比如她的弟弟以及校长布拉德利·赫德斯通，但他无法进入丽齐的内心，而仅仅赋予她传统的想法和感受。他将丽齐描写得很漂亮，她的仰慕者通过一扇小窗看到她席地坐在火盆边上，"她用手托着脸。她的脸上隐约有种闪烁或光影，他一开始以为这是摇曳的火光，但接着看出，她正在哭泣……这是扇只有四块玻璃的小窗，没有窗帘……他久久地、目不转睛地望着她。她的身影构成一幅色彩浓

---

① 《我们共同的朋友》第二部第一章。
② 詹姆斯于 1865 年 12 月 21 日在《国家报》(纽约) 上登载的评论。重印于菲利普·柯林斯编：《狄更斯：决定性的遗产》(伦敦，1971)，第 469—473 页。

郁的画面，脸色棕红，头发闪着光……"① 丽齐就像是前拉斐尔派的油画，游手好闲的律师尤金爱上了她，就像是达芙妮·杜·穆里埃笔下的男主人公：为人风趣，个个外表英俊，但我们没有看到，在这外表之下一个个生命的复杂内心。故事告终，分开他们的阶层障壁被打破，但这是在尤金终身残疾之后，而丽齐比起成为恋人，更应该成为保姆。②

狄更斯将"贝拉·维尔弗"的故事处理得稍好些，尽管他在涉及她的情节里掺进了一系列不可置信的阴谋。我们可以相信，她渴望从霍洛韦郊区的贫困中逃脱，就像特南家的姑娘们想逃离伊斯灵顿郊区一样，但贝拉经历的道德改善的粗略过程是无力的。在她声明"我想比玩偶屋里的娃娃活得更有价值"③ 时，我们竖起耳朵，就像易卜生那样，这是她在表达一种愤愤不平，她婚后像玩偶一样被安置下来，要认真学习做饭，孩子也让她忙得团团转，她崇拜她的丈夫，对他言听计从。关于贝拉的最好的段落是，她和父亲在一起时放松自己的心情和很随意的场面。她是父亲的最爱，父亲管她叫"我的宠物"和"可爱的妇人"，整本书中，这样的调情一直持续，勾勒出一个上年纪的男人梦想中的能献身于他、让他高兴的女孩的样子。贝拉总会拥抱她的父亲。她会把他的头发弄成不同的样子，还用自己的头发勒住他。她给父亲系餐巾，把他压在门上，在吻遍他的脸的同时揪他的耳朵。他们继续进行秘密的远途，有一次他们去了格林威治，他说"这是他此生最快乐的一天"。④ 她给他钱去买新衣服，她确信他和妻子——即她的母亲——之间私下的关系并不理想，她结婚后还在家里给父亲留了一个可供他躲避的角落。当代的批评家们（大部分都是中年男人）发现，贝拉有种不可抗拒的魅力。在阅读贝拉和她父亲相处的场景的文字时，我们不由得会想到狄更斯和奈莉，或者是他的女儿凯蒂，又或是两者的混合体；然而，雷吉纳德·维尔弗并不是他的替身，这还可能鼓励了奈莉或者凯蒂随便去用头发勒伟大的查尔斯·狄更斯的脖子，或在亲吻他的同时揪他的耳朵。他对贝拉的描写暗示，他可能很喜欢这些行为，如果他们真这么玩过的话。

---

① 《我们共同的朋友》第一部第十三章。
② 可能反映了狄更斯对他和奈莉的情况会如何发展的担心。
③ 《我们共同的朋友》第四部第五章。
④ 《我们共同的朋友》第二部第八章。

贝拉和她父亲令这部书活跃了起来，而书的其他部分内容则充满严酷、黑暗和暴力，有时还很繁琐。剧情结构薄弱是他犯下的严重错误，他过多着墨于继承了大土堆的善良的鲍芬家，还有单腿的西拉斯·魏格以及约翰·哈蒙的假身份。① 学校老师布拉德利·赫德斯通的嫉妒之火和愤怒被有力地写了下来，愤怒之情在他被驱使着去谋杀前都被强烈地压抑着。一位美国评论家埃德蒙·威尔森公正地指出，在布拉德利身上，狄更斯第一次把一个复杂人物写成了杀人犯，这个人还是在社会上被人尊敬的人。② 狄更斯的观察范围极广，他的嘲讽锐利，如新磨的剃刀。同样在维尼林家可怕的圈子中，狄更斯把一些正派的中产阶层人物写进了故事，其中一位在伦敦东区运营一家儿童医院，还有一位是个勤勉的神职人员，"接受了昂贵的教育，收入却很可怜"，他照顾着一名贫穷的教区居民，还帮助他聪慧的妻子。女人"焦虑得憔悴"，有六个孩子要她操劳。③ 狄更斯说他"厌倦了教堂"，但他承认这朴素的美德和无私，以及那些践行美德的人身上确实体现出的东西。④

从《我们共同的朋友》中，你读到了河流、潮汐、黄昏，读到了阴冷的伦敦城市景色、天空、划过夜空的钟、脏乱的街道和粗糙的伦敦教堂墓地，读到了整个现实的世界。那里找不到美好的、崭新的伦敦，巴扎尔杰特设计的一系列工程于19世纪60年代开工，泰晤士河的堤防"变高还干燥了……米德塞克斯河岸，从西敏寺桥到黑衣修士桥。这是真正的好工程，而且确实在进行中。此外，排水系统也很棒，这是又一个极好的工程，而且同样确实在建设中。"⑤ 狄更斯在给瑞士的朋友瑟雅的信

---

① 狄更斯借鉴了19世纪30年代谢里丹·诺尔斯写的两部戏，一部讲一个年轻女子改不了唯利是图的毛病，另外一部讲一个年轻女性的父亲从淹死的尸体身上偷东西。
② 埃德蒙·威尔森，"两个吝啬鬼"，见《伤口和弓》（剑桥，1941，笔者持伦敦1961年版）第74页。
③ 《我们共同的朋友》第一部第九章。儿童医院预示了狄更斯1868年12月19日在《常年》上发表的关于他的一次走访的描述。1869年5月他同詹姆斯和安妮·菲尔兹夫妇一同重访了那里。见迈克尔·斯拉特编《狄更斯的报道》第四卷（伦敦，2000），第352—364页。文中好心的牧师弗兰克·米尔威和妻子玛格丽塔为太多的孩子所累，就像乔治·艾略特《教区生活场景》中阿莫斯·巴顿因为过度生育使妻子米莉早逝，狄更斯非常赞赏这部作品。
④ 亨利·詹姆斯认为，整本书"毫无生气、勉强、机械化"，所有角色都不自然，并提出狄更斯作为小说家是失败的，因为他没有大致理解人类的感情。他认同"他是伟大的观察者和幽默大师"，但不是个哲学家。詹姆斯当然列出了他对狄更斯意在写的那些小说的想法，这让他显得苛刻。另一方面，埃德蒙·威尔森在1941年写道："狄更斯在这里酝酿了晚年的心情，把他性格中的悲剧性差异戏剧化，以一种令人印象深刻的方式对整个维多利亚时代的辉煌成就提出了他的最后判断，于是我们发现这个时代很难将他从他的人生目标上引开。"
⑤ 狄更斯致瑟雅，1865年11月30日，《朝圣》第十一卷第116页。下水道于1865年4月开凿并于1875年完工。堤岸的第一部分于1870年启用，就在狄更斯去世不久之后。

中是这样描述堤防和下水道的建设的。在写完书之后,他简短地写了一段,这会让你遗憾,他没有在书里给那些大企业写点什么。他笔下的伦敦的道德氛围是恶劣而肮脏的,仅有的补救只能靠个人的勇气和德行。

这部小说的另一个特点是,书中许多角色都多少有身体上的缺陷或不便,珍妮无法行走,魏格只有一条腿,尤金在被布拉德利袭击后数月都在死亡边缘挣扎,贝蒂·希格登在露天挣扎着死去,邪恶的金融家弗雷吉比被鞭打得遍体鳞伤。他们的痛苦揭示了这时的狄更斯也经常被痛苦折磨。1865年2月起他的一只脚时不时肿胀,他穿不上平时的靴子,以至于无法散步,这是他工作时的依赖。病痛还带给他无数长夜"无眠之苦",他一定担心,这会在未来对他有怎样的威胁。① "如果我不能走得又快又远,我就一定会爆炸而后毁灭,"他这样告诉福斯特。②

然而,这部书还是在1865年9月2日完成了,接着狄更斯在巴黎和布洛涅度过了几天:奈莉看来没有像从前一样跟他共赴跨海之旅,可能是因为她在法国有太多的悲伤记忆。狄更斯告诉福斯特,他必须有一双特殊的鞋,"奥特朗托海峡尺寸",以适配他肿胀的脚,他无法忍受在下午4、5点之后要坐下来把脚抬起来放在另外一张椅子上的日子。在巴黎,他还中了暑,严重到必须卧床并请医生上门,但在布洛涅时,他能在海边稍微走走。③ 回程路上他给《常年》写了篇圣诞故事,形式是一个在马拉车上开补锅摊的小贩的独白。这篇故事名叫《马里歌德医生的处方》④,结合了喜剧性的语言和悲情成分,明显是为在朗读会上表演而写的。马里歌德医生讲述了他最爱的女儿的死,然后他收养了另一个又聋又哑的小女孩,教她与人沟通,送她上学,让她受到良好的教育,小姑娘结了婚,离开养父去了中国,但故事的最后,养父迎回了养女的女儿,她是这个故事里的第三个女孩,能听能说。故事构思巧妙并带有深刻的感伤,狄更斯非常自满,这篇故事在观众那里的反响也不错,卖得还好。

这年秋天,狄更斯有三个儿子离乡在外,弗兰克在印度,阿尔弗雷德在澳大利亚,西尼正在海上。查理在伦敦办了家报纸,还算取得了些

---

① 狄更斯致弗兰克·比尔德,1865年3月21日,《朝圣》第十一卷第28页。这一定是在他余生中一直折磨着他的痛风的第一次发作。痛风不致命,但经常伴随高血压和血管疾病。
② 狄更斯致福斯特,1854年9月29日(?),《朝圣》第七卷第429页。
③ 狄更斯致福斯特,1865年9月中旬,《朝圣》第十一卷第91—92页;狄更斯致耶茨,1865年9月13日,《朝圣》第十一卷第90—91页。
④ 它作为圣诞故事刊行时题为"马里歌德医生"。

成绩,亨利和普洛恩还未成年,仍旧住在家里,亨利在温布尔登的学校学习不错。狄更斯这时决定让16岁的亨利去考驻印度的公务员一职,但亨利有其他想法,9月他告诉父亲他不想去当公务员,想试着去剑桥读书。狄更斯的回应是给亨利的校长写了封信,说他只会在看到儿子在大学里表现良好并且真正充满希望时,才会负担儿子的学费,并向校长询问他对亨利的能力的看法。校长的意见是,支持亨利去读大学,于是亨利被允许在学校再待三年,并就各种科目接受额外的指导,包括数学、击剑等。他父亲教他速记,但并不很成功,因为父亲要他听写的即席创作内容太有趣,结果导致两人都捧腹大笑起来。亨利有上进心且很聪明,非常用功,1868年他被三一学院录取,这是剑桥的法学院。他还在一次展会上获了奖。狄更斯在觉得不可置信的同时,也为这个反常的、传统意义上的成功者和成为英国社会杰出一员的儿子感到骄傲。

1865年的圣诞节,家里在盖德山庄办了场聚会。乔治娜和玛梅总管家务,亨利和普洛恩在家。狄更斯12月23日从伦敦回来,在家里待了五天。家人当中,凯蒂和查尔斯·柯林斯在,查理的婚姻如今得到了宽恕,他带着他的妻子贝茜和他们还是婴儿的孩子们也来了,其中包括"小查尔斯·狄更斯大师"。费克特先生和夫人被邀请前来,同行的还有他们的儿子保罗。爱喝酒的单身汉亨利·乔利也在,他是这家的老朋友,是《常年》的供稿人兼评论家,10月曾给《我们共同的朋友》发了一篇好评。[①] 狄更斯的追随者和现任插画家马库斯·斯通也在座,他父亲弗兰克曾和狄更斯关系不错。还有一个意外的客人,17岁的爱德华·迪肯森,狄更斯在斯泰普赫斯特救了他的命,他当时被倒夹在一堆破碎的金属中间,是狄更斯把他拖了出来,送他去查令十字医院,在住院的五周里狄更斯去看望过他。亨利让每个人都忙于台球竞赛,精力旺盛的人去散步,此外还有一些常规的娱乐活动——对韵哑谜、谚语、惩罚游戏、纸牌、游泳。美食敞开供应,为男士们提供了雪茄、香槟和各种酒类,狄更斯还特别调制了杜松子潘趣酒。圣诞节那天他邀请了海厄姆的邻居们,还

---

① 亨利·乔利(1808—1872)销毁了他和狄更斯间的所有通信。乔利是狄更斯家的密友。他从1830年起就是《图书馆》杂志的记者,尤其在音乐和歌剧上知识渊博(他觉得威尔第俗气,舒曼和瓦格纳颓废,但他称赞门德尔松)。他酒量很大,据说他爱上了玛梅并自愿终生每年给她200英镑,还请她捎带盖德山庄的杉树枝给他,1872年他去世时这些杉树枝也同他一起下葬。见亚瑟·A.阿德里安《乔治娜·霍加斯和狄更斯的圈子》。

第二十三章 聪慧的女儿们

有人不请自来，包括一个美国船长的儿子威尔·摩根，也是狄更斯的一个老朋友。盛大的圣诞晚宴像往常一样，狄更斯用小蒂姆的话提议举杯之后，宴席在热腾腾的布丁中达到高潮："上帝保佑我们大家"。这之后他们跳舞，从晚九点一直跳到第二天凌晨两点钟。① 亨利对这次庆典的描述中并未提及他父亲今年能否跳舞。12月29日狄更斯回到办公室准备下一期的《常年》，并提出要去看望生病的威尔斯。威尔斯正住在位于坎登镇摄政公园台地的家里，离凯瑟琳位于街角的住处有点太近，可能会让狄更斯觉得不舒服。

在伦敦的另一边，埃塞克斯的沃尔瑟姆十字街，另一位小说家安东尼·特罗洛普在他的乡间宅邸举办了一场圣诞舞会，邀请了芬妮和奈莉·特南；现在她们的朋友里已经有两位著名的小说家了。尽管奈莉的健康，或者说，情绪正处于一种脆弱的状态，她还是打算盛装出席特罗洛普的舞会，她像少女一样，穿着浅绿的裙子，配着罗缎的罩裙，精美的平纹细布上整齐地缀着蕾丝和珠子，头上戴着深红的天竺葵和白色石楠。② 奈莉参加特罗洛普的舞会的请柬来自芬妮，芬妮从1865年春天开始给这家13岁的侄女碧茜上音乐课。碧茜是安东尼的兄弟托马斯的女儿。③ 托马斯·特罗洛普家住在佛罗伦萨，碧茜的母亲在那里去世，她的叔父把孩子带回了沃尔瑟姆宅，与他和妻子罗丝还有儿子们住在一起：他们都是非常好心的人。在1865年的整个夏天，奈莉离开法国并从火车事故中恢复的同时，芬妮隔周周末去沃尔瑟姆给碧茜上课。芬妮让碧茜很高兴，和她成了好朋友，这时碧茜的父亲想在秋天把她接回意大利，她们商量好要保持通信。托马斯·特罗洛普在七年前见过芬妮，那时芬妮正在佛罗伦萨学习声乐，狄更斯把她介绍给特罗洛普。现在特罗洛普一家都很喜欢芬妮，他们欣赏有天赋、讨喜并生气勃勃的她。

特南家的三个女儿现在都放弃了以表演和演唱为生。芬妮是一名教师，玛丽娅随丈夫在牛津，奈莉则继续过着她神秘的生活。而在1865年12月，她们的母亲宣布准备重返舞台，要在费克特的剧团演一台双场戏。狄更斯对这台戏的制作非常感兴趣，他在圣诞节前去看了排练。特南夫

---

① 亨利·狄更斯在《盖德山庄公报》上对这个圣诞节有过一段简要描述，他父亲鼓励他办了这份报纸，为此他学了一点排字。玛梅·狄更斯也就这个圣诞节在《我回忆中的父亲》（伦敦，1897）中写了一些内容。
② 芬妮·特南致碧茜·特罗洛普，1866年2月16日，未公开信件。
③ 碧茜（Bice）在意大利语中读成"碧倩"（*Bee-chay*）。

人在费克特还没有开始记台词时就为自己的戏份做了充足的准备。① 两场戏中的一部改编自斯科特的浪漫悲剧《拉美莫尔的新娘》，另外一部则改编自大仲马的流行情节剧《科西嘉兄弟》的英译版本。1866 年 1 月 11 日特南姐妹都在莱森剧院观看了首演，为她们的母亲捧场，狄更斯无疑也在观众席，后来他报道演出取得了"极大的成功"。这台剧一直演到了 6 月特南夫人隐退。

特南夫人离开霍顿广场，奈莉在 10 月将房子租出去，给她自己带来一点收入。芬妮和她母亲在莫宁顿街区附近又找了个住处，1 月份玛丽娅和奈莉去了位于苏塞克斯海岸的圣伦纳德，说海边的空气有助于她们的健康。同时，狄更斯在斯劳租了两间小屋，彼时那里还是安静的乡下小村庄，他觉得在这里他并不知名，并谨慎地将奈莉安顿下来。狄更斯在付款时用了"查尔斯·特林汉姆"这个假名——他在柯芬园的烟草供应商是位姓特林汉姆的夫人，他大概很喜欢这个名字。他认为在另外一个地方用另外一个名字能让他成为另外一个人，他的生活也变得像一部情节复杂烧脑的小说。在艾略特夫人又写信来缠着他说奈莉的事情时，他回复道："关于我的罗曼史，它属于我的生活，它大概只会和它的所有者一起消失。"② 有人邀请他 3 月 3 日做个公开演讲，他以"一个年度约会"为由拒绝了这一邀约，和奈莉一起庆祝了她 27 岁的生日，很可能在苏塞克斯，也可能在斯劳，但是更有可能在韦尔雷饭店，这是他最喜欢的餐馆之一，位于摄政街。

医生弗兰克·比尔德在 2 月告知狄更斯，他的心脏功能开始衰退，狄更斯并不感到惊讶，因为他觉得自己已经缺乏"恢复乐观的能力和希望"。③ 但是，为了取悦乔治娜和玛梅，他在伦敦照常租了房子，这次是位于海德公园索思威克广场 6 号，一个被他称作"泰伯尼亚"的地方，他们在这里住到 6 月；此外，他不顾自己的健康问题，准备开始新一轮的朗读会演出。

玛丽娅·泰勒这时告诉她丈夫，她要去南边，因为她得了风湿病，而牛津太过潮湿；于是她去了佛罗伦萨。5 月托马斯·特罗洛普请芬妮来

---

① 狄更斯致乔治娜·霍加斯，1865 年 12 月 21 日，《朝圣》第十一卷第 125 页。
② 狄更斯致艾略特夫人，1866 年 3 月 2 日，《朝圣》第十一卷第 166 页。
③ 狄更斯致乔治娜·霍加斯，1866 年 2 月 9 日，《朝圣》第十一卷第 155 页。

当碧茜的家庭教师，所以芬妮很快到了佛罗伦萨。芬妮没有无所事事，她写了一部小说《玛格丽特阿姨的麻烦》，给狄更斯看了。狄更斯对此很热心，准备把它登在《常年》上，但要匿名，并从他的私人基金里支付了稿酬，这样就算在办公室里也不会有人能搞清楚，是他出的这笔钱。这部小说被题献给"E.L.T."——艾伦·劳利斯·特南，于7月发表。同月，托马斯·特罗洛普处理完了他的家务事，干脆利落、心地善良的女人让他的女儿觉得开心，他向芬妮·特南求婚，芬妮答应了。婚礼10月在巴黎举行，玛丽娅、奈莉和特南夫人都出席了婚礼，碧茜则要被送到英格兰去读寄宿学校，她相当愤怒：芬妮可能很强硬。狄更斯给托马斯·特罗洛普写信，热情地祝贺他，说他早就预见了他们的结合，但他没有出席婚礼。

芬妮31岁，她的丈夫56岁，他们都有高兴的理由。男方得到了一个饱含爱意且勤勉的伴侣，女方则在社会意义上迈上了一个关键的新台阶，她的丈夫怎么说，都是个绅士，虽然是个贫穷的绅士，要靠当写手来糊口。现在芬妮通过嫁给比她出身更高的社会阶层的人确切地达成了一个年轻女子的希望，她开始为奈莉的地位担心。她不知她和狄更斯的友谊是否维持，也不知他是否会不顾她的名声。事实是，除了对奈莉说教警告之外，她别无他法。狄更斯现在是她的出版商和赞助人，已经向她约了第二篇小说的稿件，他还多付了她500基尼这么一大笔钱，买下了她作品未来三年的版权，这么一来，她几乎不可能对《常年》的总编和E.L.T.之间发生的事提出任何异议。① 她在给碧茜的信里谈到奈莉，读起来很奇怪，实际上奈莉正过着一个普通年轻女孩的生活，有母亲陪伴，醉心于她的宠物狗；她讲着奈莉和她的狗的蠢笑话，传递着她的爱。

在这个由特南家、特罗洛普家、狄更斯家、霍加斯家、福斯特家、艾略特家、威尔斯以及狄更斯朗读会的新任经理乔治·杜比组成的这个有趣圈子中，要弄清哪个人知道奈莉多少是不可能的。福斯特、威尔斯、杜比和乔治娜知道不少，但不完全；凯蒂、查理和亨利知道奈莉的存在。对威尔斯来说，奈莉是"患者"，对杜比来说，她是"夫人"。我们看到了狄更斯是怎样应付艾略特夫人——她同时还是威尔基·柯林斯和托马

---

① 《常年》编者和《玛格丽特阿姨的麻烦》作者之间的约稿协议印在《朝圣》第十一卷第536页。

斯·特罗洛普的朋友——的问题的。他的防御态势甚至让他没有告诉威尔基·柯林斯《玛格丽特阿姨的麻烦》的作者是谁。不久之后,他警告艾略特夫人,要对托马斯·特罗洛普小心说话:"当然你要十分地警醒,如果你见到托马斯·特罗洛普或他的夫人或他们夫妇二人——不要提到任何关于我的拼凑出的事。她的嘴远比毒蛇的牙锐利。注意这点。"① 这看上去就像是芬妮对他来说有两重角色,她既是在他手下出版了作品的作者,也是一个他不放心对其透露有关他和奈莉的生活的消息的人。这让人对他和奈莉在一起时会怎么谈论芬妮产生疑问,还有他和托马斯·特罗洛普,在要见面的时候他们又会怎么做;而狄更斯为 1867 年 4 月开始连载的《梅布尔的进步》支付的 500 基尼是否又意在封芬妮的口。

狄更斯去世多年后,奈莉说她曾对她和狄更斯的交往中某些阶段的关系觉得懊悔,她的悔意让他们两人都很可悲。② 这份自责可能有所波动,因为她急着随他去美国,还确定她自己会从意大利回来,在狄更斯归来时迎接他。她再次怀孕的可能性一直让人担心。而芬妮,出于防御心理和实用主义,作为一个知识丰富的已婚女性,可能已经警告过奈莉要她尽量避免和狄更斯的进一步性接触。一切我们都不得而知,但不管狄更斯和奈莉之间发生过什么,焦虑、悔意、不情愿和内疚破坏了快乐。

1865 年《我们共同的朋友》出版,他的杰作至此几近完成。他的小说家同行、供稿人和曾经的友人伊丽莎白·盖斯凯尔猝死,年仅 55 岁,且就在她的小说《妻子们和女儿们》完稿之前。这对狄更斯来说是个关于死亡的警告。③ 未来几年,他希望自己能再多写几篇文章和一些能表现他的努力的故事。以一种回光返照式的创造力,他计划了另一部小说并完成了大部分。他还制订了一系列的活动计划。他很少一次在一个地方停留几天以上,他说:"我在这里、那里、无所不在并(基本)不在任何地方。"④ 世界上的大事也对他造成了影响,美国内战于 1865 年结束,给他带来了新一轮的压力,他要横跨大西洋去取悦渴望着看到他、听到他,

---

① 狄更斯致艾略特夫人,1867 年 7 月 4 日《朝圣》第十一卷第 389 页。和第二十二章中讨论的是同一封信,信中他对艾略特夫人说,奈莉有很多要独自忍受的事。
② 见笔者著《看不见的女人》。
③ 没有发现任何给威廉·盖斯凯尔的吊唁信,现已知的狄更斯和盖斯凯尔夫人最后一次私人通信写于 1861 年。
④ 狄更斯拒绝了格洛斯特主教的妻子艾里克特夫人的邀请,1867 年 4 月 2 日,《朝圣》第十一卷第 348 页。他还用几乎同样的回复在 1867 年 3 月拒绝了艾略特夫人。

并愿意为此慷慨解囊的公众。他需要钱,但同时,在 1865 年,他的腿脚开始不便,他深受其扰:从现代医学来看,这显然是痛风,但他没有接受诊治,并有医生认同他的做法。从现在起,他开始以一个具有攻击性、骄傲而固执的人的状态出现,他不仅用意志力支撑自己,还强制自己保持步调,而代价则是疼痛的症状越来越多。奈莉还是他的心肝宝贝,却从容不再,他的身体状况也不是时刻都好。他的儿子亨利回忆他"在深度抑郁中,情绪沉重,沉默压抑时非常紧张易怒。"[①] 他从不允许自己陷入长久的忧郁中,就算在低落的时候,仍有文字描述了他的魅力和关于欢乐交际的事。他仍然是独特的,到最后也是最独特的那一个,他把痛苦疲惫撇在一边,耍个把戏突然重新出现,就像一个从幕后走出来的小丑,充满精力,用幽默和欢笑让每个人都为他惊叹。他决定继续从事他一生的主要工作。

---

① 亨利·狄更斯:《回忆我的父亲》,第 14、26 页。

第二十四章　首席
1866—1868 年

  1866 年，一个新人物出现在狄更斯的生命中，做了许多事来鼓励他。这个人是乔治·杜比，他身材高大，精力充沛，为人乐观，有本事，健谈，虽然有些口吃，但他勇敢地忽视了这一点。这一年他 35 岁，刚刚结婚，是个失业的剧院经理，热衷于运作狄更斯下一轮朗读的巡演工作。他是被安排这次巡演的音乐出版人查普尔派来的，立即取得了狄更斯的信任，很快就成了朋友。① 通过杜比的眼睛，我们能再一次看到狄更斯的魅力是如何让人无法抗拒的，他如此风趣，如此精力充沛，就算身负难忍的可怕病痛，甚至无法走动时，也是如此。他成了杜比崇拜的英雄，被称为"首席"，在接下来的四年里，杜比看到了各种状态下的他，从他在火车上展示如何跳角笛舞时的高昂情绪，到他对谨小慎微的巡演经理大发雷霆之后懊悔的泪水。杜比眼中的狄更斯像个男孩一样，是匹克威克式的狄更斯，他在男性同伴阳刚的快意之间非常放松。他们像男孩一样，一起大笑，一起打趣，享受旅途中的小小仪式，狄更斯最喜欢"机巧三明治"（法国面包卷、黄油、欧芹、全熟水煮蛋和银鱼柳）、调和的杜松子潘趣酒、酒精灯上煮的咖啡，还有克里巴奇牌戏。在斯特林难得的自由活动时间里，狄更斯从容地请杜比到监狱参观，杜比也认同，只要身边有马戏团表演就绝对不能错过。杜比着实在大家面前炫耀了一番如何倒立。他非常了解狄更斯在两场晚间朗读会之间最喜欢的恢复方式，通常需要"一打牡蛎和一点香槟"。② 他观察到，他的"首席"每次乘火

---

  ① 杜比于 1881 年出版了他的回忆录《我所知道的查尔斯·狄更斯》，内容基于他的回忆和"丰富的记录"，被玛梅·狄更斯描述为"现有的对我父亲最好、最真实的写照"。狄更斯在 1867 年 3 月 6 日的一封信中对乔治娜讲杜比的口吃："他的话语前边横着一块他无法越过的巨大岩石。这是，康桥……他要试上……每天 50 次——先是'卡-啊-啊-啊'然后'可-厄-厄-厄'，接下来'考-奥-奥-厄-噢'，最后突然把话说出去，他自己也会被突然吓一大跳。《朝圣》第十一卷，第 328 页。
  ② 狄更斯这样对玛梅写到，1866 年 4 月 14 日，《朝圣》第十一卷第 184 页。

车旅行时总是每个钟头都喝一点散装的白兰地，接着是雪利酒，两个人一路上还不断抽着雪茄。① 狄更斯说杜比"像女人一样温柔还像医生一样警醒"。② 杜比一直为狄更斯服务，直到狄更斯去世，狄更斯相信杜比能替自己保守秘密，杜比也从未辜负狄更斯的信赖。③ 他说，狄更斯为他揭开了"生命中最辉煌的一章"。

杜比有很强的适应能力，因为在接下来的四年里他有许多时间要和狄更斯一起不断旅行。他们第一次一起组织的巡演在 1866 年进行，持续三个月，覆盖了苏格兰、伯明翰和克里夫顿地区。1867 年 1 月，新一轮长达四个月的巡演开始，行程加上了爱尔兰、威尔士、赫勒福德郡还有更北边的一些城市。美国巡演从 1867 年 12 月持续到 1868 年 3 月，遍及波士顿、纽约、费城、华盛顿还有东部一些州的其他城市。在此之后是告别巡演，这次他们走遍了英伦三岛，从 1868 年 10 月一直演到 1869 年 4 月必须中止的时候；1870 年在伦敦还有最后一些演出。在这段时间里，杜比管理着巡演所需的复杂的方方面面的安排和事项，他看着他的首席如何准备、如何工作，和他一起忍耐长时间的火车旅行和不同旅馆里的每一夜——狄更斯拒绝和朋友们住在一起；而演出地点被安排在不同类型的场馆，有一些非常大，但很多场所使用不便，杜比要解决各种技术问题，狄更斯则独自在台上取悦观众，他们通常工作时都带着十二分的期待和热忱，但偶尔也有例外。他们所面临的问题是，尽管狄更斯想要去朗读，但他的健康状况偶尔也会让他在朗读时变得痛苦。

他仍在继续。朗读会给他带来的收入远高于书的销售，他拼命赚钱，他觉得自己正在一个陷阱中，只有赚钱能让他逃出去——他由错误的双亲所生，他们给了他错误的兄弟手足，他娶了错误的女人，错误地生下儿子们，结果就是，有一群受赡养者围绕着他。他要"支付妻子的收入——这个'职位'需要的收入非常高——还有我的儿子们，他们都是软弱的。你不知道，从围坐桌旁的一圈人那里可以看到，一些令人印象

---

① 乔治·杜比：《我所知道的查尔斯·狄更斯》（伦敦，1885，笔者持 1912 年版），第 11 页。
② 见马尔科姆·安德鲁斯《查尔斯·狄更斯和他的表演自我：狄更斯和朗读公演》（牛津，2006）第 150 页的评语。
③ 这点尤其值得计人个人信用，因为他是 1900 年在济贫院去世的，最后的日子里一贫如洗。他可能这时才"卖掉"了他所知道的事。

非常深刻但无法适应的表情是什么样的。"① 甚至他的女婿都不能挣到养家的钱。还有弟媳和成为孤儿的外甥们要他照应。此外，乔治娜以及他的女儿们的未来也要考虑。最后，还有已经为他奉献了自己人生的奈莉。

金钱是朗读巡演最根本的原因，那么还有其他事情促使他总是渴望着继续进行这件事。不管物质上和感情上怎样变化，他的观众都在滋养他的精神。即便再疲惫不堪，来听他朗读的公众与他之间的联系都是他珍视的。他们的回应能让他确认自己是明星，一个了不起的人，是人们的朋友；他们崇拜他爱慕他，排着队听他朗读，用喊声和掌声为他喝彩。从观众那里他感觉他能得到无数的爱，他觉得自己具有一个伟大的演员才会有的力量，这种近似于催眠的力量支配着所有观众。观众会在他想让他们笑时大笑出声，会在他想让他们战栗流泪时颤抖啜泣。得意之外，朗读留给他的，还有疲惫，虽然他的医生弗兰克·比尔德认为，偶尔的朗读会对他来说，利大于弊。②

朗读的内容并非直接引自他的作品，而是他仔细改编过的剧本，这样方便他扮演他喜欢的人物，并给叙述增加亮点。他的小说中只有《匹克威克外传》《尼古拉斯·尼克尔贝》《董贝父子》《马丁·翟述伟》和《大卫·科波菲尔》在朗读会被朗读过，且都被修减、改写并重塑，使其更接近于戏剧，并一贯地增添了幽默感和感伤的部分。麦考伯先生、朵拉的恳求和死亡、小艾米丽的战斗和斯迪尔富斯的溺水，这些都被浓缩成了一段"大卫·科波菲尔"立场上的叙述。从《匹克威克外传》里，他节选了"审判"（巴德尔和匹克威克）和"鲍勃·索亚先生的聚会"。《马丁·翟述伟》里，他挑选了甘普夫人的段落。一些听众觉得，这是种损失，但大部分听众都觉得听狄更斯自己为他笔下的角色们发声是一种至高无上的体验。一半的朗读内容改编自圣诞故事，《圣诞颂歌》总是当中最受欢迎的一个。1866年的巡演上，他又给马里歌德医生写了新段落，让这个失去了女儿们的小贩发声，给了他许多次动人心弦的表演机会。

---

① 狄更斯致威尔斯，1867年6月6日，《朝圣》第十一卷第377页。这句话表明，狄更斯回顾往事是因为这时候亨利和普洛恩都还在家，亨利也没有任何软弱的表现；但查理经常来找他。这封信就狄更斯赴美一事进行了激烈的讨论，是写在奈莉的花押字书写纸上的。威尔斯在信头上方写道："这封信是查尔斯·狄更斯性格中激烈部分的有力例证——强大的意志——为了对就赴美一事劝说他的福斯特和我自己公平一些，我坚决认为应该出版这封信，这趟旅途终究还是杀死了他。——W. H. W."

② 狄更斯致麦克雷迪，1866年2月23日，信中说比尔德诊断他"心脏过于兴奋"，他还"被勒令休息，但偶尔的朗读还是受到了鼓励。"《朝圣》第十一卷第163页。

巡演的成功超过他和组织者们的预想，一些城镇甚至有上千观众得不到入场机会，演出带来的收入也颇丰。

安妮·萨克雷如此回忆伦敦朗读公演：

> 我们坐在前面靠舞台右侧一点，大厅朦胧地亮着，这是考虑到聚集的人群。一个瘦小的人影独自静静地站在台上，面对排成一列列的人。在空舞台上，他似乎用神秘的方式控制了大批观众。很快，故事开始了。科波菲尔、斯迪尔富斯、雅茅斯，接下来是渔夫和佩格缇，再是暴风雨袭来，一切就在那里，在我们面前……灯光从渔夫家里映照出来；恐怖的笑声之后，暴风吹来；最后，我们都屏住呼吸从岸边看着，接着（这是我记得最鲜明的一幕）一个大浪从头顶直接打到台面上，冲走它前方所有东西，包括船和戴着红水手帽在桅杆旁搏命的斯迪尔富斯的身影。有人大声叫喊：挥起手臂的是狄更斯先生自己吗？[①]

成功的代价是脚、手的疼痛，心脏和左眼的不适，神经性痉挛和失眠，还有如他告诉福斯特的，每次巡演结束后的抑郁。1866年巡演过程中，简·卡莱尔突然去世，他又失去了一位老朋友。贝斯沃特路上的房子在6月卖出，他的生活日渐正常，生活被分成了几部分：惠灵顿街、盖德山庄还有奈莉所在的地方——这时候是在斯劳，他以特林汉姆先生的身份出现。那年夏天，一些信件是发给"伊顿"和"温莎"的，说他正在步行或者等火车。7月，他开始在《常年》上连载芬妮·特南的小说《玛格丽特阿姨的麻烦》，严守作者身份的秘密，并给托马斯·特罗洛普写信说，他听说芬妮去佛罗伦萨，和他在一起的时候十分高兴；7月底，芬妮和特罗洛普公开了他们即将结婚的消息。8月在盖德山庄有场板球比赛，9月，狄更斯的心脏和神经系统"以一种最令人痛苦的方式被攫住"，比尔德开了药，治疗他胃部和胸部的疼痛。[②] 杜比在一个周末被狄更斯请

[①] 摘自《来自走廊》(1913)，见菲利普·柯林斯编：《狄更斯：访谈和往事》第二卷，第178—179页。里奇女士1870年回忆她作为安妮·萨克雷时的经历。

[②] 狄更斯致福斯特，1866年9月6日，《朝圣》第十一卷243；狄更斯致弗兰克·比尔德，1866年9月6日，《朝圣》第十一卷第242—243页。

去，庆祝他的一个女儿出生。① 10月一条来自美国的消息说，狄更斯最小的弟弟去世了，这是他的第三个死于结核病的手足。奥古斯特离去，他的遗孀由狄更斯照顾，他的情人还有生下的几个孩子住在芝加哥，狄更斯担心他们会"带来一大堆糟心事"，他为弟弟的长子伯特伦在其有生之年安排了每年50英镑的补贴。②

10月，他正在为《常年》的圣诞专刊写四篇"火车故事"，一篇叫"马格比岔口"，这是对拉格比车站休息室可怕之处的一个幽默式的致敬。还有一篇是鬼故事，叫"信号工"。这月底，芬妮与托马斯·特罗洛普在巴黎结婚，玛丽娅出席了婚礼，她是和他们一起从佛罗伦萨去巴黎的，她丈夫威廉·泰勒从牛津出发，特南夫人和奈莉也去了。狄更斯给新郎写了封热情的信。紧接着，他信任多年的仆人托马斯·汤普森被发现偷窃办公室的现金。汤普森看上去并没有意识到他所犯下的罪行的严重性，他还拒绝了狄更斯给他在革新俱乐部找份侍者工作的建议，说"我没法做这个，先生。"③ 毕竟汤普森知道有关奈莉的所有事，狄更斯便咬牙打发他去做了份小生意。④ 汤普森在惠灵顿街的职位被一名带着孩子的年轻女子艾伦·海德里替代了：狄更斯让乔治娜告诉她"她的孩子不成问题，他会为她在房子底楼提供一间不错的起居室，顶楼有三间相邻的明亮通风的房间，有煤炭和蜡烛，工资每周一个基尼。"⑤ 就像所期望的一样，他是个正派和善的雇主。11月，他和杜比见面，为1867年1月开始的下一轮朗读巡演做计划。12月，他告诉一个朋友，他17日会出门去白金汉郡三天，这听起来像是要和奈莉提前过圣诞。节礼日那天，他在盖德山庄为当地居民组织了一场比赛，享受他"仁慈的乡绅"这个角色。这件

---

① 狄更斯致杜比，1866年9月4日，《朝圣》第十一卷第239页。
② 狄更斯致威尔斯，1866年10月21日，《朝圣》第十一卷第257页。关于狄更斯的付款，见亚瑟·A. 阿德里安：《乔治娜·霍加斯和狄更斯的圈子》，第110页，引自《狄更斯研究者》1939年第145页。
③ 狄更斯致乔治娜·霍加斯，1866年11月6日，《朝圣》第十一卷第265页。汤普森开始自大的征兆可见于1861年普查，他自称为"出版商"，和妻儿同住，有一个仆人，居住在河岸惠灵顿街26号。
④ 《狄更斯研究者》(1912) 第216页指出斯通的证言，刊登于1912年7月4日《晨报》。狄更斯觉得，这样可能对汤普森最有帮助，而且汤普森知道他私下关于奈莉的不少安排。汤普森的两个女儿艾米丽（1854年生）和玛蒂尔达·多利（1857年生）均在圣马田教堂受洗。在1871年的普查中，他被列为失业者，和肖迪奇及他做裁缝的新妻子玛丽·安妮同住一座房子里，他的小女儿打下手做衣领，这家还和两名女性玩偶师有合作关系，一位是亨丽埃塔·亚当斯，和他们同住，另外一位是安娜·华生，是个访客。家里的大女儿在哈克尼做佣人。信息来源于尼古拉斯·P.C.华洛夫，他认为，狄更斯给汤普森安排的"小生意"可能就是女性制衣和玩偶制作。
⑤ 狄更斯致乔治娜·霍加斯，1866年11月5日，《朝圣》第十一卷第263页。

迥异的事和行为让我们难以追踪，在一切被匆匆推进时，他也依然牢固控制着一切在他看来很重要的事物。

1867年初，他恢复了高强度的工作和不间断的旅行，1月15日到3月底他有36场演出：分别在朴茨茅斯、伦敦、利物浦、切斯特、伍尔弗汉普顿、莱切斯特、伦敦、利兹、曼彻斯特、巴斯、伦敦、伯明翰、利物浦、曼彻斯特、格拉斯哥、爱丁堡、约克、布拉德福德、纽卡斯尔、韦克菲尔德、伦敦、都柏林、贝尔法斯特、都柏林、伦敦、剑桥、诺里奇。一般商旅者在火车上的时间很难与他相比。2月，他说自己痔疮犯了，失眠、头晕还全身酸痛，但他还是按计划推进行程。① 3月份他在爱尔兰的巡演地与斯劳之间来回往返，然后是诺威治和斯劳之间。4月，他从12日休息到25日，期间与身体状况不佳的奈莉共度了很长一段时间，20日他带威尔斯去斯劳看望她，在他们返回伦敦的路上，他走神了，把他的"小黑包或旅行背包"落在车厢里，里边有一本书还有一捆他的手稿。②

这之后，他还在美国不小心丢失了一本小本的个人日记。他为此很担心，也没有人将本子归还；这本日记后来被重新发现并适时地被辨认了出来，这样我们就能比原先更清楚地知道，他在1867年究竟做了什么。③ 日记每月一页，他朗读巡演所到城镇写的是全称，而像福斯特、威尔斯、杜比、麦克雷迪、威尔基、斯坦菲尔德、费克特，还有查理以及西尼·狄更斯也是全部拼写出来的。但其他条目用的则是缩写，有时用单个大写字母，如"G. H."指盖德山庄，"Sl"指代斯劳，"Off."代表他在惠灵顿街的办公室，"Peck：m"代表佩克汉姆，"Ga."指乔治娜，"M"代表玛丽娅·特南，也可以代表她母亲，"N"指的是奈莉：所以在4月这页的底边写着"N. 这月下旬生病"，还有"N 散步"，某晚他在莱森剧院时"N 也在那里"，6月时他记叙他"在宅邸等 N 很久"。

这本日记证实了我们已经知道的事，例如在5月，狄更斯于1日、2

---

① 狄更斯致玛梅，1867年2月17日，《朝圣》第十一卷第315页；狄更斯致弗兰克·比尔德，1867年2月18日，《朝圣》第十一卷第316页；狄更斯致乔治娜·霍加斯，1867年2月19日，《朝圣》第十一卷第317页。

② 狄更斯致帕丁顿火车站站长，1867年4月20日，《朝圣》第十一卷第357页。这在日记中被标记为"丢失"。人在疲劳或紧张时容易丢东西。他的"旅行背包"是否被归还仍是未知。

③ 他在美国丢失的日记是一本非常小的皮面笔记本，于1922年在纽约被一位匿名私人收藏者找到。大收藏家博格兄弟买下了它，直到21年后，即1943年时被检验，管理者才发现它的有趣之处。

日，即周三、周四，在英格兰北部朗读，还告诉我们一些别人本不会知道的事，如他3日即周五在斯劳。5月3日狄更斯同N和M在一起，而5月4日星期六他陪同N和M一起进城，在办公室做了些工作，晚上去了盖德山庄，周日上午在那里挂照片，回到办公室，在文艺协会用晚餐，然后当晚回到斯劳。5月7日星期二，他记下了夜间的散步，仍然是在斯劳；5月8日他从温莎乘火车，N步行，无疑是和他去了火车站。然后他去办公室，当天晚上他去了克罗伊登朗读《大卫·科波菲尔》以及《匹克威克外传》中"审判"这一选段。当天，他给乔治娜写信说他在周一前回不了盖德山庄，"由于拖欠了工作正不知所措"（当然这不完全是事实），还告诉乔治娜，他正派新雇的仆人斯科特去盖德山庄，把脏衣服拿去清洗并带替换的干净衣物来。①

第二天，他在文艺协会吃了饭，然后去了费克特主持的莱森剧院，"（N也在那里）"。5月10日，他在办公室，和N以及M去韦尔雷饭店用餐，然后又返回斯劳，在那里度过了三晚。5月13日，他记下"去Pad."，他的信件说明，他去了他偶尔会去住宿的位于管道街的西方大酒店，在那里准备他伦敦巡演的最后一场演出，内容是《董贝父子》和《鲍勃·索亚的聚会》，他在15日、16日，即周三、周四，回到斯劳。17日，他从温莎乘火车出发，奈莉又和他步行穿过田野到了车站。5月18日，乔治娜到了伦敦，他带乔治娜去吃饭之后晚上去皇家剧院；同一天他最亲爱的朋友海景画家斯坦菲尔德去世，他把这件事记在了第二天的日记上。5月20日，他办公室的管家艾伦生病了，于是他在与福斯特和乔琪吃过饭后又住到了西方大酒店。接下来的几天，他见了他的医生弗兰克·比尔德，还有威尔基·柯林斯以及杜比。他的信件说明，他正纠结于是否要去美国，他告诉福斯特"你不知道这份焦虑有多重，它压在我的灵魂上。但奖励看起来是如此之多！"② 24日和25日他都在斯劳，27日出席斯坦菲尔德的葬礼，然后在盖德山庄度过5月余下的几天，发现他的水手儿子西尼正在山庄休假。

这份记录可能比一般需要的关于一个人的生活信息要详尽得多，而它有其价值所在：它清楚地显示了狄更斯是如何在他的各种安排之间分

---

① 狄更斯致乔治娜·霍加斯，1867年5月8日，《朝圣》第十一卷第364页。
② 狄更斯致福斯特，1867年5月20—25日，《朝圣》第十一卷第372页。

配时间的，留给奈莉的时间又占了多大比重。这份记录还暗示了平衡奈莉和乔治娜的要求有多么不易。

6月，朗读巡演结束。日记显示，他同奈莉在佩克汉姆东南的郊区看房子，在他们计划搬到一处临时住所的那天，奈莉又如何让他一直等着：这证明她并不总是听从狄更斯的吩咐——这一段是6月22日记录的，"在P房子处等N很长时间"。还有条目显示，他把工作带在身边处理："周二在那边工作……〔6月26日〕在P.（临）完成西尔弗曼，在林登。""乔治·西尔弗曼"是他给《大西洋月刊》写的一个故事，"临"表示这是他们临时租住的房子，林登则代表菩提树林，位于伦敦萨瑟克区南赫德的一个小村庄，他们在这里找了房子，为今后长住。房子大而舒适，座落于一处为中产家庭准备的寓所群落中，设施齐全，有卧室和浴室，还有一个不错的花园和马厩，能望到外边的田野。狄更斯说服奈莉来这里看房子不只是因为宜人的环境：它还离1865年新开的佩卡姆莱车站很近，这样方便他去滑铁卢和盖德山庄，附近位于海厄姆的车站也在伦敦、多佛和查塔姆沿线上。两边房子都被叫作"温莎小舍"，或者他们都认为该这么叫：还有什么叫法能更体面？他们一定有时曾一起为他们的虚构身份大笑过，温莎小舍第一期的租金是以"弗朗西斯·特恩汉姆"的名义支付的，后来变成"托马斯·特恩汉姆""托马斯·特林汉姆"，最后变成了"查尔斯·特林汉姆"。他们得商量好两个仆人该如何称呼他们，信件上该怎么写对奈莉的称呼；他们还要阻拦友善而好奇的邻居们，他们可能会注意到特恩汉姆先生或者说特林汉姆先生的来来往往，[1]或者还可能发现，这个人很像作家查尔斯·狄更斯。[2]

他这个夏天写的东西，不管是在佩克汉姆还是惠灵顿街或者是在盖德山庄写成的，都不甚理想。《乔治·西尔弗曼的说明》是一个男人的独白，极度贫穷的父母在普雷斯顿生下他，他很小就成了孤儿，在没有认知自身价值的状况下长大，这不利于他交朋友，甚至在他得到大学学位，成为一名神职人员和教师的时候也对他造成了不利影响。他甚至会拒绝他喜欢的女孩。这读上去就像是个虚拟的历史案例，西尔弗曼的内心和

---

[1] 根据格拉迪丝·斯托里的记录，凯蒂谈到"在佩克汉姆给她配置了两个仆人"。见后文第二十七章。
[2] 菲利普·柯林斯总是很敏锐，他相信"狄更斯一定有一种满足感，他能在一段自己创造的神秘剧情中如此成功地扮演他的角色：这次不是在笔下，而是在现实中。"见《狄更斯和犯罪》（伦敦，1962，笔者持1994年版）第316页。

外在甚至他的周围环境，都未令人有任何真实的感觉。故事对在主人公童年时期帮助过他的非国教教徒的语言和行为的讽刺显得十分乏味，对虐待并背叛主人公的贵族女性的形象描写也缺乏令人震撼的感觉，因为描写没有可信度，即使一些评论家努力在找出其中心理学上的关注点，但这无疑是他的一个失败。① 他还给孩子们写了些轻飘飘、软弱无力的故事，如"假日罗曼史"，目标读者群是在美国。② 更进一步，他与威尔基·柯林斯合作写了一部粗糙的肥皂剧一样的故事《此路不通》，本打算由柯林斯改编成舞台作品，请费克特演出，计划让费克特扮演这部作品中的谋杀犯角色。所有这些作品都显示出，狄更斯这时创造力减弱且缺乏判断力，今天只有专门研究狄更斯的人才会读它们；但它们确实为他带来了金钱，狄更斯也在继续写。

8月他和杜比去了利物浦，送杜比登上前往波士顿的船，前去做朗读巡演的先行调查，同时也试探着携奈莉去美国的可能性。狄更斯现在用一根手杖支撑他跛着的腿，在利物浦他的左脚肿起来，非常疼痛，返回伦敦他就去找了一位专家，医生诊断他的脚发炎，拇趾囊肿，勒令他必须休息。③ 他在惠灵顿街楼下的沙发上躺了几天。等他觉得好了一些，他给杜比写信："夫人向你问好，希望在你回来时能见到你。她非常牵挂你的调查报告，还准备让你带着她去大西洋上。对此我总是接着说：'如果我去，亲爱的，如果我去。'"④ 这些句子绝妙地透露出，狄更斯在对杜比提到奈莉时用的是法语"夫人"这个词，这提示了她在法国的那些年，并确认了她在他生活中的位置。信件还揭示了奈莉很想去美国，她准备好了要跨海，甚至是在杜比先生的庇护之下。她在美国将扮演何种角色还不清楚，毕竟她不可能成为杜比夫人——或者特林汉姆夫人。这当中最有意思的是，这是我们仅有的机会，能听到狄更斯自己与奈莉对话，他的"我亲爱的"带有点玩笑成分，也有点警示成分："如果我去，我亲

---

① 《乔治·西尔弗曼的说明》是针对美国市场而写，并于他访美期间，即1868年1—3月，在《大西洋月刊》上连载，1868年2月起又在《常年》上刊发。
② 它们刊登在"提克那和菲尔兹"旗下的儿童杂志《我们的年轻人》上，没有单独成卷发行。美国人支付他每篇1 000英镑稿费。
③ 著名外科医生亨利·汤普森爵士说，他的脚囊肿因丹毒而恶化，这种炎症的特征是皮肤发红。
④ 狄更斯致杜比，1867年8月9日，《朝圣》第十一卷第410页。

爱的，如果我去。"奈莉在催促他，而他在澄清他的地位。① 但他们又何曾设想过，他在事业上会有如此大的一个计划？

日记显示，8月盖德山庄办了两轮板球赛。在13日和14日的第一轮，福斯特一家在场，另外29日又举办了第二轮。狄更斯开始同柯林斯准备《常年》的圣诞专刊。9月2日，狄更斯听说了关于他身体不好的流言，于是他给《泰晤士报》去信说，"我这一辈子身体就没更好过"，并在给《周日公报》的第二封信里重复了这句话。② 他知道这种有关他生病的报道可能威胁到他的美国巡演。与此同时，杜比正在回英格兰的路上。这月底，杜比、福斯特和狄更斯开了一场三方会议，商讨他们是否继续推进美国巡演的计划。福斯特和威尔斯一样，强烈反对他去，杜比则赞成他去巡演。狄更斯下定决心赴美，他在9月30日发了一封电报说他会去。接下来，他给在波士顿的朋友和出版商詹姆斯·菲尔兹写了封信，告诉他刚刚从美国回来的杜比会"受命于我，推进完成一些微妙的任务，他会对您口头说明"，同一天他给菲尔兹夫人写信，谢绝了让他到波士顿时和他们住在一起的邀请。尽管詹姆斯·菲尔兹知道奈莉的存在，在某些阶段还告诉过妻子他所知道的事情，但对狄更斯来说，他不可能把奈莉带到这样一个体面的人家。③ 10月12日，杜比再次启程，去和菲尔兹商量关于赴美的进一步事宜，以及奈莉随狄更斯赴美的可能性。

同时奈莉告知她的姐姐芬妮，她打算和母亲这月底一起去佛罗伦萨。④ 她对狄更斯说，她会去意大利，但他们还都抱有奈莉能同狄更斯一起赴美的希望。狄更斯在10月的日记里记录，他于1—3日在佩克汉姆，2日同奈莉及杜比在伦敦的韦尔雷饭店用餐。10月7—10日以及15—17日他又去了佩克汉姆。16日他给杜比写信说："接到这封信对你也许是个解脱，我已经做好了你传回坏消息的准备……我想菲尔兹很可能会在我

---

① 19世纪90年代，据奈莉的一位友人海伦·维克汉姆描述，她有时会在达不到目的时营造出"非同一般的场面"。"她可能是个相当烈性的人。"凯瑟琳·M. 朗利听闻了这段描述，见"真正的艾伦·特南"，《狄更斯研究者》(1985)。
② 狄更斯致《泰晤士报》编辑，1867年9月2日，《朝圣》第十一卷第416页；狄更斯致《周日公报》编辑，1867年9月3日，《朝圣》第十一卷第420页。
③ 詹姆斯·菲尔兹是出版商"提克那和菲尔兹"的主管，比狄更斯小五岁。他于1842年在波士顿听过狄更斯的演讲。1859年6月他和比他年轻很多的第二任妻子安妮一起去英格兰拜访狄更斯，两人成了朋友，菲尔兹便开始推动狄更斯赴美朗读一事。1861年4月至1865年5月之间持续四年的美国南北战争让他不得已搁置了计划。
④ 芬妮·特罗洛普于10月8日得知了这一计划。

们相互满怀希望的鼓励中看到,我们会无视可能存在的危险,所以我想否定的可能性比肯定更大。我会尝试下定决心,在我们见面的时候做回我自己。"这个"做回我自己"暗示了他可能会有多么失望,就算他提前做好了心理准备。18日,N和M都在他的办公室。20—25日,他在佩克汉姆,25日在韦尔雷饭店办了告别晚宴,这条记录在日记中用一个双线框圈起来:"用餐、韦尔雷、N"。之后奈莉和她母亲启程,月底到了佛罗伦萨。

狄更斯授权福斯特在他缺席时"作为全权代理人"。① 28日他请福斯特和麦克雷迪在惠灵顿街吃饭,29日请了珀西·费茨杰拉德,30日请了威尔基·柯林斯,11月1日去了德鲁里街。这个委员会包括费克特、威尔基·柯林斯以及《每日电讯》的编辑查尔斯·肯特,布尔沃·利顿正忙着组织一场狄更斯赴美欢送宴。宴会日期定在11月2日,找到了赞助商,并对公众售票,成了一个既有贵人、友人参与又有书迷参加的奇怪场合,地点选在伦敦共济会堂,大厅里装饰着月桂,用金色大字写着狄更斯作品的标题,还有近卫步兵团乐队奏乐。约有450位男士到场,100位女士被允许在楼座观看,乔治娜、玛梅和凯蒂就在其中。她们并没有错过什么,因为据一篇报道说,宴会上侍者都喝醉了,汤是冷的,冰激凌化了,还有人在争抢油腻腻的、不冷不热的菜。② 出席者中的显赫人物包括首席大法官、伦敦市长以及皇家学院的院长。格拉德斯通质疑,吃饭是不是表达对狄更斯赞美的最好方式,他和迪斯雷利都谢绝了邀请,还有其他一些朋友仅口头支持,这些人包括卡莱尔、丁尼生、布朗宁、拉斯金、弗里斯、阿诺德、沙夫茨伯里爵士以及约翰·罗素爵士。福斯特也不支持晚宴这一形式,他因为支气管炎发作而免于出席。③ 狄更斯受不了如此的热情,还被迫要应付新做的假牙床,像平常一样卖力演讲,接受一次又一次的欢呼;还有更多的演讲和祝酒词,所以等他出现在伟大女王街时已经是半夜了,这里还有一群人聚在一起,又一次为他欢呼起来。

在那些祝他一路顺风的信中,有一封是凯瑟琳写来的。狄更斯回信,以一种类似友情的回应方式感谢她:"我很高兴收到你的来信,特此接受

---

① 狄更斯致乌弗里,1867年10月20日,《朝圣》第十一卷第458页。
② K.J.菲尔丁编:《查尔斯·狄更斯演讲全集》,第370页。
③ 他仅在《一生》第三卷第十三章提到此事。描述见亚瑟·A.阿德里安:《乔治娜·霍加斯和狄更斯的圈子》,第103页,以及K.J.菲尔丁编:《查尔斯·狄更斯演讲全集》,第368—374页。

并回应你的美好祝愿。我面对着严苛的工作，但在我的生活中这并不新鲜，我很满足并在着手完成它们。你深情的——"①

一周之后，乔治娜、玛梅、凯蒂、查理、威尔斯、威尔基和查尔斯·柯林斯、查尔斯·肯特、亚瑟·查佩尔、埃德蒙·耶茨一行人在利物浦送狄更斯登上了去古巴的船。他带着他的仆人斯科特以及他用于朗读的装备上路。10天跨海的路途中，他用餐基本都在自己的客舱里，养着他疼痛的脚。他给威尔斯留下了和奈莉联系的方式。"如果她需要帮助，她会去找你，如果她改变了居住地址，你要立即让我知道。到时候她将会在意大利佛罗伦萨里考波利特罗洛普别墅……我到了之后会在电报局给你发一份短电报。请逐字抄下它（这对她有特别的意义），并将这封电报立即寄到上述地址。另外也请告知盖德山庄以及福斯特电报的内容。"后边还说福斯特"像你一样了解奈莉，如果你要处理任何事，他都会为她去做。"奈莉会明白"一切顺利"指的是她能出发去美国，但如果是"安全顺利"则代表她去不成。他知道她正在佛罗伦萨，他们得商量她该如何前往美国，但在11月21日，狄更斯到达波士顿两天后，他给威尔斯写信说"在这封信之后我会把写给奈莉的信寄给你保管，因为我不太确定她会在哪里。但她会给你写信，并告诉你该转寄到哪里。在你收信的一个或多个间隔中，我亲爱的女孩给你写的这些信就由你保存。"②

第二天他给威尔斯发了编码电报："安全顺利，盼好信，满心希望"。菲尔兹同情狄更斯私人生活上的困难，并保证这趟巡演路上将不会有"夫人"出现。奈莉留在里考波利的别墅，在那里度过了冬天，给加里波第的士兵缝纫衬衫，回绝了去罗马过圣诞的邀请，也没有和姐姐以及姐夫汤姆·特罗洛普家去维苏威旅行。她一直在那里住到了3月，度过了她29岁的生日。

波士顿是狄更斯最喜欢的美国城市，他的旅途有一个不错的开始，住在一家舒适的旅馆里，一间大套房，菲尔兹夫人在里边装饰了花。他腿上的病情有所好转，晴朗寒冷的天气让他能同菲尔兹先生一起走上八公里。两个人都为他们之间的亲密感到荣幸，狄更斯还对詹姆斯·菲尔兹吐露了太多孩子以及个性不合的妻子给他带来的不幸。他喜欢和老朋

---

① 狄更斯致凯瑟琳·狄更斯，1867年11月5日，《朝圣》第十一卷第472页。
② 亨廷顿手稿，编号 HM 18394。

友安静吃几顿饭,比如朗费罗、查尔斯·诺顿、爱默生,但他也知道,他需要独处的时间。他热切期待着12月2日的第一场朗读,他知道这场演出被拖了多久,观众又对它抱有多大的期望。11月22日小亨利·詹姆斯给他的兄弟写信:"狄更斯到了,来开朗读会。基本买不到票。第一天从早7点开始,票就卖出了二三百张,等到9点我溜达过去的时候就已经卖了1 000张,所以我也就不盼着能听到了。"① 詹姆斯实际上听说了被他后来描述为"艰难无趣的朗读",但他的结论并不代表大众的感受。从第一场开始,狄更斯几乎场场都能见到爆满的观众席,听到狂热的掌声。② 人们知道,这是仅此一次的盛事,他们不远而来,甚至顶风冒雨,倾听这个伟大的人的声音。花束和胸花雨点般抛向他,他总是兴高采烈。杜比要和囤票的黄牛斗争,他经常在媒体上不平地抱怨这些问题。他的大脑一直保持运转,还要尽力表现得坚定。票房相当可观。最初几天,他们赚到了1 000英镑,而巡演结束后的总利润是20 000英镑,令人瞠目。③

第一场纽约朗读会正好赶上了暴风雪,而观众仍然络绎不绝。但狄更斯这时得了重感冒。他尝试了"对抗疗法、顺势疗法,冷的热的甜的苦的东西,兴奋剂、麻醉剂,所有方法的效果都差不多,都没效果。"④ 他把这种状态称作"美国黏膜炎",这种感觉一直伴随了他之后的剩余巡演行程,且在车厢暖气开得过大的连续旅程中变得愈发严重。1月他告诉福斯特,他"在启程回英格兰之前完全甩不掉这种美国黏膜炎。这实在令人苦恼。它常常发生,而非偶尔发生,每次它发作时,我就会变得慵懒不堪,它使我洗漱更衣后只能躺在沙发上,我在那里躺着,极度虚弱无力,一刻钟后我才恢复过来,感觉好些。"⑤ 他决定缩减原来野心勃勃

---

① 小亨利·詹姆斯致威廉·詹姆斯,1867年11月22日,利昂·埃德尔编辑《亨利·詹姆斯信件》第一卷(伦敦,1974)第81页。

② 詹姆斯在多年后的描述,见菲利普·柯林斯编:《狄更斯:访谈和往事》第二卷,第297页,来自亨利·詹姆斯的笔记。詹姆斯还在诺顿宅和狄更斯见过面,他感觉"狄更斯呈现的高深莫测的伪装很了不起,非常英俊的脸,五官匀称,但性格令人畏惧,我立即就认识到了这一点,无情的军人般的眼睛透露了不可思议的直率,满足了我愚蠢的敬意。"来自亨利·詹姆斯《一个儿子和兄弟的记录》(1914)。

③ 相当于现代等值货币50倍价值,接近百万。精确换算是不可能的,因为它取决于计算时使用的零售价格指数、平均收入、人均GDP、GDP份额或GDP紧缩指数中的某项。

④ 狄更斯致福斯特,1868年1月5日,《朝圣》第十二卷第5页。他还告诉福斯特,见1868年1月3日,《朝圣》第十二卷第2页:"我的房东为我制作了一种白兰地、朗姆酒和雪配的饮料,管它叫'落基山喷嚏',还说它能抑制所有不严重的喷嚏;但它没起作用。"

⑤ 狄更斯致福斯特,1868年1月14—15日,《朝圣》第十二卷第14—15页。

定下的那些远至芝加哥及以西地区，北至加拿大新斯科舍省的行程，只保留东边地区的行程。他发现他越来越睡不着。杜比描述，他晚上担心地走进狄更斯的房间，每一次都发现他正醒着，尽管他在抗议，却显得很愉悦；但狄更斯告诉乔琪，"我没法再夸大这不时发生的失眠情况。"①他早晨起不了床，目前必须让医生开镇静剂给他。

  3月底他告诉福斯特："我差不多快被耗尽了……如果要继续演到5月，我觉得我肯定会倒下。"② 在巡演后期的演出中狄更斯的腿已经跛得十分厉害，杜比必须搀着他穿过讲台坐到他的朗读桌前，演出结束再扶他下台。他的食欲也在减退，最后几乎完全吃不下东西。他这样描述他的身体状况："我吃不下（任何必要的食物），并养成了这样一个规律！早7点在床上，一杯新鲜奶油加两大汤匙的朗姆酒；12点，一杯冰雪莉酒和一块饼干；3点（晚餐时间）一品脱香槟；差五分8点，一杯雪莉酒打一个鸡蛋；在朗读会中［休息时间］，可以沏上有劲的牛肉茶，趁热喝下去；10点过一刻，喝汤，再加一点其他我想喝的。我一天24小时只吃不到半磅的食物，如果有那么多的话。"③ 尽管如此，他没有取消过已声明的76场中的任何一场演出。

  狄更斯很少进行观光游览。2月生日那天，他见了时任美国总统安德鲁·约翰逊，对总统表现出的勇气、警觉性和坚强意志进行了评价，但他没有就他们的交流做任何描述。不久之后，约翰逊被弹劾，狄更斯主要想的是，这可能会影响朗读的演出票房。这一事件没有对他造成影响，约翰逊被认定无罪。在巴尔的摩，狄更斯参观了一家模范监狱，他很高兴能看到犯人们在公共作坊中各司其职并拿到报酬，完全被人道地对待，比他知道的任何一个英国犯人都要过得好。3月他带杜比还有巡演团队的其他人一起去尼亚加拉瀑布休息了两天，日出让每个人都很振奋，日光在瀑布前的水雾投下彩虹，风景之美更甚于特纳笔下最好的水景，他这样告诉福斯特。④ 杜比的高效和陪伴让他十分高兴，有天他们收到电报说，杜比夫人在赫里福德郡生下一个儿子，狄更斯立即通过威尔斯安排送了一匹小马到杜比家，还附带所有配件和孩子稍大一点时可用的驮筐，

---

① 狄更斯致乔治娜·霍加斯，1868年1月21日，《朝圣》第十二卷第20页。
② 狄更斯致福斯特，1868年3月30—31日，《朝圣》第十二卷第86页。
③ 福斯特：《一生》第三卷第十五章和脚注。
④ 狄更斯致福斯特，1868年3月13日、14日，《朝圣》第十二卷第75页。

这些东西都被拍成了照片交给杜比，狄更斯还答应做孩子的教父。①

波特兰朗读会结束后的次日，一位12岁的女孩虽没能去看演出，却巧合地与狄更斯坐了同一班火车，更凑巧的是，她坐在狄更斯旁边的空位。小姑娘活泼可爱，很快就和狄更斯聊起来。她告诉狄更斯她基本上读过他所有的作品，有些甚至读了六遍，还说"当然我有时会跳过一些无聊的部分，不跳短的，只跳那些长的。"狄更斯觉得她十分有趣，便催她说哪里她觉得无聊，还把她说的内容记下来，一路都在笑。他们手牵着手，狄更斯搂着女孩的腰，女孩凝视着他的脸，"深深的皱纹，闪闪发光的眼睛，还有顽皮滑稽的笑，他花白胡子下的嘴角翘起来"。她对狄更斯说，《大卫·科波菲尔》是她的最爱，狄更斯说也是他的最爱。狄更斯问女孩是不是很介意错过他的朗读会，小姑娘眼泪涌上来，告诉狄更斯，她特别想去听，同时她惊讶地发现，狄更斯的眼中也有泪水。小姑娘嘴甜得让人无法抗拒，他们一路聊到了波士顿，这时小姑娘想起她的妈妈也在这火车上某个地方，于是狄更斯带着她去找妈妈并做了自我介绍。小姑娘名叫凯特·道格拉斯·威金。狄更斯和凯特·威金手拉手走过站台，各自上了马车，互道再见。这一年路易莎·梅·奥尔科特发表了《小妇人》，这本小说把一群新英格兰女孩塑造成现代的女主人公，凯特·威金也是这样成长的。她长大后成了一位成功的作家，写出了自己的畅销书《太阳溪农场的丽贝卡》，1912年，她发表了她和狄更斯这段相遇的描述。②

他和威尔斯每隔几天就会通信，交流杂志业务的问题，每一次通信都会夹带一封转给奈莉的信。这些信件都消失了，但附加的极少的写给威尔斯的话则显得意味深长。"附上的是给我亲爱的女孩的又一封信。""我的灵魂对着某个地方悲哀地颤抖，我走前不久的某一天你在那里用餐，和出席的作家以及（最想念的）第三方在一起。""如果你能来见我的话，我会出3 000英镑（我觉得这已经很便宜了），只为你能在我面前出现一天，而不是通过信件交流。""另一封给我心爱的人的信附在其中。""你也会看到（我希望）我的小患者，并达成我这时候愿花上千基

---

① 杜比：《我所知道的查尔斯·狄更斯》，第341页。1869年7月狄更斯在马里波恩教堂送了他的教子一个大银碗，还有盘子、叉子和汤匙。见狄更斯致菲尔兹，1868年7月7日，《朝圣》第十二卷第150页。
② 凯特·道格拉斯·威金：《一个孩子同查尔斯·狄更斯的旅途》（波士顿和纽约，1912）。

尼去做成的事！""总是相同的开始，相同的结束。""新一封信附在内。"①威尔斯还收到从尼亚加拉寄出的一个小盒子，是狄更斯寄给他自己的，写明了他要把这东西放在他惠灵顿街办公室的卧室里——这是一份给不具名人士的礼物，这个人无疑就是奈莉。1868 年 1 月，可能是威尔斯代表查尔斯·特林汉姆支付了温莎小舍的房租。狄更斯还让威尔斯以支票的形式支付过几次，11 月 250 英镑，1 月 10 日又有一笔 1 000 英镑的款项，第三笔是 3 月 2 日 1 100 英镑，看上去都是给奈莉的，足够支付她旅行和生活的费用。②

在波士顿和纽约又多加了一些场次的巡演，然后结束。4 月的波士顿完全被"永不停息的风雪"覆盖着，安妮·菲尔兹发现，狄更斯读的《大卫·科波菲尔》。"（昨晚）就是一场悲剧演出——缺乏活力，却生出了巨大的悲剧力量……我完全没法觉得这是同一个朗读者表演的同样内容。"一周之后，她去纽约又听了一遍，这一次他在演出后点了调制的酒饮料，情绪高涨，这个晚上剩下的时间里他都在喝酒、大笑和唱滑稽歌曲。"我们到 12 点才分开，第二天早晨（如他所说的）发觉，这就像一场定期的狂欢宴。"③ 这天是 4 月 15 日。4 月 18 日他因为要给纽约报界致辞而出席了一场为他举办的宴会。在为宴会更衣时，他的脚肿胀并疼得厉害，他和杜比都觉得，靴子是穿不上了。杜比出门去找裹在绷带外边的护腿，最后想办法从一位乐于助人的英国绅士那里借到了一副。狄更斯迟到一个小时，他的脚剧痛，得让人扶着登上德尔莫尼克饭店的台阶，但在 9 点左右他已经能站起来讲一段话，并完成集会上需要他做的一切。他提醒这些来宾，他也是从新闻记者起步，并赞美自上次访美以来他所看到的美国的变化。他谈到这次他受到的礼遇和亲切温馨的接待，并许诺他会把现在的赞美作为附录放在他提及美国的两本书后边（即《美国纪行》和《马丁·翟述伟》）。④ 在令人感动的尾声中，他告诉宾客们，

---

① 只有几封致威尔斯的信保留了下来，许多段落被涂墨，后来它们被红外线成像技术破译。现在它们被印在《朝圣》第十一卷和第十二卷中。
② 埃德加·约翰森注意到给威尔斯的付款，其著作《查尔斯·狄更斯：他的悲剧和胜利》（波士顿，1952）还提到了 1867 年 11 月 7 日给"威尔斯信托"250 英镑的记录。他写到，他没有发现其他证据能表明这些数额花到了何处，"读者会把这总共 2 250 英镑的款项放在他最希望的地方"。《朝圣》书信集的编者只提到了 1 000 英镑的去向，参考给乔治娜的一封信，说它"可能是给奈莉准备的"。《朝圣》第十二卷第 6 页脚注 7。
③ 这些内容引自安妮·菲尔兹的日记，见菲利普·柯林斯编：《狄更斯：访谈和往事》第二卷，第 320、321、322 页。
④ 他遵守了诺言。

英格兰人民和美国人民本质上是一体的，他们有责任维护伟大的盎格鲁-撒克逊民族以及它所取得的所有成就，两个群体都在争取自由，这是一件不可思议的事，他们之间永远都不应当发生战争——他一瘸一拐地离席时，人群中爆发出热烈的欢呼声和掌声。

剩下的是最后一场朗读演出的考验，他们还要和这里告别。4月23日一行人登船开始返程，杜比惊险地逃过了美国税务人员的拘捕。他们离开时和恰巧来纽约的安东尼·特罗洛普见了一面。起航三天后，狄更斯的脚恢复了不少，他可以离开船舱在甲板上活动，食欲也恢复了。5月1日他们到达利物浦，第二天早晨搭上火车，下午3点到了尤斯顿车站。杜比描述伟大的美国之行的结尾是他的首席一个人夹着小包走远。狄更斯神奇地消失了一段时间，直到5月9日才又出现在盖德山庄。由于奈莉4月24日从佛罗伦萨启程回到了英格兰，所以看起来特林汉姆先生是和夫人一起在温莎小舍过了一周，他们互相讲旅行中的故事取乐，一起散步，可能还一起骑了马，享受着英国春天的快乐时光。

第二十五章　"一切看起来又如常了"
1868—1869 年

5月9日狄更斯回到盖德山庄，欢迎他的是飘扬的旗帜和当地的村民。他立即和杜比开始准备10月份要举行的"告别巡演"。他还给16岁的普洛恩安排了去澳大利亚的行程。这个害羞的男孩还不知道他这辈子想做什么，他15岁就被领出了学校，现在正在赛伦塞斯特读农学院。狄更斯给在澳大利亚务农的阿尔弗雷德写信，让他年底准备接他的弟弟，说普洛恩可以骑马，会一点木匠活还会做马掌，但狄更斯也承认他不知道这是不是足够让普洛恩在外谋生。① 他还告诉阿尔弗雷德其他家人和朋友的一些近况：凯蒂的丈夫查尔斯·柯林斯病得很重，得了哮喘和脑部疾病；威尔斯在打猎时遇上事故，于是只能放弃工作；威尔基·柯林斯和费克特也都病了；生病的甚至还有亨利，这是他在学校的最后一年，秋天要升学去剑桥，现在他伤到了膝盖正在卧床——"我们其他人健康状况良好"，他讽刺地补充到。不久后又发生了更糟的事，查理的报纸倒闭了，他现在破了产，还有1000英镑的个人债务，此外还有五个小孩要养活。

查理从来都享有特殊待遇，狄更斯让他在《常年》工作，设法说服自己，查理是个不错的商人和副主编；尽管失去威尔斯是个严重的损失，但狄更斯还是解雇了从1851年《家常话》时期开始就跟着他的亨利·莫雷，给查理腾出位置。狄更斯给莫雷写了一封非常友好的信去解释，说他希望莫雷能继续担任供稿人；莫雷并无恶意，但他还是选择了不再供稿，尽管这让他损失了一小笔固定收入。莫雷转向学术研究，后来他给出了一段关于他曾经老板的有趣而充满复杂感情的证言，说狄更斯是个"伟大的天才，但理性未经训练培养"，缺乏健全的文学品味，但他仍然总

---

① 狄更斯致阿尔弗雷德·狄更斯，1868年5月16日，《朝圣》第十二卷，第110页。

是会真挚地记起那个曾快乐地和他在一起工作过的人"19年来的和善"。①

5月底，狄更斯利用三天在巴黎的时间去看费克特，并请他来帮忙准备《深渊》，即法语版《此路不通》的首演，费克特将是主演。法国的评论家们对这部戏持保留态度："只是一部粗俗的肥皂剧"。但巴黎兴奋地欢迎伟大的狄更斯，观众们很高兴，费克特也借此大获成功。7月份在盖德山庄，朗费罗和他的女儿来访，狄更斯让两个驭手穿上老式红夹克随马车沿着多佛路行进，观赏肯特郡风光："就像在50年前的英格兰进行的一次假日骑行"，他说，这趟旅行主要是他的主意，他要来一趟传统之旅。②他还这样招待过许多其他的访客，有美国人也有英国人，包括菲尔兹一家、布尔沃·利顿、莱亚德、坦南特家以及莫尔斯沃斯夫人。③8月，诺顿家来盖德山庄，诺顿夫人上下打量，说"房子本身从任何角度看都称不上漂亮"，但狄更斯是个完美的主人，尽管他事先说明，他每天上午都要在书房工作。诺顿夫人去看了一眼书房和他的卧室，看到它们都一尘不染，还有他床上"有点东方风格的罩子"，这是费克特送来的又一件礼物。盖德山庄是他的乐土，夏天他开始商讨自留草地以及随即而来的耕地的购买事宜，他同意为这28英亩土地支付2500英镑。

9月，普洛恩被亨利带去了朴茨茅斯。"他离开了，可怜的老伙计，就像我们能预见的。他脸色苍白，一直在哭，（哈利说）离开海厄姆车站后他在火车车厢里很消沉；但只持续了一会儿。"④乔治娜给了普洛恩一些雪茄做分别礼物。狄更斯在送别时也掉了泪，在一封信里，他回忆了自己过去是如何在年轻时"挣到饭吃"的，建议儿子祈祷，并希望他在今后的生活中能说"你有一个慈祥的父亲"。⑤狄更斯给杜比写信抱怨"这些儿子"的养育成本和花费，"为什么我这辈子当了父亲？为什么我的父亲这辈子当了父亲！"⑥对其他人，他谈到了和普洛恩离别

---

① 狄更斯致麦克雷迪，1868年7月20日，《朝圣》第十二卷第378页。狄更斯致莫雷，1868年10月2日，《朝圣》第十二卷第192页。莫雷在伦敦大学学院继续教授文学。他的观点见菲利普·柯林斯编：《狄更斯：访谈和往事》，第193页。
② 福斯特：《一生》第三卷第八章，引自狄更斯致菲尔兹，1868年7月7日，《朝圣》第十二卷第149页。
③ 莫尔斯沃斯夫人，旧姓安达卢西亚·卡斯泰尔斯（1803—1888），爱尔兰歌手兼演员，19世纪40年代曾在德鲁里巷卖演，嫁给威廉·莫尔斯沃斯爵士之前曾守寡，之后成为富有、热情的猎狮会女主人。狄更斯喜欢她和她的晚餐会。
④ 狄更斯致玛梅·狄更斯，1868年9月26日，《朝圣》第十二卷第188页。
⑤ 狄更斯致普洛恩·狄更斯，1868年9月26日，《朝圣》第十二卷第187—188页。
⑥ 狄更斯致杜比，1868年9月25日，《朝圣》第十二卷第187页。

的悲伤之情，在这点上，不难看出一位严厉无情的教导者的一些特点。他接受他人意见，同意给亨利每年250英镑以及他认为的亨利在三一学院所需要的东西：三打雪莉酒，两打波特酒，三打低度红葡萄酒和六瓶白兰地。

　　10天后亨利启程去剑桥。10月10日狄更斯在约克郡听到了弟弟弗雷德去世的消息。自1858年狄更斯拒绝帮助弗雷德时起，他们就再没联系过，尽管在这之后1861年秋天弗雷德去坎特伯雷要过一张狄更斯出演活动的免费票，1865年早些时候狄更斯还写信给弗雷德，说希望弗雷德顺利，却不提供任何帮助。① 弗雷德经历了入狱和破产，死于极度贫困之中，每天早晨只有"一个一便士的小圆面包和一杯姜汁啤酒"，其他时候基本都是冷杜松子酒。据乔治·萨拉说，他甚至抽不起烟。狄更斯早年的家庭生活中曾与弗雷德共度许多时光，弗雷德在狄更斯第一次赴美时帮他照看孩子，和他们一起在意大利和布罗德斯泰度假；但一旦狄更斯抛弃了一个人就不会再宽恕。他让杜比去弗雷德去世的达灵顿，给照顾过弗雷德的医生写信，说孩童时期弗雷德是他最喜欢的人；但他没有出席葬礼，只派了查理当他的代表。②

　　凯蒂的状况让狄更斯烦恼，因为查尔斯·柯林斯身患残疾，并不算是个好的结婚对象；他对查尔斯表现出他的失望和反对，这让他和威尔基的关系变得紧张，两个人从此很少见面。仅有的能待在家里的孩子是从剑桥回来度假的亨利以及玛梅。他出门访友的时间也越来越多了。甚至在普洛恩被送到船上出海之前——这件事被坏天气延后了——狄更斯还高兴地给杜比写信说，"总体上看来一切又如常了"，并和杜比约好10月1日在韦尔雷吃饭。他想向前看，给未来做计划，和人商讨他新准备好的朗读剧本：这次他从《雾都孤儿》中取材，节选了南希被塞克斯谋杀的段落——"塞克斯和南希"，"很可怕，但非常有戏剧性。"③ 据他在给福斯特写信询问是否要公开表演这个剧本时所说，他本就意在取得轰动效果，他也很乐意去读如此有力量的剧本。④ 福斯特表示反对，杜比也

---

　　① 狄更斯致乔治娜·霍加斯，1861年11月7日，《朝圣》第九卷第500页；狄更斯致P. 坎宁安，1865年2月15日，《朝圣》第十一卷，第16页。
　　② 狄更斯致休伊森医生，1868年10月23日，《朝圣》第十二卷第207页。
　　③ 狄更斯致杜比，1868年9月29日，《朝圣》第十二卷第190页。
　　④ 狄更斯致福斯特，10月10—15日（?），《朝圣》第十二卷第203页，见《一生》第三卷第17章。

不同意，狄更斯还咨询了给演出投资的查普尔，他的建议是，先试读一下。试读会安排于11月在伦敦举行，被挑选的观众在试读会后能品尝到牡蛎和香槟，这时新一轮巡演已在进行中。狄更斯给菲尔兹写信，自夸这剧本有多可怕，而在听过之后，福斯特甚至更加反对他借助这剧本公开演出。一位评论家说，他控制不住想要尖叫的欲望，一名医生警告说，观众会有被传染歇斯底里症状的危险，但一位女演员则鼓励狄更斯说，"公众在近50年里就在设法寻找这样一种感受，而现在他们找到了。"① 狄更斯非常倾向推进这部剧本的公演，并告诉福斯特，"我想抛弃那些激情而富有戏剧性的往日回忆，用简单的方法去做，而艺术会证明这一方式。"②

狄更斯在1869年1月到1870年3月出演了28次这部以谋杀为主题的剧本改编的剧，它也确实呈现了狄更斯期待的效果，让观众感到兴奋和恐惧。剧本也对他自己产生影响，让他心跳加快，朗读结束时，他会有一段时间显得很虚弱。但他还是决定继续表演这个本子。他想被刺激，公众想达到惊恐的感觉；狄更斯还曾和一直想说服他砍掉这个本子的杜比争论过，杜比更喜欢安静些的朗读，这场争论让他大发雷霆、痛哭不已。菲利普·柯林斯给狄更斯写了不少好话，告诉我们他自己试着对观众朗读"塞克斯和南希"，发现他感受到的不只是快乐："任何一个有足够天赋能适当地表演这部朗读剧本的人，都必然会觉得它令人兴奋。狄更斯自己一定比我更能接收到这种极大、极强烈的满足感。"③ 柯林斯还引用了埃德蒙·威尔森的评论："狄更斯生性暴躁，在他的晚年，他妥协成为一个蹩脚老戏子，使自己撕裂。"他甚至不需要把话写下来，他的老朋友插画家哈布洛特·布朗尼的儿子说，他为"塞克斯和南希"扔开了他的书。④

一次次的朗读表演这段谋杀场景带来的直接影响是，狄更斯的身体开始衰弱，难以登台，有一次他被扶到沙发上，他必须躺下来，好几分钟都说不出话——这是杜比的描述。他在一杯香槟的帮助下恢复过来，快活地回到舞台上进行下一场朗读表演，但之后在晚上他的神经性休克

---

① 引自杜比《我所知道的查尔斯·狄更斯》，第351页。
② 福斯特：《一生》第三卷第十七章，1868年11月15日，《朝圣》第十二卷第220页。
③ 菲利普·柯林斯：《狄更斯和犯罪》（伦敦，1962，笔者持1994年版），第269页。
④ 埃德加·布朗尼：《埃德加·布朗尼眼中的费兹和狄更斯》（伦敦，1913），第146页。

复发,"要么是在盛大的狂欢中,要么是在对再次登台的欲求中,或者是对再一次投入工作的渴望中。"这里有他生活的方方面面——他对待儿子们的方式,他面对繁杂的家庭安排——这都对他的工作起着反作用。他开始了解到"塞克斯和南希"的朗读令他的身体和神经系统都趋于紧张,但它们也是一种体验,让他感到无可抗拒的兴奋和欢欣。

  10月6日新一轮巡演在伦敦开始,日程上排了18场,分别在伦敦、曼彻斯特、布莱顿和利物浦,直到11月,为大选空出间歇:这场选举导致迪斯雷利辞职,格拉德斯通再次出任首相。巡演暂停期间,狄更斯又开始在伦敦街头步行,最远走到莱姆豪斯和斯特普尼,看望了最穷、最悲惨的人家,在那里病人无人照顾,孩子们两颊深陷,三代人营养不良。在走访伦敦东区时,他发现了一家儿童医院,这是一位年轻医生和他的妻子开办的,狄更斯被这家医院以及在这里工作的人们深深感动,包括每月只领一英镑薪水的护士,她们本可以在别的地方得到更高报酬。这里治疗的多数病症都源于营养不良和肮脏的生活环境,许多年幼的病患在出院后还被邀请回来吃饭,这样做仅仅是为了让他们保持健康。狄更斯对这一地区生活现状的描述和关于东伦敦儿童医院对病人负责事迹的介绍于圣诞节前刊登在《常年》上,引来不少愿为医院提供支持的人。他一直在被认为中产阶级不会涉足的伦敦东区穿行,他也有作为记者描述他所见所闻的能力,能提醒人们帮助这里做些事,这些行为巩固了他"人民之友"的名声,他相信他的写作成果比任何政治运动都更有效。

  12月,他在苏格兰和爱尔兰安排了10场朗读会。很快,就像杜比所写的:"我们发现自己正沿着之前常走的同一条路走着,过着同样的生活,有时很难想象我们曾有过任何中断。"① 这意味着,狄更斯的健康状况像他在美国时一样显露出崩溃的迹象,剧烈的疼痛影响着他的右脚。但这也没能让他放慢步调。12月21日他在办公室,22日他在伦敦进行了一场朗读演出,平安夜他和福斯特参加福斯特妹妹的葬礼,晚上回到盖德山庄参加家庭派对,在卧室里练习"塞克斯和南希"的段子时还吓到了那天来家做客的奥斯汀·莱亚德。圣诞节那天,他忙着写信,节礼日他拒绝了一份邀请,他说已经提前有约——他大概要去看正住在沃辛

---

① 杜比:《我所知道的查尔斯·狄更斯》,第347页。

的奈莉。新年当天，他又出现在伦敦。他发现乔治娜情绪低落，便建议她跟着他一起去爱尔兰10天，那时候他正好在都柏林和贝尔法斯特有朗读会；杜比的描述里省略掉了乔治娜和他们在一起的情况，这无疑是个老练的做法。① 出发前，狄更斯给他在瑞士的友人瑟雅写信说，如果他的女儿玛丽要结婚（他不希望这件事发生），他就会卖掉盖德山庄，"优雅地流浪到地球的另一端"——他没有说要和谁去。② 几天后，他支付2 500英镑买下了盖德山庄周边的土地。③

爱尔兰巡演后紧接的是西部的演出，然后是中部。在苏格兰的演出被推迟了，因为他脚上的疼痛变本加厉，使他无法站立，"在更衣时异常虚弱，我几乎就要死了。"④ 休息后，火车里带了一张沙发载着他去了北方，他在爱丁堡和格拉斯哥各演了两场，表演塞克斯的谋杀，然后回伦敦；他告诉乔治娜，演出过程中他不再喝香槟，而换成了白兰地和水。⑤ 3月，他在伦敦同奈莉和威尔斯一起庆祝了奈莉的生日。不久之后他去赫尔市朗读，他在那里去白菲尔门的迪克森商店买了六双女式丝袜，问年轻的店员他晚上喜欢干什么，店员回答他说，他喜欢戏剧演出和戏剧化的朗读，但他没有买到今天朗读会的票；几个问题表现出他很了解狄更斯的作品，然后他手里被塞了一张卡片，上边注明"请去找管票人"。直到那时候店员才发现，他正在同狄更斯本人说话；但他还是很难理解为什么这么一个伟大的人要来买女式丝袜。⑥

从约克郡出发，狄更斯必须赶到南边去参加詹姆斯·坦南特爵士的葬礼，《我们共同的朋友》就是题献给他的。坦南特只比狄更斯大八岁，他的去世令狄更斯非常痛苦。之后狄更斯又踏上巡演之路，从东英格兰、曼彻斯特、谢菲尔德、伯明翰到利物浦都为他摆了一场盛大的宴席，他又一次站着演讲，并对650名来宾和旁听席上的观众表示感谢，门厅里是警察机构的乐队，走廊里的乐队来自孤儿庇护所，走廊里有彩旗、鲜花，银质鎏金的喷泉池里漂着玫瑰花瓣，财政大臣、剑桥三一学院的院

---

① 狄更斯的友人认同乔治娜在狄更斯生活中的位置，但她很少和狄更斯一起被邀请。在肯特郡的邻居以及一些美国友人眼中，她的地位依然不稳定。
② 狄更斯致瑟雅，1869年1月4日，《朝圣》第十二卷第267页。
③ 狄更斯致乌弗里，1869年1月12日，《朝圣》第十二卷第273页。
④ 狄更斯致杜比，1869年2月19日，《朝圣》第十二卷第294页。
⑤ 狄更斯致乔治娜·霍加斯，1869年2月26日，《朝圣》第十二卷第299页。
⑥ 年轻的店员爱德华·杨将这件事告诉他的家人，此事于1927年印发在他的讣告上。他的孙女清楚地记得，还告诉笔者，他说狄更斯买的是黑色的袜子，但这件事放在讣告上还是让人觉得不太合适。

长以及霍顿阁下（原名理查德·蒙克顿·米伦斯）均在狄更斯之前致辞。接下来在利物浦还有演出，然后他前往利兹；在这里因为他失眠得厉害，他的脚又疼痛得令他难以忍受，于是他和杜比决定乘马车到切斯特风景优美的镇上休息两天，之后再继续巡演的行程。

4月18日在切斯特，狄更斯中了风。他没有照实说明此事，只告诉杜比他过了非常难受的一夜。但从布莱克本回来，就在他们到达的第二天，他给弗兰克·比尔德写信描述了他的症状，他感到眩晕，找不准立足点，尤其是左脚，在把手举过头时尤其不舒服。他对利物浦的朋友诺顿写道："我被每天的旅行和之后的朗读弄得半死。"① 他给乔治娜写信说："我的左半边虚弱、麻木，在试着用左手碰东西时如果不看着，我都不知道它在哪里。"② 接下来的一天，狄更斯觉得稍微恢复了一些，他读了《圣诞颂歌》和选自《匹克威克外传》的"鲍勃·索亚的聚会"，然后赶往博尔顿进行下一场演出，并给乔治娜及福斯特写信说，他感觉好多了，希望能继续巡演。但弗兰克·比尔德追上来给他做了检查后，狄更斯改口说他不再继续朗读巡演了。杜比只能取消剩下所有的行程，比尔德带狄更斯回伦敦咨询托马斯·华生爵士，爵士确认了比尔德的看法，这位患者正处于左半身不遂的边缘，患有中风，有脑部出血的症状。

狄更斯对所有关心他的人解释说，他因为"连续不断乘快车旅行"而生病，医生让他放弃巡演，采取预防措施，避免进一步加重病情。同时，他告诉乌弗里他打算再草拟一份遗嘱，他立即开始着手做这件事，并在5月12日签字。③ 他还忙着杂志的事务，身边还没有一个有经验的助手。他还即时评论了福斯特7月份出版的著作《华尔特·萨维奇·兰道的一生》，认为其论证充分并带着作者极大热情完成。8月他开始写作弗朗西斯·特罗洛普的小说《维罗妮卡》，这是个下流的故事，讲一个女孩被一个足够当她父亲的男子引诱。狄更斯知道费克特准备去美国，便

---

① 狄更斯致弗兰克·比尔德，1869年4月19日，《朝圣》第十二卷第336页；狄更斯致诺顿，1869年4月20日，《朝圣》第十二卷第337页。
② 狄更斯致乔治娜·霍加斯，1869年4月21日，《朝圣》第十二卷第339页。
③ 这是他的最终遗嘱，指定了福斯特和乔治娜为执行人，负责管理他的个人财产和版权事宜，并为每个年满21岁的子女平均分配他们应得的收益。狄更斯去世时他的子女除了18岁的爱德华（普洛恩）之外都已满21岁。他给"居住于安普提尔广场霍顿小区的艾伦·劳利斯·特南小姐"留了1000英镑，给乔治娜和玛梅都留了钱，让查理和亨利负责他们母亲终生的生活费。福斯特（我亲爱的可信赖的朋友）得到了他的全部手稿和表，乔治娜保管他的全部私人文件。他的书斋、版画和各种小饰品留给了查理。仆人们都有小小的遗赠。他希望盖德山庄作为财产的一部分在他去世后出售。

写了一份关于费克特舞台生涯的热情洋溢的介绍登在《大西洋月刊》上。儿子西尼在船上给父亲写信，低声下气地交代了自己欠债的状况并请求父亲偿还这些债务：这种事在这个家出现并不新鲜，债务还清了，狄更斯很生气。还有件讨厌的事是，他要收拾他的朋友昌西·汤申德留下的报纸的烂摊子。汤申德在美国去世，留下遗嘱指定狄更斯担任执行人，并要求他出一本书，说明他的宗教思想。这是一件浪费狄更斯的时间和精力的差劲的事，但他还是着手足够体面地完成这件事情，他私下告诉汤申德的律师，"要假装（他攒的这本书）有任何价值会显得很可笑"。①

5月，詹姆斯和安妮·菲尔兹夫妇到达英格兰，来度过一个悠长的欧式假期。狄更斯显得情绪高昂，要尽地主之谊。首先，他在皮卡迪里广场的圣詹姆斯饭店租了个套间，方便他给客人展示伦敦、温莎和里士满的景致。接着杜比和美国画家索尔·艾廷加入，狄更斯带着一群人去了伦敦东区的沙德韦尔，在警察的保护下他们进到鸦片窟里，在那里见到一个老年女贩子在咕哝。6月初，一家人被请到盖德山庄玩了一周，四处散步，在花园里打槌球，晚上猜字谜；他精心安排了一顿在树林里进行的野餐，菜单里有龙虾，驾车穿过蛇麻园和果园；参观了罗切斯特，在那里他们爬上城堡的墙垛；他们还去了坎特伯雷，狄更斯解雇了教堂的司事，自己给他的客人当导游。杜比也被请来，住在路对面法斯塔夫旅店。他们去了一趟查塔姆，还去了一趟科巴姆树林，这个星期最重要的是，举办一场盛大的晚宴，晚宴后他们在会客室里跳舞，一直到破晓时分。② 10月，菲尔兹一家又回到了盖德山庄，这时他们见到了亨利，他在一年级期末拿到了大学的奖学金，因此备受宠爱。两个女儿也在家里。晚饭后，玛梅弹苏格兰里尔舞曲，狄更斯忍不住也加入，和凯蒂一起领舞。"我从未见过比这更可爱的场面，凯蒂戴着老式的平纹细布的方巾，两朵白蜀葵插在她头发里，她古雅优美的形体，还有他，轻快敏捷的步伐就像20岁的男孩，他们都给对方带来极大的乐趣。"安妮·菲尔兹在她的日记里这样写，她看到了狄更斯和女儿一起时仿佛返老还童的样子。这是对一个临近死亡、只剩9个月寿命的人的一瞥，但他仍然看起来像

---

① 狄更斯致 W. J. 法雷尔，1869年12月15日，《朝圣》第十二卷第451页。
② 杜比：《我所知道的查尔斯·狄更斯》，第421—429页。

个男孩，和他最喜欢的女孩一起，汲取舞蹈中的快乐。①

菲尔兹家在英格兰停留期间没有被引见给奈莉，但狄更斯对詹姆斯·菲尔兹提到了她，告诉他"他在朗读中觉得难受的时候，只有奈莉会观察到他的蹒跚的脚步和衰退的视力，只有她敢告诉他"——这段言论指出，她在这年年初观看了他的朗读，很可能是在北方。②盖德山庄在8月有一场板球赛，据凯蒂的说法，奈莉在场，作为客人待在家里，还参加了板球赛。无疑，她是以这家朋友的身份出现的——为什么不呢？她与乔琪及玛梅建立起了名副其实的友谊。③9月份，狄更斯去伯明翰和米德兰学院，自这家教育机构16年前创立时起，他就在为其提供帮助，他告诉杜比"我有个想法……作为演讲的补充，明天带着小 N 去斯特拉福德，或者肯尼沃斯，或者两地都去，要么就去更远的地方，愉快地上路。"④同时，伯明翰方面的组织者莱兰先生被告知，狄更斯不会和他在一起，因为狄更斯带着秘书杜比先生，他们第二天还要赶早：奈莉和狄更斯就能一起进行短途的文化之旅，向莎士比亚致敬，或者向艾米·罗布萨特致敬，或者向二位都致敬。⑤

杜比非常了解奈莉，通过她给狄更斯建议：比如11月狄更斯从惠灵顿街写信给他，"回答你询问 N 的事情——按照平常的路线，我不认为我能在星期三之前到这里。但我周二的 5、6 点会在城里，如果你愿意，我们可以在蓝柱（饭店）吃饭。"⑥然后杜比就狄更斯如何分配他的时间做了一段有趣的说明，说一周的前几天贡献给事业："狄更斯先生在这几天将他的居所搬到伦敦的办公室，周五规律地带着他的客人回到盖德山庄，一直待到周一"——他留出每周的周中期时间，为特林汉姆先生在佩克汉姆的生活留出空间。⑦

多年来，罗素爵士夫妇都习惯请狄更斯到他们在里士满公园的彭布罗克宅参加夏季晚宴，这年狄更斯决定在那里过夜。关于那天晚上有两

---

① 引自乔治·克里《查尔斯·狄更斯和安妮·菲尔兹》（圣马力诺，加利福尼亚，1988），重印自亨廷顿图书馆季刊第 51 期（1988 年冬）第 48 页。
② 安妮·菲尔兹日记，引自乔治·克里《查尔斯·狄更斯和安妮·菲尔兹》第 42 页。
③ 凯蒂告诉格拉迪丝·斯托里奈莉留居盖德山庄的事，见《狄更斯和女儿》第 127 页。奈莉后来同乔琪及玛梅的友谊见后文第 27 章。
④ 狄更斯致杜比，1869 年 9 月 11 日，《朝圣》第十二卷第 408 页。
⑤ 狄更斯致亚瑟·赖兰，1869 年 9 月 6 日，《朝圣》第十二卷第 407 页。
⑥ 狄更斯致杜比，1869 年 11 月 27 日，《朝圣》第十二卷第 445—446 页。
⑦ 杜比：《我所知道的查尔斯·狄更斯》，第 338 页。

段描述，一段来自罗素家的孙女，她倾慕这个伟大的人，注意到他带褶边的衬衫和钻石饰扣，他的白发，还有他节制的饮食，"晚宴上他吃喝得很少。彭布罗克宅没有香槟，也没有当时流行的威士忌苏打，但宴席上有波特酒和马德拉酒，我们喝着酒坐了一段时间。狄更斯先生谨慎地喝了点马德拉酒。"① 狄更斯给杜比提供的对这一晚的描述有一点不同。他告诉杜比，他知道罗素阁下"很惯于节制克己"，他要了一瓶巴拉德的潘趣酒放在他的旅行皮箱里，打算（罗素爵士和夫人总是早早退席）到自己房间里调制他独门的格罗格酒。他去时没有带着仆人，他想自己拆包，然后困扰地发现，给他收拾礼服的贴身男仆在罩架上也放上了一瓶潘趣酒，还带着玻璃杯、酒杯，旁边还有一个开瓶器。"在这一奇景面前，他不由得忧愁起来"，他告诉杜比。还有更糟的。10点半，这通常是罗素爵士就寝的时间，狄更斯站起来道晚安，但罗素夫妇笑起来，罗素夫人说："别那么着急，烤盘马上就端上来。"然后一个仆人送上了调制潘趣酒的全套材料。② 狄更斯对杜比讲这个关于自己的故事时带着幽默感，没有因被拿走他平时晚间的酒而太觉得尴尬。如果他担心这件事令他看起来像对酒精有依赖，那么罗素家则以一种最友好的方式为他提供了一个机会，而他沉着地成功处理了这件事。

8月，他开始反复构思他的新小说，这是关于神秘的谋杀案的故事，也是个爱情故事，场景主要设在罗切斯特，那里的教堂被赋予邪恶的用途。这是他秋天里最主要的任务。10月份他定好了书名，《埃德温·德鲁德之谜》，他把一些内容读给詹姆斯·菲尔兹听，月底又给福斯特读了完成的第一期。他去位于港区沙德维尔的一家鸦片馆收集材料，查尔斯·柯林斯问他是否需要画图，于是狄更斯让查尔斯·柯林斯来设计封面；狄更斯很满意他的作品，乐于让他提供插图。但柯林斯却说自己病得厉害，这让狄更斯很失望，于是插图的工作落到年轻的卢克·菲尔德斯身上，他是由米莱推荐来的。菲尔德斯高兴地接受了工作，并完成得不错。

狄更斯的健康每况愈下，他告诉乔治娜，他早晨已经放弃了茶和咖

---

① 乌纳·蒲柏-轩尼诗：《查尔斯·狄更斯》（伦敦，1945），第451页。这段描述被认为出自小里伯斯戴尔爵士，但菲利普·柯林斯编《狄更斯：访谈和往事》第二卷第112页指出，他认为这段描述出自罗素爵士的孙女戴希曼男爵夫人的描述，见《印象与记忆》（伦敦，1926）第101—103页，这个说法应当是正确的。

② 杜比在《我所知道的查尔斯·狄更斯》第432页指出，这件事是狄更斯告诉他的。

啡,并要求她准备"顺势疗法的可可煮牛奶"替代早餐的饮品。[1] 他坚持写作,还准备在秋天进行两次公开讲座;杜比这时注意到,"一种缓慢而持续的变化正在他身上发生,严重怀疑他能否执行他所公开(在明年进行)的 12 场朗读",狄更斯坚持要这样做,说这是他对伦敦公众的告别。[2] 他着眼于未来,就算是和催他去意大利看望朋友的托马斯·特罗洛普开玩笑时也是,他们谈到他将如何穿过阿尔卑斯山上所有的路,"我'出发'沿着尼罗河而上到第二瀑布,又'出发'走到耶路撒冷,到印度,也去澳大利亚。这样一来,我唯一还混沌的感知就是,我不知道什么时候……但无论何时(如果有),只要我把'出发'改成'来到',我就会去见你了。"[3] 12 月 13 日狄更斯签下了《埃德温·德鲁德之谜》的合同,查普曼和霍尔会从 1870 年 3 月起连载 12 期,封面就像《我们共同的朋友》一样是绿色的。查普曼为前 25 000 册的版权支付了 7 500 英镑,之后的收益,出版商和作者对半分成,两名美国出版商也来争夺出版权利,最后狄更斯和哈珀以 1 000 英镑达成协议。他的工作现在排到了 1871 年春天。[4]

在盖德山庄,他招待了不少人,有再次来访的菲尔兹一家,有福斯特,还有剧作家兼小说家查尔斯·里德,他的记者朋友查尔斯·肯特,他的律师乌弗里。杜比描述了那里举行的一场男士限定聚会,来宾包括费克特、美国剧院经理帕默、阿德尔菲剧院的韦伯斯特,他们一起喝马德拉酒,赌台球,带有一种波西米亚式气息,但这很不寻常。狄更斯甚是骄傲,他的家仆艾萨克穿着侍者制服,一直在力求精致;他下令要建一座大而昂贵的温室,这又是为将来赌了一把,单是保险就花了 600 英镑。他听说,退休的威尔斯过着幸福的闲散生活,为此他十分高兴,威尔斯正住在赫特福德郡一座乡间住宅,但游手好闲不是狄更斯的选择。他一直关注公共事务,为爱尔兰和芬尼亚可能的运动忧心,秋天有大批相关抗议者来到伦敦集会。狄更斯还表达了对出版了《拜伦夫人的辩白》

---

[1] 狄更斯致乔治娜·霍加斯,1869 年 11 月 12 日,《朝圣》第十二卷第 439 页。
[2] 杜比:《我所知道的查尔斯·狄更斯》,第 440—441 页。他办了两场讲座,第一场在水晶宫为哈佛和牛津的赛艇队员演讲,这让狄更斯再次表达了他对美国的热情;第二次是为伯明翰和米德兰学院,他和这家教育机构长期有交往。1870 年 1 月,他最后一次回到这里。
[3] 狄更斯致托马斯·特罗洛普,1859 年 11 月 4 日,《朝圣》第十二卷第 434 页。
[4] 和《我们共同的朋友》一样,合同中有条款涵盖了在他完成书稿前去世的情况下的偿付方法,由福斯特安排。

一书的毕彻·斯托夫人的愤慨,他给约翰·莫雷写信说,他曾在多年前拜会过拜伦的女儿艾达,说"她在对我谈起她父亲时根本想不到,这些盗贼即使这样都在对他的坟墓摩拳擦掌"。① 大概他预见到了今后会有一本叫"狄更斯夫人的辩白"的书出现。

12月,费克特启程去美国,他们在盖德山庄开了一场欢送宴会,费克特把妻儿都留在英格兰,只带了他的情妇兼女主角。他还带上了狄更斯的仆人斯科特,斯科特熟悉美国,狄更斯这一安排必定是源于他的善良。圣诞节,一家人小聚,乔治娜、两个女儿、刚全优通过了文学士考试初试②的亨利、查尔斯·柯林斯,还有查理与贝茜夫妇带着一个孩子,他大约和麦克雷迪是这样说的,虽然到现在他已经有了四个孙辈。③ 他给杜比写信说,这个圣诞节对他来说是极大的痛苦和不幸,并悲哀地将其与他们在美国共度的那个圣诞节做对比。然后,他可怜巴巴地说,他的腿过去还能动,但这一年他只能整天被困在床上,只在晚上起来参加晚饭后会客室里的派对。④ 新年前夜,他的状态看上去还不错,他去了伦敦,给福斯特家大声读了《埃德温·德鲁德之谜》的第二期。

---

① 狄更斯致约翰·莫雷,1869年10月19日,《朝圣》第十二卷第426页。
② 或"复试",一种在第二年进行的考试,现已废止。
③ 狄更斯致麦克雷迪,1869年12月27日,《朝圣》第十二卷第457页。
④ 杜比:《我所知道的查尔斯·狄更斯》,第441页。乔治娜在她编辑的狄更斯书信集里提及,他那天无法行走。

第二十六章 匹克斯威克，佩克尼克斯，匹克威克斯
1870 年

没人能想象自己的死亡，就算他知道死亡已经临近。狄更斯以从不退让的精神对抗病痛。但同时他感到了危险，开始着手整理他的个人事务、家庭事务、金钱还有版权。他的每一天都用在了商务会议、公开或私下的朗读、杂志的办公室工作以及和插画家的商讨上，另外还有对盖德山庄的改建，重修楼梯、花园，还要建新温室。他还要给人致辞，参加晚宴招待会，女儿的业余演剧活动也拉了他加入，他还要在社交上履行交友圈的义务，要和政治家甚至王室成员打交道——这一切都与《埃德温·德鲁德之谜》的写作重合在一起。直到他倒地失去意识的那一天，他都未曾停笔。

狄更斯继续在伦敦租着房子，以便玛梅在伦敦活动，地点选在贝斯沃特靠近大理石拱门的海德公园广场 5 号，这是自由党政治家米尔纳·吉布森的产业，吉布森曾是上届罗素爵士政府的阁僚。狄更斯告诉杜比，他喜欢海德公园的景致，在那里能看到人们享受生活的情景；他也喜欢清晨四轮马车咔哒咔哒的从帕丁顿出发到市场去的声音，因为这声音提示，这个世界开始运转了，即使他会被这声音吵醒。他还补充说，他喜欢睡在办公室，惠灵顿街也变成了这样一个所在，在那里，当"最后一辆出租马车走下去的时候，第一辆去市场的运货大车开上来。"①

1 月，狄更斯在伦敦有五场朗读会，其中 21 日有场特别的日间演出，这样，在剧场界工作的人也能听到他读"塞克斯"。狄更斯之后给威尔斯写信说，他觉得很显然"继续这件事是种前所未有的疯狂。通常我的心率是每分钟 72 次，但在朗读时心跳会加快到每分钟 112 次。除此之外，我还需要十几分钟来喘口气：这时候我看起来就像是败军之将。"他继续

---

① 杜比：《我所知道的查尔斯·狄更斯》，第 452—453 页。

说，他希望威尔斯能来听他朗读，并说他将在 2 月演两场，3 月再演一场。同时，他右手的拇指又出了问题——他必然是又得了痛风，疼痛到处转移——这让他没法清楚地写作。他是这样写在信结尾处的："患者（即奈莉）也在，并很想念你。附上我所有的诚挚的问候。"① 痛风严重到他不得不将与格拉德斯通的晚饭之约延期。

狄更斯的岳父乔治·霍加斯这年 86 岁，仍然作为一名记者活跃着，心地善良，为人低调，令人敬爱。1 月他从《伦敦新闻画报》办公室的楼梯上摔下来，2 月就去世了，照看他的是一个已经出嫁的女儿海伦·罗尼，住处离长女凯瑟琳·狄更斯很近。狄更斯比他的岳父小 30 岁，两人已有超过十年不曾说过话，狄更斯对霍加斯家毫无表示，这时更难指望着他有所表示，尽管所有讣告都指出了这两人间的关系。乔治娜写来的哀悼父亲的信则用了黑边纸。

尽管狄更斯不准备记住霍加斯先生，但纪念日和礼节对他来说仍然是件重要的事。他和福斯特家一起过了自己的生日，他们一起吃了顿饭，来的有乔琪还有凯蒂夫妇。3 月 3 日他给麦克雷迪写信祝贺他 77 岁的生日。同一天还办了奈莉的生日午餐会，地点选在摄政街的布兰查德饭店，来的有威尔斯家和另一位客人，大概是杜比：有人怀疑是否真的有参与者在这种场合会觉得开心。3 月 6 日星期六，狄更斯与乔治·艾略特以及刘易斯共进晚餐，两人发现狄更斯的言谈仍然风趣活泼，尽管他们都觉得狄更斯看上去遭受了极大的打击。8 日他进行了一场朗读表演，节目首先是感伤的"冬青树旅馆的靴子"，然后"塞克斯的谋杀"让他心跳加速，这是他最后一次表演这个段子；接着是《匹克威克外传》中"鲍勃·索亚的聚会"。第二天，他克服了对王室的冷淡，下午去了白金汉宫会见女王并交谈，女王在信中表示"希望与我结识"。②

是什么使他变得柔软？他给兼具文学品味和才情的枢密院秘书兼侍臣亚瑟·赫尔普斯看了一些美国内战的照片，赫尔普斯将此事告诉了女王，女王想看这些照片，表达了她想和狄更斯见面的意愿。从狄更斯的角度，他可能想给在社交上颇有想法的玛梅做些什么，玛梅说不定会在

---

① 狄更斯致威尔斯，1870 年 1 月 23 日，《朝圣》第十二卷第 470 页。
② 狄更斯致 C. E. 诺顿，1870 年 3 月 11 日，《朝圣》第十二卷第 488 页。

他之后也受到女王接见。① 礼仪要求他一直站着和女王说话，女王同样站着，靠着一张沙发。这场交流并不算活泼。女王很遗憾，她从未听过狄更斯朗读，而狄更斯则坚称他的朗读表演已经结束——虽然实际情况是最后一场仍未上演——而且他不做私人表演。他们谈到了狄更斯的美国之行，女王认为，美国民众对她的儿子亚瑟王子会有失礼的行为，而狄更斯则向她保证，王室成员在大西洋另一边也很受欢迎。她问狄更斯，是否能说明英格兰再也找不出合格仆人的原因，狄更斯回答，教育系统可能对此并无助益。女王赠给狄更斯一本她写的书《苏格兰高地生活札记》。狄更斯很难忘记，他是如何就威尔斯允许赞扬这部王室作品的文章在他的杂志上发表责备威尔斯的："我不会为这篇提及女王那本荒谬的书（我读过它）的文章付一分钱。我不屑加入这可耻的拍马屁的行列。我很惊奇你本来会认可我在这一问题上的意见。"② 但这个时候他当然会优雅地接过这本荒谬的书。女王希望能得到一些狄更斯已出版的书，狄更斯答应送给她一套特别版。之后狄更斯离开，按约定好的，在伯灵顿拱廊商场见到杜比，两人手挽手去柯克街的蓝柱饭店吃饭。女王日记中的有关"著名作家狄更斯先生"的记录可能会让他高兴："他谈到了他的新近工作，谈到美国，谈到那里陌生的人民，还谈到英格兰的阶层划分——他希望能随着时间推移有所改变。他确定这会逐渐实现。"③

三天后即 15 日，他在圣詹姆斯会堂举行了最后一场朗读会。朗读者和公众情绪高昂。人群在门口避让开，2 000 名听众聚在大厅内，许多人只支付了一先令的座位费，当狄更斯在台上出现时，这些听众起立为他欢呼。狄更斯表演了"圣诞颂歌"和"匹克威克的审判"。福斯特坐在观众席中，他觉得这是狄更斯读得最好的一场，带着一种微妙而宁静的离别的忧伤。杜比在后台随时待命。查理在第一排，记着弗兰克·比尔德的医嘱，只要他的父亲颤抖起来，"你一定要冲上台抓住他，然后把他带

---

① 玛梅于 5 月 17 日出席了女王的舞会，她父亲由于身体状况不佳没有和她同去。福斯特：《一生》第三卷第二十章。
② 狄更斯曾对威尔斯在寄自美国的信中提出过他对这本书的意见，见 1868 年 2 月 25 日，《朝圣》第十一卷第 59—60 页。在那封信中，他就在《常年》上刊登对这本书的赞扬文字一事责备了威尔斯。
③ 维多利亚女王日记，1870 年 3 月 9 日。狄更斯对阶级的见解给女王留下了深刻印象，狄更斯去世后，她写道："他对贫穷阶级有一颗博大的爱心，并保有最强烈的同情。他非常确定，一种感觉更好的、更广泛的阶层融合终会及时出现。我诚挚地祈祷这样的情况早日实现。维多利亚。"（维多利亚女王日记，1870 年 6 月 11 日）

到我这里，要不他就会去天堂，他会死在所有人眼前。"① 狄更斯没有颤抖，尽管他已经读不清楚"匹克威克"，把它念成了"匹克斯威克""佩克尼克斯"或者"匹克威克斯"。听众们多次请他返场，他终于说出几句道别的话，并告诉他们，请期待他两周内就要刊行的新小说的第一期，然后说："我现在由衷地、感激地、恭敬地、深情地向各位道别，我将从这些刺眼的灯光中永远消失。""他走下台，短暂的寂静；随后突然一阵喧哗声久久地响起，使他停住脚步，又一次响起的喧嚣声令他走了回来；这将让每个到场者永久难忘"，约翰·福斯特这样记录。②

狄更斯和福斯特的感情亲密依旧，狄更斯写完每一期的《埃德温·德鲁德之谜》之后都会到福斯特位于宫门的家里大声朗读给福斯特听，然后两人一起讨论剧情。3月21日，即第一期发表的10天前，狄更斯给人读了第四期的内容，那天晚上的早些时候他们沿着牛津街一路走，他对朋友透露，他现在已经读不清右手店铺招牌的名称。当月底，狄更斯写信给福斯特说，他的痔疮复发，出血严重，他一直在发抖；他用来帮助睡眠的鸦片酊导致他便秘，使他的痔疮恶化。但他的生活状态仍然是积极的。3月28日，他和弗雷德里克·查普曼以及查普曼和霍尔的新合作者安东尼·特罗洛普的儿子亨利签订了一份协议，协议涉及了他所有作品的版权，出版商和作者将平分收益。4月2日，狄更斯为福斯特庆祝生日。4月5日，他在售报人慈善机构的晚宴上致辞，用笑话热场，并鼓励大家为他们的基金多多捐款。4月6日，他穿着礼服到王宫参加了一场早朝。第二天，他在海德公园广场召开了一场大型招待会，小提琴家约阿希姆和钢琴家查尔斯·哈雷都登场表演，还有歌手的独唱与合唱。自离开塔维斯托克宅以来，他就没有再举办过这样的娱乐活动。

4月，查理正式接过了威尔斯在《常年》的工作。6月2日，狄更斯在遗嘱里增加了条款：他在杂志的股权和收益以及股票财物全交给查理。③ 这样他尽其所能照顾了他最爱的并曾寄予最多希望的长子。他不

---

① 马尔科姆·安德鲁斯：《查尔斯·狄更斯和他的表演自我：狄更斯和朗读公演》（牛津，2006），第264—265页。

② 福斯特《一生》第三卷第二十章提到了狄更斯本人的话以及对这一幕的描述。其他人认为，他对着观众亲吻他的手，并泪流满面。

③ 遗嘱结尾的附件签署于6月2日，他在惠灵顿街的两个助手霍尔斯沃斯和沃克尔见证。威尔斯继续持有他在《常年》的八分之一股份，直到查理在父亲去世后将其全部回购。

会——也不能——现在就放弃查理,尽管查理经历了生意失败。亨利在剑桥的表现一直不错,他今后可以靠自己走自己的路。5月,狄更斯给四儿子阿尔弗雷德写信,表达了对他在澳洲未来生活的"无限信心",但他担心普洛恩是否能在那里立足维生,还提到了西尼的欠债:"恐怕西尼已经欠债太多而无法归还,我开始盼着他正常死去。"① 话语冷冰冰的,西尼在欠下债务时就像华尔特一样被遗弃了,同样的还有麻烦不断的弟弟弗雷德以及违背他意愿的妻子凯瑟琳。狄更斯一旦和人划清了界线,他就是冷酷无情的。

狄更斯人格中的矛盾面总在制造困惑与惊奇。为何查理的失败得到了原谅,他仍然是狄更斯的最爱,但华尔特和西尼却没这个待遇?大约是因为查理是他青春时的孩子和最初的成功。但他所有的儿子都使他困惑,他们的无能也让他害怕:他将他们看作未能取得成功的另一个自己。他感到愤怒,儿子们从小舒适地长大,对父亲曾努力要摆脱的贫困毫无概念,于是他放弃了儿子们;他又是个善良亲切的人,表现在他对待贫穷、孤苦无依、亟待帮助的人们的时候。作为爱人,狄更斯想带着奈莉赴美,但他不会计划和奈莉在英格兰共度一生,这不仅是因为必定会成为丑闻,也是因为他依恋着在盖德山庄的生活,这里已经平静地归乔治娜负责,乔治娜为他服务,对他提出的要求却很有限。他还有另外一部分占重要地位的生活:和杜比一起在办公室时,他可以享受单身贵族的身份,饱餐后去剧院,落幕后和男性友人饮酒到深夜。狄更斯抱怨福斯特,抱怨他的迟钝,抱怨他对中产阶级价值观和习惯的妥协,但没有福斯特,狄更斯就毫无办法,他在1838年写给福斯特的那些话到最后成了现实:只有死亡能分开"如今牢牢钉在一起的联系"。他的写作中也有冲突的存在,它们当然有种表演过火的感觉,但与之伴随的是,让人眼花缭乱的笑话、莎士比亚式的人物塑造、细腻而深刻的想象,还有他描写时笔力中的诡异和才华。

《埃德温·德鲁德之谜》从开始就卖得很好,超过了《我们共同的朋友》的10 000份,直冲到每期50 000份。狄更斯把手稿交给印刷厂,附上一张条子"我宝贝孩子的安全是我唯一的牵挂",这个意象令人惊讶,

---

① 狄更斯致儿子阿尔弗雷德,1870年5月20日,《朝圣》第十二卷第529—530页。

毕竟大部分男性作者之前都不会把自己的作品看作他的孩子。① 《埃德温·德鲁德之谜》让读者着迷，因为它是一部未完成的关于谋杀的故事，谜底未解，其格调带着异域风情、鸦片、催眠、"杀人越货组"② 的行径，对狄更斯来说都是全新的。其中也有对罗切斯特的描写，童年的城市美好地呈现出来，感伤萦绕其中；但神秘在当中只被轻描淡写，反派角色无趣，喜剧成分只是一般程度上的有趣，魅力有些勉强，语言读上去有时感觉像是他早期作品的滑稽模仿。有一个坏孩子干得漂亮，他扔石头并把"大教堂"（cathedral）读成了"金·福利·德·厄尔"（KIN-FREE-DER-EL），狄更斯可能曾在罗切斯特的街上听到了这说法并非常喜欢；已经完成的22章内容是预计篇幅的一半，在可读性上已经完美。

《埃德温·德鲁德之谜》一书应从三方面来看。首先，它是一部未完成的谜，它受到非同寻常的关注是由于这是一道狄更斯留下的难题，那些喜欢解谜的人给它找出了无数精妙的解答。第二，作为一部未完成的小说，它不能算是狄更斯的主要作品，狄更斯最热情的崇拜者对它的意见也是两极分化。切斯特顿向这部作品致敬，说它是一个快要逝去的魔法师的创造，制造出"他最后的绚烂和令人震惊的登场"，吉辛和萧伯纳对它的摒弃是微不足道、无伤大雅的。第三，这是一个人濒死时与死亡对抗的成果，他不允许疾病和衰弱的力量阻止他发挥想象，也不能让这些事阻止他写作：这是一番惊人的英雄般的伟业。

直到5月底，他一直把海德公园广场作为居住地，但他也经常在惠灵顿街，有时逃回盖德山庄，无疑他是和奈莉在一起。早在2月，他就告诉一个朋友，他离开城里去乡下过了两天，4月中旬，他说他一个周末都在"城外努力工作"，之后这个月，他提到在盖德山庄的"一次长距离乡间漫步"——这其中一部分或全部事件都有可能是在奈莉的陪同之下发生的。③ 麦克莱斯的去世让他悲伤，尽管他们已经几乎多年不曾联系，

---

① 狄更斯致乔治·克洛斯，1870年2月18日，《朝圣》第十二卷第481页。1867年版《大卫·科波菲尔》的前言中，狄更斯自称是"对每个由自己的幻想结晶而成的作品的父亲"，并接着说，他最喜欢的"孩子"是《大卫·科波菲尔》。
② "杀人越货组"是指英国在19世纪早期发现并镇压的印度黑社会组织。组织长于谋杀和抢劫旅行者，用布套索勒死受害者，然后立即抛尸。
③ 狄更斯致S.卡特怀特，1870年4月11日，《朝圣》第十二卷第508页；狄更斯致查尔斯·肯特，1870年4月25日，《朝圣》第十二卷第512页；狄更斯致亚瑟·赫尔普斯，1870年4月26日，《朝圣》第十二卷第513页。5月31日，他告诉班克罗夫特夫人他到了盖德山庄，"从城里来的路上迂回了一段，好在路上换换空气"，这很可能是经过了佩克汉姆，见《朝圣》第十二卷第541页。

在 4 月 30 日皇家学院的晚宴上，他深情地提起了麦克莱斯，这是他最后一次演说，给人留下深刻的印象。5 月 2 日他和玛梅、老朋友沃森夫人以及她的孩子们共进晚餐，沃森夫人一家是从罗金汉来伦敦的。这时候他告诉一位通信员，他要出城两天"呼吸新鲜空气"，又对另外一位通信员说"我已经（并仍然）在外探望一个生病的朋友"，听上去似乎又是在佩克汉姆。①

5 月 7 日他在福斯特家大声朗读了《埃德温·德鲁德之谜》的第五期。这时他脚上的疼痛又开始加剧，他"完全瘸了"，晚上只能用更多的鸦片酊减缓疼痛感。他让乌弗里来他的办公室处理业务，其他的会面都被取消，包括 17 日白金汉宫举行的国家舞会，玛梅只能一个人去。他设法同美国大使莫特利以及迪斯雷利一起吃饭，并与格拉德斯通共进早餐。② 他听闻另一位友人马克·莱蒙的死讯，派查理代表他参加了葬礼。5 月 24 日，他莫名地与霍顿爵士夫妇一起吃了顿饭，霍顿夫人是克鲁夫人的孙女，狄更斯的祖母曾经在克鲁家当过管家。狄更斯被邀请去见威尔士亲王，亲王尤其希望能认识他，同席的还有比利时国王利奥波特二世。狄更斯出席了晚宴且表现得体，但他在宴席后无法上楼到会客室去。③

女儿们的事也让狄更斯很忙，她们的业余剧社要在一个有钱建筑商查尔斯·弗雷克位于肯辛顿的宅子里演一台戏。狄更斯家的女儿们和弗雷克家的孩子是朋友。狄更斯要给她们的这台戏做参谋并提供帮助。狄更斯去看了她们的一些排练，凯蒂也说，狄更斯在伦敦这段时间里，她

---

① 狄更斯致亚瑟·赫尔普斯，1870 年 5 月 3 日，《朝圣》第十二卷第 519 页；狄更斯致达拉斯夫人，1870 年 5 月 2 日，《朝圣》第十二卷第 517 页。
② 福斯特：《一生》第三卷第二十章。
③ 霍顿夫人生于 1814 年，原名安娜贝拉·亨格佛德·克鲁，二代克鲁男爵的女儿，一代克鲁男爵和有名的美人——辉格党女主人弗兰西斯·克鲁夫人的孙女，克鲁家曾雇佣狄更斯的祖母做管家。
狄更斯曾在 1862 年 3 月 16 日对瑟雅描述，威尔士亲王是个"可怜愚蠢的闲汉"，见《朝圣》第十卷第 55 页。他还在 1863 年 3 月 31 日对麦克雷迪抱怨当时的王室婚礼，"我们真的为这王子费尽了最后一点耐心，不是吗？"见《朝圣》第十卷第 227 页。玛梅执意要父亲带她出席 1863 年 5 月伦敦城中王子举办的舞会，而狄更斯非常不情愿。
比利时国王利奥波特二世是维多利亚女王的嫡表亲，是个在刚果建立了私有殖民帝国的"怪物"，大片土地是斯坦利为他买的，他在当地罪行累累。他要为非洲成千上万人被奴役、遭受肉刑甚至死亡负责。在比利时，他也不受欢迎，他的葬礼上嘘声一片。总体来说，他是个人渣，但狄更斯不可能知道这一切。

时常陪在他身边。① 还有一顿饭是和精力充沛、热情好客的莫尔斯沃斯夫人一起享用的。同席的一位客人回忆，他风趣幽默，但据当时还年轻的只在这次晚餐会上见过狄更斯一次的热纳女士回忆，她坐在狄更斯和布尔沃·利顿之间，发觉"晚宴上的噪音和疲劳似乎对他（狄更斯）造成了非常大的困扰"。② 更糟的是，他的跛足给他的小说写作带来更大的困难："我平常无法散步这件事对我来说是个非常严重的问题，如果不时常锻炼，我简直没法工作。"③

5月25日狄更斯自己去了盖德山庄，他"不得不从晚宴以及伦敦这一季的其他邀约中逃出来，在这里消停一会儿并让我回到日常的锻炼状态中"——此外"迂回地在路上稍微换口气"。④ 他在盖德山庄待到6月2日，给费克特发了一份关于如何改造他的房子和花园的狂想般的描述：温室建成，重建的主楼梯色彩艳丽还镀了金，花园由一个新园丁看管，他改造了砾石路，还在温床上种植了甜瓜、黄瓜和鲜花。⑤

5月的最后一天他仍住在盖德山庄，海德公园地区的房子这天正式交出。6月2日星期四，他回到伦敦，住在惠灵顿街。杜比每周都去办公室一趟，这时他发现狄更斯正沉浸在工作中，神情紧张。他们一起吃了午饭，狄更斯让杜比来盖德山庄看改建成果，他们握手，互道"下周见"，之后分别。那天晚上他去了弗里克家和女儿们一起玩戏剧，宣称自己是舞台监制。查尔斯·柯林斯发现，散场后他一个人坐在布景旁边，显然他以为这是在自己家里——你肯定要问是哪一个家。⑥ 这个夜晚很热，他回到惠灵顿街睡觉。查理次日早晨在那里找到了他，他正全情投入《埃德温·德鲁德之谜》的写作，和他搭话他甚至都不回应。他似乎完全忘记了儿子的存在，甚至在看向儿子所在方向时，他的视线看

---

① 选剧为法语话剧"首席女角"的英译版，这是狄更斯在看过一个女儿在一家乡村宅邸内演的另一部剧后给出的建议。那部剧的作者是赫曼·梅里维尔，一位在戏剧上有点野心的律师，也是《常年》的撰稿人。梅里维尔还参与了在克伦威尔路的弗雷克宅上演的戏剧制作工作，并说狄更斯将舞台管理得井井有条，完全看不出生病的迹象，除了伤病的脚穿着拖鞋，还需挂着手杖。他的描述与我们所知的狄更斯此时的状态很难达成一致，但梅里维尔坚持说，他在戏剧性的场面中会高兴地站起来。

② 多萝西·内维尔夫人在回忆旧事时滔滔不绝，见菲利普·柯林斯编：《狄更斯：访谈和往事》第二卷，第350页。热纳夫人即后来的圣赫利尔夫人，于1909年出版了《五十年的回忆》，在第78页提到了狄更斯。多人的描述在提到狄更斯这样的名人时各有冲突，这是不可避免的。

③ 狄更斯致珀西·费茨杰拉德夫人，1870年5月26日，《朝圣》第十二卷第534—535页。

④ 同上，第534页；狄更斯致班克罗夫特夫人，1870年5月31日，《朝圣》第十二卷第541页。

⑤ 狄更斯致费克特，1870年5月27日，《朝圣》第十二卷第538页。

⑥ 据珀西·费茨杰拉德，见菲利普·柯林斯编：《狄更斯：访谈和往事》第二卷，第353页。

上去就像直接从人身上穿过去，不作任何停留。于是查理没有道别就离开了。

福斯特远在康沃尔郡工作。狄更斯晚上回到盖德山庄，乔治娜正等着他。他比平常多要了四盒雪茄，还给他疼痛的脚要了一条"电疗绑带"，这是一条类似通电的铁链的东西，是当时流行的一种多用途治疗器具，演员班克罗夫特夫人给他推荐了这东西，由医疗电池制造商艾萨克·普尔佛马克提供。① 周日，两个女儿都回来了，晚上乔治娜和玛梅就寝后，他坐起来和凯蒂说话。"温室的灯被调暗，但通向它的窗子仍然开着。这是个非常暖和、宁静的夜，空气中飘着花朵的甜香……父亲和我可能是这里仅有的鲜活生命……"于是凯蒂与父亲谈话，并向他寻求意见——她是不是该去登台表演？狄更斯警告她，他反对这个主意，他说，她很漂亮也可能会干得不错，但她过于敏感。"尽管舞台上有不少好人存在，但也有一些人会令你的头发一直倒竖着。你很聪明，完全可以去做其他事。"谈话中他说，他希望自己是个"更好的父亲——一个更好的人"，还告诉了她一些之前从未和她讨论过的事，无疑这会与他和她母亲的离异以及他和奈莉的关系有关。他还说，他担心自己能否活到完成《埃德温·德鲁德之谜》的写作那一天——"因为你知道，我亲爱的孩子，我最近并不强壮，"他讲到。凯蒂说："就好像他的生命结束了，什么都没留下"。②

凯蒂和玛梅第二天早上离开盖德山庄，到伦敦城去。她们出来时，她们的父亲已经在他野外的小木屋工作了——他早晨 7 点 30 分就要了自己的早餐，因为他有太多事要做，他这样告诉女仆。另外，既然他不喜欢离别，她们也就不想去打扰他。但当她们坐在廊下等着马车送她们去车站时，凯蒂觉得她还是想再去见一下父亲。她匆匆经过隧道跑到了野地，爬上通往楼上狄更斯正在里边工作的木屋的阶梯。她看到他把椅子从写字桌前挪开，张开双臂拥抱她亲吻她，这个拥抱她永远都不会忘记。

---

① 普尔佛马克（1815—1884）是普鲁士人，利用法拉第于 1831 年发明的感应线圈制造了他的电疗链。他在美国申请了专利，1859 年来到伦敦成功销售了他的产品，声称这些产品可治疗各类风湿痛、神经痛、癫痫、麻痹和神经系统疾病，此外还包括消化不良和痉挛，"世界各地的哲学家、神职人员和杰出的医生都在推荐。"他在牛津街有一家商店，在汉普斯特德高地的风车之家度过了余生。

② 凯蒂写下并口述了若干记叙。见菲利普·柯林斯编：《狄更斯：访谈和往事》第二卷第 354—358 页以及格拉迪丝·斯托里《狄更斯和女儿》第 133—134 页。

下午，他带着他的狗，步行去罗切斯特寄出几封信。他还带着笔记本，下到地窖，记下贮藏在那里的木桶的细节，题头写"地窖内木桶内容细节——一段存放于地窖石板上的描述，记录每天从每个木桶中取了多少——每周末装订入册，起始于1870年6月"。第一页上记了七条关于雪莉酒、白兰地、朗姆酒和苏格兰威士忌的信息，包括加仑数和何时取用，如"桶装极品苏格兰威士忌30加仑——1869年1月1日入库"。第二页记了三夸脱雪莉酒，于上周喝掉。第三页上记载每种陈年白兰地和深色白兰地都提取了一品脱。第五页他写下，他存于木桶和石罐里的两加仑"极品苏格兰威士忌"于伦敦享用。①

　　周二，他又在继续写《埃德温·德鲁德之谜》，还写了更多的信，一封是给卢克·菲尔德斯的，说他会从6月11日星期六起在盖德山庄——在这之前不在——一直待到下周的周二或周三，并请他下周过来。下午他和乔琪坐马车去科巴姆树林，他在那里下车，自己走回家去；然后他在温室里挂了几盏中式灯笼，晚上他们对着点起的灯笼称赞不已。次日即6月8日星期三，他又写了一些信件，说他周四会在伦敦的办公室。他又一次在7点半就早早用了早餐，一个女仆那天离开去结婚了。上午，他像往常一样，找对面法斯塔夫旅馆的老板特路德先生兑付了一张支票，这次是22英镑。②

　　在这之后，乔治娜是唯一在6点过后看到他的人。厨娘凯瑟琳、女仆艾玛和小男仆艾萨克·阿米蒂奇在楼下的仆人居住区，外边某处有马夫乔治·布特勒、新任园丁布伦特先生和在他手下工作的助理园丁，他们是当地人，晚上要回家。乔治娜说，狄更斯在这天中午回到主宅休息了一个小时并抽了根雪茄，然后又到小木屋工作，与他平常的习惯不同，下午，他又回到主宅写了几封信，6点进了饭厅，脸色看起来不太好。他坐下来，乔治娜问他是不是不舒服，他回答"是，非常不舒服，这一个钟头我都觉得很不舒服。"乔治娜问，要不要叫医生过来，狄更斯说不用，他要继续吃晚餐，然后去伦敦。他努力与不时发作的疼痛抗争着，

---

① 这是狄更斯的一份手稿，写在一个小蓝皮线格本里，封面上手写"盖德山庄窖藏桶"，还画了个圈。第一页末他加上了"还有装在石头罐里的5加仑威士忌要先喝"第4页是空白。感谢2002年9月大卫·克莱格发给笔者的大罗素街46号贾迪斯销售目录，上边印有这些细节。题头写着"狄更斯最后的计划，盖德山庄窖藏"。

② 威廉·理查德·休斯，《在狄更斯王国漫游一周》，第207页。法斯塔夫旅馆的老板特路德告诉休斯，有人为这一签名出价24英镑买这张支票，被他拒绝了。

第二十六章　匹克斯威克，佩克尼克斯，匹克威克斯

话也说不连贯，很快就连吐字也开始含糊不清。乔治娜对这情形的叙述有好几个版本，她告诉福斯特，狄更斯提到了邻近一座房子出售，说他要去伦敦，还立即提到了麦克雷迪相关的一些事。还有一个版本是，在她问要不要叫医生时，狄更斯回答"不"，他抱怨着牙疼，捂着下巴，让人关上窗户，乔治娜照做了。① 在每一个版本里，她都讲了他们最后的交流，她说"过来躺下"，还有他的回答，"好，在地上，"随后他倒在地板上失去意识。② 他的遗言令人难以忘怀。终于，这个持续 36 年抛出点子、爱幻想和塑造人物的"创造机器"回归于寂静。

福斯特像每个采纳了乔治娜描述的人一样，说她试着扶狄更斯到沙发上，但客厅里没有沙发。她说，她喊在楼下待命的仆人从会客厅里搬张沙发，把他抬上去。男仆艾萨克请来了当地一位叫斯蒂尔的医生，他确定地说，在他来时，狄更斯还倒在地板上，是他叫人搬来了沙发并把狄更斯抬了上去，后来他还能指出狄更斯倒下的确切位置。我们都知道这种事件的相关记忆可能会不准确、不可靠：例如，艾萨克后来说，他骑着矮种马诺格斯去请的医生，但那匹马在一年前就已经退役了。

关于 6 月 8 日星期三发生的这一连串事件还存在另一个可能性。在这个版本里，狄更斯找特路德先生兑付支票后，去海厄姆站，乘火车又换马车，沿着他熟悉的路去了佩克汉姆。在温莎小舍，他支付了奈莉管家的酬金。这之后没多久，他就倒下了。奈莉在女仆、对门教堂好心的看门人（他发誓保守秘密）还有一个马车夫的帮助下，把失去意识的人抬进了奈莉和狄更斯常用的当地出租的一辆两匹马拉的带篷马车里，马车载着狄更斯去了盖德山庄。她知道，狄更斯以及她自己的命运取决于她的行动，她派了一两个女仆发电报给乔治娜，向她示警，因为其他人有可能跟着她来帮忙。这一路肯定要用去几个小时，但路上基本没有人，因为现在火车是主要的交通工具；狄更斯在《埃德温·德鲁德之谜》中

---

① 这是萨拉在《每日电讯》上给出的他对狄更斯之死的记叙，重印于他于 1870 年写的小传《查尔斯·狄更斯》。

② 这段部分取自乔治娜在她编辑的狄更斯书信集中的描述，这部书信集为每一年做了简短的叙述，并以她对狄更斯最后一日的记叙作为结尾。此外还可见亚瑟·A.阿德里安：《乔治娜·霍加斯和狄更斯的圈子》，第 136—137 页，《泰晤士报》上登载的讣告——它当然基于乔治娜的描述以及格拉迪丝·斯托里的《狄更斯和女儿》。斯托里的消息来源自然是凯蒂。据她说，狄更斯在他不连贯的话语中提到了福斯特。福斯特在他所著传记的最后一章中说，在狄更斯表现出痛苦之前晚饭就开始了，他唯一还连贯的话是他想让晚饭继续。然后，他开始断断续续说话并站起来，乔治娜努力把他扶到沙发上。这时，房间里明显没有仆人。此外，晚餐食物是通过升降餐台送上来的。

写"(跑马车的)路在英格兰很快就会没有了"。带着一个动弹不得或意识不清的人是个麻烦，但这个麻烦总算是被解决了，下午6点到7点，狄更斯最可能在的地方是饭厅。这故事看起来狂放得让人难以置信，但这并非不可能发生，尤其是在我们知道狄更斯的习惯的情况下。这件事的佐证是，谨慎而高效的乔治娜给律师乌弗里写的一封日期为"星期四"的信，上边写到，在狄更斯去世后，她从狄更斯的上衣口袋里发现了6英镑6先令3便士。6月8日早晨他已经兑付了22英镑的支票，那剩下的15英镑13先令9便士去了哪里？①

然而，乔治娜的描述是可信的，尽管有少许出入；而且无论如何，在晚上6点过后的某个时间，两个可能性重合了。奈莉回到佩克汉姆。斯蒂尔医生到来，一张沙发搬到饭厅里，患者被抬上去。医生发现他已经无法挽救患者的生命，于是他只采取了一些权宜的医疗措施，还说要给患者保暖。凯蒂和玛梅被一通电报叫回来，她们赶在午夜时到达。"我们直接进了房子，我能听到父亲大喘气的声音。一整晚，我们都在看着他，他的脚冰凉，我们不停地给他换暖脚的热砖块，"凯蒂写到。②弗兰克·比尔德和她们一起过来，他也没法帮上斯蒂尔更多的忙，随后斯蒂尔离开。比尔德留下来，早晨查理来了。他们从伦敦请来的专家到了，专家说，狄更斯得了脑溢血，大家都知道这不会有好结果。玛丽·博伊尔来了又离开，查理和乔治娜看到了她。奈莉在下午到了或者说是回来，并留了下来。③漫长的一天过去了。晚上6点刚过，狄更斯叹了一口气，一滴眼泪沿着面颊从他右眼淌下来，然后他停止了呼吸。

亨利两小时后从剑桥赶回来，他从一个铁路搬运工处得知父亲已经去世的消息，悲痛欲绝。狄更斯的妹妹莉蒂西亚·奥斯丁也到了。晚间，

---

① 那些狗如果在附近，它们可能会认出奈莉；杜比在《我所知道的查尔斯·狄更斯》第57页谈及它们是如何总是能被介绍给他人的。

在《看不见的女人》出版后，笔者收到一条信息，提到了这与6月8日时间线完全不同的叙述。笔者在平装版的附录中摸索出了一份可能的时间表，并讨论了一些支持和反对的论据，供有兴趣的读者参考。从那以后，再没有任何新的发现，笔者认为这应该是不太可能发生的，尽管它并非完全不可能，毕竟我们了解狄更斯的习惯。

② 凯蒂对格拉迪丝·斯托里的口述，见《狄更斯和女儿》第136页。

③ 奈莉的女儿格拉迪丝告诉马尔科姆·莫雷，她母亲在狄更斯去世时在场（《狄更斯研究者》，1960）。格拉迪丝·斯托里告诉华尔特·德克斯特，凯蒂告诉她乔治娜派人去请了奈莉，见德克斯特1939年2月22日致信苏扎内特。信件存放于狄更斯博物馆。乌纳·蒲柏-轩尼诗说格拉迪丝·斯托里说过，凯蒂曾说她去请了奈莉，并记录在《查尔斯·狄更斯》（伦敦，1945）第464页。

玛梅从她父亲"美丽的遗体"上剪下一缕头发。① 红色天竺葵和蓝色半边莲围在遗体边，窗帘拉开，好让阳光照进来。上午凯蒂去伦敦告诉母亲发生了什么事。女王不知道狄更斯的婚姻状况或只是礼貌地遵循了合适的惯例，从巴尔勒莫尔发了一封电报给她。米莱前来绘制狄更斯的遗容，殡仪馆已经将他入殓，雕塑家托马斯·伍尔纳为他做塑像。

杜比从报纸上读到狄更斯的死讯，直接赶到了盖德山庄。"狄更斯小姐和霍加斯小姐"亲切地接待了他，向他描述了狄更斯最后的时刻。她们问他是不是要去看下遗体，"但我无法承受。我只想记得我最后看到他时的样子。我离开房子，出门，走到罗切斯特路上。这是6月一个明朗的早晨，是他曾喜欢过的一段日子；在这样的天气里我们曾一起不知多少次踏过这条路。但再也不可能了，我们两个，沿着那白色的、尘土飞扬的路走着，开花的树篱在我们周围，头顶是澄明的蓝天，太阳照着我们。我们最后一次一起散步。"②

安排葬礼是件麻烦事，计划总是赶不上变化。查理和查尔斯·柯林斯知道，狄更斯曾说过他希望能葬在他深爱的肯特郡。他们开始接触附近一个叫肖恩的美丽小村中圣彼得和圣保罗教堂的教区牧师，教堂同意狄更斯葬在教堂墓地的东边。③ 然后罗切斯特大教堂的教长和教会执事向盖德山庄发了一份恳切的请求，说狄更斯应该安葬在他们那里，但他不可能如愿葬在外边，而要葬在圣玛丽小教堂中。于是肖恩的墓地被取消，灵柩准备移到罗切斯特，墓穴都挖好了。④ 同时西敏寺大教堂的教长斯坦利给一个文学方面的朋友弗雷德里克·洛克·兰普森写信，说他"随时准备就葬礼事宜与狄更斯家建立联系"，但他什么消息都没听到，还觉得他自己主动可能不太合适。洛克·兰普森说，他传了斯坦利的条子给查理·狄更斯，但它没能到查理手中。与此同时，福斯特正从康沃尔郡赶来，乔治娜给他发了一通召唤的电报。他于周六早晨到达盖德山庄，正赶上能见到躺在敞开的棺材中的狄更斯，亲吻那平静的遗容。

---

① 她将一缕头发于1873年12月交给诺顿。亚瑟·A.阿德里安：《乔治娜·霍加斯和狄更斯的圈子》，第199页。
② 这是杜比在《我所知道的查尔斯·狄更斯》中写的出色的结语。
③ 肖恩教堂在数年后重建，村子也被扩建。
④ 乔治娜·霍加斯致乌弗里，1870年6月18日，说钱已经花了出去，"罗切斯特大教堂的人已经准备好了墓地和敲钟人工，等等"。见亚瑟·A.阿德里安，"查尔斯·狄更斯和斯坦利教长"，《狄更斯研究者》(1946)，第156页。

周一《泰晤士报》刊登社论，呼吁狄更斯葬在西敏寺教堂。福斯特和查理受此启发，11点他们到伦敦去见斯坦利教长。福斯特悲伤过甚，一开始他泣不成声。等他恢复平静，他说"我想《泰晤士报》那篇文章取得了您的同意"。教长的回答是"不"，尽管他私下里也明白，只要家属提出请求，他就会同意狄更斯葬在西敏寺。他另外还补充说，既然《泰晤士报》发表了文章，他们也就不需要再走其他手续了。然后福斯特对教长讲了狄更斯在遗嘱中坚持的条件：他只要三辆朴素的马车送葬，不要任何的排场，也不要公布他葬礼的时间和地点。教长同意了，但他也指出保密的困难。他说，他们应在公众离开教堂后的晚间将灵柩运到西敏寺来，墓穴会在夜里挖好，少数的哀悼者一定要在次日上午九点列席，10点教堂要照常开门。在大多数相关事宜的商订上，他们达成了一致。

> 于是晚6点我告诉职员去准备墓地。我们在昏暗的灯光下去了教堂，选了萨克雷的墓附近的一片地方，周边是亨德尔、坎伯兰和谢里丹的墓地。① 这样的地方还空着真是件幸事。我留下他造墓穴，然后回房就寝。在午夜，一阵雷鸣般的敲门声传来。我的仆人去开门。来人是《每日电讯》的信使，说狄更斯的灵柩已经被运出罗切斯特，有可能是要葬在西敏寺教堂，他们希望知道下葬的时间。我的仆人回答说，我已经就寝，不能被人打扰。②

实际上，装殓在栎木棺材里的遗体于次日，即6月14日凌晨，由专列从海厄姆站运到了查令十字站。遗属也乘坐同一列火车，一辆装饰朴素的灵车和三辆马车接送他们。关于出席者的描述有些许出入，但查理、玛梅、凯蒂和亨利这四个儿女当然在，此外还有莉蒂西亚·奥斯丁、乔治娜、查理的妻子贝茜、狄更斯的侄子埃德蒙·狄更斯（弟弟阿尔弗雷德的儿子），还包括福斯特、柯林斯兄弟、弗兰克·比尔德及乌弗里。③ 凯瑟琳·狄更斯没有被邀请。奈莉不像是在场的样子，尽管她可能也去

---

① 理查德·坎伯兰，18世纪剧作家，现在已经不太知名，谢里丹曾在《评论家》上讽刺他为"烦躁的抄袭先生"。
② 斯坦利教长的描述引自亚瑟·A.阿爱德里安：《查尔斯·狄更斯和斯坦利教长》，《狄更斯研究者》(1946)，第152—154页。
③ 威尔基·柯林斯说，查尔斯·里德在场并在他肩上哭泣，尽管没有其他人提到他。关系最久的老朋友汤姆·比尔德的缺席则令人惊讶。

了教堂。乔治·萨拉说，有 14 人出席了葬礼，"可能还有同样多的陌生人偶然见到了葬礼的场面，他们围着墓最后瞻仰了灵柩"——这暗示了他也在场。①

大钟敲响，教长和教士们见到了哀悼者们，还看着灵柩被抬过走廊，来到中殿。大门关上。没有唱诗也没有悼词，只有风琴安静地演奏着葬礼的背景音乐。

"他的一生短暂而充满痛苦。他降临于世，又如花朵般被剪下；他如影般逃脱，从不在一处持续停留。"福斯特之后写道："简洁无损于庄严。宽广的教堂中只有静寂和沉默。没有什么比这更隆重、更感人。"

一位来自美国的朋友的话表达了每个人的感受。"狄更斯是如此富有生命力，似乎永远都不会死，"朗费罗这样说。他继续写道："我从未听说，有作家的去世能像他这样引来广泛的哀悼。毫不夸张地说，整个国家都沉浸在悲伤中。"② 美国也同英国一样在哀悼。在伦敦西敏寺教堂，墓园开放两天供公众瞻仰，狄更斯的棺椁葬在诗人角地面石板五英尺之下。成千上万人排队缓慢经过，带来他们给他写下的诚挚却无用的词句，鲜花布满了墓地。狄更斯在遗嘱中说，他不希望有纪念活动。他说："我不需要我的国家纪念我，只需要他们记得我的作品；我也不要求我的朋友们纪念我，只需要他们记得和我一起的经历。"没什么能比这更好。他是国宝、一位名流，他是让英格兰之所以成为英格兰的一个人，生前是，今后也是；全世界一直都在阅读他的作品。

---

① 萨拉的描述，见《狄更斯研究者》(1950)，第 116 页。乔治·萨拉（1828—1896），一个女演员的儿子，与狄更斯就《家常话》《常年》紧密合作。他还同《每日电讯》有联系，这暗示了他可能与敲教长家的门一事有关。

② 朗费罗致福斯特，1870 年 6 月 12 日，福斯特《一生》第三卷第十四章。

第二十七章　我的朋友们的回忆
1870—1939 年

福斯特悲痛得不能自已。他在葬礼后去看卡莱尔，痛哭到"字字挥泪"，然后他病倒了，只能卧床。① 6 月 22 日他给查尔斯·诺顿写信："我没法对任何人讲这些事情，今后也不行。现在对你，我只能多说一点，我的未来再不可能像过去那样。人活着就有其责任所在，但对我来说，生活的喜悦已经一去不返。"② 他的责任显而易见：10 月，在履行委员会工作职责的同时，他开始了《查尔斯·狄更斯的一生》的写作。

狄更斯的"年轻追随者们"——他们已经不再年轻——中的萨拉 6 月 27 日给耶茨写信说："对我来说他就是一切……他的离去让我失去了我最仰慕深爱的一切；我们都已经到了不能再去填补如此大的损失的年纪，亲爱的埃德蒙。"③ 他说，他希望福斯特能写本传记，同时他自己也立即写了部关于狄更斯的书，其中最好的部分是描述伦敦漫步者狄更斯的字句。④

和狄更斯最亲近的女性们很快也各奔东西。特林汉姆夫人再也没在温莎小舍出现过，这里的最后一期租金是在 7 月支付的。乔治娜把狄更斯在最后一段时光中写作所用的笔赠给奈莉，福斯特帮她处理一切金融和生意上的事。奈莉现在自由了，有足够的金钱去做任何她想做的事。她先去牛津投靠姐姐玛丽娅，之后又租住在肯辛顿，8 月底带着一个女仆

---

① 苏格兰国家图书馆手稿，托马斯·卡莱尔致约翰·卡莱尔，1870 年 6 月 15 日，见《狄更斯研究者》(1970)，第 91 页。

② 福斯特致诺顿，1870 年 6 月 22 日，哈佛霍顿图书馆手稿，詹姆斯·A. 戴维斯：《约翰·福斯特：文学生涯》(纽约，1983)，第 123 页。

③ 见《朝圣》第十二卷第 325 页脚注 6，来自 J. A. 麦肯吉编《昆士兰大学图书馆埃德蒙·耶茨档案：乔治·奥古斯特·萨拉致埃德蒙·耶茨信函》(旧圣卢亚，1993)，维多利亚小说研究指南第 19—20 期第 131 页。萨拉自 1869 年 4 月在利物浦的宴会后就再没见过狄更斯。他在《每日电讯》登了一份讣告，然后出版了一部短小真诚却缺乏考证的传记。

④ 萨拉不知道狄更斯的童年和家庭背景，说他"生于一个令人尊重的中产阶级家庭"并接受了"严格的中产阶级教育"。他还提到"降临在他家庭生活上的巨大阴影"，并说他会避免窥探隐私，这些事在 50 年内都不应被查查。

去了巴黎。如果她是想去访友或是去给孩子扫墓,那她赶的时间有些不巧,因为正值普法战争,她到达巴黎时,德国人正处于优势,她只能赶在巴黎陷落前撤出。回到英格兰后她又立即启程去了意大利,和特罗洛普家一起在里考波利的别墅过冬,就像三年前一样。托马斯·特罗洛普描述了在佛罗伦萨的快乐一季,汉斯·冯·彪罗在晚间演奏贝多芬、舒伯特和舒曼的曲子,他们还去托斯卡纳的马雷玛观光。期间,有些谣言传出:一个在佛罗伦萨的朋友给布朗宁写信说,狄更斯给了特罗洛普夫人大笔的钱,因为她是特南小姐的姐姐,而布朗宁回复:"T夫人和'T小姐'之间的关系从未在我心中出现过"。① 没有任何记录能表明,T先生、T夫人和T小姐在那个冬天就他们共同的友人谈了些什么。

  1871年春天,奈莉回到牛津,着黑衣,消瘦,显得很年轻。她的姐姐玛丽娅组织了一些聚会,她在见过她的大学生心里留下了很深的印象:她博学、情绪高昂,喜欢诗歌和骑马,经历了神秘的丧痛,纤弱易碎。秋天,她回到意大利。在波士顿的安妮·菲尔兹夫人12月"非常偶然地"听说"N. T."在罗马"同蒂尔顿夫人在一起",这是特罗洛普家的一个朋友,住在巴贝里尼宫。这时候,菲尔兹夫人已经从她丈夫那里听到了不少有关奈莉的事,她写道:"我觉得我们之间有种联系。她一定也感觉到了。我想我们该见见。"② 她还神秘地加了一句,"狄更斯在哪里。"(原文如此)

  乔治娜、玛梅和凯蒂葬礼结束后一起从大教堂回到盖德山庄,凯蒂把她的丈夫留在伦敦让他自己照顾自己。③ 狄更斯曾命令说,房子要卖掉。查理拿到了藏书,狄更斯的所有手稿都交给福斯特,私人文件和珠宝给了乔治娜,足够她今后过上舒适的生活。乔治娜忙着给狄更斯的友人发放纪念品,看着所有仆人都拿到狄更斯留下的一份小小的遗赠,然后去惠灵顿街整理他的私人文件。7月份家里的画在佳士得拍卖行售出,这月底凯蒂回到了她生病的丈夫身边,乔琪和玛梅去了在韦布里奇

---

① 布朗宁致爱莎·布拉格登,1870年10月19日。她在这封信里提到,狄更斯为芬妮·特罗洛普的小说支付了过高的稿酬,这是因为他和其妹的关系。爱德华·C. 麦克阿里尔编:《亲爱的爱莎:罗伯特·布朗宁致伊莎贝拉·布拉格登信函》(奥斯丁,1951),第349页。
② 安妮·菲尔兹日记,1871年12月6日,见乔治·克里:《查尔斯·狄更斯和安妮·菲尔兹》(圣马力诺,加利福尼亚,1988),第60页。
③ 莱斯利·史蒂芬和妻子米妮接待了他,米妮是萨克雷的小女儿、凯蒂的老相识,于1867年嫁给了莱斯利·史蒂芬。

租下的住所，以便 8 月 1 日盖德山庄里家具和藏酒的出售，然后拍卖房屋。

让乔治娜极端厌恶的是，查理在拍卖会上赢得了盖德山庄。她抱怨查理阻碍了其他人出价，房子被压到了 8 600 英镑，价格低于房屋应有的价值。乔琪不想在她曾与他父亲共同生活过的盖德山庄看到查理，特别是想到，查理是唯一在狄更斯离异问题上公然反抗过他的孩子，而且还不顾他的强烈反对结了婚。乔治娜不乐意看到查理取代他父亲的位置，但查理是狄更斯心爱的儿子，乔治娜也没有为查理出力的打算。而对查理来说，这个人是被他称作吉娜的管家，她胜任这个位置，只比查理大 10 岁。查理必须抵押资产，还卖掉了他父亲的藏书，让乔治娜更生气的是，他卖掉了狄更斯曾经用于工作的小木屋，把它放到公众面前展览。乔治娜想要阻止，最后木屋被达恩利爵士买下来，安置在了科巴姆公园。①

乔治娜住到了伦敦海德公园格罗斯特台地的一所房子里，六个月前她曾和狄更斯一起住在同一街区。乔治娜这年 43 岁，凯瑟琳在她这个年纪时同狄更斯离异，而现在乔治娜成了狄更斯非法定的遗孀，她虔诚地留心着狄更斯的生辰和忌日，独自一人过圣诞以纪念他，守护他的声誉，坚信她生命中最好的时光已经离她远去。"什么都不能填补这空缺，"她告诉安妮·菲尔兹，"生活中再没有什么事让我提起兴趣。"② 狄更斯家的孩子们不再需要她照顾，但她觉得，她还有责任给 33 岁的玛梅一个来去自如的家，让亨利在大学放假时还有个可回的地方。当弗兰克从孟加拉骑警部门休假回来时，乔琪发现他"很亲热，看起来很高兴见到我们……但我不觉得他特别关心我们中的哪一个。"③ 弗兰克用继承的遗产投机，损失了其中绝大部分，他也没有选择回到印度，很快他变得一贫如洗。乔琪、他的姐姐们和亨利帮了他一把，他后来在西北骑警部门找到了一份工作，被派往加拿大，此后再没人见过他。他再没有回到英格兰，1886 年于伊利诺伊州的莫林和他几个兄弟一样因心脏问题猝死，年仅 42 岁。他的葬礼钱是莫林的当地人支付的。

---

① 在乌弗里帮助下，乔治娜买回了小屋并将其交给达恩利爵士。
② 乔治娜·霍加斯致安妮·菲尔兹，1871 年 3 月 1 日，见亚瑟·A. 阿德里安：《乔治娜·霍加斯和狄更斯的圈子》，第 181 页。
③ 乔治娜·霍加斯致安妮·菲尔兹，1871 年 3 月 17 日，同上作品第 167 页。

凯瑟琳告诉她的儿媳，即查理的妻子贝茜，她已经孀居了 12 年，如今没人比她离狄更斯更近。① 她要她的女儿们和妹妹来格罗斯特街区看她，这是她和乔治娜自 1858 年以来的第一次交谈。在这之后凯蒂成了她的常客，玛梅和乔治娜偶尔也会前来。1872 年，年仅 25 岁的西尼在海上遇难。西尼生前同母亲很亲近，凯瑟琳很需要人来安慰她。查理非常孝敬母亲，凯瑟琳经常去盖德山庄享受天伦之乐；她的孙子查尔斯·华尔特后来回忆说，全世界的人们都来盖德山庄"拜访我爷爷的家"，她可能会为她的地位有些得意。② 查理和贝茜在这期间又生下两个女儿，邻居们都很喜欢这一家人。

查尔斯·柯林斯于 1873 年死于癌症。他和凯蒂的婚姻并不圆满，而理智的凯蒂也不会太长时间为此装作悲伤。她努力作画，有好几个仰慕者，在寡居六个月后，她就又嫁给了和她同为画家的卡尔洛·佩鲁基尼。他们相处得很愉快。③ 就算他们唯一的孩子夭折，他们的生活也没有因此永远黯淡。他们努力工作，善于交际，有一大群搞绘画和文学的朋友，尽管他们终究没有赚大钱。19 世纪 70 年代后期，凯蒂确立了她画家的地位，她的画作被皇家学院认可。

福斯特出席了凯蒂和佩鲁基尼的婚礼，并送上一份 150 英镑的贺仪。1870 年，福斯特的精力全部用在狄更斯的传记上，三卷书相继于 1871 年、1872 年和 1873 年的秋天迅速出版，激起了读者极大的兴趣。罗素伯爵致信福斯特，写下他阅读时的乐与痛，还说"在你的书写到他死去时我也再次悲痛"。④ 传记披露了狄更斯的童年，记录了福斯特对这超过 30 年的时光的回忆，此外还有对私人信件的引用，这使他的作品具有一种无可比拟的权威性。在他笔下一页页的内容里，狄更斯仿佛又活过来，带着"充满激情的天性"，其中有他的活力、魅力和辉煌，也有他的愤怒和执着。福斯特描写的是一个天才，不是一个圣人，他暗示了驱动狄更

---

① 查理的妻子贝茜在给澳大利亚的阿尔弗雷德的信中这样写。阿尔弗雷德·丁尼生·狄更斯致 G. W. 拉斯登信函，1870 年 8 月 11 日，见菲利普·柯林斯编：《狄更斯：访谈和往事》第一卷，第 156 页。
② 查尔斯·W. 狄更斯，1902 年 9 月刊载于蒙西杂志（*Mumsey's Magazine*）1902 年 9 月第 28 期第 6 号。
③ 露辛达·霍克斯利发现了 1873 年 9 月的婚礼记录，婚礼在登记处进行，没有家人出席。此事被记录在她的传记作品《凯蒂：狄更斯画家女儿的生活和爱情》（伦敦，2006）中，并提出凯蒂可能误以为她怀孕了。正式的婚礼在 1874 年 6 月举办。
④ 福斯特：《一生》第三卷第十四章。

斯取得如此成就的力量，同时也阐明，这股力量打碎了狄更斯的生活——年轻的狄更斯认为他只要开始着手做某事就一定能取得成功，而在晚年，他的强悍却成了他自身破灭的契机。福斯特没有提到奈莉——他考虑到了她和家属们的情况——但在第三卷的末尾，他经过细心裁量，刊登了狄更斯的遗嘱，遗嘱中在遗产受赠人中首先列出了艾伦·劳利斯·特南的名字。这是部伟大的作品，在今天也具有与它当年首版时同样的可读性，书中没有任何迹象表现出，福斯特在写作的同时，也在同疾病战斗：他尽心尽力完成了职责，传记写完后，他只活了两年。

福斯特于1876年2月1日在肯辛顿宫门的家中去世，他的家位于圣玛丽修道院教堂周边的一角，而一天之前，即1876年1月31日，奈莉在这里举行了婚礼，身穿白衣头上戴着花，嫁给了她在1870年于牛津认识的一个学生。乔治·沃顿·罗宾逊是一个绅士的儿子，由他的寡母养大，他已经喜欢了奈莉五年，现在他当然已经毕业，成为一名教士。他比奈莉小12岁，但他并不知道这一点，因为奈莉改了履历，文件上她还是二十多岁。她的母亲已经去世，她的姐姐们和她是同谋，有熟悉世情的人给她出了这个主意。乔治被说服去当了一名教师，他们在意大利度蜜月之后接手掌管了位于马盖特的一所男校。奈莉的健康状况也有所改善，成了一位强健的女总管。他们生了两个孩子，杰弗里生于1879年，这个可爱的孩子填补了她曾失去的那个孩子的位置；格拉迪丝生于1884年。奈莉在学校帮忙，和学生们组织音乐会、演剧以及城镇中的娱乐活动，筹集资金做慈善。她还进行了一些特别的朗读活动，朗读的大量内容来自狄更斯的作品。

她读了《圣诞颂歌》，读了《大卫·科波菲尔》中的"我们的家政"，她扮演《老古玩店》中做蜡像展览的乍莱太太，她读《双城记》《尼古拉斯·尼克尔贝》《荒凉山庄》，还有更多。这是她为旧日爱人举行的秘密仪式，与之伴随的还有她和乔治娜以及玛梅的友情，她们的关系如此亲密，以至于奈莉在1874年给玛梅去世的狗写了一首挽歌，这只狗即著名的"邦瑟夫人"——狄更斯的爱犬。乔治娜和玛梅都去马盖特看望过奈莉，并作为朋友被介绍给大家。奈莉1882年的生日时，玛梅送了她一本自己编辑的"查尔斯·狄更斯生日书"，上边题写着"致奈莉·罗宾逊，于 1882 年 3 月 3 日献上编者的爱和最美好的祝愿"。① 像奈莉的姐姐们一样，乔治娜和玛梅沉默地接受了奈莉的新年龄（在 1881 年的户籍调查中，她的年龄改为 28 岁，比她的真实年龄，即 42 岁，小了 14 岁）。就奈莉来说，这样她就把自己放在了狄更斯的教女的位置上，她在认识狄更斯时仅仅是个孩子。在玛梅或乔治娜提到任何能侵蚀到她的故事的言论时，她一定有着钢铁般的意志，但她们都有保护狄更斯声誉的意愿，而乔治娜可能早就自认为是监视奈莉不乱说、乱做的最佳人选。尽管有丈夫和孩子已经是奈莉对过去保持沉默的最有力的理由，但她有时候还是会漏点口风，比如说她曾经历过斯泰普赫斯特的火车事故，还有她持有的信件，如果她愿意将它们推向市场，这绝对够她赚上一小笔。

不管乔治娜掺杂着监督和友情的心态如何，她和奈莉以及她的孩子们的接触变得真诚而长久。1882 年，乔治娜与外甥亨利一家在布洛涅度假，奈莉也在布洛涅，同行的还有三岁的杰弗里，他和小艾尼德、哈尔、杰拉德和奥利弗·狄更斯一起玩沙子。奈莉把他们的名字都写进了她的"查尔斯·狄更斯生日书"，亨利·狄更斯的妻子后来说，她被乔治娜介绍给了罗宾逊夫人。②

亨利于 1878 年结了婚，作为律师，他的事业也蒸蒸日上。同一年，查理病倒了，他疲于维持他的收入，在肯特郡与伦敦之间往返也让他劳累不堪。他从未如他父亲努力培养的那样成为一个商人，他只能卖掉盖德山庄，搬进惠灵顿街的办公室，把七个孩子寄养在亲戚家。1879 年，凯瑟琳·狄更斯去世。她在最后生病期间把她细心保存的狄更斯寄来的信件都给了凯蒂，要求他们保留这些信，以作为狄更斯曾爱过她的证据。凯蒂保管了这些信件 20 年，1899 年决定把它们交给大英博物馆，条件是禁止在 1925 年之前展出。

凯瑟琳去世的那一年，一套共四卷的狄更斯书信集出版，由乔治娜和玛梅编辑。乔治娜给每一年的信都写了一篇传记式的介绍，她没有提

---

① 西尼·柯克雷尔是个可信的证人，他在 1953 年 3 月 22 日《星期日泰晤士报》上一篇关于狄更斯的文章后写他在罗宾逊牧师——即奈莉的丈夫乔治·沃顿·罗宾逊——家里见过玛梅和乔治娜，那是大约 1880 年，他 13 岁，住在马盖特。他记得罗宾逊夫人是他母亲的一个密友，在聚会上背诵了《圣诞颂歌》。

② 查尔斯·狄更斯博物馆藏，斯托里文件 VIII 第 89 页，以及苏扎内特文件，华尔特·德克斯特致苏扎内特伯爵，1939 年 2 月 22 日："S 小姐确认亨利·狄更斯的孩子和 E.T. 的孩子曾在布洛涅沙滩一起玩耍"。另，"狄更斯夫人告诉我，乔治娜·霍加斯把狄更斯夫人介绍给了已经是罗宾逊夫人的奈莉·特南……"见斯托里文件 VIII 第 89 页。

到狄更斯和凯瑟琳的离异，也没有提到他生活中的混乱和难题。将这些信结集起来已经是一件成就，简化信件背后的故事也是一件成就。就像福斯特写的传记一样，大众评论它、阅读它、赞美它。最后一卷出版于1882年。玛梅全身心投入对她父亲的回忆，和她的小姨一样。在她生命的最后时刻，她写道："我对我父亲的爱是和其他的爱无法比拟的。我把他记在内心深处，他是独一无二的人，万物中独一无二的存在。"① 但这感情没有维持住她和其他家人的关系。她搬到了曼彻斯特，投靠了一位牧师和他的妻子，每日行善。乔治娜担心她酗酒，乔治娜和凯蒂不太放心那个牧师，她们时不时到北方去，关注着玛梅的生活。②

威尔斯于1880年去世。他没有写回忆录，但他曾在与家人朋友闲谈时提到过相关的事，还留下了大量狄更斯提到过奈莉的信件。这些信曾在1912年被仔细筛查过，许多被丢弃，还有更多被裁剪被涂黑。③ 威尔斯与伊莉莎·林恩·林顿交情很好，她曾给狄更斯的杂志供稿，非常了解狄更斯，威尔斯或曾部分为她的回忆录做过评论。她在回忆录中写到，狄更斯有一段秘密的历史，"深刻、激情而疯狂"地爱过，被一个"更聪明、更机敏却不如他直率"的人"欺骗背叛"。她是一个直截了当的女人，尽管她在这里尽量不留下暗示，她还说"没人能动摇他；与他最亲密的友人也不想面对，他们无法劝阻这强烈的骄傲，它从未经受过劝告和非难。"④ 杜比1885年在他的作品《我所知道的查尔斯·狄更斯》中提到了对狄更斯的另一种看法，他的说法中略去了他和"夫人"的友情，当然也隐去了她的存在。从狄更斯生活中忽略这个女子更易于他评论。1887年，托马斯·特罗洛普发表了他的回忆录，其中没有提到他妻子的舞台生涯，也没有提到他的妻妹奈莉。但他对狄更斯致以热情洋溢的赞美："我没法对一个没见过他、不认识他的人形容他举止得体的魅力……他的笑容里充满快乐……他就是个坦率的人、慷慨的人。他可能是我认

---

① 见玛梅·狄更斯《我回忆中的父亲》（伦敦，1897）的开篇。
② 关于玛梅的酗酒，见亚瑟·A. 阿德里安：《乔治娜·霍加斯和狄更斯的圈子》，第241页。他写到，乔治娜在19世纪80年代开始担心玛梅古怪的行为，她"在环境的改变中情绪越来越不稳定，还寻求——甚至用酒精——用止痛剂排解她的烦恼和不满。"
③ 1912年，它们以《编辑查尔斯·狄更斯》名义出版，由R.C. 勒曼编辑，有大量删减，但幸运的是，原稿被保存下来，陈列于亨廷顿图书馆，并通过红外扫描技术复原了被涂墨的段落，1952年由艾达·尼斯贝特出版。
④ 伊莉莎·林恩·林顿，《我的文学生涯》，1899年（她去世后）出版。这看上去就像她知道奈莉的事。

识的人中最慷慨的一个。"①

查理于 1887 年 10 月去了美国，朗读了他父亲的作品《匹克威克外传》中的选段以及《马里歌德医生》。"我不会公开说我喜欢查理朗读他父亲的作品这主意，我也不相信这是什么了不起的事"，乔治娜这样给安妮·菲尔兹写到。② 回到英格兰，查理放弃了《常年》的编辑工作，转职去了麦克米伦出版社，并干得不错，他还给他父亲作品的新版写了传记式的介绍。1893 年，他关闭了运营了 35 年的《常年》。查理写了许多深情的回忆父亲的文章，描述了狄更斯饥渴而躁动不安的活力，他对歌舞的喜爱，他作为演员的技能，还有他吃饭时喜欢以烤芝士为最后一道菜，他是如何玩游戏的，就像他的生命取决于游戏的成功，他是如何把盖德山庄弄得舒适的，当年纪的增长限制他行动时他又是如何反抗的。

19 世纪 80 年代见证了这些人的去世：卡莱尔，高龄的麦克雷迪，还有同样得了中风的威尔基·柯林斯，照顾他的是弗兰克·比尔德；在 19 世纪 90 年代早期，比尔德兄弟，汤姆和弗兰克都离开了人世。了解狄更斯的人越来越少，他们都没有留下对狄更斯的正式记述，尽管 1912 年发表的麦克雷迪的日记里出现过，卡莱尔还在早些时候表达了他对"善良、温柔、有天赋、友善而高贵的狄更斯——一个无处不诚实的人"的爱。③

罗宾逊的学校在马盖特多年的管理下不断发展。安东尼·特罗洛普于某一年来给学校发奖，还有一年是乔治娜，此外还有当地的一位教士威廉·本汉姆。本汉姆是个中年男人，在文学戏剧上品味出众，特别喜欢狄更斯的作品，他曾在 1866 年与狄更斯简短通过信，还为狄更斯的葬礼去过西敏寺大教堂。他在很多领域很活跃：他是马盖特的校董，为慈善事业筹款，重建教堂，讲授教会历史，讲狄更斯，他还是坎特伯雷大教堂的常任传道士，同时也是大主教的朋友。本汉姆和罗宾逊夫人一起工作，为善事筹集资金，做朗读会，开办音乐会。这样，他们就私下产生了交流，本汉姆曾催促奈莉讲她和狄更斯的友谊，奈莉被说服，某种程度上透露了一部分真相。根据本汉姆的说法，她说狄更斯曾将她安置

---

① 托马斯·阿道弗斯·特罗洛普：《我之所记》第二辑（伦敦，1887），第 113 页。
② 乔治娜·霍加斯致安妮·菲尔兹，1888 年 1 月 19 日，见亚瑟·A. 阿德里安：《乔治娜·霍加斯和狄更斯的圈子》，第 246 页。
③ 卡莱尔致福斯特，1870 年 6 月 11 日，见菲利普·柯林斯编：《狄更斯：访谈和往事》第一卷，第 63 页。

在安普提尔广场的一座房子里,每周来看她两三次,她开始对这段关系感到后悔,而她的后悔让他们两个都不开心。这段对他们12年时光的描述犀利而简短。她还说,现在她讨厌那些认为他们有亲密关系的看法,一个女子对牧师说起一段未经人认可的情史时,这样的措辞也是理所当然。

1886年乔治·罗宾逊生了病,身体垮了——很难认为这与奈莉的轻率言行有关——于是他们放弃了学校的工作。一家人搬到伦敦,他自己带带课,孩子们都被送到了寄宿学校。1892年托马斯·特罗洛普去世后,奈莉帮姐姐芬妮写了一本特罗洛普的母亲、已故弗朗西斯·特罗洛普的小传,她还将一本介绍策马特的旅行手册译为英文;它们都完成得不错。① 但钱还是不够,19世纪90年代中期罗宾逊家搬到乡下,离雷丁很近(1897年奈莉在泰尔赫斯特村公所演出,朗读了《圣诞颂歌》,以帮助穷人)。次年,杰弗里准备参军,他被通知配属到了马耳他。后来,他还在尼日利亚和爱尔兰服过役。

1893年狄更斯的最后一位手足莉蒂西亚·奥斯丁去世,终年84岁,她是一位安静慈祥的老妇人,没有留下任何关于她自己和兄长的记录。也是在1893年,本汉姆见到一位知名作家托马斯·怀特,此人自称在为狄更斯的新传记做调查,于是本汉姆对他说了他从奈莉那里听到的事。听说怀特的企图后,萨拉在《曼彻斯特晚间新闻》上写了篇文章,反对此事,理由是福斯特的作品已经说清了读者需要知道和想看到的事,"有关这位杰出小说家晚年的状况在至少50年之内不应该,也不能被揭露"。② 乔治娜给怀特写信,请他不要再继续写作他的狄更斯传记。一位狄更斯相关材料的收集者W.R.休斯告诉怀特一个秘密,商贩曾向他推销过狄更斯给奈莉的信件,但他拒绝购买,说这些信一定不是通过诚实的方式拿到的,并建议这个商贩烧掉它们。③ 这些信被提到过多次,但没人说曾经见到过它们。1895年萨拉的自传提到了"秘密",并说现在几乎没有人知道它,毕竟柯林斯和耶茨都已去世。他应该知道他犯了错。

---

① 埃米尔·扬:《策马特和维斯帕谷》,由泽沃斯于日内瓦出版印刷,英文版同样也在日内瓦付印,但由J.R.格茨于1894年在伦敦发行。
② 写于1893年9月,信息来自K.M.朗利的打字稿,第13章脚注第109条。
③ 怀特:《奥尔尼的托马斯·怀特,一部自传》(伦敦,1936)。怀特还说,查理威胁他,请他闭嘴好几次,这很可能是出于他父亲和奈莉的联系。

1897 年，凯蒂·佩鲁基尼与萧伯纳通信时谈到她母亲的信件，她在别的信中说"真正的人在其中被揭露，他的节日盛装和所有假象被剥去，他的心和灵魂燃烧如黑暗中的宝石！我要说，这样的信可能存在，某一天它们可能会被交给世界"——尽管她认为它们已被烧毁。① 凯蒂怀疑它们的存在，但既然这些信从未被找到，那它们就一定已经被毁掉了；对我们来说，这是件坏事，因为狄更斯给奈莉的信会解释许多事，并为我们提供一个更清晰的观点；狄更斯可能会赞成。如果按照他的做法，没有人能看到他的任何信件。

奈莉没能赚到钱。特南三姐妹随着年龄增长也愈发贫困。芬妮·特罗洛普于 1892 年发表了她的最后一部小说，这一年她的丈夫去世，几乎没留下什么遗产。玛丽娅离开她的丈夫多年，在意大利作为画家、作家和外国通讯员度过了一段冒险生涯，1898 年她退休回到英格兰，1900 年和芬妮住在朴茨茅斯的南海区。1901 年，奈莉在芬妮的反对下卖掉了狄更斯给她的位于安普提尔广场霍顿小区的房子。玛丽娅于 1904 年去世，芬妮照顾她直到最后，她死于癌症，她的两个姐妹后来也都被癌症夺去生命。罗宾逊家搬到南海区，离着芬妮很近，一家人靠私塾维持了一定水准上的生活。奈莉于 1907 年因癌症做了手术并康复。乔治娜·霍加斯是个忠实的联络人，一直在给奈莉以及奈莉的女儿格拉迪丝写信。

狄更斯家的孩子们现在也为金钱所困。他们有狄更斯作品的版税分成，但在版权保护期过后，这部分收入也几乎没有了。② 凯蒂和卡尔洛·佩鲁基尼基本靠卖画维生，在好些年里，这份收入相当微薄。1896 年，查理和玛梅五十多岁便去世了，查理的遗孀身无分文，还有五个没有结婚的女儿；她的儿子被赶出家门，据说和一个名叫艾拉·达尔的酒吧女招待结了婚，然后再没人提到他，尽管他活到了 1923 年。贝茜·狄更斯后来得到了每年 100 英镑的王室专款津贴，在她 1908 年去世时，四个没有出嫁的女儿被允许分割这笔钱，每人每年 25 英镑。普洛恩在澳大利亚，没有谋生能力，只是赌博并向人伸手要钱，给了他钱的亨利从来没

---

① 萧伯纳于 1939 年在给《泰晤士报文学副刊》的信中提到此事。
② 如前文第 7 章脚注 3 所述，当时的英国版权保护期为出版后 42 年或作者去世后 7 年，无论作者名气大小。这意味着《大卫·科波菲尔》版权在 1892 年到期，《远大前程》是 1902 年，《埃德温·德鲁德之谜》是 1912 年，即狄更斯百年诞辰之年。1852 年的英法版权协议确立了狄更斯在法国的权益，他的遗孀终身有权获得分成，子女则有 20 年，即至 1890 年止。关于来自美国或其他国家的收入，笔者无从统计。

听到过一句感谢；普洛恩于1902年，时年50岁去世，留下一堆没付清的欠款。另外在1900年，忠实的杜比在伦敦一家叫富勒姆疗养院的贫民医院去世。① 乔治娜已经八十多岁，她的收入也在稳步减少，她不得不出售信件和有纪念意义的物品维持生活，尽管亨利会经常在需要时给予她帮助。

亨利是狄更斯唯一出人头地的儿子。他的律师职业生涯取得了显著的成功，生养了七个孩子，追随他勤奋的脚步。当一些专门研究狄更斯的社团成立时，他就对它们产生了极大的兴趣，首先是1900年成立的男士限定博兹俱乐部，然后是1902年成立的狄更斯联谊会，他还在1903年买下了朴茨茅斯狄更斯出生时住的房子，将其改造成一座博物馆。1904年亨利又一次举办了他父亲作品的朗读会，这一活动持续多年，用于慈善筹款。② 《狄更斯研究者》期刊创办于1905年，像狄更斯联谊会和两家博物馆（不包括博兹俱乐部）一样，到今天它仍在运营。

奈莉在1910年成了寡妇——这一年卡农·本汉姆也去世了——她和姐姐芬妮搬到了一起。同一年阿尔弗雷德·狄更斯从澳大利亚回到英格兰，打算做关于他父亲的生涯和作品的演讲。查理的一个女儿埃塞尔·狄更斯曾在惠灵顿街开过一家打字社以维生，1911年她在精疲力竭中生意失败，只能公开寻求资助，说她和几个未嫁的姐妹都困苦不堪。《每日电讯》接受了她的故事，并建立了一项圣诞专款，目标是筹到10 000英镑作为她们的救济金。狄更斯家的其他成员为埃塞尔的大胆无礼而愤怒不已，但此事的反响很大，有2 500英镑来自美国，来自王室、富人和穷人的礼物证明狄更斯的名字在公众心目中仍有极高的地位，一家专为查理的女儿们设立的信托基金建立。1912年，阿尔弗雷德去纽约为狄更斯百年诞辰演讲，1月2日他在那里倒地死去，这是狄更斯又一个心脏脆弱的儿子。伦敦的纪念仪式也被推迟，但在朴茨茅斯，1 000个孩子在狄更斯生日那天收到了免费的茶。在美国，凯特·威金斯发表了她对1868年

---

① 见《狄更斯研究者》(2010) 第75页，托尼·威廉姆斯引用了一段关于杜比去世的剪报，它是由迈克尔·斯拉特贴在《我所知道的查尔斯·狄更斯》上的："一个叫克罗夫特的远房亲戚辨认了遗体，说他觉得死者生前太过落魄，以至他后来羞于向友人寻求帮助。"另，《纽约时报》在1900年11月3日报告了杜比的死亡，提到他"五年前"进了富勒姆疗养院。杜比的书在1912年再版。

② 他早在1874年就在母亲建议下为工人办过朗读会，母亲于1874年12月11日给普洛恩写信提到了那时的成功，见狄更斯博物馆信件打印稿。

她 12 岁时在火车邻座偶遇狄更斯并与他交谈的那段经历的描述。①

乔治娜和奈莉的友谊对她们两人都很重要，这段关系坚固地延续下来。1913 年芬妮·特罗洛普去世，杰弗里和他母亲在南海区，乔治娜这时正从外科手术中康复，她给杰弗里写信说：

> 我亲爱的杰弗里，我必须对你送上几句慰问的话，我很了解你阿姨的去世要让你承受多大的损失……我非常感谢你能在你亲爱的妈妈最悲痛的时候和她在一起——她告诉了我，你给她带来了多大的帮助和安慰——神知道她一定需要帮助和安慰！我希望你能和她在一起多待一段时间——我不盼着或希望她能尽量写信给我——但如果你能隔几天给我捎来信条告诉我她怎么样的话，我会很高兴——还有，告诉我，如果她现在对未来做出了什么打算的话。
>
> 我似乎应该送一些花给亲爱的芬妮，表达我深情的怀念。但我没有听到葬礼时间地点的消息——我恐怕它已经结束了！如果还没有进行（尽管我忍不住希望，对你可怜的亲爱的妈妈来说，最伤痛的几天已经结束），亲爱的孩子，能有劳你帮我买一些花放到她的棺材上吗？然后请告诉我你为它花了多少钱。我不会再多写了，我身体不好，头脑也不是很好用，文笔也差——但请你把我最深的爱传递给你妈妈和格拉迪丝，还有你自己。来自你们亲密的老朋友，乔治娜·霍加斯。②

一封 86 岁的女人写来的动人的信表现出了这两个女人的紧密联系，她们在 50 年前曾和狄更斯共同在一起生活，共处了一段时间，这将她们紧紧绑在一起。奈莉在六个月后即 1914 年 4 月去世，最后照看她的人是杰弗里，她登记在册的去世年龄为 65 岁。③ 这一对母子互相深爱着，但杰弗里不知道她的真实年龄也不知道她的早年岁月，他不知道她和她的姐姐们都曾经是演员，也不知道她和狄更斯在一起的时光。直到 20 世纪

---

① 她于 1923 年作为纽约狄更斯联谊会代表来到伦敦，并因肺炎死于英格兰，时年 66 岁。
② 乔治娜·霍加斯致杰弗里·沃顿·罗宾逊，1913 年 8 月 17 日，私人持有手稿。
③ 奈莉留下了约 1 200 英镑，但她所有的财产比她所知的还多，她的遗产总额实际为 2 379 英镑 18 先令 11 便士。

20年代，他都没有发现任何相关的事，因为他于1914年8月5日再次入伍，参加了一场艰苦的战争，然后随驻波斯的邓斯特军在军队服役，直到1920年。他回来后才浏览了母亲和芬妮阿姨的文件，并开始明白她们是如何骗过所有人的。

乔治娜活到91岁，于1917年4月去世，照看她的是亨利夫妇。凯蒂的丈夫死于1918年圣诞节，这令她悲痛不已。亨利和凯蒂这时是狄更斯的孩子中仅存的两个，也是这群孩子中最聪明的两个。凯蒂在孩童时期就因为她常过度兴奋被她父亲称作"路西法盒子"，她也是狄更斯想要的最后一个孩子，而亨利则是在狄更斯晚年给他带来惊喜和快乐的儿子。凯蒂最愿意对人说起她的父亲。19世纪90年代，她就告诉了萧伯纳她所知的关于她双亲离异的事，她说，她希望有人能纠正狄更斯是个"幽默诙谐，带着李子布丁和一大杯潘趣酒走遍世界的绅士"的普遍看法。[1] 20世纪20年代，她后悔自己没有写下一段关于狄更斯的准确描述，这时她注意到，她自己知道的比在世的任何人都多，她也不需要再去考虑奈莉和乔治娜，于是她决定做点什么。"路西法盒子"开始行动。

她请一位年轻的女性友人格拉迪丝·斯托里记录她的口述，内容是关于她的双亲。凯蒂和斯托里小姐结识于1910年，从1923年起，斯托里小姐开始给她们的交流做记录。如果这过程中没有特别采用某些方法的话，那么斯托里小姐的记录是很讲得通的。凯蒂的口述内容是以前从未有人讲过的，其中掺杂着爱和愤怒，在她的话语中表现得很清晰。她的目的之一是还她母亲一个公正并弥补她在双亲离异时没能给母亲支持的过错；但她也爱他的父亲，不想诋毁他的名声，她只在自己能力范围内尽量讲述事实。有时她说得远了，斯托里小姐记录下她的评论："我父亲不是个绅士——他身上混杂了太多，很难称得上是个绅士"，她在笔记里这样写，却没有在成书时将它引用进去。[2]

凯蒂于1929年5月去世，斯托里小姐用了10年将她的材料组织为一部记叙体作品《狄更斯和女儿》。这本书于1939年出版，比托马斯·怀特的《查尔斯·狄更斯的生活》晚了五年，它对狄更斯和奈莉关系的揭

---

[1] 凯蒂·佩鲁基尼致萧伯纳，1897年12月19日，见露辛达·霍克斯利《凯蒂》第310页。
[2] 斯托里于1978年去世，去世后，她的不少手写笔记被发现，现在存放于查尔斯·狄更斯博物馆。大卫·派克和迈克尔·斯拉特对它们的详细描述见《狄更斯研究者》第3—16页。

露当时吓到了不少狄更斯的崇拜者。怀特不认识狄更斯，但凯蒂的话则来自狄更斯的女儿。《狄更斯和女儿》这部书遭到了疯狂的攻击，当萧伯纳给《泰晤士报文学副刊》写信说，佩鲁基尼夫人曾在40年前就把书中描述的一切都告诉了他时，抨击者才稍微泄了点气。萧伯纳认可了斯托里小姐的描述的真实性，斯托里小姐还向他提供了另外一条信息，说奈莉在晚年一直害怕她的孩子们知道她和狄更斯的交往。①

凯蒂当时的年纪足以看清双亲的婚姻是如何破裂的。"啊！我们那时都太顽劣，没有站在她的一边，"她说，"亨利并不持这种观点，但他那时是唯一的男孩，而且他没有意识到，这对我们的妈妈是多么大的悲哀，她在生下这么多孩子以后却要离开，离我们而去。我的妈妈从未责备过我。我从未见过她发脾气。我们常会认为伟大天才也会有伟大的人格——但我们不能这么想。"关于母亲，她说："母亲害怕父亲——她从未被允许发表过哪怕一点意见，也从未被允许说出她的感受。"② 凯蒂赞扬了母亲在丈夫发表公开声明时"沉默中的高贵"。③ 她还说，"父亲在母亲离家时表现得就像一个疯子——这件事体现了他身上最坏的，也是最脆弱的部分。他从来不关心我们任何人发生了什么事。没有任何事能超过我们这个家的悲惨和不幸。"④

"我知道我父亲人格中从来不为人所知的一面；他不是个好人，但他也不是个奢侈的人，但他是个妙人！"她这样说，她话语中不止一个的"但"承认了她对狄更斯很难做出确切的道德上的判断。⑤ 斯托里小姐描述，某天凯蒂这样戏剧性地说："'我比世界上所有人都爱我父亲——当然是以另外的方式……我因他的错而爱他。'她从椅子上站起来走向门口，补充道：'我父亲是个恶劣的男人——非常恶劣的男人。'然后她走出门。"⑥ 斯托里小姐还记录下凯蒂说狄更斯不懂女人，他和任何人的婚姻都会成为一场失败。⑦

凯蒂提到奈莉的每一句话都听起来很可靠，"娇小可爱的金发女演

---

① 斯托里致萧伯纳，1939年7月23日，大英图书馆藏手稿50546，76号档案。
② 引自《狄更斯和女儿》第219页。
③ 同上书，第96、98页。
④ 同上书，第94页。
⑤ 同上书，第134页。
⑥ 同上书，第219页。
⑦ 同上书，第134页。

员"令她父亲很愉快,尽管奈莉不是个出色的演员,"她有头脑,时刻充实着自己,提升她的精神层次,好离他更近。谁能责备她?他脚下有他自己的世界。她只是个18岁的小女孩,能被他注意到就觉得很高兴很骄傲了。"①凯蒂说狄更斯安置了奈莉,并在佩克汉姆给她配了一处住所和两个仆人。她还提到了奈莉和狄更斯夭折的儿子。②亨利也对斯托里小姐确认了这个孩子的存在,他说"是有一个男孩,但他死了",另外奈莉的儿子杰弗里也曾来找他询问,奈莉是否曾是狄更斯的情人,而"他不得不承认这一点"。③杰弗里发现了他母亲的过去,意识到,他的母亲和阿姨们一直到生命终结都在欺骗他,这些事实让他恐惧和受伤。杰弗里毁掉了文件,叫妹妹再也不要提起母亲,自己也一直保持着沉默。杰弗里于1959年去世,没有留下后代,度过了悲伤的一生。

亨利从未对公众说过或写过这些事。他发表于1928年的关于他父亲的回忆录对其他事直言不讳,包括狄更斯抑郁烦躁的情绪,还有其他的兄弟们对家里强加给他们的严格纪律的怨恨。④他还提到父亲的"极度激进的政治观点",还有早先提到的,他曾笑说"他这么同情法国,他真应该生而为法国人。"⑤一个法国式的狄更斯打破了大众视他为英国国宝的传统看法,狄更斯是英国的国宝,但狄更斯的存在有其更广泛的意义。整个世界都知道狄更斯,知道他笔下的伦敦和人物。"所有他笔下的角色都是我个人的朋友",托尔斯泰这样说,他保存了一张狄更斯的肖像,挂在他的书房里,并说狄更斯是19世纪最伟大的小说家。

他留下了流星一样的轨迹,每个人心里都有他们自己的查尔斯·狄更斯。受害的儿童、压抑不住野心的年轻人、记者、工作狂、不知疲倦的步行者。激进派、孤儿们的保护者、穷人的帮手、行善之人、共和主义者,对美国既憎恨又热爱的人,聚会的组织者、魔术师、旅行者、讽刺作家、超现实主义者、催眠术师;愤怒的儿子、良友、坏丈夫、爱争吵的人、感伤主义者、秘密的情人、绝望的父亲。亲法国派、游戏玩家、马戏迷、潘趣酒的调酒师、乡绅、编辑、首席、吸烟者、饮酒者、转圈

---

① 引自《狄更斯和女儿》第93页。
② 同上书,第94页。
③ 引自斯托里未发表的文件,于其1978年去世后被发现。
④ 亨利·F. 狄更斯:《回忆我的父亲》,第14、26页。
⑤ 同上书,第28页。

舞和角笛舞的舞者、演员、蹩脚戏子。他复杂得称不上是个绅士——却是个妙人。不可替代、不可重现的博兹。他是房间里的一缕光,天下无双。在这种种描述之上,他仅仅是个伟大、勤勉的作家,他把19世纪的伦敦重现在我们眼前,他注意到并赞颂社会边缘的小人物:机灵鬼、史密格、公爵夫人、耐儿、巴纳比、麦考伯、迪克先生、扫大街的乔、菲尔·斯夸德、弗莱特小姐、茜茜·朱浦、南迪、没头发的麦琪、斯洛皮、做玩偶装的珍妮·雷恩。他在惠灵顿街进行长时间的写作后,有时会让办公室的打杂小弟给他送一桶冷水,把头和手都伸进去。之后,他会用毛巾把头擦干,继续投入写作。

图书在版编目(CIP)数据

狄更斯传/(英)克莱尔·托玛琳著;贾懿译.—北京:
商务印书馆,2022
(世界名人传记丛书)
ISBN 978-7-100-20915-1

Ⅰ.①狄… Ⅱ.①克…②贾… Ⅲ.①狄更斯(Dickens, Charles 1812—1870)—传记 Ⅳ.①K835.615.6

中国版本图书馆 CIP 数据核字(2022)第 044024 号

权利保留,侵权必究。

世界名人传记丛书
狄 更 斯 传
〔英〕克莱尔·托玛琳 著
贾懿 译

商 务 印 书 馆 出 版
(北京王府井大街36号 邮政编码100710)
商 务 印 书 馆 发 行
北 京 冠 中 印 刷 厂 印 刷
ISBN 978-7-100-20915-1

2022年7月第1版　　　开本 710×1000　1/16
2022年7月北京第1次印刷　印张 24 插页 8
定价:85.00元

世界名人传记丛书（新版）已出书目

巴尔扎克传	〔法〕亨利·特罗亚	罗伯斯庇尔传	〔法〕热拉尔·瓦尔特
林肯传	〔美〕本杰明·P.托马斯	恺撒评传	〔苏联〕谢·勒·乌特琴柯
彼得大帝传	〔苏联〕B.B.马夫罗金	拿破仑传	〔苏联〕叶·维·塔尔列
维多利亚女王传	〔英〕里敦·斯特莱切	爱德华·萨丕尔——语言学家、人类学家、人文主义者	
爱迪生传	〔苏联〕拉皮罗夫－斯科勃洛		〔加〕雷格娜·达内尔
柴可夫斯基传	〔德〕克劳斯·曼	福泽谕吉自传	〔日〕福泽谕吉
巴赫传	〔德〕克劳斯·艾达姆	哈耶克评传	〔美〕布鲁斯·考德威尔
茜茜公主	〔奥〕布里姬特·哈曼	奥古斯都	〔英〕特威兹穆尔
哥伦布传	〔美〕塞·埃·莫里森	法拉第传	〔美〕约瑟夫·阿盖西
马拉传	〔苏联〕阿·列万多夫斯基	怀特海传（全两卷）	〔美〕维克多·洛
杰斐逊自传	〔美〕托马斯·杰斐逊	莫泊桑传	〔法〕亨利·特罗亚
托克维尔传	〔英〕拉里·西登托普	罗马皇帝尼禄	〔英〕阿瑟·韦戈尔
罗素自传（全三卷）	〔英〕伯特兰·罗素	欧文自传	〔英〕罗伯特·欧文
亚当·斯密传	〔英〕约翰·雷	雅斯贝尔斯传	〔德〕汉斯·萨尼尔
达尔文回忆录	〔英〕查尔斯·罗伯特·达尔文	狄更斯传	〔英〕克莱尔·托玛琳
逃亡与异端——布鲁诺传	〔法〕让·昊西		
苏格拉底传	〔英〕A.E.泰勒		
黑格尔传	〔美〕特里·平卡德		
西塞罗传	〔英〕伊丽莎白·罗森		
罗斯福	〔美〕詹姆斯·麦格雷戈·伯恩斯		
法布尔传	〔法〕乔治－维克托·勒格罗		
肖斯塔科维奇传	〔俄〕л.B.丹尼列维奇		
上帝难以捉摸：爱因斯坦的科学与生平	〔美〕派斯		
居里夫人传	〔法〕艾芙·居里		